RAT ACBO

Reihe

Alte Tradition

Azurcelesteblueoscuro

herausgegeben

von

Joerg K. Sommermeyer & Orlando Syrg

Exemplarische Werke der Weltliteratur

herausgegeben von

Joerg K. Sommermeyer

Über dieses Buch

Dostojewski berichtet in seinem zugleich autobiografischen als auch dichterisch überhöhten Werk sachlich und genau das Leben des fiktiven Alexander Petrowitsch Gorjantschikow, wegen Mordes an seiner Frau zu zehn Jahren Zwangsarbeit verurteilt, in einem sibirischen Zuchthaus, inmitten einer aufgezwungenen Gemeinschaft unbußfertiger Sträflinge.

Der Autor

Fjodor Michailowitsch Dostojewski erblickt das Licht der Welt in Moskau am 11. November 1821 als zweites von acht Kindern des aus verarmter Adelsfamilie stammenden, russisch-orthodoxen Arztes, Michail Andrejewitsch Dostojewski, und Marija Fjodorowna, geborene Netschajewa, Tochter eines wohlhabenden Moskauer Kaufmanns. Elementar- und Französischunterricht erteilt ihm die Mutter anhand religiöser Kinderbücher, alsbald unterstützt von einem Diakon. Sobald er lesen kann, verschlingt er sämtliche Bücher, die er kriegen kann, darunter Werke von Puschkin, Scott, und Voltaire wie auch triviale und populäre Dreigroschenhefte. 1833 besucht er Souchards Internat; 1834 das von Tschermak. 1837 stirbt seine Mutter (Tuberkulose); 1839 sein Vater (Schlaganfall). 1838-1843 studiert er an der St. Petersburger Militäringenieurschule, interessiert sich für russische und französische Literatur; Gogol, Hugo, Balzac, Sand (christlicher Sozialismus), aber auch Schiller. Er wird im Ingenieurdepartement angestellt, nimmt 1844 seinen Abschied, um als freier Schriftsteller in St. Petersburg zu wirken. 1845 Bekanntschaft mit dem Kritiker Belinskij (atheistischer Sozialismus). 1846 reüssiert er mit seinem Debütroman *»Arme Leute«*. 1849 wird er wegen den Umtrieben utopischer Sozialisten um Petrasevskij in St. Petersburg verhaftet, zum Tode verurteilt, aber nach einer Scheinhinrichtung zu vierjähriger Zwangsarbeit in Sibirien begnadigt (*»Aufzeichnungen aus einem Totenhaus«*). Nach Verbüßung im Zuchthaus von Omsk, Soldat im westsibirischen Semipalatinsker Linienregiment; 1855 Offizier. 1857 heiratet er Marija Issajewa, Witwe eines Hauptmanns. Epileptischer Anfall. *»Erniedrigte und Beleidigte«*. 1859, Abschied vom Militär; er zieht nach Twer. 1860, mittlerweile Christ und Widersacher des atheistischen Sozialismus, Übersiedlung nach St. Petersburg. 1861-1863 Herausgabe der Zeitschrift *»Vremja«* mit seinem älteren Bruder Michail. Reisen nach England, Belgien, Deutschland, Paris, die Schweiz und Oberitalien. Gefallen am Roulette; Baden-Badener und Wiesbadener Spielbanken. Zeitschrift *»Epocha«*; Finanznöte. 1864 sterben Ehefrau und Bruder. 1866, *»Verbrechen und Strafe«* (Schuld und Sühne). 1867 heiratet er Anna Snitkina. Flucht vor Dostojewskis Gläubigern und dem drohenden Schuldturm in die Schweiz und nach Italien; lebt in Dresden. 1868, *»Der Idiot«*. 1871, Rückkehr nach St. Petersburg. Redakteur des slawophilen *»Der Bürger«*. *»Die Dämonen«*. Seit 1873 Herausgeber und einziger Schreiber der Zeitschrift *»Tagebuch eines Schriftstellers«*. Erkrankung an einem Lungenemphysem; seit 1874 mehrere Therapieversuche in Bad Ems. 1879, *»Der Jüngling«*. 1880, *»Die Brüder Karamasow«*. Lungenblutungen verursachen am 9. Februar 1881 Dostojewskis Tod in St. Petersburg.

Der Übersetzer

Alexander Eliasberg, geb. 22. Juli 1878 in Minsk (Russland) - gest. am 26. Juli 1924 in Berlin; seit 1902 in Deutschland. Übersetzer (u. a. Werke von Nikolai Gogol, Alexander Puschkin, Anton Tschechow, Dmitri Mereschkowski, Alexei Nikolajewitsch Tolstoi, Alexei Remisow, Ilja Ehrenburg, Scholem Alejchem, Jizchok Leib Perez), Literarhistoriker, Autographen- und Büchersammler.

Der Herausgeber

Joerg K. Sommermeyer (JS), geb. am 14.10.1947 in Brackenheim, Sohn des Physikers Kurt Hans Sommermeyer (1906-1969). Kindheit in Freiburg. Studierte Jura, Philosophie, Germanistik, Geschichte und Musikwissenschaft. Klassische Gitarre bei Viktor v. Hasselmann und Anton Stingl. Unterrichtete in den späten Sechzigern Gitarre am Kindergärtnerinnen- / Jugendleiterinnenseminar und in den Achtzigern Rechtsanwaltsgehilfinnen in spe an der Max-Weber-Schule in Freiburg. 1976 bis 2004 Rechtsanwalt in Freiburg. Zahlreiche Veröffentlichungen. JS (Joerg Sommermeyer) lebt in Berlin und Lahnstein.

Orlando Syrg, Berlin, Neujahr 2024

Joerg K. Sommermeyer (Hg.)

F. M. Dostojewskis

Werke II

Aufzeichnungen aus einem Totenhaus

Nach der Übersetzung von Alexander Eliasberg
Durchgesehen, revidiert und herausgegeben
von
Joerg K. Sommermeyer

Orlando Syrg

MMXXIV
1. Auflage 2024
Orlando Syrg, Berlin und Lahnstein
(vormals Freiburg i. Brsg.)
Orlando Syrg Taschenbuch
ORSYTA 1 2024
Reihe Alte Tradition Azurcelesteblueoscuro
RAT ACBO 49

Nach der Übersetzung von Alexander Eliasberg
Durchsicht, Revision und Herausgabe:
Joerg K. Sommermeyer
Umschlaggestaltung (unter Verwendung eines Gemäldeausschnitts *„Fjodor Michailowitsch Dostojewski um 1872“* von Vasili Grigórievich Perov, 1834-1882, auf der Vorderseite): JS
Lektorat, Satz und Layout: Fritz Pernicke, JS, Hans Ohnson, Leon Alt, Gabi Michaelis, Florian Böttcher, Vera Wintherklayn, Willi Schmeißer, Georg Stefano, Isabella Willenberg, Ulf Sömmering, Werner Mannesschmidt, Maria Frauenhelm, Toni Rosenbach
Herstellung, Verlag BoD - Books on Demand, Norderstedt
Made in Germany
ISBN 9783758313813

Inhalt

In Memoriam

Ilse Fischer, gesch. Coillard, geb. Sommermeyer

11. Mai 1944, Brackenheim - 14. Mai 2013, Bremen

Liebe Ilse,
Me regarder vieillir passionnément
Encore espérer s'amuser de temps en temps
Faut tenir
Ne rien dire
Voilà tout!

JS, 14. Dezember 2023, frei nach Céline, auf der Reise ans Ende der Nacht …

Fjodor Michailowitsch Dostojewski

Aufzeichnungen aus einem Totenhaus

(Zapiski iz mertvogo doma, Vremja, St. Petersburg 1861/1862;
Deutsch von Alexander Eliasberg, Volksverband der Bücherfreunde,
Wegweiser-Verlag, Berlin 1923)

Einleitung

In den entfernten Gebieten Sibiriens, mitten unter Steppen, Bergen oder unwegsamen Wäldern, findet man ab und zu kleine Städte mit ein- höchstens zweitausend Einwohnern, aus Holz erbaut und unansehnlich, mit zwei Kirchen – die eine in der Stadt und die andere auf dem Friedhof, – Städte, die eher einem größeren Kirchdorf in der Nähe Moskaus als einer wirklichen Stadt gleichen. Sie sind gewöhnlich mit einer genügenden Anzahl von Isprawniks, Assessoren und sonstigen subalternen Beamten versehen. Im Allgemeinen ist der Dienst in Sibirien, trotz der Kälte, für die Beamten außerordentlich behaglich. Es leben da einfache, nicht liberale Menschen, und herrschen alte, festgefügte, von Jahrhunderten geheiligte Sitten. Die Beamten, die mit Recht die Rolle eines sibirischen Adels spielen, sind entweder eingeborene, eingefleischte Sibirier oder sind aus dem europäischen Russland, zum größten Teil aus den Hauptstädten zugezogen, von den Reisevorschüssen, die niemals verrechnet werden, den doppelten Vorspanngeldern und rosigen Hoffnungen auf die Zukunft verlockt. Diejenigen von ihnen, die des Lebens Rätsel zu lösen verstehen, bleiben für immer in Sibirien und fassen dort mit Genuss Wurzeln. Diese bringen später reiche und süße Früchte. Aber die anderen, die leichtsinnigen, die des Lebens Rätsel nicht zu lösen verstehen, haben von Sibirien bald genug und fragen sich mit Qual: »Warum sind wir eigentlich hergekommen?« Sie absolvieren mit Ungeduld die gesetzliche dreijährige Dienstzeit, nach deren Verlauf sie sich sogleich um eine Versetzung bemühen, und kehren heim, auf Sibirien schimpfend und es verspottend. Sie sind im Unrecht. Nicht nur in Ansehung des Dienstes, sondern auch in verschiedenen anderen Hinsichten kann man in Sibirien wohl ein glückliches Leben führen. Das Klima ist vorzüglich; es gibt viele außerordentlich reiche und gastfreundliche Kaufleute und auch viele vermögende Fremdstämmige. Die jungen Mädchen blühen wie die Rosen und sind im höchsten Grade tugendhaft. Das Wildbret fliegt in den Straßen herum und stößt von selbst auf den Jäger. Champagner wird in unnatürlichen Mengen getrunken. Die Ernte ist stellenweise fünfzehnfach … Es ist überhaupt ein gesegnetes Land. Man muss nur verstehen, seinen Nutzen daraus zu ziehen. Und in Sibirien versteht man sich darauf.

In einem solcher lustigen selbstzufriedenen Städtchen mit der liebenswürdigsten Bevölkerung, die eine unauslöschliche Erinnerung in meinem Herzen zurückließ, lernte ich einen gewissen Alexander Petrowitsch Gorjantschikow kennen, einen Ansiedler, der im europäischen Russland als adeliger Gutsbesitzer geboren, wegen der Ermordung seiner Frau zu Zwangsarbeit zweiter Klasse nach Sibirien verbannt worden war und nach Abbüßung der gesetzlichen zehnjährigen Strafzeit ein stilles und bescheidenes Leben als Ansiedler im Städtchen K. fristete. Eigentlich war er nach einer in der Nähe dieser Stadt gelegenen Dorfgemeinde zuständig, wohnte aber in der Stadt, wo er die Möglichkeit hatte, durch Unterrichtung von Kindern seinen Lebensunterhalt zu verdienen. In den sibirischen Städten trifft man oft als Lehrer solche ehemalige Verbannte; man hat hier keinerlei Vorurteile gegen sie. Sie unterrichten vorwiegend in der französischen Sprache, die im Leben so dringend notwendig ist und von der man, ohne sie, in den entlegenen Gegenden Sibiriens keine Ahnung gehabt hätte. Ich traf Alexander Petrowitsch zum ersten Mal im Haus eines alten verdienten und gastfreundlichen Beamten, Iwan Iwanytsch Gwosdikow, welcher fünf Töchter verschiedenen Alters hatte, die zu den schönsten Hoffnungen berechtigten. Alexander Petrowitsch gab ihnen Unterricht, viermal in der Woche zu dreißig Kopeken in Silber für die Stunde. Sein Äußeres weckte mein Interesse. Er war ein außerordentlich blasser und hagerer Mann, noch nicht alt, von etwa fünfunddreißig Jahren, klein und schwächlich. Er kleidete sich immer sehr sauber und nach europäischer Art. Wenn man mit ihm ein Gespräch begann, so sah er einen außerordentlich durchdringend und aufmerksam an und hörte mit strenger Höflichkeit zu, als sinne er über jedes Wort nach, als sähe er in jeder an ihn gerichteten Frage eine Aufgabe, oder als wolle man ihm irgendein Geheimnis entlocken. Schließlich antwortete er klar und kurz, aber jedes Wort dermaßen abwägend, dass man sich plötzlich aus irgendeinem Grund geniert fühlte und schließlich froh war, wenn das Gespräch ein Ende nahm. Ich erkundigte mich über ihn schon damals bei Iwan Iwanytsch und erfuhr, dass Gorjantschikow ein tadelloses und sittliches Leben führte; sonst würde Iwan Iwanytsch seine Töchter nicht von ihm unterrichten lassen; er sei aber furchtbar menschenscheu, gehe allen aus dem Weg, sei außerordentlich gebildet, lese viel, spreche aber sehr wenig, und es sei außerordentlich schwer, mit ihm ins Gespräch zu kommen. Andere behaupteten, er sei entschieden verrückt, obwohl sie es im Grunde genommen für keinen so großen Fehler hielten; viele der angesehenen Bewohner der Stadt seien bereit, Alexander Petrowitsch auf die freundlichste Weise zu behandeln, er könne sogar nützlich sein und verstünde Bittgesuche aufzusetzen usw. Man nahm an, dass er anständige Verwandte in Russland habe, die vielleicht nicht zu den unbedeutendsten Menschen gehörten, aber man wusste, dass er seit seiner Verbannung alle Beziehungen zu denselben abgebrochen hatte, kurz, dass er sich selbst schädigte. Außerdem kannten bei uns alle seine Geschichte und wussten, dass er seine Frau im ersten Jahr des Ehelebens aus Eifersucht ermordet und sich dann selbst angezeigt hatte (was das Strafmaß bedeutend gemildert hatte). Solche Verbrechen werden aber stets als Unglücksfälle angesehen und erregen Mitleid. Trotz alledem ging aber der Sonderling allen hartnäckig aus dem Weg und erschien unter Menschen nur, um Stunden zu geben.

Anfangs schenkte ich ihm keine besondere Beachtung, aber er fing mich allmählich zu interessieren an, ich weiß selbst nicht warum. Es war in ihm etwas Rätselhaftes. Mit ihm richtig ins Gespräch zu kommen, war absolut unmöglich. Natürlich gab er auf alle meine Fragen immer Antwort und sogar mit solcher Miene, als hielte er es für seine allererste Pflicht; aber nach seinen Antworten war es mir irgendwie schwer, ihn weiter auszufragen; auch drückte sein Gesicht nach einem solchen Gespräch immer Qual und Ermüdung aus. Ich erinnere mich noch, wie ich einmal an einem schönen Sommerabend mit ihm von Iwan Iwanytsch ging. Plötzlich fiel mir ein, ihn für eine Weile zu mir einzuladen, um eine Zigarette zu rauchen. Ich kann gar nicht beschreiben, was für ein Schrecken sich da auf seinem Gesicht zeigte; er verlor ganz die Fassung, fing an, irgendwelche unzusammenhängende Worte zu stammeln, warf mir plötzlich einen gehässigen Blick zu und rannte in die entgegengesetzte Richtung davon. Ich war sogar erstaunt. Von nun an sah er mich bei jeder neuen Begegnung erschrocken an. Ich beruhigte mich aber nicht; etwas an ihm zog mich an, und etwa vier Wochen später ging ich so ganz ohne jeden Anlass selbst zu Gorjantschikow. Natürlich war es dumm und taktlos von mir. Er wohnte am äußersten Ende der Stadt bei einer alten Kleinbürgerin, die eine schwindsüchtige Tochter hatte; diese hatte aber ein uneheliches Kind, ein etwa zehnjähriges, hübsches und heiteres Mädelchen. Alexander Petrowitsch saß, als ich kam, mit der Kleinen und unterrichtete sie im Lesen. Als er mich erblickte, geriet er in solche Verwirrung, als hätte ich ihn bei einem Verbrechen ertappt. Er verlor alle Fassung, sprang vom Stuhl auf und sah mich starr an. Endlich nahmen wir Platz; er verfolgte aufmerksam jeden meiner Blicke, als witterte er in jedem von ihnen einen besonderen geheimnisvollen Sinn. Ich merkte, dass er misstrauisch war bis zum Wahnsinn. Er sah mich mit Hass an und schien mich fragen zu wollen, ob ich nicht bald weggehen würde. Ich brachte das Gespräch auf unser Städtchen und auf die laufenden Neuigkeiten; er schwieg und lächelte gehässig; es zeigte sich, dass er die allergewöhnlichsten, allen bekannten städtischen Neuigkeiten nicht nur nicht kannte, sondern sich für sie nicht einmal interessierte. Dann sprach ich vom Land, in dem wir wohnten, und von seinen Bedürfnissen; er hörte mir schweigend zu und sah mir so merkwürdig in die Augen, dass ich mich plötzlich dieses Gesprächs schämte. Übrigens gelang es mir fast, ihn durch die neuen Bücher und Zeitschriften, die ich bei mir hatte, in Versuchung zu bringen; sie waren soeben mit der Post angekommen, und ich bot sie ihm noch unaufgeschnitten an. Er warf auf sie einen gierigen Blick, gab aber sofort seine Absicht auf und wies mein Angebot zurück, mit der Ausrede, dass er keine Zeit habe. Endlich verabschiedete ich mich von ihm und fühlte, als ich ihn verlassen hatte, wie mir ein schwerer Stein vom Herzen gefallen war. Ich schämte mich, und es erschien mir außerordentlich dumm, einem Menschen nachzulaufen, der es sich zur Hauptaufgabe gemacht hatte, sich so weit wie möglich von der gesamten Welt zu verstecken. Aber es war einmal geschehen. Ich erinnere mich, dass ich bei ihm fast gar keine Bücher gesehen habe; folglich stimmte es nicht, wenn man sagte, dass er viel lese. Als ich aber ein paar Mal zu einer sehr späten Nachtstunde an seinen Fenstern vorüberfuhr, sah ich in ihnen Licht. Was mochte er treiben, wenn er so bis zur Morgendämmerung aufblieb? Vielleicht schrieb er? Und wenn ja, was mochte er schreiben?

Die Umstände hielten mich an die drei Monate von unserem Städtchen fern. Als ich im Winter zurückkehrte, erfuhr ich, dass Alexander Petrowitsch im Herbst gestorben war, und zwar in voller Einsamkeit, ohne auch nur einmal einen Arzt gerufen zu haben. Im Städtchen hatte man ihn fast gänzlich vergessen. Seine Wohnung stand leer. Ich machte unverzüglich die Bekanntschaft der Wirtin des Verstorbenen, in der Absicht, von ihr zu erfahren, womit sich ihr Mieter eigentlich beschäftigt oder ob er nicht etwas geschrieben habe. Für ein Zwanzigkopekenstück brachte sie mir einen ganzen Korb Papiere, die der Verstorbene hinterlassen hatte. Die Alte gestand mir, dass sie zwei Hefte bereits aufgebraucht hatte. Sie war ein mürrisches und wortkarges Frauenzimmer, aus dem man schwer etwas herausbringen konnte. Über ihren Mieter vermochte sie mir nichts Neues zu erzählen. Nach ihren Worten hatte er fast nie etwas getan und monatelang weder ein Buch aufgeschlagen, noch eine Feder zur Hand genommen; dafür sei er nächtelang in seinem Zimmer auf und ab gegangen und habe über etwas nachgedacht, zuweilen sogar mit sich selbst gesprochen. Er hätte ihre Enkeltochter Katja sehr lieb gewonnen und sei immer freundlich zu ihr gewesen, besonders nachdem er erfahren hatte, dass sie Katja heiße; am Katherinentag sei er stets in die Kirche gegangen und habe eine Totenmesse lesen lassen. Gäste hätte er nicht leiden können; das Haus habe er nur verlassen, um Stunden zu geben; er hätte sogar sie, die Alte, selbst scheel angesehen, wenn sie einmal in der Woche zu ihm gekommen sei, um sein Zimmer ein wenig aufzuräumen, und habe zu ihr in den ganzen drei Jahren fast kein einziges Wort gesprochen. Ich fragte Katja, ob sie sich ihres Lehrers erinnere. Sie sah mich schweigend an, wandte sich dann zur Wand und fing zu weinen an. Also hat es dieser Mensch doch vermocht, in jemand Liebe zu erwecken.

Ich nahm seine Papiere mit und wühlte in ihnen einen ganzen Tag. Drei Viertel davon waren leere unbedeutende Fetzen oder Schreibübungen seiner Schüler. Aber es fand sich auch ein Heft dabei, recht umfangreich, eng vollgeschrieben und unvollendet, vielleicht vom Verfasser selbst aufgegeben und vergessen. Es war eine, wenn auch zusammenhanglose Beschreibung des zehnjährigen Zuchthauslebens, das Alexander Petrowitsch abgebüßt hatte. Stellenweise war diese Beschreibung durch einen anderen Bericht unterbrochen, durch seltsame, schreckliche Erinnerungen, hastig und krampfhaft, wie unter einem Zwang hingeworfen. Ich las diese Bruchstücke einige Mal durch und gewann fast die Überzeugung, dass sie im Wahnsinn geschrieben worden seien. Aber die Zuchthausaufzeichnungen, – *»Szenen aus einem toten Hause«*, – wie der Autor sie selbst an einer Stelle seines Manuskripts nannte, – erschienen mir nicht ganz uninteressant. Eine gänzlich neue, bisher unbekannte Welt, die Seltsamkeit mancher Tatsachen, einige besondere Bemerkungen über verlorene Menschen – all das fesselte mich, und ich las vieles mit Interesse. Natürlich kann ich mich auch irren. Aber ich wähle zur Probe erst zwei oder drei Kapitel aus; mag das Publikum selbst urteilen …

Erster Teil

I

Das tote Haus

Unser Zuchthaus lag am Rand der Festung, dicht am Festungswall. Wenn man zuweilen einen Blick durch die Spalten im Zaun auf die Welt Gottes warf, – ob man nicht etwas von ihr sehen könne, – so sah man nur ein Stückchen Himmel und den hohen, von Unkraut überwucherten Festungswall, auf dem Tag und Nacht Wachtposten auf und ab gingen; und man dachte sich dann: Es werden noch ganze Jahre vergehen, und wenn man wieder einmal einen Blick durch eine Spalte im Zaune wirft, wird man den gleichen Wall, die gleichen Wachtposten und das gleiche Stückchen Himmel sehen, nicht den Himmel, der über dem Zuchthaus ist, sondern einen anderen, freien, fernen Himmel. Man denke sich einen großen Hof, zweihundert Schritt lang und hundertfünfzig Schritt breit, von allen Seiten von einem hohen Palisadenzaun in Form eines unregelmäßigen Sechseckes umgeben, d. h. von einem Zaun aus hohen, senkrechten, tief in die Erde eingegrabenen, mit den Kanten fest zusammengefügten, durch Querbalken verstärkten und oben zugespitzten Pfählen; das ist die äußere Umzäunung des Zuchthauses. An der einen Seite dieser Umzäunung ist ein festes Tor angebracht, das immer verschlossen ist und Tag und Nacht von Posten bewacht wird; es wird nur auf besonderen Befehl geöffnet, um die Sträflinge zur Arbeit hinauszulassen. Hinter diesem Tor lag die helle freie Welt, wo Menschen wie Menschen lebten. Aber diesseits der Umzäunung stellte man sich jene Welt als ein unerfüllbares Märchen vor. Hier war eine eigene Welt, die keiner anderen ähnlich sah; hier waren eigene Gesetze, eine eigene Tracht, eigene Sitten und Gebräuche, ein Haus für lebende Tote, ein Leben, wie sonst nirgends, und eigene Menschen. Diesen eigentümlichen Winkel will ich nun beschreiben.

Wenn man in die Umzäunung tritt, so erblickt man innerhalb derselben mehrere Gebäude. Zu beiden Seiten des breiten Innenhofes ziehen sich zwei lange einstöckige aus runden Balken erbaute Flügel hin. Das sind die Kasernen. In ihnen leben die Sträflinge nach Kategorien verteilt. In der Tiefe des Hofes liegt noch ein drittes Haus, ebenfalls aus runden Balken. Es ist die in zwei Betriebe geteilte Küche; weiter liegt noch ein Gebäude, das unter demselben Dache die Keller, Speicher und Schuppen vereinigt. Die Mitte des Hofes ist leer und bildet einen ebenen, ziemlich geräumigen Platz. Hier stellen sich die Sträflinge in Reih und Glied auf, hier findet morgens, mittags und abends die Kontrolle und der Appell statt, manchmal sogar noch einige Mal am Tage, je nach der Gewissenhaftigkeit der Wache und deren Geschicklichkeit im raschen Zählen. Ringsum zwischen den Gebäuden und dem Zaun bleibt noch ein ziemlich großer freier Raum. Hier, hinter den Gebäuden, pflegen diejenigen Sträflinge, die besonders scheu und düster sind, in der arbeitsfreien Zeit, von allen Blicken geschützt, auf und ab zu wandern und ihren Gedanken nachzugehen. Wenn ich ihnen bei ihren Spaziergängen begegnete, betrachtete ich gerne ihre finsteren, gebrandmarkten Gesichter und bemühte mich, ihre Gedanken zu erraten. Es war ein Sträfling darunter, dessen Lieblingsbeschäftigung darin bestand, in der freien Zeit die Palisadenpfähle zu zählen. Es waren ihrer an die anderthalbtausend, und er kannte jeden einzelnen Pfahl ganz genau. Jeder von ihnen bedeutete für ihn einen Tag; jeden Tag zählte er einen Pfahl ab und konnte auf diese Weise nach der Menge der noch nicht abgezählten Pfähle ersehen, wie viel Tage er noch bis zum Ablauf der Straffrist im Zuchthaus bleiben musste. Er freute sich aufrichtig, wenn eine der Seiten des Sechsecks erledigt war. Er hatte noch viele Jahre zu warten, aber im Zuchthause hatte man Zeit, um Geduld zu lernen. Einmal sah ich, wie ein Arrestant, der zwanzig Jahre in der Zwangsarbeit verbracht hatte und nun in die Freiheit gelassen wurde, sich von seinen Kameraden verabschiedete. Es gab Leute, die sich noch erinnerten, wie er zum ersten Mal das Zuchthaus betreten hatte, jung, sorglos, ohne an sein Verbrechen und an die Strafe zu denken. Nun ging er als ergrauter Greis mit düsterem und traurigem Gesicht in die Freiheit. Schweigend machte er die Runde durch alle unsere sechs Kasernen. Beim Eintritt in jede Kaserne, verrichtete er erst ein kurzes Gebet vor den Heiligenbildern, verbeugte sich dann tief vor den Kameraden und bat sie, seiner nicht im Bösen zu gedenken. Ich erinnere mich auch, wie ein Arrestant, ein ehemaliger vermögender sibirischer Bauer eines Abends vor das Tor gerufen wurde. Ein halbes Jahr vorher hatte er die Nachricht erhalten, dass seine frühere Frau sich verheiratet habe, und das hatte ihn sehr betrübt. Nun war sie selbst am Zuchthaus vorgefahren, hatte ihn herausrufen lassen und ihm ein Almosen gereicht. Sie sprachen an die zwei Minuten miteinander, weinten ein wenig und nahmen dann für immer Abschied. Ich sah sein Gesicht, als er in die Kaserne zurückkehrte … Ja, an diesem Ort konnte man Geduld lernen.

Wenn es dunkelte, wurden wir alle in die Kasernen gebracht und für die ganze Nacht eingesperrt. Es fiel mir immer schwer, aus dem Freien in die Kaserne zurückzukehren. Es war ein langer, niederer Raum, spärlich von Talglichtern erleuchtet, mit einem schweren, stickigen Geruch. Jetzt kann ich nicht begreifen, wie ich darin die zehn Jahre habe aushalten können. Auf der Pritsche hatte ich drei Bretter zu meiner Verfügung, das war mein ganzer Raum. Auf der gleichen Pritsche lagen in unserem Zimmer allein an die dreißig Menschen. Im Winter wurde die Kaserne schon früh geschlossen, und es dauerte an die vier Stunden, bis alle eingeschlafen waren. Bis dahin war aber ein Lärm, ein Geschrei, ein Lachen, ein Geschimpfe, Klirren von Ketten, Qualm und Dunst; ein Gewirr von rasierten Köpfen, gebrandmarkten Gesichtern, gescheckten Kleidern, alles geächtet und gezeichnet … ja, der Mensch ist eben zäh! Der Mensch ist ein Wesen, das sich an alles gewöhnt, und ich glaube, dass dies die beste Definition für ihn ist.

Wir waren unser im Zuchthaus im Ganzen an die zweihundertfünfzig Mann; diese Zahl blieb fast immer unverändert. Die einen kamen, die anderen büßten ihre Zeit ab und gingen, die dritten starben. Und was für Leute gab es da nicht alles! Ich glaube, jedes Gouvernement, jedes Gebiet Russlands hatte hier seine Vertreter. Es gab auch einige Fremdstämmige, sogar einige Verbannte aus den kaukasischen Bergvölkern. Alle waren nach dem Grad ihrer Verbrechen eingeteilt, folglich auch nach der Zahl der Jahre, die ihnen für ihre Verbrechen zudiktiert waren. Es ist anzunehmen, dass es kein Verbrechen gibt, das hier nicht seinen Vertreter hatte. Den Grundstock der Zuchthausbevölkerung bildeten die zu Zwangsarbeit Verbannten aus dem Zivilstand (die *»Zuviel-Verbannten«*, wie die Arrestanten selbst das Wort aussprachen). Dies waren Verbrecher, denen alle Bürgerrechte aberkannt waren, von der Gesellschaft ausgestoßene Elemente, mit gebrandmarkten Gesichtern, die von ihrer Ächtung ewig zeugen sollten. Sie kamen zur Zwangsarbeit auf acht bis zwölf Jahre und wurden später in die verschiedenen sibirischen Landgemeinden als Ansiedler verschickt. Es gab auch Verbrecher aus dem Militärstand, die ihre Standesrechte behalten hatten, wie es ja in den russischen Strafkompanien immer der Fall ist. Diese wurden nur für kurze Zeit verbannt, nach deren Ablauf sie wieder dorthin zurückkehrten, woher sie gekommen waren, in die sibirischen Linienbataillone. Viele von ihnen kehrten fast sogleich wegen neuer schwerer Verbrechen ins Zuchthaus zurück, aber nicht mehr auf kurze Zeit, sondern auf zwanzig Jahre. Diese Kategorie Sträflinge nannte man die »Dauersträflinge«. Aber auch die »Dauersträflinge« verloren doch nicht alle Standesrechte. Schließlich gab es noch eine eigene Kategorie der schwersten Verbrecher, vorwiegend aus dem Militärstand, die recht zahlreich waren. Diese bildeten die »Besondere Abteilung«. Aus ganz Russland wurden Verbrecher hergeschickt. Sie hielten sich selbst für lebenslänglich verbannt und kannten die Frist ihrer Zwangsarbeit nicht. Nach dem Gesetz musste ihr Arbeitspensum verdoppelt und verdreifacht werden. Sie waren im Zuchthaus nur »bis zur Einrichtung der schwersten Zwangsarbeit« untergebracht. »Ihr seid nur auf eine Zeit hier, wir aber bleiben ewig«, sagten sie zu den anderen Sträflingen. Später hörte ich, dass diese ganze Kategorie aufgehoben worden sei. Außerdem ist in unserer Festung auch die Zivilabteilung abgeschafft und eine gemeinsame militärische Arrestantenkompanie eingeführt worden. Selbstverständlich wechselte mit diesen Veränderungen auch die Obrigkeit. Also beschreibe ich Geschehnisse der alten Zeit, längst vergangene und vergessene Dinge.

Es liegt schon weit zurück, und ich sehe jetzt alles wie im Traum. Ich erinnere mich noch, wie ich das Zuchthaus zum ersten Mal betrat. Es war an einem Januarabend. Es dunkelte schon, die Leute kamen von der Arbeit zurück und bereiteten sich auf die Kontrolle vor. Ein schnauzbärtiger Unteroffizier machte mir endlich die Tür zu dem seltsamen Haus auf, in dem es mir beschieden war, so viele Jahre zu bleiben, so viele Empfindungen zu kosten, von denen ich, ohne sie am eigenen Leib erlebt zu haben, unmöglich einen Begriff hätte haben können. Ich hatte mir z. B. unmöglich vorstellen können, dass es so schrecklich und qualvoll ist, die ganzen zehn Jahre meines Zuchthauslebens keine einzige Minute allein bleiben zu können. Bei der Arbeit war ich stets mit Begleitmannschaften, in der Kaserne – mit zweihundert Genossen, aber kein einziges Mal, niemals allein! Das ist übrigens nicht das Einzige, woran ich mich habe gewöhnen müssen!

Es gab hier Mörder aus Zufall und berufsmäßige Mörder, Räuber und Räuberhauptleute. Es gab einfache Gauner und Vagabunden, Spezialisten für die verschiedensten Verbrechen. Es gab auch solche, von denen man schwer entscheiden konnte, weshalb sie hergeraten waren. Dabei hatte aber ein jeder seine Geschichte, verworren und schwer wie ein Katzenjammer nach vorhergehendem Rausch. Im Allgemeinen sprachen sie über ihre Vergangenheit wenig, erzählten nicht gern und bemühten sich offenbar, an ihre Vergangenheit nicht zu denken. Ich kannte selbst unter den Mördern Leute, die so lustig waren und sich so wenig Gedanken machten, dass man wetten konnte, ihr Gewissen hätte sie noch niemals gemahnt. Es gab aber auch düstere, fast immer schweigsame Menschen. Von seinem Leben erzählte überhaupt fast niemand, und es war auch nicht üblich, sich dafür zu interessieren: Neugier war hier einfach nicht Mode. Es passierte höchstens einmal, dass einer, einfach um die Zeit totzuschlagen, etwas erzählte, und ein anderer ihm kaltblütig und düster zuhörte. Hier konnte niemand den anderen imponieren. »Wir sind erfahrene Menschen!« sagten sie oft mit einer eigentümlichen Selbstzufriedenheit. Ich erinnere mich, wie ein Räuber einmal im Rausch (es gab im Zuchthaus wohl die Möglichkeit, sich zu betrinken) zu erzählen begann, wie er einen fünfjährigen Jungen ermordet hatte; er hatte ihn vorher mit einem Spielzeug an sich gelockt, dann in einen leeren Schuppen verschleppt und dort abgeschlachtet. Die ganze Kaserne, die bis dahin über seine Scherze gelacht hatte, schrie wie ein Mann auf, und der Räuber musste verstummen; die Kaserne hatte nicht etwa aus Empörung geschrien, sondern nur, weil man »über solche Dinge« nicht reden durfte, weil es nicht Sitte war, »darüber« zu sprechen. Ich will bei dieser Gelegenheit bemerken, dass die Leute wirklich nicht ungelehrt waren, sogar im buchstäblichen und nicht nur übertragenen Sinn dieses Wortes. Sicher mehr als die Hälfte von ihnen verstand zu lesen und zu schreiben. An welchem anderen Ort, wo sich das russische Volk in großen Massen versammelt, könnte man darunter einen Haufen von zweihundertfünfzig Mann finden, von denen die Hälfte zu lesen verstünde? Später hörte ich, jemand hätte aus solchen Daten den Schluss gezogen, der Schulunterricht verderbe das Volk. Dies ist aber eine Täuschung. Es sind hier ganz andere Gründe im Spiel, obwohl es sich nicht leugnen lässt, dass die Schulbildung im Volk Selbstvertrauen zeitigt. Aber das ist durchaus kein Fehler. – Alle Kategorien wurden nach der Kleidung unterschieden. Bei den einen waren die Jacken zur Hälfte dunkelbraun und zur Hälfte grau, ebenso das eine Hosenbein grau und das andere dunkelbraun. Einmal bei der Arbeit betrachtete mich ein kleines Mädel, das den Arrestanten Semmeln feilbot, sehr lange und fing plötzlich zu lachen an. »Pfui, wie hässlich!« schrie sie auf: »Es hat weder graues, noch schwarzes Tuch gereicht!« Es gab auch solche, bei denen die ganze Jacke aus grauem Tuch war, aber mit dunkelbraunen Ärmeln. Auch die Köpfe wurden auf verschiedene Weise rasiert: bei den einen der Länge nach, bei den andern quer.

Auf den ersten Blick konnte man in dieser ganzen seltsamen Familie etwas auffallend Gemeinsames bemerken; selbst die ausgeprägtesten und originellsten Persönlichkeiten, die sich unwillkürlich von den anderen abhoben, gaben sich Mühe, aus dem allgemeinen Ton des ganzen Zuchthauses nicht herauszufallen. Ich will im Allgemeinen sagen, dass alle diese Leute, mit Ausnahme weniger unverwüstlich heiterer Menschen, die infolgedessen allgemeine Verachtung genossen, ein mürrisches, neidisches, furchtbar ehrgeiziges, prahlerisches, empfindliches und auf die äußeren

Formen versessenes Volk waren. Die Fähigkeit, über nichts zu staunen, galt hier als die höchste Tugend. Alle hatten hier die fixe Idee, äußerlich Haltung zu wahren. Aber auch der hochmütigste Ausdruck veränderte sich gar nicht selten mit der Schnelligkeit des Blitzes in den kleinmütigsten. Es waren auch einige wirklich starke Naturen dabei, diese gaben sich einfach und natürlich. Aber seltsam! Unter diesen wahrhaft starken Naturen waren einige im höchsten Grad, fast bis zur Krankheit, ruhmsüchtig. Ruhmsucht und jede Äußerlichkeit standen überhaupt auf dem ersten Plan. Die Mehrzahl war außerordentlich verdorben und demoralisiert. Es gab ständig Klatsch und Intrigen; es war eine wahre Hölle. Aber niemand wagte, gegen die inneren Sitten und Gebräuche des Zuchthauses aufzubegehren; alle fügten sich ihnen. Es gab auch scharf ausgeprägte Charaktere, die sich nur mit der größten Anstrengung fügen konnten, sich aber schließlich doch fügten. Es kamen Leute ins Zuchthaus, die es in der Freiheit schon zu toll getrieben und alle Schranken überschritten hatten, sodass sie auch ihre Verbrechen zuletzt gleichsam unbewusst, wie im Rausch verübten, oft aus einer bis zum höchsten Grad gesteigerten Ruhmsucht. Bei uns wurden sie aber sofort zurechtgewiesen, obwohl manche von ihnen vor ihrer Ankunft im Zuchthaus der Schrecken ganzer Dörfer und Städte gewesen waren. Wenn so ein Neuling sich hier umsah, merkte er bald, dass dies nicht der richtige Ort zum Prahlen sei, dass er hier niemand imponieren könne; er demütigte sich allmählich und passte sich dem allgemeinen Ton an. Dieser allgemeine Ton bestand äußerlich aus einem besondern, eigentümlichen Selbstbewusstsein, von dem fast jeder Bewohner des Zuchthauses durchdrungen war; als wäre die Stellung eines verurteilten Zuchthäuslers in der Tat ein Ehrenamt. Keine Spur von Scham und Reue! Es gab übrigens auch eine gewisse, sozusagen offizielle Demut, ein ruhiges Sichbescheiden: »Wir sind verlorene Menschen«, pflegten sie zu sagen, »wir haben nicht verstanden, in Freiheit zu leben und müssen jetzt daher Spießruten laufen.« – »Wir haben auf Vater und Mutter nicht gehört, müssen jetzt auf das Trommelfell hören.« – »Wir wollten nicht mit Gold sticken, müssen jetzt dafür Steine klopfen.« – Dies alles wurde oft als eine Art Moralpredigt, und auch als eine Redensart gesagt, aber niemals ernsthaft. Es waren nur Worte. Kaum einer der Arrestanten gestand sich seine Ruchlosigkeit innerlich ein. Hätte jemand von den Zuchthäuslern versucht, einem andern Arrestanten sein Verbrechen vorzuwerfen, ihn deswegen zu schelten (obwohl es übrigens dem russischen Geist gar nicht entspräche, jemand sein Verbrechen vorzuwerfen), – so würde das Fluchen gar kein Ende nehmen. Was für Meister waren sie aber im Fluchen! Sie fluchten raffiniert, direkt künstlerisch. Das Fluchen war bei ihnen zu einer förmlichen Wissenschaft erhoben; man legte weniger Gewicht auf ein kränkendes Wort, als auf den kränkenden Sinn und Geist; so etwas wirkt aber immer raffinierter und giftiger. Die ewigen Streitigkeiten entwickelten diese Kunst noch mehr. Dieses ganze Volk arbeitete unter dem Stock, folglich war es im Grunde genommen müßig und demoralisiert; wenn einer nicht schon früher demoralisiert war, so wurde er es im Zuchthaus. Alle waren ja nicht nach freiem Willen hergekommen; alle waren einander fremd.

»Der Teufel hat drei Paar Bastschuhe aufgebraucht, ehe er uns alle zusammengebracht hat!« pflegten sie zu sagen, und darum standen Klatsch, Intrigen, Verleumdungen, Neid, Zwietracht und Hass im Vordergrund dieses Höllenlebens. Kein Weib war imstande, so sehr Weib zu sein, wie es manche von diesen Mördern waren. Ich wiederhole, es gab unter ihnen auch starke Charaktere, die gewohnt waren, ihr Leben lang Gewalt zu üben und zu befehlen, abgehärtete und furchtlose Menschen. Solche achtete man unwillkürlich, und sie selbst, wie stolz sie auch auf ihren Ruf waren, gaben sich im allgemeinen Mühe, den anderen nicht zur Last zu fallen; sie ließen sich nie in leere Streitigkeiten ein, benahmen sich mit ungewöhnlicher Würde, waren vernünftig und fast immer der Obrigkeit gehorsam, – nicht aus Prinzip, nicht aus Pflichtgefühl, sondern gleichsam auf Grund eines Vertrags, in der Erkenntnis des gegenseitigen Vorteils. Sie wurden übrigens mit Vorsicht behandelt. Ich erinnere mich noch, wie ein solcher Arrestant, ein furchtloser und zu allem fähiger Mensch, dessen tierische Neigungen der Obrigkeit bekannt waren, wegen irgendeines Verbrechens bestraft werden sollte. Es war an einem Sommertag, während der arbeitsfreien Zeit. Der Stabsoffizier, der nächste und unmittelbare Vorgesetzte des Zuchthauses, kam persönlich auf die Hauptwache, die sich dicht am Tore befand, um der Exekution beizuwohnen. Dieser Major war für die Arrestanten ein seltsam fatales Wesen; er hatte sie so weit gebracht, dass sie vor ihm zitterten. Er war wahnsinnig streng und »stürzte sich über die Menschen«, wie die Zuchthäusler zu sagen pflegten. Am meisten fürchteten sie seinen durchdringenden Luchsblick, dem nichts entging. Er sah alles ohne hinzuschauen. Beim Betreten des Zuchthauses wusste er schon immer, was am anderen Ende desselben los war. Die Arrestanten nannten ihn den »Achtäugigen«. Sein System war aber falsch. Er erbitterte nur die schon ohnehin erbitterten Menschen durch seine rasenden, bösen Handlungen, und wenn er nicht den Kommandanten, einen edlen und verständigen Menschen, der seine wilden Ausbrüche zuweilen milderte, über sich hätte, so hätte er mit seinem Regiment viel Unheil angerichtet. Ich begreife nicht, wie ihm alles so glücklich hat ablaufen können; er hat den Dienst quittiert und ist noch frisch und gesund, obwohl er sich übrigens vor Gericht zu verantworten hatte.

Der Arrestant erbleichte, als man ihn rief. Gewöhnlich legte er sich schweigend und tapfer auf die Bank, empfing stumm die Rutenstrafe, erhob sich nach derselben wie aus dem Schlaf erwacht und betrachtete sein Missgeschick kaltblütig und philosophisch. Man behandelte ihn übrigens immer vorsichtig. Aber diesmal hielt er sich aus irgendeinem Grunde für unschuldig. Er erbleichte und brachte es fertig, sich unbemerkt vom Wachsoldaten ein scharfes englisches Schuhmachermesser in den Ärmel zu stecken. Messer und alle scharfen Instrumente waren im Zuchthause strengstens verboten. Durchsuchungen fanden häufig und unerwartet statt, sie waren immer sehr gründlich und die Strafen grausam; da es aber immer schwer ist, bei einem Dieb etwas zu finden, was er verstecken will, und da die Messer und Instrumente im Zuchthaus zu den notwendigsten Gegenständen gehörten, so waren sie trotz der Durchsuchungen nicht auszurotten. Und wenn man einem eins abnahm, so schaffte er sich bald ein neues an. Das ganze Zuchthaus stürzte zum Zaun und blickte mit stockendem Herzen durch die Pfähle. Alle wussten, dass Petrow sich diesmal der Rutenstrafe nicht unterziehen wollen würde und dass dem Major das Ende winke. Aber unser Major setzte sich im letzten Augenblick in den Wagen und fuhr davon, nachdem er den Vollzug der Exekution einem anderen Offizier übertragen hatte. »Gott selbst hat ihn gerettet!« sagten nachher die Arrestanten. Und was Petrow betrifft, so ließ er sich die Strafe mit der größten Ruhe gefallen. Seine Wut war mit der Abfahrt des Majors verpufft. Der Arrestant ist bis zu einem gewissen Grade gehorsam und gefügig, aber es gibt eine Grenze, die man niemals überschreiten darf. Es gibt übrigens nichts Interessanteres als solche seltsamen Ausbrüche von Trotz und Widersetzlichkeit. Ein Mensch lässt sich oft mehrere Jahre lang alles gefallen, er demütigt sich und erduldet die grausamsten Strafen, bricht aber plötzlich bei irgendeiner Kleinigkeit, einer Bagatelle, eines nichtigen Anlasses wegen los. Ich glaube, man kann ihn sogar für verrückt ansehen, und das tut man auch.

Wie ich schon sagte, habe ich im Lauf mehrerer Jahre unter allen diesen Menschen nicht das geringste Anzeichen von Reue, nicht den leisesten schweren Gedanken über das verübte Verbrechen wahrgenommen, und die Mehrzahl von ihnen hielt sich innerlich vollkommen im Recht. Das ist eine Tatsache. Natürlich sind Prahlsucht, schlechte Beispiele, falsche Scham in vielen Fällen die Ursache davon. Andererseits aber: Wer darf sagen, dass er die Tiefe dieser verlorenen Herzen erforscht und in ihnen das vor der ganzen Welt Verborgene gelesen hätte? Man könnte jedoch immerhin im Laufe so vieler Jahre wenigstens etwas bemerken, in diesen Herzen wenigstens einen Zug wahrnehmen und entdecken, der von einem inneren Schmerz und Leiden zeugte. Aber das war nicht der Fall, ganz bestimmt nicht. Ja, es ist wohl unmöglich, ein Verbrechen von einem fertigen, gegebenen Standpunkt aus zu begreifen, und seine Philosophie ist wohl etwas schwieriger als man annimmt. Die Zuchthäuser und das System der Zwangsarbeit bessern die Verbrecher natürlich nicht; sie strafen sie nur und schützen die Gesellschaft vor ferneren Attentaten des Verbrechers auf ihre Sicherheit. Aber im Verbrecher selbst wecken das Zuchthaus und die schwerste Zwangsarbeit nur einen Hass, eine Gier nach verbotenen Genüssen und einen furchtbaren Leichtsinn. Doch ich bin fest überzeugt, dass auch mit dem berühmten Zellensystem nur ein falsches, trügerisches, äußerliches Ziel erreicht wird. Es saugt aus dem Menschen seine Lebenskräfte heraus, es enerviert seine Seele, es schwächt und erschreckt sie und stellt dann die ausgetrocknete Mumie, den Halbverrückten als ein Muster der Besserung und der Reue hin. Der Verbrecher, der sich gegen die Gesellschaft erhoben hat, hasst sie natürlich und hält sich fast immer für unschuldig, sie aber für schuldig. Zudem hat er von ihr schon eine Strafe empfangen und sieht sich aus diesem Grund für geläutert und quitt an. Man kann die Sache schließlich auch von solchen Gesichtspunkten ansehen, dass man den Verbrecher selbst beinahe rechtfertigen müsste. Aber trotz der verschiedenen Gesichtspunkte wird jeder zugeben, dass es solche Verbrechen gibt, die immer und überall, nach allen bestehenden Gesetzen seit der Erschaffung der Welt als zweifellose Verbrechen galten und als solche gelten werden, solange der Mensch ein Mensch bleibt. Nur im Zuchthaus hörte ich Berichte über die schrecklichsten, widernatürlichsten Handlungen, über die ungeheuerlichsten Morde, die man mit dem unbefangensten, kindlich heitersten Lachen wiedergab. Besonders will mir ein Vatermörder nicht aus dem Sinn. Er war adliger Abstammung, hatte gedient und war bei seinem sechzigjährigen Vater eine Art verlorener Sohn gewesen. Er hatte ein äußerst ausschweifendes Leben geführt und bis an den Hals in Schulden gesteckt. Der Vater versuchte ihn zu zügeln und zu ermahnen; aber der Vater besaß ein Haus und ein Gut, man vermutete bei ihm auch Bargeld, und der Sohn ermordete den Vater, um ihn zu beerben. Das Verbrechen war erst nach einem Monat aufgedeckt worden. Der Mörder selbst hatte bei der Polizei Anzeige erstattet, dass sein Vater spurlos verschwunden sei. Diesen ganzen Monat verlebte er auf die liederlichste Weise. Endlich fand die Polizei in seiner Abwesenheit die Leiche des Ermordeten. Auf seinem Hof befand sich ein mit Brettern überdeckter Graben, der zum Abfluss der Fäkalien diente. Die Leiche lag in diesem Graben. Sie war bekleidet und gewaschen, der abgeschnittene ergraute Kopf war an den Rumpf angesetzt und ruhte auf einem Kissen. Der Mörder gestand nicht; er wurde der Adelsrechte und seiner Titel für verlustig erklärt und zu zwanzig Jahren Zwangsarbeit verbannt. Die ganze Zeit, in der ich mit ihm zusammen war, war er in der besten und heitersten Gemütsverfassung. Er war ein im höchsten Grad überspannter, leichtsinniger und unvernünftiger Mensch, aber gar nicht dumm. Ich konnte an ihm niemals irgendeine besondere Grausamkeit bemerken. Die Arrestanten verachteten ihn, aber nicht seines Verbrechens wegen, welches überhaupt niemals erwähnt wurde, sondern wegen seines dummen Gebarens und weil er sich nicht zu benehmen verstand. In den Gesprächen erwähnte er zuweilen seinen Vater. Als er mit mir einmal über die kräftige Konstitution, die in seiner Familie erblich sei, sprach, fügte er hinzu: »Auch mein Erzeuger hat sich bis zu seinem Tod nie über irgendeine Krankheit beklagt.« Eine solche tierische Gefühllosigkeit ist natürlich unmöglich. Sie ist ein Phänomen, und hier liegt irgendein organischer Fehler, irgendein körperlicher und sittlicher, der Wissenschaft noch unbekannter Defekt, aber kein gewöhnliches Verbrechen vor. Ich glaubte an dieses Verbrechen natürlich nicht; aber Leute aus seiner Stadt, die alle Einzelheiten seiner Geschichte kennen mussten, bestätigten mir die ganze Sache. Die Tatsachen waren so klar, dass es unmöglich war, daran nicht zu glauben.

Die Arrestanten hörten einmal nachts, wie er im Schlaf schrie: »Halt ihn, halt! Hau ihm den Kopf ab, den Kopf, den Kopf! … «

Fast alle Arrestanten sprachen und phantasierten im Schlaf. Am häufigsten kamen ihnen dabei Schimpfworte, Diebesausdrücke, Messer und Beile über die Lippen. »Wir sind ein geschlagenes Volk«, pflegten sie zu sagen, »unser ganzes Inneres ist zerschlagen, darum schreien wir auch des Nachts.«

Die staatliche Zwangsarbeit war keine Beschäftigung, sondern eine Pflicht: der Arrestant erledigte die ihm aufgegebene Arbeit oder absolvierte die vorgeschriebenen Arbeitsstunden und kam wieder ins Zuchthaus. Die Arbeit betrachtete man mit Hass. Ohne seine eigene Privatbeschäftigung, der er mit ganzer Seele und allen seinen Gedanken ergeben war, hätte ein Mensch im Zuchthaus überhaupt nicht leben können. Wie hätte auch dieses ganze verhältnismäßig zivilisierte Volk, das zügellos gelebt hatte und nach dem Leben lechzte, das gewaltsam von der Gesellschaft und vom normalen Leben losgerissen und hier zu einem Haufen zusammengeworfen war, sich normal und regelrecht, nach seinem Willen und seiner Lust einleben können! Schon infolge des Müßigganges allein müssten hier solche verbrecherische Neigungen zur Entwicklung kommen, von denen sie früher keine Ahnung hatten. Ohne Arbeit und ohne ein gesetzlich erlaubtes, normales Eigentum kann der Mensch nicht leben und sinkt zu einem Tier herab. Darum hatte ein jeder von den Zuchthäuslern infolge eines natürlichen Bedürfnisses und eines gewissen Selbsterhaltungstriebs sein eigenes Handwerk und seine eigene Beschäftigung. Der lange Sommertag war fast ganz mit Zwangsarbeit ausgefüllt, und in der kurzen Sommernacht konnte man kaum ausschlafen. Aber im Winter musste der Arrestant nach den Vorschriften mit Einbruch der Dunkelheit im Zuchthaus eingesperrt sein. Was sollte er nun in den langen, langweiligen Stunden des Winterabends treiben? Darum verwandelte sich fast jede Kaserne trotz des Verbots in eine große Werkstätte. Arbeit und Beschäftigung an sich waren nicht verboten, streng verboten war aber der Besitz von Werkzeugen jeder Art, und ohne Werkzeuge war natürlich jede Arbeit unmöglich. Man arbeitete aber heimlich, und die Obrigkeit schien manchmal ein Auge zuzudrücken. Viele Arrestanten kamen ins Zuchthaus, ohne irgendwelche Kenntnisse, lernten aber von den andern und gingen später als tüchtige Handwerker in die Freiheit. Es gab hier Schuster, Schuhmacher, Schneider, Tischler, Schlosser, Graveure und Vergolder. Ein Jude, Issaj Bumstein, war Juwelier und zugleich Wucherer. Alle arbeiteten und verdienten ein paar Kopeken. Die Aufträge kamen aus der Stadt. Geld bedeutet doch geprägte Freiheit und hat darum für einen jeder Freiheit beraubten Menschen den zehnfachen Wert. Wenn nur einige Münzen in seiner Tasche klimpern, so ist er schon halb getröstet, selbst wenn er keine Möglichkeit hat, das Geld auszugeben. Geld kann man aber immer und überall ausgeben, um so mehr, als die verbotene Frucht doppelt so süß ist. Im Zuchthaus konnte man sich auch Branntwein verschaffen. Pfeifen waren strengstens verboten, und doch rauchten alle. Das Geld und der Tabak schützten vor Skorbut und anderen Krankheiten. Die Arbeit schützte aber vor Verbrechen. Ohne Arbeit würden die Arrestanten einander aufgefressen haben wie in einem Glas eingeschlossene Spinnen. Trotzdem war aber die Arbeit wie auch der Besitz von Geld verboten. Oft wurden in der Nacht plötzliche Durchsuchungen vorgenommen, wobei man alles Verbotene konfiszierte; wie sorgfältig die Arrestanten das Geld auch verwahrten, es fiel doch oft den Schergen in die Hände. Das ist zum Teil der Grund dafür, dass man das Geld nicht sparte, sondern schnell vertrank; darum gab es auch im Zuchthaus Branntwein. Nach jeder Durchsuchung verlor der Schuldige nicht nur seinen ganzen Besitz, sondern wurde gewöhnlich auch empfindlich bestraft. Aber nach jeder Durchsuchung wurden die Mängel wieder ersetzt, sofort neue Sachen angeschafft, und alles war wieder beim Alten. Die Obrigkeit wusste es wohl, und die Sträflinge murrten auch nicht über die Strafen, obwohl dieses Leben dem von Ansiedlern auf dem Vesuv glich.

Wer kein Handwerk verstand, trieb andere Geschäfte. Es gab recht originelle Gewerbsarten. Manche lebten z. B. vom Zwischenhandel allein, wobei zuweilen solche Gegenstände zum Verkauf kamen, die außerhalb des Zuchthauses kaum jemand gekauft oder verkauft oder überhaupt für Gegenstände gehalten hätte. Aber die Zuchthausbevölkerung war sehr arm und außerordentlich betriebsam. Der letzte Lumpen hatte seinen Wert und fand irgendeine Verwendung. Infolge dieser Armut hatte das Geld im Zuchthaus einen ganz anderen Wert als in der Freiheit. Eine große und komplizierte Arbeit wurde mit wenigen Kupfermünzen bezahlt. Viele betrieben mit Erfolg Wucher. Ein Arrestant, der sich ruiniert hatte, brachte seine letzten Sachen dem Wucherer und bekam von ihm einige Kupfermünzen gegen ungeheure Zinsen. Wenn er die Sachen zum Termin nicht einlöste, so wurden sie unverzüglich und unbarmherzig verkauft; der Wucher stand in solcher Blüte, dass selbst staatliches Eigentum als Pfand angenommen wurde, wie die dem Zuchthaus gehörenden Wäschestücke, Stiefel und ähnliche Gegenstände, die der Arrestant jeden Augenblick brauchte. Aber bei solchen Pfändern nahm die Sache manchmal eine andere, übrigens nicht ganz unerwartete Wendung. Der Arrestant, der etwas von diesen Sachen versetzt und dafür Geld bekommen hatte, ging unverzüglich ohne weiteres zum ältesten Unteroffizier, dem nächsten Vorgesetzten im Zuchthaus und meldete von der Verpfändung des Staatseigentums, welches dem Wucherer sofort, selbst ohne Meldung an die höhere Behörde, abgenommen wurde. Es ist bezeichnend, dass sich so etwas zuweilen ohne jeden Streit abspielte. Der Wucherer gab die Sachen schweigend mit mürrischer Miene heraus und schien diese Wendung sogar erwartet zu haben. Vielleicht musste er sich eingestehen, dass er an Stelle des Verpfänders ebenso gehandelt hätte. Wenn er daher zuweilen nachträglich schimpfte, so tat er es ohne jede Bosheit, sondern eher um einer Pflicht zu genügen.

Im Allgemeinen bestahl man hier einander entsetzlich. Fast jeder besaß seinen Kasten mit einem Schloss zur Verwahrung der ihm von der Verwaltung gelieferten Sachen. Das war gestattet, aber die Koffer boten keinen Schutz. Man kann sich wohl denken, was es für geschickte Diebe im Zuchthaus gab. Mir stahl einmal ein Arrestant, ein mir aufrichtig ergebener Mensch (ich sage das ohne Übertreibung), meine Bibel, das einzige Buch, das man im Zuchthaus besitzen durfte; er selbst gestand es mir am gleichen Tag, doch nicht aus Reue, sondern aus Mitleid mit mir, weil ich sie lange suchte. Es gab auch Schankwirte, die mit Branntwein handelten und sich schnell bereicherten. Über diesen Handelszweig will ich später ausführlicher sprechen; er ist recht bemerkenswert. Es gab im Zuchthaus viele ehemalige Schmuggler, und es ist darum nicht zu verwundern, dass trotz aller Durchsuchungen und der strengen Bewachung ins Zuchthaus Branntwein eingeschmuggelt wurde. Der Schmuggel ist übrigens seinem Charakter nach ein ganz eigentümliches Verbrechen. Wird man mir z. B. glauben wollen, dass das Geld und der Gewinn beim Schmuggler zuweilen eine untergeordnete Rolle spielen und erst in zweiter Linie in Betracht kommen? Und doch ist es manchmal so. Der Schmuggler arbeitet aus Leidenschaft, aus Beruf. Er ist zum Teil Dichter. Er riskiert alles, setzt sich furchtbaren Gefahren aus, wendet List an, ist erfinderisch und zieht sich oft aus der Schlinge; manchmal handelt er aus einer Art Intuition. Diese Leidenschaft ist ebenso stark wie die des Kartenspiels. Ich kannte im Zuchthaus einen Arrestanten, einen riesenhaften Kerl, der so sanft, still und bescheiden war, dass man sich gar nicht vorstellen konnte, wie er ins Zuchthaus geraten sein mochte. Er war dermaßen gutmütig und verträglich, dass er während seines ganzen Aufenthaltes im Zuchthaus keinen einzigen Streit gehabt hat. Er stammte aber von der westlichen Grenze des Reichs, war wegen Schmuggels ins Zuchthaus geraten und konnte sich natürlich auch hier nicht beherrschen und verlegte sich auf den Branntweinschmuggel. Wie oft wurde er deswegen bestraft und wie sehr fürchtete er die Ruten! Der Branntweinschmuggel brachte ihm übrigens sehr wenig ein. Am Branntwein bereicherte sich nur der Ausschankbesitzer. Der Kauz liebte die Kunst um der Kunst willen. Er war wie ein Weib zum Weinen aufgelegt und schwor nach jeder Bestrafung, nicht wieder Schmuggel zu treiben. Mit großem Mut beherrschte er sich zuweilen einen ganzen Monat lang, hielt es aber dann doch nicht aus ... Dank solchen Leuten ging der Branntwein im Zuchthaus nie aus ...

Es gab schließlich noch eine Einkunftsquelle, die die Sträflinge zwar nicht bereicherte, ihnen aber ständige und wohltätige Einnahmen sicherte: Das Almosen. Unsere höheren Gesellschaftsschichten haben gar keine Vorstellung davon, wie sehr die Kaufleute, die Kleinbürger und unser ganzes Volk sich um die »Unglücklichen« sorgen. Die milden Gaben laufen fast ununterbrochen ein, meistens in Form von Brot, Semmeln und Brezeln und sehr viel seltener in barem Geld. Ohne diese Gaben hätten es die Arrestanten, besonders die unter Anklage stehenden, die viel strenger als die anderen gehalten werden, an vielen Orten allzu schwer. Die milden Gaben werden von den Arrestanten mit religiöser Gewissenhaftigkeit zu gleichen Teilen geteilt. Wenn es nicht für alle langte, so wurden die Semmeln in gleiche Teile geschnitten, manchmal sogar jede in sechs Teile, und jeder Arrestant bekam unbedingt sein Stück. Ich erinnere mich noch, wie ich zum ersten Mal eine Geldgabe erhielt. Es war bald nach meiner Ankunft im Zuchthaus. Ich kehrte allein mit dem Wachsoldaten von der Morgenarbeit zurück. Mir entgegen kamen eine Mutter mit einer Tochter, einer zehnjährigen Kleinen, so hübsch wie ein Engelchen. Ich hatte die beiden schon einmal gesehen. Die Mutter war eine Soldatenwitwe. Ihr Mann, ein junger Soldat, war vors Gericht gekommen und im Hospital, im Arrestantensaale, in der gleichen Zeit gestorben, als ich dort krank lag. Die Frau und die Tochter waren hingekommen, um von der Leiche Abschied zu nehmen, und hatten beide furchtbar geweint. Als die Kleine mich nun erblickte, errötete sie und flüsterte der Mutter etwas zu; jene blieb sofort stehen, knüpfte ihr Taschentuch auf, entnahm eine Viertelkopeke und gab sie der Kleinen. Diese lief mir nach ... – »Da, Unglücklicher, nimm um Christi willen die Kopeke!« schrie sie, mich einholend und mir die Münze in die Hand drückend. Ich nahm die Münze, und das Kind kehrte vollkommen befriedigt zur Mutter zurück. Diese Viertelkopeke habe ich noch lange aufbewahrt.

II

Die ersten Eindrücke

Der erste Monat und überhaupt der Anfang meines Zuchthauslebens stehen mir lebhaft in Erinnerung. Die folgenden Tage meines Zuchthauslebens schweben in meiner Erinnerung nicht so deutlich. Manche Tage sind gleichsam gänzlich verwischt und zusammengeflossen und haben nur einen einzigen Eindruck hinterlassen: einen schweren, eintönigen, erstickenden.

Aber alles, was ich in den ersten Tagen meines Zuchthauslebens durchgemacht habe, erscheint mir jetzt so, als wäre es erst gestern geschehen. Und so muss es wohl auch sein.

Ich besinne mich deutlich, wie ich gleich beim ersten Schritt auf diesem Weg darüber staunte, dass ich darin gar nichts besonders Erstaunliches, Ungewöhnliches oder, genauer gesagt, Unerwartetes fand. Alles hatte mir gleichsam schon früher vorgeschwebt, als ich auf dem Weg nach Sibirien mich bemühte, das mir bevorstehende Los zu erraten. Bald stieß ich aber bei jedem Schritt auf eine Menge der seltsamsten und unerwartetsten Dinge, auf eine Menge ungeheuerlicher Tatsachen. Erst viel später, als ich eine recht lange Zeit im Zuchthaus verbracht hatte, erfasste ich vollkommen die ganze Ausschließlichkeit, die Eigenart dieser Existenz und musste über sie immer mehr und mehr staunen. Ich gestehe, dass dieses Erstaunen mich während der ganzen langen Frist meiner Strafe begleitete; ich konnte mich mit ihm niemals ganz abfinden.

Mein erster Eindruck beim Eintritt ins Zuchthaus war im Allgemeinen der denkbar abstoßendste; aber trotzdem erschien mir das Leben im Zuchthaus seltsamerweise viel leichter, als ich es mir unterwegs vorgestellt hatte. Die Arrestanten bewegten sich, wenn auch in Ketten, frei im ganzen Zuchthause, sie fluchten, sangen Lieder, arbeiteten für sich, rauchten Pfeifen und tranken sogar (allerdings nur wenige von ihnen) Branntwein; nachts spielten sie aber Karten. Die Arbeit selbst erschien mir beispielsweise gar nicht so schwer, wie ich es von der berühmten »sibirischen Zwangsarbeit« erwartete, und ich kam erst recht spät dahinter, dass die Schwere dieser Arbeit weniger in ihrer Schwierigkeit und ihrer ununterbrochenen Dauer bestand, als darin, dass sie erzwungen, obligatorisch, unter dem Stocke war. Der freie Bauer arbeitet vielleicht unvergleichlich mehr, er arbeitet zuweilen auch nachts, besonders im Sommer; aber er arbeitet für sich, arbeitet mit einem vernünftigen Ziel und hat es infolgedessen unvergleichlich leichter als der Zuchthäusler mit seiner erzwungenen und für ihn vollkommen zwecklosen Arbeit. Mir kam einmal dieser Gedanke: Wenn man einen Menschen vollkommen erdrücken und vernichten, einer so entsetzlichen Strafe unterziehen will, dass vor ihr selbst der grausamste Mörder erbebte und sie schon im Voraus fürchtete, so braucht man nur seiner Arbeit den Charakter vollkommener Zwecklosigkeit und Sinnlosigkeit zu verleihen. Wenn die jetzige Zwangsarbeit für den Zuchthäusler auch uninteressant und langweilig ist, so ist sie doch an sich, als Arbeit vernünftig, der Arrestant stellt Ziegelsteine her, gräbt

Erde um, baut und mauert; in dieser Arbeit liegt ein Sinn und ein Zweck. Aber wenn man ihn z. B. zwingen wollte, Wasser aus einem Kübel in einen anderen zu gießen und dann wieder in den ersten zurückzugießen, oder Sand zu stoßen, oder einen Haufen Erde von einem Ort an den anderen zu schleppen und dann wieder zurückzuschleppen, so würde sich der Arrestant, glaube ich, schon nach einigen Tagen erhängen oder tausend Verbrechen begehen, um sich wenigstens durch den Tod von dieser Erniedrigung, Schmach und Qual zu befreien. Eine solche Strafe würde natürlich zu einer Tortur, zu einem Racheakt werden und wäre sinnlos, weil dadurch kein vernünftiges Ziel erreicht wäre. Da aber eine solche Tortur, Sinnlosigkeit, Erniedrigung und Schmach zum Teil unbedingt auch in jeder erzwungenen Arbeit liegt, so ist die Zwangsarbeit unvergleichlich qualvoller als jede freie Arbeit, eben deshalb, weil sie eine erzwungene ist.

Ich trat übrigens ins Zuchthaus im Winter, im Dezember, ein und hatte zunächst keine Ahnung von der fünfmal schwereren Sommerarbeit. Im Winter gab es in unserer Festung überhaupt wenig ärarische Arbeit. Die Arrestanten gingen zum Irtyschufer, um alte, dem Staat gehörende Barken abzubrechen, arbeiteten in den Werkstätten, schaufelten vor den Amtsgebäuden den Schnee, den die Stürme anwehten, brannten und stießen Alabaster usw. Ein Wintertag war kurz; die Arbeit war schnell erledigt, und alle unsere Leute kehrten früh ins Zuchthaus zurück, wo fast nichts zu tun wäre, wenn sie nicht irgendwelche eigene Arbeit hätten. Mit eigener Arbeit befasste sich aber vielleicht nur ein Drittel aller Arrestanten; die übrigen taten aber nichts, trieben sich ohne jedes Ziel in allen Kasernen des Zuchthauses herum, fluchten, intrigierten, machten Radau und betranken sich, wenn sie zufällig Geld hatten; nachts verspielten sie beim Kartenspiel das letzte Hemd; alles aus Langeweile, Müßiggang und Nichtstun. In der Folge begriff ich, dass das Zuchthausleben außer der Freiheitsberaubung und der erzwungenen Arbeit noch eine andere Qual enthielt, die vielleicht noch unerträglicher war als alle anderen. Das ist das erzwungene allgemeine Zusammenleben. Solch ein Zusammenleben gibt es natürlich auch an anderen Orten, aber ins Zuchthaus kommen doch solche Leute, dass nicht jedermann Lust hat, mit ihnen zusammenzuleben, und ich bin überzeugt, dass jeder Zuchthäusler diese Qual empfand, wenn auch natürlich in den meisten Fällen unbewusst.

Die Verpflegung erschien mir ziemlich reichlich. Die Arrestanten behaupteten, dass es in den Strafkompanien im Europäischen Russland kein solches Essen gäbe. Darüber vermag ich nicht zu urteilen, denn ich bin dort nicht gewesen. Außerdem hatten viele die Möglichkeit, sich selbst zu verpflegen. Fleisch kostete bei uns eine halbe Kopeke das Pfund, im Sommer drei Kopeken. Eigenes Essen hatten aber nur die, die ständig über Geld verfügten; die meisten Zuchthäusler aßen Kommiss. Wenn die Arrestanten ihr Essen lobten, sprachen sie übrigens nur vom Brot allein und segneten die Einrichtung, dass das Brot allen gemeinsam und nicht jedem einzelnen nach Gewicht ausgegeben wurde. Vor dem letzteren System hatten sie ein Grauen, denn bei der Brotausgabe nach Gewicht blieb ein Drittel der Menschen hungrig, während bei der Selbstverteilung alle satt wurden. Unser Brot war besonders schmackhaft und wurde deswegen in der ganzen Stadt geschätzt. Man schrieb dies der guten Einrichtung der Backöfen im Zuchthause zu. Die Kohlsuppe war aber gar nicht berühmt. Sie wurde in einem gemeinsamen Kessel gekocht und mit Graupen versetzt und war, besonders an Wochentagen, dünn und mager. Mich erschreckte an ihr die große Menge der in ihr schwimmenden Schabenkäfer. Die Arrestanten schenkten aber dem nicht die geringste Beachtung.

In den ersten drei Tagen ging ich noch nicht zur Arbeit; so verfuhr man mit jedem Neuankömmling, damit er nach der Reise ausruhe. Aber am zweiten Tag musste ich das Zuchthaus verlassen, um neue Fesseln angelegt zu bekommen. Meine Fesseln waren nicht die vorschriftsmäßigen, sondern bestanden aus Ringen; die Arrestanten nannten sie »feines Geläute«. Sie wurden außen über den Kleidern getragen. Aber die vorschriftsmäßigen, für die Arbeit geeigneten Fesseln bestanden nicht aus Ringen, sondern aus vier eisernen, fast fingerdicken Stangen, die miteinander durch drei Ringe verbunden waren. Sie wurden unter den Beinkleidern getragen. An den Mittelring wurde ein Riemen gebunden, der seinerseits an den Gürtelriemen befestigt wurde, den man direkt über dem Hemd trug.

Ich erinnere mich noch an meinen ersten Morgen im Zuchthaus. In der Wache am Zuchthaustor schlug die Trommel Reveille, und der wachhabende Unteroffizier fing nach etwa zehn Minuten an, die Kasernen aufzuschließen. Die Arrestanten erwachten. Sie standen beim trüben Schein eines Talglichtes, vor Kälte zitternd, von ihren Pritschen auf. Die meisten waren schweigsam und mürrisch vom Schlaf. Sie gähnten, reckten sich und runzelten ihre gebrandmarkten Stirnen. Die einen bekreuzigten sich, andere begannen Streit. Die Luft war entsetzlich stickig. Sobald die Tür aufgemacht wurde, drang frische Winterluft ein und zog mit Dampfwolken durch die Kaserne. Die Arrestanten drängten sich um die Wassereimer; sie ergriffen einer nach dem anderen die Schöpfkelle, nahmen den Mund voll Wasser und wuschen sich Gesicht und Hände aus dem Munde. Das Wasser wurde schon am vorhergehenden Abend vom »Paraschnik« vorbereitet. In jeder Kaserne gab es nach dem Statut einen von allen Insassen gewählten Arrestanten, der den Stubendienst in der Kaserne hatte. Er hieß »Paraschnik« und war von anderer Arbeit befreit. Er hatte auf die Reinlichkeit in der Kaserne zu sehen, die Pritschen und die Fußböden zu waschen und zu scheuern, den Nachtkübel zu bringen und hinauszuschaffen und zwei Eimer frisches Wasser zu besorgen, des Morgens zum Waschen und am Tag zum Trinken. Wegen der Schöpfkelle, die in nur einem Stück vorhanden war, entstand sofort Streit.

»Was drängst du dich vor, du aussätziger Kopf!« brummte ein mürrischer, hagerer, großgewachsener Arrestant mit dunklem Gesicht und seltsamen Beulen auf seinem rasierten Schädel, indem er einen andern wegstieß, der dick und klein war und ein lustiges rotes Gesicht hatte. »Halt!« – »Was schreist du! Für das ›Halt‹ zahlt man bei uns Geld. Scher dich! Was reckst du dich wie ein Monument! Es ist nicht die geringste Fortikularität in ihm, Brüder.« – Die »Fortikularität« machte einigen Effekt: viele begannen zu lachen. Der lustige Dicke, der in der Kaserne wohl eine Art freiwilliger Hanswurst war, hatte nur das gewollt. Der lange Arrestant sah ihn mit tiefster Verachtung an. »Rindvieh!« sagte er wie vor sich hin. »Wie er sich mit dem Zuchthausbrot gemästet hat. Ist wohl froh, dass er zu Ostern zwölf Ferkel werfen wird.«

Der Dicke wurde endlich böse. »Was bist du denn für ein Vogel?« rief er aus, plötzlich errötend.

»Das ist es eben: Ein Vogel!«

»Was für einer?«

»So einer.«

»Ja, was für einer?«

»Mit einem Wort, ein Vogel.«

»Aber was für einer?«

Die beiden durchbohrten einander mit den Blicken. Der Dicke wartete auf Antwort und ballte die Fäuste, als wollte er sofort raufen. Ich dachte, dass gleich wirklich eine Schlägerei beginnen würde. Für mich war das alles neu, und ich sah interessiert zu. Später erfuhr ich, dass ähnliche Auftritte durchaus harmlos waren und mehr als Komödie zum allgemeinen Ergötzen gespielt wurden; zu einer Schlägerei kam es fast nie. Dies alles war für die Sitten des Zuchthauses sehr bezeichnend und charakteristisch.

Der lange Arrestant stand ruhig und majestätisch da. Er fühlte, dass alle ihn ansahen und warteten, ob er sich mit seiner Antwort blamieren würde oder nicht; dass er seine Haltung wahren und beweisen müsse, dass er tatsächlich ein Vogel sei, und zwar was für einer. Er schielte seinen Gegner mit unsagbarer Verachtung an und bemühte sich, um ihn noch mehr zu verletzen, ihn über die Schulter, von oben herab, anzublicken, als betrachtete er ein winziges Käferchen. Dann sagte er langsam und deutlich: »Ein Enterich! …«

Das heißt, dass er Enterich sei. Eine laute Lachsalve belohnte die Findigkeit des Arrestanten.

»Du bist ein Schuft und kein Enterich!« brüllte der Dicke, da er sich in allen Punkten geschlagen fühlte und die äußerste Grenze der Wut erreicht hatte.

Kaum hatte aber der Streit eine ernste Wendung angenommen, als man die beiden Kerle sofort zur Vernunft brachte.

»Was macht ihr für Skandal!« schrie ihnen die ganze Kaserne zu.

»Rauft doch lieber statt zu schreien!« rief jemand aus der Ecke.

»Ja, wart', sie werden schon raufen!« erklang es als Antwort. »Wir haben ja lauter tapfere, rauflustige Jungen hier, ihrer sieben haben keine Furcht vor einem …«

»Alle beide sind nett! … Der eine ist wegen eines Pfundes Brot ins Zuchthaus gekommen, der andere aber hat aus der Schüssel genascht, hat einem Weib die ganze Sauermilch ausgesoffen und dafür die Knute gekostet.«

»Hört doch auf, genug!« schrie der Invalide, der über die Ordnung in der Kaserne zu wachen hatte und auf einem eigenen Bett in der Ecke schlief.

»Wasser her, Kinder! Newalid Petrowitsch ist erwacht! Wasser für Newalid Petrowitsch, unsern teuren Bruder!«

»Bruder … Was bin ich dir für ein Bruder? Wir haben zusammen noch keinen Rubel vertrunken, und du nennst mich Bruder!« brummte der Invalide, den Mantel über die Arme ziehend.

Man bereitete sich zum Appell vor; der Morgen dämmerte; in der Küche gab es ein solches Gedränge, dass man nicht herein konnte. Die Arrestanten drängten sich in ihren Halbpelzen und zweifarbigen Mützen um die Brote, die von einem der Köche verteilt wurden. Die Köche wurden von der ganzen Gemeinschaft gewählt, je zwei für jede Küche. Sie hatten auch das Küchenmesser zum Schneiden von Brot und Fleisch in Verwahrung, ein einziges Messer für die ganze Küche.

In allen Ecken um die Tische herum verteilten sich die Arrestanten in Mützen, Halbpelzen und Gürteln, bereit, zur Arbeit zu gehen. Vor manchen standen hölzerne Schalen mit Kwas. Sie brockten in den Kwas Brot und tranken das Gemisch. Der Lärm und das Geschrei waren unerträglich; einige unterhielten sich aber vernünftig und leise in den Ecken.

»Willkommen, Alterchen Antonytsch, guten Appetit!« sprach ein junger Arrestant, sich neben einen mürrischen, zahnlosen Arrestanten setzend.
»Guten Morgen, wenn du es ernst meinst,« erwiderte jener, ohne die Augen zu heben, bemüht, das Brot mit seinen zahnlosen Kiefern zu zerkauen.
»Ich hatte schon geglaubt, dass du gestorben seist, Antonytsch. Wahrhaftig!«
»Nein, stirb du zuerst, ich komme nach …«

Ich setzte mich neben sie. Rechts von mir unterhielten sich zwei solide Arrestanten, offenbar bemüht, ihre Würde vor einander zu wahren.
»Mir wird man nichts stehlen«, sagte der eine. »Ich fürchte, Bruder, ich selbst könnte einen anderen bestehlen.«
»Aber auch mich soll man nicht mit bloßer Hand anfassen, man kann sich an mir leicht verbrennen.«
»Wer wird sich an dir verbrennen? Bist der gleiche sibirische Bauer wie ich … sie wird dich schröpfen und dir nicht mal guten Tag sagen. So ist auch mein Geld flöten gegangen. Neulich kam sie selbst. Wohin sollte ich mit ihr? Ich bat Fedjka, den Henker, um Unterkunft, der hat in der Vorstadt ein Haus gehabt, dem räudigen Juden Salomon hatte er es abgekauft, demselben, der sich später erhängt hat.«
»Ich weiß schon. Er hat bei uns vor drei Jahren einen Ausschank gehabt, Grischka, die ›finstere Schenke‹ hat er geheißen. Ich kenne ihn.«
»Nein, du kennst ihn nicht; es war eine andere finstere Schenke.«
»Wieso, eine andere! Du weißt wohl viel! Ich kann dir genug Zeugen bringen …«
»Zeugen willst du mir bringen! Wer bist du denn?«
»Wer ich bin? Gar oft habe ich dich geprügelt, prahle aber damit nicht, und du fragst mich noch, wer ich bin!«
»Du hast mich geprügelt! Einer, der mich prügeln wird, ist noch nicht geboren, und wer mich geprügelt hat, der liegt tief in der Erde.«
»Ach, du Aussatz von Bendery!«
»Die sibirische Pest soll dich treffen!«

»Ein türkischer Säbel soll mit dir reden! …«
Und das Fluchen ging los.
»Na, na, na! Da machen sie schon Radau!« schrie man ringsum. »Sie haben nicht verstanden, in der Freiheit zu leben, nun sind sie froh, dass sie hier das Zuchthausbrot fressen können …«

Man bringt sie sofort zur Ruhe. Das Fluchen und »Zungendreschen« ist gestattet. Es ist ja eine Art Zerstreuung für alle. Aber Schlägereien werden nicht immer erlaubt, nur in den ausschließlichsten Fällen geraten sich die Gegner in die Haare. Eine Schlägerei wird dem Major gemeldet; es beginnt eine Untersuchung, der Major selbst kommt gefahren, mit einem Wort, allen drohen Unannehmlichkeiten; darum wird eine Schlägerei nicht zugelassen. Auch die Gegner selbst schimpfen mehr zur Unterhaltung, zur Übung im Stil. Oft betrügen sie sich selbst: sie beginnen mit furchtbarer Wut, man glaubt, dass sie sich gleich aufeinander stürzen werden; aber keine Spur. Wenn sie einen gewissen Punkt erreicht haben, gehen sie auseinander. Dies alles setzte mich anfangs in Erstaunen. Ich habe soeben ansichtlich ein Beispiel der gewöhnlichsten Zuchthausunterhaltung angeführt. Ich konnte mir anfangs nicht vorstellen, wie man bloß zum Vergnügen fluchen und darin einen Zeitvertreib, eine angenehme Übung sehen kann. Übrigens ist auch die Ruhmsucht nicht außer Acht zu lassen. Ein Künstler im Fluchen genoss immer allgemeine Achtung. Nur dass man ihm nicht applaudierte wie einem Schauspieler.

Schon am Vorabend hatte ich bemerkt, dass man mich scheel ansah. Ich fing einige düstere Blicke auf. Andere Arrestanten suchten dagegen in meiner Nähe zu bleiben, da sie bei mir Geld vermuteten. Sie begannen sich sofort bei mir einzuschmeicheln. Sie unterwiesen mich, wie man die neuen Fesseln trägt; sie verschafften mir, natürlich für Geld, einen Kasten mit einem Schloss zur Verwahrung der mir bereits gelieferten Kommisssachen und meiner Privatwäsche, die ich ins Zuchthaus mitgebracht hatte. Schon am nächsten Tag stahlen sie mir den Kasten und vertranken ihn. Einer der Diebe war mir später außerordentlich ergeben, obwohl er nicht aufhörte, mich bei jeder passenden Gelegenheit zu bestehlen. Er machte es ohne Bedenken, fast unbewusst, gleichsam aus Pflicht, und es war unmöglich, ihm zu zürnen.

Unter anderem brachten sie mir bei, dass man seinen eigenen Tee haben müsse und dass ich mir eine Teekanne anschaffen solle; vorläufig verschafften sie mir leihweise eine fremde und empfahlen mir einen Koch, von dem sie sagten, dass er mir für dreißig Kopeken im Monat beliebige Sachen kochen würde, wenn ich den Wunsch hätte, mich selbst zu beköstigen und mir eigene Lebensmittel zu kaufen … Selbstverständlich liehen sie von mir Geld, und ein jeder von ihnen kam an diesem ersten Tag an die dreimal zu mir, um mich um Geld zu bitten.

Ehemalige Adlige werden im Zuchthaus überhaupt scheel und wenig wohlwollend angesehen.
Obwohl sie aller ihrer Standesrechte beraubt und den anderen Arrestanten vollkommen gleichgestellt sind, werden sie von diesen niemals als ihre Genossen angesehen. Das entspringt nicht einmal einem bewussten Vorurteil, sondern geschieht auf-

richtig und unbewusst. Sie hielten uns mit Überzeugung noch immer für Adlige, obwohl sie uns selbst gerne mit unserer Degradierung neckten. – »Nein, jetzt ist's genug, warte nur! Pjotr pflegte früher stolz durch Moskau zu fahren, und jetzt muss er Stricke drehen!« und ähnliche Liebenswürdigkeiten.
Sie sahen mit Befriedigung unseren Leiden zu, die wir vor ihnen zu verheimlichen suchten. Besonders viel hatten wir von ihnen in der ersten Zeit bei der Arbeit auszustehen, weil wir nicht so viel Kraft hatten wie sie und ihnen nur ungenügend helfen konnten. Es gibt nichts Schwereres, als das Vertrauen des Volkes (und besonders dieses Volkes) und seine Liebe zu erwerben.

Im Zuchthaus befanden sich mehrere Arrestanten adliger Abstammung. Erstens an die fünf Polen. Von diesen werde ich später einmal besonders sprechen. Die Zuchthäusler konnten die Polen nicht ausstehen, sogar weniger als die Russen adliger Abstammung. Die Polen (ich spreche nur von den politischen Verbrechern) behandelten sie aber mit einer raffinierten, verletzenden Höflichkeit, waren äußerst verschlossen und konnten ihren Ekel vor den übrigen Arrestanten nicht verhehlen, diese aber sahen es wohl und zahlten es mit der gleichen Münze heim.

Ich musste fast zwei Jahre im Zuchthaus verbringen, bevor ich mir die Zuneigung einiger Zuchthäusler erwarb. Aber die Mehrzahl von ihnen gewann mich schließlich lieb und erkannte mich als einen »guten Menschen«.

Von russischen Adligen waren außer mir noch vier da. Einer von ihnen war ein gemeines und niederträchtiges, furchtbar verdorbenes Geschöpf, ein Spion und Anzeiger aus Beruf. Ich hatte über ihn schon vor meiner Ankunft im Zuchthaus gehört und gleich am ersten Tag jeden Verkehr mit ihm abgebrochen. Der andere war der Vatermörder, von dem ich in diesen Aufzeichnungen schon gesprochen habe. Der dritte war Akim Akimytsch; selten habe ich einen solchen Sonderling, wie er es war, gesehen. Er hat sich meinem Gedächtnis scharf eingeprägt. Er war groß, hager, schwachsinnig, furchtbar ungebildet, ein außergewöhnlicher Räsonneur und in allen Dingen peinlich genau wie ein Deutscher. Die Zuchthäusler lachten über ihn, aber viele von ihnen fürchteten, sich mit ihm einzulassen wegen seines streitsüchtigen, empfindlichen und unberechenbaren Charakters. Er stellte sich gleich bei seinem Eintritt ins Zuchthaus auf einen vertrauten Fuß mit den übrigen Zuchthäuslern und schimpfte und raufte sogar mit ihnen. Seine Ehrlichkeit war phänomenal. Wenn er nur irgendeine Ungerechtigkeit bemerkte, so mischte er sich sofort in die Sache ein, selbst wenn sie ihn in keiner Weise anging. Naiv war er bis zur äußersten Grenze. Wenn er z. B. mit den Arrestanten zankte, warf er ihnen zuweilen vor, dass sie Diebe seien, und ermahnte sie ernsthaft, nicht mehr zu stehlen. Er hatte als Fähnrich im Kaukasus gedient. Ich schloss mich ihm gleich am ersten Tag an, und er berichtete mir sofort seine ganze Geschichte. Er hatte seine Laufbahn im Kaukasus als Junker in einem Infanterieregiment begonnen, hatte lange gedient, war endlich zum Offizier befördert und als höchster Vorgesetzter nach einer kleinen Festung versetzt worden. Einer der »pazifizierten« Fürsten in der Nachbarschaft steckte ihm die Festung in Brand und machte auf sie einen nächtlichen Überfall, der ihm jedoch misslang. Akim Akimytsch wandte nun eine List an und tat so, als wüsste er nicht, wer der Übeltäter gewesen sei. Man schrieb den Überfall den nicht pazifizierten Eingeborenen zu; Akim Akimytsch lud aber den Fürsten nach einem Monat in aller Freundschaft zu sich zu Gast. Jener kam, ohne etwas zu ahnen. Akim Akimytsch stellte nun seine Truppen in Reih und Glied auf, bezichtigte den Fürsten öffentlich des Verbrechens und hielt ihm vor, dass es eine Schande sei, Festungen in Brand zu stecken. Er erteilte ihm eine ausführliche Lektion, wie ein pazifizierter Fürst sich in Zukunft zu verhalten habe, und ließ ihn zum Schluss füsilieren, worüber er selbst unverzüglich einen genauen Bericht an die vorgesetzte Behörde erstattete. Deswegen kam er vors Gericht und wurde zum Tode verurteilt; das Urteil wurde gemildert, und so kam er als Sträfling zweiter Kategorie nach Sibirien zur Abbüßung einer zwölfjährigen Festungsstrafe. Er war sich vollkommen bewusst, dass er ungesetzlich gehandelt hatte; er sagte mir, dass er es schon vor der Füsilierung des Fürsten gewusst habe, auch dass ein Pazifizierter nur nach dem Gesetz verurteilt werden dürfe; obwohl er aber dies wusste, konnte er seine Schuld unmöglich richtig erfassen. – »Aber erlauben Sie! Er hat mir doch meine Festung in Brand gesteckt! Soll ich mich vielleicht bei ihm deswegen noch bedanken?« sagte er mir auf meine Einwände.

Die Arrestanten machten sich zwar über die Geistesschwäche Akim Akimytschs lustig, achteten ihn aber doch wegen seiner Genauigkeit und Geschicklichkeit.

Es gab kein Handwerk, das Akim Akimytsch nicht verstanden hätte. Er war Tischler, Schuster, Schuhmacher, Maler, Vergolder und Schlosser und hatte dies alles erst im Zuchthaus gelernt. Er lernte alles ohne fremde Anleitung. Wenn er die Arbeit nur einmal sah, so konnte er sie sofort machen. Er stellte auch allerlei Schachteln, Körbchen, Laternen und Spielsachen her, die er in der Stadt verkaufte. So verdiente er einiges Geld, das er sofort zur Vergrößerung seiner Wäschevorräte, zur Anschaffung eines weicheren Kissens oder einer zusammenlegbaren Matratze verwandte. Er war in der gleichen Kaserne mit mir untergebracht und hatte mir in den ersten Tagen meines Zuchthauslebens viele Dienste geleistet.

Wenn die Arrestanten aus dem Zuchthaus zur Arbeit gingen, stellten sie sich vor dem Wachgebäude in zwei Reihen auf; vor und hinter ihnen standen die Wachsoldaten mit geladenen Gewehren. Es erschienen der Ingenieur-Offizier, der Zugführer und mehrere Gemeine von der Ingenieurkompanie, die die Arbeit zu beaufsichtigen hatten. Der Zugführer zählte die Arrestanten und kommandierte sie partieweise zu den notwendigen Arbeiten.

Ich kam mit anderen in die Ingenieurwerkstätte. Es war ein niederes steinernes Gebäude, das sich auf einem großen, mit Material jeder Art angefülltem Hof befand. Hier gab es eine Schmiede, eine Schlosserei, eine Tischlerei, eine Malerwerkstätte usw. Akim Akimytsch arbeitete in der Malerwerkstätte, er kochte Firnis, mischte die Farben und strich Tische und andere Möbelstücke nussholzartig an.

Während ich auf das Umschmieden der Fesseln wartete, kam ich mit Akim Akimytsch ins Gespräch über meine ersten Eindrücke im Zuchthaus. »Jawohl, sie mögen die Adligen nicht«, bemerkte er, »besonders die politischen Verbrecher, sie könnten sie einfach auffressen, und das ist kein Wunder. Erstens sind wir andere Menschen, die ihnen gar nicht gleichen; zweitens waren sie vorher alle entweder Leibeigene oder Soldaten. Urteilen Sie nun selbst, ob sie Sie lieb gewinnen können! Das Leben ist hier schwer, das muss ich Ihnen sagen. In den Strafkompanien im Europäischen Russland ist es aber noch schwerer. Wir haben hier solche, die in den Kompanien gewesen sind, und diese können unser Zuchthaus gar nicht genug loben, als wären sie aus der Hölle ins Paradies gekommen. Es ist nicht die Arbeit, was das Leben schwer macht. Es heißt, dass in der ersten Kategorie die Obrigkeit nicht ganz militärisch sei; jedenfalls benimmt sie sich anders als bei uns. Man sagt, dass ein Verbannter dort eine eigene Wirtschaft haben kann. Ich bin dort nicht gewesen, aber die Leute sagen es. Dort wird man weder rasiert, noch muss man eine Uniform tragen, obwohl es eigentlich gut ist, dass bei uns alle uniformiert und rasiert sind; so ist mehr Ordnung, und es ist auch angenehmer für das Auge. Aber ihnen gefällt das nicht. Schauen Sie doch selbst, was es für ein Gesindel ist! Der eine ist ein ehemaliger Kantonist, der andere ein Tscherkesse, der dritte ein Raskolnik, der vierte ein orthodoxer Bauer, der seine Familie und die lieben Kinderchen in der Heimat zurückgelassen hat; der fünfte ist ein Jud, der sechste ein Zigeuner, der siebente, – man weiß nicht was, und diese alle müssen sich hier miteinander einleben, sich einander anpassen, aus der gleichen Schüssel essen und auf der gleichen Pritsche schlafen. Man hat auch nicht die geringste Freiheit, einen übrigen Bissen kann man nur heimlich essen, jede Kopeke muss man in den Stiefeln verstecken, und man vergisst für keinen Augenblick, dass man im Zuchthaus ist … So wird man, ob man will oder nicht, verrückt.«

Aber ich wusste es schon. Ich wollte mich besonders über unseren Major erkundigen. Akim Akimytsch verheimlichte nichts, und ich erinnere mich, dass der Eindruck nicht sehr angenehm war.

Aber es war mir beschieden, noch zwei Jahre unter seinem Kommando zu leben. Alles, was Akim Akimytsch mir über ihn erzählte, erwies sich als vollkommen wahr, nur mit dem Unterschied, dass der Eindruck der Wirklichkeit immer stärker ist als der eines einfachen Berichts. Er war ein schrecklicher Mensch, eben aus dem Grund, weil er ein fast unbeschränkter Befehlshaber über zweihundert Seelen war. An sich war er nur ein unordentlicher und böser Mensch, sonst nichts. Die Arrestanten betrachtete er als seine natürlichen Feinde, und darin lag sein erster und größter Fehler. Er hatte tatsächlich einige Fähigkeiten, aber alles, sogar das Gute war in ihm zu einer Karikatur geworden. Unbeherrscht und wütend überfiel er das Zuchthaus manchmal sogar nachts, und wenn er merkte, dass ein Arrestant auf der linken Seite oder auf dem Rücken schlief, so bestrafte er ihn gleich am nächsten Morgen: »Schlaf auf der rechten Seite, wie ich es dir befohlen habe!« Im Zuchthaus hasste und fürchtete man ihn wie die Pest. Sein Gesicht war blaurot und böse. Alle wussten, dass er sich ganz in den Händen seines Burschen Fedjka befand. Über alles liebte er aber seinen Pudel Tresorka und kam fast von Sinnen, als dieser Hund erkrankte. Man erzählte sich, er hätte über ihn wie über einen leiblichen Sohn geweint; er hätte einen Tierarzt hinausgeworfen und seiner Gewohnheit gemäß fast verprügelt, als er von

Fedjka erfahren habe, dass es im Zuchthaus einen Arrestanten gäbe, einen Autodidakten in der Tierarzneikunde, der die Tiere mit großem Erfolg behandle. Diesen ließ er sofort kommen: »Hilf mir! Ich werde dich vergolden, wenn du mir den Tresorka kurierst!« rief er dem Arrestanten zu.
Jener war ein Sibirier, verschlagen, klug, ein wirklich tüchtiger Veterinär, aber ganz ein Bauer.
»Ich schau mir den Tresorka an«, erzählte er später den Arrestanten, übrigens eine lange Zeit nach seinem Besuch beim Major, als die ganze Sache schon vergessen war, »der Hund liegt auf dem Sofa, auf einem weißen Kissen; ich sehe, dass es eine Entzündung ist, dass man ihn zur Ader lassen müsste und der Hund dann gesund werden würde, bei Gott! Aber ich denke mir: Wie, wenn ich ihn nicht kuriere und der Hund krepiert? Nein, sage ich ihm, Euer Hochwohlgeboren, Sie haben mich zu spät holen lassen; gestern oder vorgestern um dieselbe Stunde hätte ich ihn noch kurieren können, jetzt kann ich es aber nicht mehr ...«

So krepierte Tresorka.

Man erzählte mir mit allen Einzelheiten, wie man einmal unsern Major hat erschlagen wollen. Im Zuchthaus war ein Arrestant, der sich da schon seit einigen Jahren aufhielt und sich durch sein stilles Betragen auszeichnete. Es war aufgefallen, dass er fast nie mit jemand sprach. Man hielt ihn für etwas geistesgestört. Er verstand zu lesen und las das ganze letzte Jahr ständig in der Bibel, bei Tag und bei Nacht. Wenn alle eingeschlafen waren, stand er um Mitternacht auf, zündete ein Kirchenlicht aus Wachs an, stieg auf den Ofen, schlug das Buch auf und las bis zum Morgen. Eines Tages ging er zum Unteroffizier und erklärte ihm, dass er nicht zur Arbeit gehen wolle. Man meldete es dem Major; dieser brauste auf und kam sofort selbst ins Zuchthaus. Der Arrestant stürzte sich über ihn mit einem schon früher vorbereiteten Ziegelstein, traf ihn aber nicht. Man packte ihn, stellte ihn vors Gericht und unterzog ihn einer Körperstrafe. Dies alles spielte sich sehr schnell ab. Nach etwa drei Tagen starb er im Krankenhaus. Vor dem Tod sagte er, dass er niemand etwas Böses gewünscht und nur leiden gewollt habe, übrigens gehörte er keiner Sekte an. Man gedachte seiner im Zuchthaus mit Achtung.

Endlich schmiedete man mir die Fesseln um. In die Werkstatt kamen indessen mehrere Semmelverkäuferinnen. Einige von ihnen waren noch ganz kleine Mädchen. Solange sie noch klein waren, pflegten sie die Semmeln auszutragen. Die Mütter buken, und sie verkauften sie. Wenn sie ins reifere Alter kamen, fuhren sie fort, ins Zuchthaus zu kommen, aber ohne die Semmeln; so war es fast immer der Brauch. Es waren auch solche dabei, die nicht mehr so klein waren. Eine Semmel kostete eine halbe Kopeke, und fast alle Arrestanten kauften sich welche.

Ich beobachtete einen schon ergrauten, aber noch rotbackigen Arrestanten, einen Tischler, der lächelnd mit den Semmelmädchen schäkerte. Vor ihrem Erscheinen hatte er sich eben ein rotes Tüchlein um den Hals gebunden. Eine dicke pockennarbige junge Frau stellt auf seine Hobelbank ihren Korb hin. Zwischen ihnen begann ein Gespräch: »Warum sind Sie denn gestern nicht gekommen?« begann der Arrestant mit selbstzufriedenem Lächeln.

»Na! Ich war ja gekommen, statt Ihrer war aber Mitjka da«, antwortete keck die Frau.

»Man hatte mich wo anders gebraucht, sonst wär ich unbedingt zur Stelle gewesen … Vorgestern waren aber zu mir alle Ihrigen gekommen.«

»Wer denn?«

»Marjaschka war gekommen, Chawroschka war gekommen, Tschekunda war gekommen, das Zweigroschenmädel war gekommen …«

»Was soll denn das heißen?« fragte ich Akim Akimytsch. »Ist es denn möglich …«

»Es kommt vor«, antwortete er mit diskret gesenkten Augen, denn er war ein äußerst keuscher Mensch.

Es kam in der Tat vor, aber nur sehr selten und mit den größten Schwierigkeiten. Es gab im Allgemeinen viel mehr Liebhaber für das Trinken als für diese Dinge, trotz des ganzen natürlichen Dranges bei diesem unfreien Leben. Es war sehr schwer mit einem Frauenzimmer zusammenzukommen. Man musste eine passende Zeit und einen passenden Ort wählen, sich verabreden, ein Stelldichein ausmachen, Einsamkeit suchen, was besonders schwer war, die Wachsoldaten für sich gewinnen, was noch schwerer war, und überhaupt eine Menge Geld ausgeben, natürlich nur verhältnismäßig viel. Es gelang mir aber später doch manchmal, Zeuge von Liebesszenen zu sein. Ich erinnere mich, wie wir uns einmal im Sommer zu dritt in irgendeinem Schuppen am Ufer des Irtysch befanden und einen Brennofen anheizten; die Wachsoldaten waren gutmütig. Endlich erschienen zwei »Souffleusen«, wie sie die Arrestanten nennen. »Nun, wo habt ihr denn so lange gesteckt? Wohl bei den Swjerkows?« fragte sie der Arrestant, zu dem sie kamen und der schon lange auf sie gewartet hatte.

»Ich habe dort lange gesteckt? Neulich hat ja eine Elster länger auf einem Pfahl gesessen als ich bei den Swjerkows,« antwortete das Mädel lustig.

Es war das allerschmutzigste Mädel in der Welt. Es war die schon erwähnte Tschekunda. Mit ihr war das Zweigroschenmädel gekommen. Diese spottete aber schon jeder Beschreibung.

»Auch Sie habe ich schon lange nicht gesehen«, fuhr der Schürzenjäger fort, sich an das Zweigroschenmädel wendend. »Mir scheint, Sie sind etwas magerer geworden?«

»Kann sein. Einst war ich viel dicker, jetzt aber bin ich so mager, als hätte ich eine Nadel verschluckt.«

»Sie laufen wohl immer mit den Soldaten herum?«

»Nein, böse Zungen haben uns wohl verleumdet; aber warum auch nicht? Es gibt doch nichts Schöneres als die Soldatenliebe!«

»Lassen Sie doch die Soldaten und lieben Sie uns, wir haben ja Geld …« Man stelle sich dabei den Galan mit rasiertem Schädel, in Fesseln, in gescheckter Kleidung und unter Bewachung vor. –

Ich verabschiedete mich von Akim Akimytsch. Als ich hörte, dass ich ins Zuchthaus zurückkehren dürfe, nahm ich mir einen Wachsoldaten und ging mit ihm heim. Die Leute begannen eben heimzukommen. Früher als alle kommen diejenigen, die ein bestimmtes Arbeitspensum zu leisten haben. Das einzige Mittel, den Arrestanten zum Fleiß zu zwingen, ist, ihm eine bestimmte Arbeitsleistung vorzuschreiben. Diese ist oft sehr groß, wird aber doch doppelt so schnell bewältigt, als wenn der Arrestant einfach bis zur Mittagstrommel zu arbeiten hätte. Wenn der Arrestant mit seinem Pensum fertig war, ging er unbehindert heim, und niemand durfte ihn zurückhalten.

Man isst nicht gleichzeitig zu Mittag, sondern durcheinander, ein jeder, wann er eben kommt; die Küche hätte auch nicht Platz für alle zusammen. Ich versuchte von der Kohlsuppe, konnte sie aber, da ich dieses Essen noch nicht gewohnt war, nicht hinunterbringen und kochte mir Tee. Wir setzten uns an ein Tischende. Neben mir saß ein Sträfling wie ich aus dem Adelsstand.

Die Arrestanten kamen und gingen. Es war übrigens viel Platz da; es waren noch nicht alle versammelt. Eine Gruppe von fünf Mann setzte sich abseits an einen großen Tisch. Der Koch stellte ihnen zwei Schüsseln Kohlsuppe und einen ganzen Eimer gebratene Fische hin. Sie feierten etwas und aßen auf eigene Rechnung. Uns sahen sie scheel an. Einer der Polen trat ein und setzte sich neben uns.

»Ich bin zwar nicht daheim gewesen, weiß aber alles!« rief laut ein langer Arrestant, in die Küche tretend und mit einem Blick alle musternd. Er war an die fünfzig Jahre alt, muskulös und hager. Sein Gesicht hatte einen verschlagenen und zugleich lustigen Ausdruck. Auffallend war seine dicke, überhängende Unterlippe, die seinem Gesicht etwas äußerst Komisches verlieh.

»Nun, habt ihr gut geschlafen? Warum sagt ihr mir nicht guten Tag? Ich grüße die Kursker!« fügte er hinzu, indem er sich neben die auf eigene Kosten Essenden setzte. »Guten Appetit! Traktiert doch den Gast!«

»Wir sind ja gar nicht aus Kursk.«

»Dann aus Tambow?«

»Auch nicht aus Tambow. Du kannst von uns nichts holen, Bruder. Geh lieber zum reichen Bauern und bettle den an.«

»Ich habe heute Iwan den Hungerleider und Marja die Rülpserin im Magen. Wo wohnt denn der reiche Bauer?«

»Da sitzt Gasin, er ist der reiche Bauer, geh doch zu ihm.«

»Gasin leistet sich heute einen guten Tag, er will seinen ganzen Geldbeutel vertrinken.«

»An die zwanzig Rubel hat er sicher«, bemerkte ein anderer. »Es ist doch lohnend, Schnapsverkäufer zu sein.«

»Wollt ihr den Gast nicht bewirten? Nun, dann essen wir halt Kommiss.«

»Geh doch und bitte um Tee. Da trinken Herrschaften Tee.«

»Was für Herrschaften, hier gibt es keine Herrschaften! Sind jetzt die gleichen Menschen wie wir«. bemerkte düster ein Arrestant, der in der Ecke saß und bisher noch kein Wort gesprochen hatte. »Ich würde schon gerne Tee trinken, schäme mich aber zu bitten, denn ich habe auch Scham im Leib!« versetzte der Arrestant mit der dicken Lippe, uns gutmütig anblickend.

»Wenn Sie wünschen, will ich Ihnen Tee geben«, sagte ich, ihn einladend. »Ist's gefällig?«

»Ob's mir gefällig ist? Wie sollte es mir nicht gefällig sein!«

Er trat an den Tisch.

»Schau ihn nur einer an. Daheim hat er Kohlsuppe mit dem Bastschuh gelöffelt, und hier hat er den Tee kennengelernt. Es gelüstet ihn nach dem herrschaftlichen Getränk«, versetzte der düstere Arrestant.

»Trinkt denn hier niemand Tee?« fragte ich ihn, aber er würdigte mich keiner Antwort.

»Da bringt man gerade Semmeln. Verehren Sie mir doch auch eine Semmel!«

Ein junger Arrestant trug einen ganzen Kranz von Semmeln, die er im Zuchthaus verkaufte. Die Semmelfrau überließ ihm dafür jede zehnte Semmel; auf diese rechnete er eben.

»Semmeln, Semmeln!« rief er, in die Küche tretend: »Heiße Moskauer Semmeln! Würde sie selbst essen, aber ich brauche mein Geld. Jetzt habe ich nur noch diese letzte. Wer von euch hat eine Mutter gehabt?«

Dieser Appell an die Mutterliebe brachte alle zum Lachen, und man nahm ihm einige Semmeln ab.

»Was glaubt ihr, Brüder«, sagte er, »Gasin wird heute so lange bummeln, bis er etwas Böses erlebt! Bei Gott! Was ist es auch für eine Zeit zum Bummeln: jeden Augenblick kann der Achtäugige kommen.«

»Man wird ihn schon verstecken. Ist er denn sehr betrunken?«

»Und wie! Ist schon ganz wütend und greift alle an.«

»Nun, dann wird es wohl auch zu einem Faustkampf kommen ...«

»Von wem sprechen sie?« fragte ich den Polen, der neben mir saß.

»Vom Arrestanten Gasin, der hier den Schnapsverkauf hat. Sobald er etwas Geld verdient, vertrinkt er es sofort. Er ist grausam und boshaft; im nüchternen Zustand verhält er sich übrigens ruhig; aber wenn er sich betrunken hat, kommt alles zum Durchbruch; dann stürzt er sich mit einem Messer auf die Menschen. Dann bringt man ihn zur Vernunft.«

»Wie bringt man ihn denn zur Vernunft?«

»An die zehn Arrestanten fallen über ihn her und schlagen ihn so lange, bis er die Besinnung verliert, d. h. sie prügeln ihn halb tot. Dann legt man ihn auf die Pritsche und bedeckt ihn mit einem Pelz.«

»So können sie ihn doch auch totschlagen!«

»Ein anderer an seiner Stelle wäre auch schon längst tot, er aber nicht. Er hat eine ungeheure Kraft, ist stärker als alle im Zuchthaus und wie aus Eisen gebaut. Am nächsten Morgen ist er immer wieder vollkommen gesund.«

»Sagen Sie bitte«, fragte ich den Polen weiter, »sie alle essen doch auf eigene Kosten, und ich trinke meinen eigenen Tee. Dabei schauen sie mich so an, als beneideten sie mich um diesen Tee. Was soll das heißen?«

»Es ist nicht wegen des Tees«, antwortete der Pole. »Sie ärgern sich über Sie, weil Sie ein Adliger sind und sich von ihnen unterscheiden. Viele von ihnen möchten wohl mit Ihnen anbinden. Sie haben große Lust, Sie zu beleidigen und zu erniedrigen. Sie werden hier noch viele Unannehmlichkeiten erleben. Wir alle haben es hier furchtbar schwer. Wir haben es in jeder Beziehung schwerer als alle anderen. Es bedarf einer großen Gleichgültigkeit, um sich daran zu gewöhnen. Sie werden hier noch viel Unannehmlichkeiten wegen des Tees und der eigenen Beköstigung erleben, obwohl hier viele sehr oft auf eigene Kosten essen und manche ständig Tee trinken. Die andern dürfen es, Sie aber nicht.«
Mit diesen Worten erhob er sich und verließ den Tisch. Schon nach einigen Minuten gingen seine Worte in Erfüllung.

III

Kaum war M-cki (der Pole, der mit mir gesprochen hatte) hinausgegangen, als Gasin vollständig betrunken in die Küche stürzte.

Ein betrunkener Arrestant am helllichten Tag, an einem Werktag, wo alle verpflichtet sind, zur Arbeit zu gehen, angesichts eines strengen Vorgesetzten, der jeden Augenblick ins Zuchthaus kommen konnte, eines Unteroffiziers, der die Arrestanten beaufsichtigte und sich ständig im Zuchthaus aufhielt; angesichts der Wachen, der Invaliden, mit einem Wort der ganzen strengen Ordnung, – diese Erscheinung warf alle meine Vorstellungen vom Arrestantenleben, die ich mir zu bilden begann, über den Haufen. Ich musste auch eine recht lange Zeit im Zuchthaus zubringen, ehe ich mir alle diese Tatsachen erklären konnte, die mir in den ersten Tagen meines Zuchthauslebens so rätselhaft vorkamen.

Ich sagte schon, dass die Arrestanten immer ihre eigene Arbeit hatten und dass diese Arbeit ein natürliches Bedürfnis des Zuchthauslebens darstellte; dass der Arrestant, auch abgesehen von diesem Bedürfnis, das Geld über alles liebte, es fast der Freiheit gleichstellte und sich schon getröstet fühlte, wenn welches in seiner Tasche klimperte. Dagegen ist er traurig, verstimmt, unruhig und entmutigt, wenn er kein Geld hat; dann ist er zu jedem Diebstahl und überhaupt zu allem fähig, um sich Geld zu verschaffen. Aber obwohl das Geld im Zuchthaus einen so hohen Wert hatte, blieb es doch niemals lang in der Tasche des glücklichen Besitzers. Erstens war es schwer, das Geld so zu verwahren, dass es nicht gestohlen oder konfisziert wurde. Wenn der Major es bei einer der plötzlichen Durchsuchungen fand, nahm er es gleich weg. Vielleicht verwendete er es zur Verbesserung der Arrestantenkost, jedenfalls wurde es immer ihm abgeliefert. Meistens wurde es aber gestohlen, denn man konnte sich auf niemand verlassen. Später fand man bei uns doch ein Mittel, Geld mit absoluter Sicherheit zu verwahren. Man gab es einem alten Altgläubigen in Verwahrung, der zu uns aus den Siedlungen bei Starodub gekommen war … Aber ich kann nicht umhin, einige Worte über ihn zu sagen, obwohl ich dabei weit von meinem Thema abschweife. – Er war ein kleiner, grauhaariger Mann von etwa sechzig Jahren. Er fiel mir gleich beim ersten Blick auf. So wenig glich er den anderen Arrestanten: es war etwas Ruhiges und Stilles in seinem Blick, sodass ich mit einem besonderen Vergnügen in seine heiteren, hellen, von feinen Runzeln umgebenen Augen schaute. Ich unterhielt mich oft mit ihm und muss sagen, dass ich in meinem Leben selten ein so gutmütiges und freundliches Wesen gesehen habe. Er war wegen eines äußerst schweren Verbrechens hergeraten. Unter den Sektierern von Starodub hatten sich seit einiger Zeit manche zur herrschenden Kirche bekehren lassen. Die Regierung begünstigte auf jede Weise die Proselyten und wandte alle Mühe auf zur Bekehrung weiterer Sektierer. Der Alte hatte sich mit anderen Fanatikern entschlossen, »für den wahren Glauben einzustehen«, wie er es nannte. Man hatte eben begonnen, eine gemeinsame Kirche für die Orthodoxen und die Altgläubigen zu bauen, und sie steckten diese Kirche in Brand. Der Alte kam als einer der Anstifter nach Sibirien zur Zwangsarbeit. Er war ein bemittelter, handeltreibender Kleinbürger gewesen; hatte daheim eine Frau und Kinder gelassen; war aber mit Überzeugung in die Verbannung gegangen, die er in seiner Verblendung für »ein Martyrium wegen des Glaubens« hielt. Wenn man mit ihm einige Zeit zusammen gewesen war, stellte man sich unwillkürlich die Frage, wieso dieser stille und wie ein Kind sanfte Mensch ein Aufrührer werden konnte. Ich sprach mit ihm einige Mal »über den Glauben«. Er gab keine von seinen Überzeugungen preis, aber in seinen Entgegnungen war nicht die geringste Bosheit, nicht der geringste Hass. Und doch hatte er die Kirche angezündet, was er auch gar nicht leugnete. Man hätte doch meinen können, dass er infolge seiner Überzeugung seine Tat und die für dieselbe empfangenen »Leiden« für etwas Rühmliches halten müsste. Aber wie aufmerksam ich ihn auch betrachtete und studierte, konnte ich an ihm nicht die geringsten Anzeichen von Stolz und Überhebung wahrnehmen. Wir hatten in unserm Zuchthaus auch andere Altgläubige, zum größten Teil Sibirier. Es waren geistig hochentwickelte, schlaue Bauern, außerordentlich bibelkundig, am Buchstaben zäh festhaltend und in ihrer Art tüchtige Dialektiker; hochmütige, eingebildete, listige und im höchsten Grad intolerante Menschen. Der Alte war ganz anders. Obwohl er in der Bibel vielleicht viel beschlagener war als sie, mied er alle Disputationen. Er hatte einen höchst mitteilsamen Charakter. Er war lustig und lachte oft, es war aber nicht das rohe, zynische Lachen der andern Zuchthäusler, sondern ein heiteres und stilles Lachen, in dem viel kindliche Einfalt lag und das besonders gut zu seinen grauen Haaren passte. Vielleicht irre ich mich auch, aber es scheint mir, dass man den Menschen an seinem Lachen erkennen kann und dass wir, wenn uns das Lachen eines uns völlig fremden Menschen gleich bei der ersten Begegnung angenehm ist, getrost sagen dürfen, dass er ein guter Mensch ist. Der Alte genoss im ganzen Zuchthaus allgemeine Achtung, auf die er sich durchaus nichts einbildete. Die Arrestanten nannten ihn Vater und taten ihm nichts zu Leide. Ich konnte mir zum Teil vorstellen, welchen Einfluss er auf seine Glaubensgenossen üben musste. Aber trotz der scheinbaren Festigkeit, mit der er seine Zuchthausstrafe trug, lag in ihm dennoch eine tiefe, unheilbare Trauer, die er vor allen sorgfältig verheimlichte. Ich wohnte mit ihm in der gleichen Kaserne. Einmal erwachte ich gegen drei Uhr nachts und hörte sein stilles, verhaltenes Weinen. Der Alte saß auf dem Ofen (auf demselben Ofen, auf dem früher der vor lauter Bibellesen verrückt gewordene Arrestant, der den Major hatte erschlagen wollen, nachts zu beten pflegte) und betete aus einem handgeschriebenen Gebetbuch. Er weinte, und ich hörte ihn ab und zu sprechen: »Herr, verlass mich nicht! Herr, festige mich! Meine lieben Kinderchen, meine kleinen Kinderchen, nie werden wir uns wiedersehen!« Ich kann gar nicht wiedergeben, wie traurig es mir da zu Mute wurde. Diesem Alten gaben nun alle Arrestanten nach und nach ihr Geld in Verwahrung. Im Zuchthaus waren fast alle Diebe, aber aus irgendeinem Grund gewann man die Überzeugung, dass der Alte unmöglich etwas stehlen könne. Man wusste wohl, dass er das ihm anvertraute Geld irgendwo zu verstecken pflegte, aber es war ein so verborgener Ort, dass keiner ihn finden konnte. Später enthüllte er mir und einigen von den Polen sein Geheimnis. In einem der Palisadenpfähle war ein Ast, der fest mit dem Holz verwachsen schien. Der Ast ließ sich aber herausnehmen, und im Holz befand sich eine größere Vertiefung. Hier pflegte der Großvater das Geld zu verwahren und dann den Ast wieder so hineinzustecken, dass niemand etwas merken konnte.

Ich bin aber von meiner Erzählung abgeschweift. Ich war dabei stehen geblieben, warum das Geld niemals lang in der Tasche des Arrestanten blieb. Aber auch abgesehen von der Schwierigkeit, es zu verwahren, gab es im Zuchthaus zu viel Trübsinn; der Arrestant ist aber seiner Natur nach ein dermaßen nach Freiheit lechzendes Geschöpf und dann auch infolge seiner sozialen Lage so leichtsinnig und unordentlich, dass er das natürliche Bedürfnis fühlt, tüchtig über die Schnur zu hauen, sein ganzes Kapital mit Donner und Musik zu verprassen, um wenigstens für eine Minute seine Schwermut zu vergessen. Es war sogar sonderbar zu sehen, wie mancher von ihnen monatelang unaufhörlich über einer Arbeit hockte, um seinen ganzen Verdienst an einem einzigen Tag bis auf die letzte Kopeke zu verprassen und dann bis zum nächsten Bummel wieder monatelang zu arbeiten. Viele von ihnen schafften sich gerne neue Kleider an, und zwar unbedingt Zivilkleider, irgendwelche unförmige schwarze Beinkleider, Westen, Überröcke. Beliebt waren auch Kattunhemden und Gürtel mit Messingbeschlägen. Man pflegte diese Kleidungsstücke an Feiertagen anzuziehen, und der so Geputzte ging dann unbedingt durch alle Kasernen, um sich allen zu zeigen. Die Selbstzufriedenheit des Geputzten war ganz kindisch, wie die Arrestanten auch in vielen anderen Beziehungen die reinen Kinder waren. Alle diese guten Sachen pflegten allerdings sehr schnell und plötzlich zu verschwinden; oft wurden sie gleich am ersten Abend versetzt oder für einen Spottpreis verkauft. Ein solcher Bummel entwickelte sich übrigens ganz allmählich. Gewöhnlich fiel er auf den Geburtstag oder Namenstag des Betreffenden. Wenn ein Arrestant sein Namensfest feierte, entzündete er gleich am Morgen nach dem Aufstehen eine Kerze vor dem Heiligenbild und betete; dann putzte er sich fein und bestellte sich ein Mittagessen. Er kaufte sich Fleisch und Fisch und ließ sich sibirische »Pelmeni« – mit Hackfleisch gefüllte Teigtaschen – kochen; er fraß sich wie ein Ochse voll, aber meistens allein und lud nur selten die Genossen zur Teilnahme an seiner Tafel ein. Dann kam der Branntwein; das Geburtstagskind betrank sich bis zur Bewusstlosigkeit und ging dann torkelnd und stolpernd durch die Kaserne, um allen zu zeigen, dass er betrunken sei, dass er bummle, um damit die allgemeine Achtung zu erwerben. Das russische Volk hat für den Betrunkenen immer eine gewisse Sympathie; im Zuchthaus erwies man einem Betrunkenen Respekt. In so einem Zuchthausbummel lag sogar etwas Aristokratisches. Wenn der Arrestant in die richtige Stimmung kam, mietete er sich immer Musiker. Es gab im Zuchthaus einen Polen, einen entlaufenen Soldaten, einen recht abstoßenden Kerl, der aber Geige spielte und ein eigenes Instrument besaß – dies war sein ganzes Vermögen. Er übte kein anderes Handwerk aus und lebte nur davon, dass er sich von den Bummelnden zum Aufspielen lustiger Tänze mieten ließ. Sein Amt bestand dann darin, dass er seinem betrunkenen Auftraggeber ständig von der einen Kaserne in die andere folgte und aus aller Kraft auf der Geige kratzte. Sein Gesicht nahm oft einen gelangweilten, trübsinnigen Ausdruck an. Aber der Zuruf: »Spiel', ich hab' dich doch bezahlt!« zwang ihn, gleich wieder von neuem zu geigen. Wenn ein Arrestant zu bummeln anfing, hatte er immer die Gewissheit, dass, wenn er sich schon gar zu sehr betrinken sollte, man auf ihn aufpassen, ihn rechtzeitig zu Bett bringen und beim Erscheinen eines Vorgesetzten unbedingt verstecken würde, und zwar ohne jede Bezahlung. Andererseits durften auch der Unteroffizier und die Invaliden, die zur Beaufsichtigung ständig im Zuchthaus wohnten, vollkommen ruhig sein; ein Betrunkener konnte gar keinen Unfug verüben. Die ganze Kaserne passte auf ihn auf, und wenn er Lärm machen oder meutern sollte, würden ihn die anderen sofort bändigen und sogar binden. Darum drückten die subalternen Vorgesetzten in solchen Fällen ein Auge zu und wollten solche Sachen einfach nicht bemerken. Sie wussten sehr gut, dass, wenn man den Branntwein wirklich verboten hätte, die Sache noch viel schlimmer wäre. Woher verschaffte man sich aber den Branntwein?

Man kaufte ihn im Zuchthaus bei den Branntweinverkäufern. Es gab ihrer mehrere, und sie betrieben diesen Handel ununterbrochen und mit Erfolg, obwohl es nur wenig Trinkende und »Bummelnde« gab, weil das Bummeln Geld erforderte, das die Arrestanten nur schwer erwerben konnten. So ein Handel wurde auf eine recht originelle Weise gegründet, betrieben und geduldet. Ein Arrestant kennt kein Handwerk und will nicht arbeiten (es gab solche Arrestanten), will aber Geld haben; dabei ist er ein ungeduldiger Mensch und möchte sich schnell bereichern. Er hat einiges Geld für den Anfang, und so entschließt er sich, einen Branntweinhandel zu eröffnen; das Unternehmen ist kühn und mit großem Risiko verbunden. Man kann es leicht mit seinem Rücken bezahlen und zugleich die Ware und das Kapital verlieren. Aber der Branntweinverkäufer geht dieses Risiko ein. Anfangs hat er nur wenig Geld und schmuggelt darum zum ersten Mal den Branntwein selbst ins Zuchthaus; er verkauft ihn natürlich mit großem Nutzen. Diesen Versuch wiederholt er ein zweites und ein drittes Mal, und sein Handel kommt, wenn ihn die Obrigkeit nicht erwischt, schnell in Schwung. Erst dann gründet er ein richtiges Geschäft auf breiterer Grundlage; er betreibt es als Unternehmer und Kapitalist, hält sich Agenten und Gehilfen, riskiert viel weniger, verdient aber immer mehr. Das Risiko wird für ihn von seinen Helfern getragen.

Im Zuchthaus gibt es immer viele Leute, die ihre ganze Habe bis auf die letzte Kopeke verprasst, verspielt, verbummelt haben, elende und abgerissene Leute ohne Handwerk, aber mit einer gewissen Kühnheit und Entschlossenheit begabt. Diese Leute haben als einziges Kapital nur noch ihre Rücken heil; der Rücken kann immer noch zu etwas dienen, und so ein verbummelter armer Teufel steckt nun dieses letzte Kapital ins Geschäft. Er geht zum Unternehmer und verdingt sich ihm zum Einschmuggeln von Branntwein ins Zuchthaus; ein reicher Branntweinverkäufer hält sich mehrere solcher Arbeiter. Irgendwo außerhalb des Zuchthauses gibt es einen Menschen, – einen Soldaten, einen Kleinbürger, zuweilen sogar eine Dirne, – der für das vom Unternehmer gelieferte Geld und eine verhältnismäßig gar nicht geringe Provision in der Schenke Branntwein kauft und diesen an irgendeinem versteckten Ort verwahrt, an dem die Arrestanten zu arbeiten pflegen. Der Lieferant probiert erst fast immer die Güte des Branntweins und ersetzt die ausgetrunkene Menge in unmenschlicher Weise durch Wasser; der Arrestant hat keine andere Wahl und darf nicht allzu wählerisch sein; er muss zufrieden sein, wenn er sein Geld nicht gänzlich verloren hat und irgendeinen Branntwein, ganz gleich welcher Güte, geliefert bekommt. Zu diesem Lieferanten kommen also die ihm vorher vom Branntweinverkäufer im Zuchthaus bekanntgegebenen Schmuggler mit Rindsdärmen. Die Därme werden erst gewaschen, dann mit Wasser gefüllt und behalten auf diese Weise ihre ursprüngliche Feuchtigkeit und Dehnbarkeit, um mit der Zeit zur Aufnahme des Branntweins geeignet zu sein. Der Arrestant füllt die Därme mit Branntwein und wickelt sie dann um sich, nach Möglichkeit um die diskretesten Körperteile. Darin äußert sich natürlich die ganze Geschicklichkeit und Diebeslist des Schmugglers. Es steht ja zum Teil auch seine Ehre auf dem Spiel; es gilt, die Begleitsoldaten und die Wachtposten anzuführen. Er führt sie auch an. Der Begleitsoldat, der manchmal ein unerfahrener Rekrut ist, lässt sich von einem geschickten Schmuggler fast immer anführen. Natürlich wird der Soldat vorher sondiert, außerdem werden die Zeit und der Ort der Arbeit in Betracht gezogen. Der Arrestant ist beispielsweise ein Ofensetzer und kriecht auf den Ofen; wer kann sehen, was er da oben treibt? Der Soldat kann ihm doch nicht nachsteigen. Beim Zuchthaus angekommen, nimmt er für jeden Fall eine Münze, ein silbernes Fünfzehn- oder Zwanzigkopekenstück in die Hand und wartet am Tor auf den Gefreiten. Der diensthabende Gefreite muss jeden von der Arbeit heimkehrenden Arrestanten durchsuchen und betasten und darf ihm erst dann das Tor öffnen. Der Branntweinschmuggler rechnet gewöhnlich darauf, dass man sich genieren wird, ihn an gewissen Stellen besonders eingehend zu betasten. Ein gewitzigter Gefreiter kommt manchmal aber auch an diese Stellen und findet den Schnaps. Dann bleibt das allerletzte Mittel: der Schmuggler drückt dem Gefreiten, ohne dass es der Begleitsoldat merkt, schweigend die schon bereitgehaltene Münze in die Hand. Manchmal kann er dank diesem Manöver den Branntwein glücklich einschmuggeln. Manchmal misslingt aber dieses Manöver, und dann muss der Arrestant sein letztes Kapital, d. h. den Rücken, hergeben. Der Vorfall wird dem Major gemeldet, das Kapital wird mit Ruten gezüchtigt, und zwar sehr schmerzhaft, der Branntwein wird für den Fiskus konfisziert, und der Schmuggler nimmt alles auf sich und verrät den Unternehmer nicht; nebenbei bemerkt, nicht weil er sich etwa vor der Angeberei scheute, sondern weil diese für ihn unvorteilhaft wäre. Seiner Portion Ruten entgeht er sowieso nicht, und der einzige Trost wäre, dass auch der andere die gleiche Portion bekäme. Aber er braucht den Unternehmer, obwohl der Schmuggler von ihm nach der Gepflogenheit und nach vorhergehender Abmachung keinerlei Entschädigung für den zerschlagenen Rücken bekommt. Was aber die Angebereien im Allgemeinen betrifft, so stehen sie gewöhnlich in Blüte. Der Angeber hat im Zuchthaus nicht die geringste Erniedrigung zu gewärtigen; eine Entrüstung gegen ihn ist sogar undenkbar. Man meidet ihn nicht und pflegt mit ihm freundschaftlichen Verkehr, und wenn es jemand einfiele, den Zuchthäuslern zu beweisen, wie gemein diese Angeberei ist, würde ihn niemand verstehen. Der vom Adel stammende Arrestant, der lasterhafte und gemeine Kerl, mit dem ich jeden Verkehr abgebrochen hatte, war mit dem Burschen des Majors, Fedjka, befreundet und diente ihm als Spion; dieser aber hinterbrachte alles, was er über die Arrestanten hörte, dem Major. Das war bei uns allen bekannt, aber es fiel niemals jemand ein, diesen Schurken zu bestrafen oder ihm etwas vorzuwerfen.

Aber ich bin wieder abgeschweift. Es kommt selbstverständlich vor, dass der Branntwein glücklich eingeschmuggelt wird; der Unternehmer übernimmt die ihm gelieferten Därme, bezahlt den Preis und beginnt dann zu kalkulieren. Die Kalkulation ergibt, dass die Ware ihm gar zu teuer zu stehen kommt; um seinen Nutzen zu vergrößern, gießt er den Branntwein noch einmal um, verdünnt ihn wieder, fast zur Hälfte, mit Wasser und wartet nach diesen endgültigen Vorbereitungen auf die Käufer. Gleich am ersten Feiertag, zuweilen auch an einem Werktag, meldet sich ein Kunde; es ist ein Arrestant, der mehrere Monate wie ein Ochse gearbeitet und einige Kopeken gespart hat, um alles an einem vorher bestimmten Tage zu vertrinken. Von diesem Tag hat der arme Arbeiter schon lange vorher geträumt, und dieser Traum hat ihm manchen glücklichen Augenblick bei der Arbeit verschafft und seinen Geist im öden Zuchthausleben aufrechterhalten. Endlich zeigt sich ihm das Morgenrot des ersehnten Tages; er hat das nötige Geld zusammengespart, man hat es ihm weder konfisziert, noch gestohlen, und er bringt es dem Branntweinverkäufer. Dieser gibt ihm zunächst möglichst reinen, d. h. nur zweimal verdünnten Branntwein; aber alles, was er austrinkt, wird in der Flasche sofort wieder durch Wasser ersetzt. Eine Tasse Branntwein kostet fünf- und sechsmal so viel als in der Schenke. Nun kann man sich vorstellen, wie viele Tassen man austrinken und wie viel Geld man für sie bezahlen muss, um sich wirklich zu betrinken. Aber infolge der Entwöhnung und der langen Abstinenz wird der Arrestant recht schnell berauscht und trinkt gewöhnlich so lange, bis er sein ganzes Geld vertrunken hat. Dann kommen alle seine Neuanschaffungen dran; der Branntweinverkäufer ist zugleich Pfandleiher. Zuerst wandern zu ihm die neuen Zivilsachen, dann kommen die alten Lumpen, und zuletzt werden auch Kommisssachen versetzt. Wenn der Säufer alles bis zum letzten Lumpen vertrunken hat, legt er sich schlafen; am nächsten Morgen erwacht er mit dem obligaten Brummen im Schädel und fleht den Branntweinverkäufer vergebens um einen Schluck gegen den Kater an. Er übersteht traurig den Katzenjammer, macht sich schon am selben Tag wieder an die Arbeit und arbeitet wieder mehrere Monate unaufhörlich, an jenen glücklichen Bummeltag zurückdenkend, der unwiederbringlich in die Ewigkeit versunken ist, und sich allmählich wieder auf einen neuen ähnlichen Tag vorbereitend, der noch fern ist, aber doch einmal anbrechen muss.

Was aber den Branntweinverkäufer selbst betrifft, so besorgt er, nachdem er endlich die Riesensumme von einigen Zehnrubelscheinen verdient hat, zum letzten Mal Branntwein, den er diesmal nicht mit Wasser verdünnt, da er ihn für sich selbst bestimmt; genug Handel zu treiben, es ist Zeit, auch selbst einen Festtag zu erleben! Es beginnt ein Prassen mit Zechen, Essen und Musik. Die Geldmittel sind groß, und mit ihnen kann er selbst die unteren unmittelbaren Zuchthausvorgesetzten bestechen. Das Prassen dauert zuweilen mehrere Tage. Der angeschaffte Branntwein ist natürlich bald ausgesoffen; der Prasser geht dann zu den anderen Branntweinverkäufern, die schon auf ihn warten, und trinkt so lange, bis er alles bis zur letzten Kopeke vertrunken hat. Die Arrestanten können ihn noch so sehr überwachen, aber manchmal fällt er doch einem höheren Vorgesetzten, dem Major oder dem Wachoffizier in die Augen. Man bringt ihn auf die Wache, nimmt ihm seine Kapitalien, wenn man noch welche bei ihm findet, weg und züchtigt ihm zum Schluss mit Ruten. Er schüttelt sich, kehrt ins Zuchthaus zurück und macht sich nach einigen Tagen wieder an den Beruf eines Branntweinverkäufers. Manche Prasser, natürlich nur die reichen, vergessen auch das schöne Geschlecht nicht. Für schweres Geld gehen sie manchmal heimlich aus der Festung statt zur Arbeitsstätte in Begleitung eines bestochenen Wachsoldaten in die Vorstadt. Dort wird in irgendeinem versteckten Häuschen am Rande der Stadt ein »großes Fest für die ganze Welt« gefeiert, das wirklich große Summen verschlingt. Auch der Arrestant wird nicht verschmäht, wenn er Geld hat; der Wachsoldat wird schon vorher mit großer Sachkenntnis ausgesucht. Diese Wachsoldaten sind gewöhnlich selbst Kandidaten für das Zuchthaus. Für Geld ist übrigens alles zu erreichen, und solche Ausflüge bleiben fast immer geheim. Es ist zu bemerken, dass sie sehr selten vorkommen; sie erfordern viel Geld, und die Liebhaber des schönen Geschlechts greifen darum zu anderen, völlig ungefährlichen Mitteln.

Schon in den ersten Tagen meines Zuchthauslebens hatte ein junger Arrestant, ein außergewöhnlich hübscher Bursche, mein besonderes Interesse geweckt. Er hieß Ssirotkin und war in vielen Beziehungen ein ziemlich rätselhaftes Wesen. Vor allem setzte mich sein auffallend schönes Gesicht in Erstaunen; er war nicht mehr als dreiundzwanzig Jahre alt. Er befand sich in der »besonderen«, d. h. lebenslänglichen Abteilung und wurde folglich als einer der schwersten militärischen Verbrecher angesehen. Er war still und sanft, sprach wenig und lachte selten. Er hatte blaue Augen, regelmäßige Züge, ein zartes, glattes Gesicht und hellblonde Haare. Selbst der zur Hälfte rasierte Kopf verunstaltete ihn nicht allzu sehr, so hübsch war der Junge. Er verstand keinerlei Handwerk, verschaffte sich aber immer Geld, wenn auch nicht viel, aber häufig. Er war auffallend faul und unordentlich. Höchstens bekam er von jemand anders gute Kleidung, manchmal ein rotes Hemd, und Ssirotkin freute sich dann sichtlich über den neuen Anzug; er ging durch alle Kasernen und ließ sich bewundern. Er trank nicht, spielte nicht Karten und zankte sich fast mit niemand. Oft sah man ihn, die Hände in den Taschen, still und nachdenklich hinter den Kasernen umhergehen. Woran er denken mochte, konnte man sich schwer vorstellen. Wenn man ihn aus Neugierde rief und nach etwas fragte, so gab er sofort Antwort, sogar mit einem gewissen Respekt, gar nicht nach Arrestantenart, aber immer kurz und wortkarg; dabei sah er einen wie ein zehnjähriges Kind an. Wenn er Geld hatte, so kaufte er sich nie etwas Notwendiges, gab nicht seine Jacke zum Ausbessern, schaffte sich keine neuen Stiefel an, sondern kaufte sich eine Semmel oder einen Pfefferkuchen und aß, als wäre er sieben Jahre alt. »Ach du«, sagten die Sträflinge zu ihm, »was bist du für ein Waisenknabe!« In der arbeitsfreien Zeit trieb er sich in den fremden Kasernen umher; fast alle waren mit ihrer Arbeit beschäftigt, nur er allein hatte nichts zu tun. Wenn man ihm etwas sagte, fast immer etwas zum Spott (er und seine Freunde wurden oft ausgelacht), so erwiderte er kein Wort, machte kehrt und ging in eine andere Kaserne; wenn man sich über ihn gar zu sehr lustig machte, so errötete er. Ich fragte mich oft: Weswegen mag dieses stille, gutmütige Wesen ins Zuchthaus geraten sein? Einmal lag ich im Arrestantensaal des Krankenhauses. Ssirotkin war ebenfalls krank und lag neben mir. Einmal kamen wir gegen Abend ins Gespräch; er geriet plötzlich in Stimmung und erzählte mir, wie man ihn unter die Soldaten gegeben, wie seine Mutter beim Abschied über ihn geweint hätte und wie schwer er es unter den Rekruten gehabt habe. Er fügte hinzu, dass er das Rekrutenleben unmöglich habe ertragen können, weil alle so böse und streng und fast alle Vorgesetzten mit ihm unzufrieden gewesen seien.

»Womit hat es geendet?« fragte ich. »Weswegen bist du hierher geraten? Dazu noch in die Besondere Abteilung … Ach du, Ssirotkin!«

»Ich war ja nur ein Jahr im Bataillon geblieben, Alexander Petrowitsch. Hierher kam ich aber, weil ich meinen Kompaniechef, Grigorij Petrowitsch, ermordet habe.«

»Ich habe es wohl gehört, Ssirotkin, aber ich glaube es nicht. Wen hast du töten können?«

»Es kam halt so, Alexander Petrowitsch. Ich hatte es schon gar so schwer.«

»Wie leben denn die anderen Rekruten? Natürlich ist es anfangs schwer, aber ein jeder gewöhnt sich daran und wird mit der Zeit ein guter Soldat. Dich hat wohl deine Mutter verzogen, hat dich wohl mit Pfefferkuchen und Milch bis zu deinem achtzehnten Lebensjahr gefüttert.«

»Mein Mütterchen hat mich tatsächlich sehr gern gehabt. Als ich unter die Rekruten kam, wurde sie krank und stand, wie ich hörte, nicht mehr auf … So bitter war mir schließlich das Rekrutenleben geworden. Der Kommandeur hatte einen Hass gegen mich und bestrafte mich auf Schritt und Tritt, und wofür denn? Ich war in allen Dingen gehorsam, lebte ordentlich, trank keinen Branntwein und nahm nichts Fremdes. Es ist nämlich eine schlimme Sache, Alexander Petrowitsch, wenn hier ein Mensch Fremdes nimmt. Alle um mich herum waren so hartherzig, ich konnte mich nirgends

ausweinen. Manchmal ging ich in ein Winkelchen und weinte dort. Einmal stand ich Posten. Es war in der Nacht; ich stand Posten vor der Hauptwache bei den Gewehrgabeln. Es war eine windige Herbstnacht, aber so dunkel, dass man die Hand vor den Augen nicht sah. Und da wurde mir so schwer ums Herz! Ich nahm mein Gewehr bei Fuß, machte das Bajonett los und legte es neben mich; dann zog ich den rechten Stiefel aus, richtete die Mündung auf meine Brust, stemmte mich gegen sie und drückte mit der großen Zeh auf den Hahn. Das Gewehr ging nicht los. Ich sah es nach, reinigte das Zündloch, schüttete frisches Pulver auf, beklopfte den Feuerstein und stemmte den Lauf wieder gegen meine Brust. Aber was geschah? Das Pulver flammte auf, aber der Schuss ging nicht los! Was mag es wohl sein? – dachte ich mir. Ich zog den Stiefel wieder an, setzte das Bajonett auf und ging schweigend auf und ab. Da beschloss ich nun, diese Sache zu machen: Komme, was kommen mag, wenn ich nur dieses Rekrutenleben los bin. Nach einer halben Stunde kommt der Kommandeur gefahren, er revidiert die Hauptronde. Er geht direkt auf mich zu. ›Steht man denn so Posten?‹ Ich nahm das Gewehr in die Hand und bohrte ihm das Bajonett bis auf den Lauf in den Leib. Viertausend Spießruten kriegte ich dafür und kam dann her in die besondere Abteilung …«
Er log nicht. Weswegen hätte er denn sonst in die Besondere Abteilung kommen können? Gewöhnliche Vergehen wurden viel milder bestraft. Übrigens war Ssirotkin allein unter allen seinen Genossen so hübsch. Was die übrigen von seinem Schlag betrifft, von denen wir im Ganzen an die fünfzehn Mann hatten, so machten sie alle einen seltsamen Eindruck; nur zwei oder drei von ihnen hatten erträgliche Gesichter; die anderen waren lauter hässliche und schmutzige Kerle mit schlappen Ohren, manche sogar mit grauen Haaren. Wenn es mir die Umstände erlauben, werde ich einmal über diese Gruppe ausführlicher sprechen. Ssirotkin unterhielt oft freundschaftliche Beziehungen zu Gasin, demselben, mit dem ich dieses Kapitel anfing, indem ich erwähnte, wie er betrunken in die Küche hereingestürzt kam, was alle meine ursprünglichen Vorstellungen vom Zuchthausleben über den Haufen geworfen hatte.

Dieser Gasin war ein fürchterliches Geschöpf. Er machte auf alle einen schrecklichen, quälenden Eindruck. Es schien mir immer, dass es nichts Wilderes und Ungeheuerlicheres geben könne als ihn. Ich sah zu Tobolsk den wegen seiner Verbrechen berühmt gewordenen Raubmörder Kamenew; ich sah später Ssokolow, den unter Anklage stehenden Arrestanten und Deserteur, einen abscheulichen Mörder. Aber keiner von ihnen machte auf mich einen so abstoßenden Eindruck wie Gasin. Es kam mir zuweilen vor, als sähe ich eine Riesenspinne in Menschengröße vor mir. Er war ein Tatar; unheimlich stark, stärker als alle im Zuchthaus; von Wuchs etwas größer als mittelgroß, von herkulischem Körperbau; mit einem unförmigen, unverhältnismäßig großen Kopf; er ging gebückt und blickte finster drein. Im Zuchthaus gingen über ihn seltsame Gerüchte; man wusste, dass er aus dem Soldatenstand war, aber die Arrestanten erzählten sich, ich weiß nicht, ob es wahr ist, er sei aus den Bergwerken von Nertschinsk entflohen; er sei schon mehr als einmal nach Sibirien verschickt gewesen, wäre mehr als einmal geflohen, hätte mehr als einmal seinen

Namen geändert und sei schließlich in unser Zuchthaus in die Besondere Abteilung gekommen. Man erzählte sich auch über ihn, er hätte früher mit Vorliebe kleine Kinder abgeschlachtet, ausschließlich zu seinem Vergnügen. Er hätte das Kind an einen geeigneten Ort geführt, ihm zuerst Angst gemacht, sich am Schrecken und am Zittern des armen kleinen Opfers ergötzt und es dann langsam mit Genuss abgeschlachtet. Dies alles hatte man vielleicht erfunden, infolge des allgemeinen schweren Eindrucks, den Gasin auf alle machte, aber alle diese Erfindungen passten gut zu ihm. Dabei benahm er sich im Zuchthaus unter normalen Verhältnissen, wenn er nicht betrunken war, sehr vernünftig. Er war immer still, zankte sich mit niemand und mied jeden Streit, aber gleichsam aus Verachtung gegen die anderen, als dünkte er sich höher als alle anderen; er sprach sehr wenig und war wohl mit Absicht wortkarg. Alle seine Bewegungen waren langsam, ruhig und selbstbewusst. Seinen Augen konnte man ansehen, dass er gar nicht dumm und sogar außerordentlich schlau war; aber in seinem Gesicht und Lächeln lag immer etwas Hochmütig-Spöttisches und Grausames. Er handelte mit Branntwein und war einer der reichsten Branntweinverkäufer im Zuchthaus. Aber an die zweimal im Jahr betrank er sich selbst, und da zeigte sich seine ganze tierische Natur. Indem er sich allmählich betrank, begann er die anderen erst mit den boshaftesten, wohl überlegten und scheinbar schon vorher vorbereiteten spöttischen Bemerkungen zu reizen; wenn er dann vollständig betrunken war, geriet er in furchtbare Wut, ergriff ein Messer und warf sich auf die Leute; die Arrestanten, die seine schreckliche Kraft kannten, flohen vor ihm und versteckten sich; er warf sich auf jeden, der ihm in den Weg kam. Aber man fand bald ein Mittel, mit ihm fertig zu werden. An die zehn Mann aus einer Kaserne warfen sich plötzlich gleichzeitig auf ihn und begannen ihn zu schlagen. Man kann sich nichts Schrecklicheres vorstellen als diese Schläge. Man schlug ihn auf die Brust, in die Herzgegend, die Herzgrube, den Magen; man schlug ihn lange und hörte erst dann auf, wenn er bewusstlos wurde und wie tot hinsank. Man hätte niemals gewagt, einen anderen so zu schlagen. Ein anderer wäre tot, aber nur nicht Gasin. Nach den Schlägen hüllte man ihn, den gänzlich Bewusstlosen, in einen Pelzrock und trug ihn auf seine Pritsche. »Er wird sich schon erholen!« Und in der Tat, am nächsten Morgen stand er fast ganz gesund auf und ging stumm und mürrisch zur Arbeit. Sooft sich Gasin betrank, wussten alle im Zuchthaus, dass der Tag für ihn mit Schlägen enden würde. So vergingen einige Jahre; endlich merkte man, dass Gasins Widerstandskraft erschüttert war. Er beklagte sich über allerlei Schmerzen, magerte merklich ab und kam immer häufiger ins Hospital … »Nun ist er doch mürbe geworden!« sagten die Arrestanten unter sich.

Er kam in die Küche in Begleitung jenes ekelhaften kleinen Polen mit der Geige, den die Trinkenden gewöhnlich zur Vervollständigung ihres Genusses mieteten, blieb stehen und musterte schweigend und aufmerksam alle Anwesenden. Alle verstummten. Als er endlich mich und meinen Genossen erblickte, sah er uns gehässig und spöttisch an, lächelte selbstgefällig, fasste irgendeinen Gedanken und ging stark schwankend auf unseren Tisch zu. »Gestatten Sie die Frage«, begann er (er sprach russisch), »aus welchen Einkünften geruhen Sie hier den Tee zu trinken?«

Ich wechselte einen stummen Blick mit meinem Genossen, denn ich merkte, dass es das Beste war, zu schweigen und ihm nicht zu antworten. Beim ersten Widerspruch wäre er in Raserei geraten.
»Sie haben also Geld?« fuhr er in seinem Verhör fort. »Sie haben also einen Haufen Geld, wie? Sind Sie denn ins Zuchthaus gekommen, um hier Tee zu trinken? Sind Sie gekommen, um Tee zu trinken? Antworten Sie doch, dass Sie der und jener! …«
Als er aber sah, dass wir uns entschlossen hatten, zu schweigen und ihm keine Beachtung zu schenken, wurde er blaurot im Gesicht und zitterte vor Wut. Neben ihm stand in der Ecke ein großer Trog, in dem das ganze aufgeschnittene Brot verwahrt wurde, das die Arrestanten zum Mittag- oder Abendessen bekommen sollten. Der Trog war so groß, dass darin das Brot für das halbe Zuchthaus Platz fand; jetzt stand er leer. Gasin packte ihn mit beiden Händen und schwang ihn über uns. Noch ein Augenblick, und er hätte uns die Schädel zertrümmert. Obwohl ein Totschlag oder der Vorsatz dazu für das ganze Zuchthaus die größten Unannehmlichkeiten nach sich ziehen musste, es hätten Untersuchungen, Durchsuchungen und verschärfte Maßregeln begonnen, aus welchem Grunde sich die Arrestanten die größte Mühe gaben, derartige Exzesse zu vermeiden, – ungeachtet dessen verhielten sich jetzt alle still und abwartend. Keine einzige Stimme zu unsern Gunsten! Kein einziger Zuruf gegen Gasin! – So groß war wohl in ihnen der Hass gegen uns! Unsere gefährliche Situation war ihnen wohl angenehm … Die Sache lief aber glücklich ab. Als er den Trog auf uns niedersausen lassen wollte, schrie jemand aus dem Flur: »Gasin! Man hat dir deinen Branntwein gestohlen!«
Er schleuderte den Trog zu Boden und stürzte sich wie wahnsinnig aus der Küche.
»Nun, Gott hat ihn gerettet!« sprachen die Arrestanten unter sich. Man sprach dann noch lange darüber.
Später konnte ich nicht feststellen, ob jene Nachricht vom Diebstahl des Branntweins auf Wahrheit beruhte oder nur zu unserer Rettung erfunden worden war.

Abends, schon in der Dunkelheit, kurz bevor die Kasernen zugesperrt wurden, ging ich längs der Palisaden umher, und eine schwere Trauer bedrückte mir das Herz; eine solche Trauer habe ich in meinem ganzen späteren Zuchthausleben nicht mehr empfunden. So schwer ist der erste Tag der Einkerkerung, wo es auch sei, ob im Zuchthaus, in der Kasematte oder im Gefängnis … Aber ich besinne mich, dass mich am meisten ein Gedanke beschäftigte, der mich auch später während meines ganzen Zuchthauslebens ständig verfolgte, ein zum Teil unlösbarer Gedanke, den ich auch jetzt nicht zu lösen vermag. Es ist der Gedanke von der Ungleichheit der Bestrafung der gleichen Verbrechen. Allerdings darf man auch die Verbrechen nicht miteinander vergleichen, nicht einmal annähernd. Ein Beispiel: Der eine und der andere haben einen Mord begangen; man hat alle Umstände beider Verbrechen erwogen, und in beiden Fällen bekommt der Verbrecher die gleiche Strafe. Man bedenke aber, was für ein Unterschied zwischen den beiden Verbrechen besteht. Der eine hat z. B. einen Menschen um nichts und wieder nichts, wegen einer Zwiebel, umgebracht. Er ging auf die Landstraße und ermordete einen zufällig vorbeifahrenden Bauern, der außer einer Zwiebel nichts bei sich hatte. »Was ist zu machen, Vater!

Du hast mich nach Beute ausgesandt, da hab' ich einen Bauern erschlagen und bei ihm nur eine Zwiebel gefunden.« – »Dummkopf! Die Zwiebel ist ja nur eine Kopeke wert! Hundert Seelen sind hundert Zwiebeln, das macht zusammen einen Rubel!« (Eine Zuchthauslegende.) Der andere beging aber den Mord zur Verteidigung der Ehre seiner Braut, seiner Schwester, seiner Tochter vor einem wollüstigen Tyrannen. – Ein anderer beging den Mord als Landstreicher, von einem ganzen Regiment von Spitzeln verfolgt, zur Verteidigung seiner Freiheit und seines Lebens, oft den Hungertod vor Augen; ein anderer schlachtete aber kleine Kinder aus Freude am Schlachten, um auf seinen Händen ihr warmes Blut zu fühlen und sich an ihrer Todesangst, wenn sie wie die Tauben unter dem Schlachtmesser zuckten, zu weiden. Und was sehen wir? Der eine und der andere kommen ins gleiche Zuchthaus. Es gibt allerdings Abstufungen in der Dauer der Zuchthausstrafe. Solche Abstufungen gibt es aber verhältnismäßig wenig; die Unterschiede bei der gleichen Art von Verbrechen sind aber zahllos. Jeder Charakter liefert einen neuen Unterschied. Nehmen wir aber an, dass es unmöglich sei, diese Unterschiede auszugleichen; es sei eine unlösbare Aufgabe wie die Quadratur des Zirkels; nehmen wir es an. Aber selbst wenn diese Ungleichheit nicht vorhanden wäre, beachte man den anderen Unterschied, nämlich den in den Folgen der Bestrafung … Da ist ein Mensch, der im Zuchthaus wie ein Licht dahinschwindet und hinsiecht; da ist ein anderer, der vor seinem Eintritt ins Zuchthaus gar nicht gewusst hat, dass es in der Welt ein so lustiges Leben, einen so angenehmen Klub voll fröhlicher Gesellschaft gibt. Es gibt im Zuchthaus auch solche Menschen. Da ist z. B. ein gebildeter Mensch mit hoch entwickeltem Gewissen, Bewusstsein und Herzen. Schon die Qual seines eigenen Herzens wird ihn schneller als jede Strafe umbringen. Er selbst wird sich wegen seines Verbrechens unbarmherziger und grausamer als das allerstrengste Gesetz verurteilen. Und neben ihm ist ein anderer, der während seines ganzen Zuchthauslebens kein einziges Mal an den von ihm begangenen Mord zurückdenkt. Er glaubt sogar noch im Recht zu sein. Es gibt aber auch manchen, der ein Verbrechen absichtlich begeht, nur um ins Zuchthaus zu kommen und so das viel schwerere Zuchthausleben in der Freiheit zu fliehen. Dort lebte er auf der tiefsten Stufe der Erniedrigung, aß sich kein einziges Mal satt und arbeitete für seinen Unternehmer von früh bis spät; im Zuchthaus ist aber die Arbeit leichter als daheim, er bekommt genügend Brot, und zwar von einer Güte, wie er es noch nie gesehen hat, und an Feiertagen Fleisch; außerdem bekommt er milde Gaben und hat die Möglichkeit, sich ein paar Kopeken zu verdienen. Und die Gesellschaft? Es sind durchtriebene, geschickte, erfahrene Leute, und er sieht seine Genossen mit respektvollem Erstaunen an; er hat ja noch nie solche Menschen gesehen; er hält sie für die beste Gesellschaft, die es überhaupt geben kann. Ist denn die Strafe für diese beiden Menschen wirklich gleich empfindlich? Aber wozu soll ich mich mit unlösbaren Fragen abgeben! Die Trommel schlägt, es ist Zeit, in die Kasernen zu gehen.

IV

Es begann die letzte Kontrolle. Nach dieser Kontrolle wurden die Kasernen geschlossen, eine jede mit einem eigenen Schloss, und die Arrestanten blieben bis zum Tagesanbruch eingesperrt.
Die Kontrolle wurde von einem Unteroffizier mit zwei Soldaten vorgenommen. Zu diesem Zweck wurden die Arrestanten manchmal im Hof aufgestellt, und es kam der Wachoffizier. Meistens wurde aber diese Zeremonie auf vereinfachte Art, in den Kasernen selbst besorgt. So war es auch diesmal. Die Kontrollierenden verrechneten sich oft und kamen dann wieder. Schließlich hatten die armen Wachsoldaten die gewünschte Zahl errechnet und sperrten die Kaserne zu. In derselben befanden sich an die sechzig Mann Arrestanten, die auf ihren Pritschen ziemlich eng zusammengedrängt waren. Zum Schlafen war es noch zu früh. Ein jeder musste sich selbstverständlich noch mit irgendetwas beschäftigen.
Von den Vorgesetzten blieb in der Kaserne nur der Invalide zurück, den ich früher erwähnt habe. Außerdem gab es in jeder Kaserne einen Ältesten, den der Platzmajor aus der Zahl der Arrestanten wegen besonders guter Aufführung wählte. Es kam sehr oft vor, dass diese Ältesten sich etwas Schlimmes zu Schulden kommen ließen; dann wurden sie mit Ruten gezüchtigt, ihres Amtes enthoben und durch andere ersetzt. In unserer Kaserne war der Älteste Akim Akimytsch, der die Arrestanten zu meinem Erstaunen recht oft anschrie. Die Arrestanten antworteten ihm gewöhnlich mit Spöttereien. Der Invalide war klüger als er und mischte sich in nichts ein, und wenn es doch vorkam, dass er den Mund auftun musste, so tat er es mehr anstandshalber, zur Beruhigung seines Gewissens. Sonst saß er schweigend auf seinem Bett und nähte an einem Stiefel. Die Arrestanten schenkten ihm fast keine Beachtung.

Gleich am ersten Tag meines Zuchthauslebens machte ich eine Wahrnehmung, von deren Richtigkeit ich mich später überzeugte. Alle Nichtarrestanten nämlich, wer sie auch sein mochten, von den unmittelbaren Vorgesetzten, den Wachtposten und Begleitmannschaften aufwärts, sowie alle, die nur irgendetwas mit dem Zuchthaus zu tun hatten, sahen die Arrestanten mit übertriebener Ängstlichkeit an, als erwarteten sie jeden Augenblick voller Unruhe, dass der Arrestant sich mit einem Messer auf einen von ihnen stürzen würde. Noch auffallender war dabei, dass die Arrestanten sich selbst dieser Angst, die sie einflößten, bewusst waren, und dies verlieh ihnen offenbar Courage. Aber trotz dieser Courage ist es den Arrestanten selbst viel angenehmer, wenn man ihnen Vertrauen entgegenbringt. Damit kann man sie sogar gewinnen. Während meines Zuchthauslebens kam es, wenn auch sehr selten, vor, dass einer der Vorgesetzten das Zuchthaus ohne Begleitmannschaften betrat. Man muss gesehen haben, welch einen Eindruck, und zwar welch einen guten Eindruck es auf die Arrestanten machte. So ein furchtloser Besucher erweckte immer Respekt, und wenn überhaupt etwas Schlimmes passieren konnte, so passierte es niemals in seiner Anwesenheit. Die Arrestanten verbreiten überhaupt ständig Angst um sich, und ich weiß wirklich nicht, woher es kommt. Zum Teil ist sie natürlich schon in der äußeren Erscheinung des Arrestanten, den man als einen Schwerverbrecher kennt, begründet. Außerdem hat jeder, der mit dem Zuchthaus in Berührung kommt, das Gefühl, dass dieser ganze Menschenhaufen sich hier nicht aus freiem Willen versammelt hat und dass man einen lebendigen Menschen durch keinerlei Maßregeln zu einer Leiche machen kann; der Mensch behält seine Gefühle, seinen Durst nach Rache und nach freiem Leben, seine Leidenschaften und das Bedürfnis, diese zu befriedigen. Trotzdem bin ich entschieden davon überzeugt, dass man keinen Grund hat, die Arrestanten zu fürchten. Ein Mensch stürzt sich nicht so leicht und so schnell mit einem Messer auf seinen Mitmenschen. Mit einem Wort, wenn eine Gefahr überhaupt möglich und vorhanden ist, so ist sie angesichts der Seltenheit solcher unglücklicher Vorkommnisse außerordentlich gering. Natürlich spreche ich jetzt nur von den endgültig verurteilten Arrestanten, von denen viele sich sogar freuen, dass sie ins Zuchthaus geraten sind (so schön kommt ihnen zuweilen dieses neue Leben vor!), und folglich den Vorsatz haben, ruhig und friedlich zu leben; außerdem werden sie es nicht dulden, dass ihre unruhigen Kameraden sich etwas Außerordentliches erlauben. Jeder Zuchthäusler, wie kühn und frech er auch sei, fürchtet sich im Zuchthaus vor allem. Mit den unter Anklage stehenden Arrestanten verhält es sich dagegen anders. So einer ist tatsächlich imstande, sich ohne jeden besonderen Grund auf einen beliebigen Menschen zu stürzen, einzig aus dem Grund, weil er z. B. morgen seine Körperstrafe abbüßen muss; wenn er sich aber etwas Neues zu Schulden kommen lässt, so wird diese Strafe hinausgeschoben. So ein Überfall hat also einen Grund und einen Zweck, nämlich »sein Los zu verändern«, und zwar um jeden Preis und so schnell wie möglich. Ich kenne sogar einen psychologisch seltsamen Fall in dieser Art.

In unserem Zuchthaus befand sich in der Militärabteilung ein Arrestant, ein ehemaliger Soldat, dem seine Standesrechte nicht aberkannt worden waren und der nach einem Gerichtsurteil für zwei Jahre ins Zuchthaus gekommen war, ein schrecklicher Prahlhans und ein auffallender Feigling. Prahlsucht und Feigheit kommen bei russischen Soldaten im Allgemeinen sehr selten vor. Unser Soldat scheint immer so beschäftigt, dass er, selbst wenn er es wollte, einfach keine Zeit zum Prahlen hätte. Wenn er aber schon ein Prahlhans ist, so ist er fast immer auch ein Taugenichts und ein Feigling. Dutow (so hieß dieser Arrestant) büßte schließlich seine kurze Strafzeit ab und kam wieder in sein Linienbataillon. Da aber alle Leute seines Schlages, die ins Zuchthaus zur Besserung geschickt werden, dort endgültig verdorben werden, so kommen sie gewöhnlich, nachdem sie höchstens zwei oder drei Wochen die Freiheit genossen haben, wieder vors Gericht und kehren ins Zuchthaus zurück, aber nicht mehr für zwei oder drei Jahre, sondern für »lebenslänglich«, für fünfzehn oder zwanzig Jahre. So geschah es auch mit ihm. Drei Wochen nach dem Verlassen des Zuchthauses beging Dutow einen Einbruchsdiebstahl; außerdem machte er Skandal und fuhr einen der Vorgesetzten grob an. Er kam vors Gericht und wurde zu einer strengen Strafe verurteilt. Da er die ihm drohende Strafe wie ein elender Feigling ganz außerordentlich fürchtete, stürzte er sich am Vorabend des Tages, an dem er seine Spießrutenstrafe zu absolvieren hatte, mit einem Messer auf den in das Arrestantenzimmer tretenden Wachoffizier. Natürlich wusste er sehr gut, dass er durch diese Tat die Spießrutenstrafe und auch die Dauer der Zwangsarbeit erheblich hinaufsetzen würde. Seine Berechnung bestand aber gerade darin, dass der entsetzliche Augenblick der Strafe wenigstens um einige Tage oder sogar einige Stunden hinausgeschoben werde! Er war dermaßen feig, dass er, als er sich mit dem Messer auf den Offizier stürzte, ihn nicht einmal verwundete, sondern alles nur pro forma tat, nur um ein neues Verbrechen zu begehen, für das er wieder vors Gericht käme.

Der Augenblick vor der Exekution ist für den Verurteilten natürlich schrecklich; im Laufe der mehreren Jahre sah ich ziemlich viele Verurteilte am Vorabend des für sie verhängnisvollen Tages. Gewöhnlich traf ich sie in der Arrestantenabteilung des Hospitals, wenn ich krank lag, was ziemlich häufig vorkam. Es ist allen Arrestanten in ganz Russland bekannt, dass die mitleidigsten Menschen für sie die Ärzte sind. Diese machen niemals einen Unterschied zwischen den Arrestanten und den anderen Menschen, den sonst unwillkürlich fast alle machen, höchstens mit Ausnahme des gemeinen Volkes. So ein Arzt wirft dem Arrestanten niemals sein Verbrechen vor, wie entsetzlich dieses auch sei, und verzeiht ihm alles, um der Strafe willen, die er trägt, und überhaupt wegen seiner unglücklichen Lage. Nicht umsonst nennt das ganze Volk in ganz Russland das Verbrechen ein »Unglück« und die Verbrecher – »Unglückliche«. Diese Bezeichnung ist höchst bedeutungsvoll. Sie ist um so wichtiger, als sie unbewusst und instinktiv angewandt wird. Die Ärzte sind aber in vielen Fällen eine wahre Zuflucht für die Arrestanten, besonders für die vor Gericht Stehenden, die strenger gehalten werden als die bereits Verurteilten ... Darum geht der Angeklagte, wenn er den für ihn so schrecklichen Tag mit einiger Wahrscheinlichkeit vorausberechnet hat, recht oft ins Hospital, um den schweren Augenblick auch nur ein wenig hinauszuschieben. Wenn er das Hospital mit der absoluten Gewissheit, dass der verhängnisvolle Tag morgen sei, verlässt, befindet er sich fast immer in äußerster Erregung. Manche versuchen ihre Gefühle aus Stolz zu verheimlichen, aber die ungeschickte, geheuchelte Courage vermag ihre Kameraden nicht zu täuschen. Alle verstehen den wahren Sachverhalt und schweigen aus Menschenliebe. Ich kannte einen jungen Arrestanten, einen Mörder aus dem Soldatenstand, der zu der vollen Zahl Spießruten verurteilt worden war. Er hatte solche Angst, dass er sich am Vorabend der Bestrafung entschloss, eine Tasse Schnaps auszutrinken, den er mit Schnupftabak angesetzt hatte. Übrigens verschafft sich ein zu einer Strafe verurteilter Arrestant vor der Exekution immer Branntwein. Dieser wird schon lange vor dem festgesetzten Tag ins Zuchthaus geschmuggelt und für schweres Geld gekauft; der Angeklagte wird sich ein halbes Jahr das Allernotwendigste versagen, nur um die für die Anschaffung eines Viertels Branntwein notwendige Summe zu sparen und dieses eine Viertelstunde vor der Exekution auszutrinken. Bei den Arrestanten herrscht überhaupt die Überzeugung, dass ein Betrunkener die Knuten- oder Spießrutenstrafe nicht so schmerzhaft fühlt. Aber ich bin von meiner Erzählung abgeschweift. Nachdem der arme Kerl seine Tasse Schnaps ausgetrunken hatte, wurde er tatsächlich sofort krank; er bekam Erbrechen mit Blut und wurde fast bewusstlos ins Hospital geschafft. Dieses Erbrechen griff seine Brust dermaßen an, dass sich schon nach einigen Tagen die Symptome richtiger Schwindsucht zeigten, der er nach einem halben Jahr auch erlag. Die Ärzte, die ihn gegen die Schwindsucht behandelten, wussten nicht, wie sie entstanden war.

Aber wenn ich von der häufig vorkommenden Angst der Arrestanten vor der Exekution spreche, muss ich erwähnen, dass viele von ihnen auch eine erstaunliche Furchtlosigkeit zeigen. Ich erinnere mich mehrerer Fälle von Mut, der an Gefühllosigkeit grenzte, und solche Fälle waren gar nicht so selten. Besonders gut besinne ich mich auf meine Begegnung mit einem entsetzlichen Verbrecher. An einem Sommertag verbreitete sich in den Arrestantensälen das Gerücht, dass am Abend der berühmte Räuber Orlow, ein desertierter Soldat, bestraft und nach der Exekution ins Hospital kommen würde. Die kranken Arrestanten erzählten sich in Erwartung seines Erscheinens, dass man ihn besonders grausam bestrafen würde. Alle befanden sich in einer gewissen Erregung, und ich muss gestehen, dass auch ich das Erscheinen des berühmten Räubers mit höchstem Interesse erwartete. Schon lange vorher hatte ich wahre Wunder über ihn gehört. Er war ein Unmensch, wie es ihrer wenig gibt, der kaltblütig Greise und Kinder abschlachtete, ein Mensch von schrecklicher Willenskraft und stolzem Kraftbewusstsein. Er hatte sich viele Morde zuschulden kommen lassen und war zum Spießrutenlaufen verurteilt worden. Man brachte ihn zu uns ins Hospital gegen Abend. Im Krankensaal war es schon dunkel, und man zündete Kerzen an. Orlow war fast bewusstlos und entsetzlich bleich, seine dichten pechschwarzen Haare waren zerzaust. Sein Rücken war geschwollen und von einer blutig blauen Farbe. Die Arrestanten pflegten ihn die ganze Nacht. Sie wechselten ihm die Umschläge, drehten ihn von der einen Seite auf die andere um und gaben ihm die Arznei ein, als ob sie es mit einem nahen Verwandten oder irgendeinem Wohltäter zu tun hätten. Gleich am nächsten Tage kam er vollständig zum Bewusstsein und ging an die zweimal durch den Saal! Dies setzte mich in Erstaunen; er war ja ins Hospital so schwach und zerschunden gekommen. Er hatte die ganze Hälfte der ihm zudiktierten Spießruten auf einmal absolviert. Der Arzt hatte die Exekution erst dann einstellen lassen, als er merkte, dass eine Fortsetzung der Strafe für den Verbrecher den Tod bedeuten würde. Außerdem war Orlow klein von Wuchs, von schwacher Konstitution und obendrein durch die lange Untersuchungshaft erschöpft. Jeder, der einen unter Anklage stehenden Arrestanten gesehen hat, hat sich sicher für lange sein ausgemergeltes, mageres und blasses Gesicht mit den fiebernden Blicken gemerkt. Trotzdem erholte sich Orlow sehr schnell. Offenbar kam seine innere, seelische Energie der Natur zur Hilfe. Er war in der Tat kein ganz gewöhnlicher Mensch. Aus Interesse machte ich seine nähere Bekanntschaft und beobachtete ihn eine ganze Woche lang. Ich kann positiv behaupten, dass ich nie im Leben einen so starken Menschen mit einem so eisernen Charakter kennengelernt habe. Ich hatte schon einmal zu Tobolsk eine Berühmtheit in derselben Art, einen ehemaligen Räuberhauptmann, gesehen. Dieser war ein vollkommen wildes Tier, und wenn man neben ihm stand, fühlte man instinktiv, ohne erst seinen Namen gehört zu haben, dass man ein fürchterliches Geschöpf neben sich hatte. An ihm hatte mich die geistige Stumpfheit erschreckt. Das Fleisch hatte bei ihm dermaßen alle geistigen Eigenschaften besiegt, dass man ihm beim ersten Blick ansah, dass hier nur noch eine wilde Gier nach fleischlichen Genüssen, Wollust und Völlerei übrigblieb. Ich bin überzeugt, dass Korenew – so hieß dieser Räuber – vor einer Strafe den Mut verlieren und zittern würde, obwohl er imstande war, Menschen, ohne mit der Wimper zu zucken, abzuschlachten. Orlow bildete einen vollständigen Gegensatz zu ihm. Er stellte einen völligen Sieg über das Fleisch dar. Man sah diesem Menschen an, dass er eine unbegrenzte Gewalt über sich selbst hatte, alle Qualen und Strafen verachtete und nichts auf der Welt fürchtete. Wir sahen an ihm nur eine grenzenlose Energie, einen Drang, sich zu betätigen, einen Durst nach Rache und nach der Erreichung seines Zieles. Unter anderem setzte mich sein seltsamer Hochmut in Erstaunen. Er sah alles auffallend von oben herab an, aber das wirkte bei ihm nicht, wie wenn er sich auf Stelzen stellte, sondern vollkommen natürlich. Ich glaube nicht, dass es irgendein Wesen auf der Welt gab, dessen Autorität auf ihn wirken könnte. Er sah alles mit auffallender Ruhe an, als gäbe es nichts in der Welt, was ihn in Erstaunen versetzen könnte. Er wusste zwar sehr gut, dass die anderen Arrestanten ihn mit Respekt ansahen, aber er unternahm selbst nichts, um ihnen irgendwie zu imponieren. Dabei sind aber Ehrgeiz und Anmaßung fast allen Arrestanten ohne Ausnahme eigen. Er war gar nicht dumm und auffallend aufrichtig, dabei aber durchaus nicht geschwätzig. Auf meine Frage antwortete er mir offen, dass er auf seine Genesung warte, um den Rest der Strafe zu absolvieren, und dass er vor der Exekution gefürchtet hätte sie nicht zu überstehen. »Jetzt ist aber die Sache erledigt«, fügte er hinzu, mir zublinzelnd. »Ich absolviere den Rest der Spießruten, werde dann sofort mit einer Partie nach Nertschinsk verschickt und brenne unterwegs durch! Ich werde unbedingt durchbrennen! Wenn mir nur mein Rücken verheilt!« So wartete er die ganzen fünf Tage mit Ungeduld auf seine Entlassung aus dem Hospital. In der Erwartung war er oft zum Lachen aufgelegt und lustig. Ich versuchte, mit ihm über seine Abenteuer zu sprechen. Bei solchen Fragen zog er zwar die Stirn kraus, antwortete aber immer aufrichtig. Als er aber merkte, dass ich seinem Gewissen auf die Spur kommen wollte und von ihm wenigstens einen Schatten von Reue erwartete, sah er mich so verächtlich und hochmütig an, als wäre ich plötzlich vor seinen Augen ein kleiner dummer Junge geworden, mit dem man nicht wie mit einem Erwachsenen sprechen kann. Sein Gesicht drückte sogar etwas wie Mitleid mit mir aus. Nach einer Minute lachte er über mich auf die gutmütigste Weise, ohne jede Ironie, und ich bin überzeugt, dass er, als er allein geblieben war und sich meiner Worte erinnerte, vielleicht noch einige Male über mich gelacht hat. Endlich wurde er mit einem noch nicht völlig verheilten Rücken entlassen; am gleichen Tag kam auch ich aus dem Hospital, und so traf es sich, dass wir gemeinsam zurückkehrten, ich ins Zuchthaus und er auf die neben dem Zuchthaus gelegene Hauptwache, in der er sich schon vorher befunden hatte. Beim Abschied drückte er mir die Hand, und das war von seiner Seite ein Zeichen von hohem Vertrauen. Ich glaube, er tat es deshalb, weil er mit sich selbst und dem betreffenden Augenblick sehr zufrieden war. Im Grunde genommen musste er mich verachten und unbedingt als ein demütiges, schwaches, jämmerliches und in jeder Beziehung unter ihm stehendes Wesen ansehen. Am nächsten Tag absolvierte er aber die zweite Hälfte der Strafe …

Als man unsere Kaserne zusperrte, nahm sie plötzlich ein eigentümliches Aussehen an, das einer wirklichen Wohnstätte, eines häuslichen Herdes. Erst jetzt konnte ich die anderen Arrestanten, meine Kameraden, ganz wie zu Hause betrachten. Am Tag können jeden Augenblick die Unteroffiziere, Wachsoldaten und andere Vorgesetzte ins Zuchthaus kommen, und darum benehmen sich alle seine Insassen anders, als fühlten sie sich nicht ganz ruhig und als erwarteten sie jeden Augenblick etwas. Kaum war aber die Kaserne zugesperrt, als alle sich sofort ruhig niedersetzten und sich fast jeder an irgendeine Handarbeit machte. In der Kaserne wurde es plötzlich hell. Ein jeder besaß seine eigene Kerze und seinen eigenen Leuchter, meistens einen aus Holz. Der eine setzte sich hin, um Stiefel zu nähen, der andere, um an irgendeinem Kleidungsstück zu arbeiten. Der unerträgliche Gestank in der Kaserne wurde von Stunde zu Stunde schlimmer. Eine Gruppe Müßiggänger hockte sich in einer Ecke um einen ausgebreiteten Teppich hin, um Karten zu spielen. In fast jeder Kaserne gab es einen Arrestanten, der einen schäbigen ellengroßen Teppich, eine Kerze und ein Spiel unglaublich schmieriger, fettiger Karten besaß. Diese ganze Einrichtung hieß ein »Maidan«. Der Unternehmer bekam von den Spielern je fünfzehn Kopeken für die Nacht; das war sein Geschäft. Gespielt wurde gewöhnlich »Dreiblatt«, »Häuschen« usw. Es waren lauter Hasardspiele. Jeder Spieler schüttete einen Haufen Kupfermünzen vor sich aus, alles, was er in der Tasche hatte, und stand erst dann auf, wenn er alles bis auf den letzten Heller verloren oder seinen Kameraden alles abgenommen hatte. Das Spiel endete spät in der Nacht und dauerte manchmal bis zum Tagesanbruch, bis zu dem Augenblick, wo die Kaserne aufgesperrt wurde. In unserm Raum gab es genau wie in allen Kasernen des Zuchthauses immer arme Schlucker, die ihre ganze Habe verspielt oder vertrunken hatten oder auch einfach Bettler von Natur waren. Ich sage »von Natur« und unterstreiche diesen Ausdruck ganz besonders. In unserem Volk gibt es in der Tat unter allen Verhältnissen und Bedingungen stets gewisse seltsame Individuen, die friedlich und nicht selten auch fleißig sind, denen es aber vom Schicksal beschieden ist, ihren Lebtag bettelarm zu bleiben. Sie sind stets Junggesellen, immer schmutzig und unordentlich, sehen immer verängstigt und von etwas bedrückt aus und dienen fast immer als Laufburschen bei irgendwelchen Bummlern oder solchen Zuchthäuslern, die sich plötzlich bereichert haben und emporgekommen sind. Jeder Respekt, jede Initiative bedeuten für sie immer ein Unglück und eine Last. Sie sind gleichsam mit der Bedingung zur Welt gekommen, selbst nichts zu unternehmen und nur anderen zu dienen, nach fremdem Willen zu leben, nach einer fremden Pfeife zu tanzen, und ihre Bestimmung ist, den Willen anderer zu erfüllen. Zur Vervollständigung ihres Unglücks sind sie so beschaffen, dass keinerlei Umstände, keinerlei Wendungen der Dinge sie zu bereichern vermögen. Sie sind immer Bettler. Ich habe bemerkt, dass solche Individuen nicht nur im einfachen Volk vorkommen, sondern in allen Gesellschaftsschichten, in allen Ständen, in allen Parteien und Redaktionen und in allen Genossenschaften. So war es auch in jeder Kaserne und in jedem Zuchthaus, und sobald ein »Maidan« gegründet wurde, war sofort einer von ihnen zur Stelle, um den anderen zu dienen. Überhaupt konnte kein Maidan ohne einen solchen Diener bestehen. Gewöhnlich mieteten ihn alle Spieler gemeinsam für fünf Silberkopeken, und seine Hauptpflicht bestand darin, die ganze Nacht Posten zu stehen. Meistens fror so ein Mann sechs oder sieben Stunden lang im Dunkeln im Flur bei dreißig Grad Frost und lauschte auf jedes Geräusch, auf jeden Schritt im Hof. Der Platzmajor und die Wachsoldaten kamen manchmal ins Zuchthaus spät in der Nacht, traten leise ein und erwischten die Spielenden wie die Arbeitenden und konfiszierten die überzähligen Kerzen, die man schon von draußen sehen konnte. Wenn plötzlich das Schloss an der Tür, die aus dem Flur ins Freie führte, zu klirren begann, war es jedenfalls zu spät, sich zu verstecken, die Kerzen auszublasen und sich auf die Pritschen zu legen. Da aber der wachestehende Diener in solchen Fällen vom Maidan übel zugerichtet wurde, kamen solche Überraschungen sehr selten vor. Fünf Kopeken sind selbst im Zuchthaus eine lächerlich geringe Bezahlung; aber ich wunderte mich im Zuchthaus immer über die Strenge und Erbarmungslosigkeit der Arbeitgeber, wie in diesem, so auch in allen anderen Fällen. »Wenn du einmal bezahlt bist, so musst du deinen Dienst tun!« Das war ein Argument, das keinerlei Widerspruch duldete. Für die bezahlte Kopeke wollte der Arbeitgeber alles haben, was er überhaupt haben konnte, und verlangte sogar womöglich noch mehr; dabei glaubte er noch, dem Arbeitnehmer einen Gefallen zu erweisen. Ein verbummelter Kerl, der sein Geld ungezählt verprasste, übervorteilte stets seinen Diener; dies sah ich nicht nur im Zuchthaus und nicht nur beim Maidan.

Ich sagte schon, dass fast alle Leute in der Kaserne sich an irgendeine Arbeit machten; außer den Spielern gab es nur noch an die fünf gänzlich müßige Menschen, die sich sofort schlafen legten. Mein Platz auf der Pritsche war dicht an der Tür. Auf der andern Seite der Pritsche lag Kopf an Kopf mit mir Akim Akimytsch. Bis zehn oder elf Uhr arbeitete er. Er klebte eine bunte chinesische Laterne, die bei ihm jemand in der Stadt für ziemlich hohe Bezahlung bestellt hatte. Solche Laternen stellte er meisterhaft her und arbeitete methodisch, ohne Unterbrechung; wenn er mit der Arbeit fertig war, räumte er alles sorgfältig zusammen, breitete seine Matratze aus, betete und legte sich sittsam auf sein Lager. Seine Ordnungsliebe und Sittsamkeit gingen bis zur kleinlichsten Pedanterie; er hielt sich wohl für einen außerordentlich klugen Menschen, wie es überhaupt alle beschränkten und stumpfsinnigen Leute tun. Er missfiel mir gleich vom ersten Tag an, obwohl ich, wie ich mich gut erinnere, an diesem ersten Tag viel über ihn nachdachte und mich hauptsächlich darüber wunderte, dass solch ein Mensch, statt im Leben gut vorwärts zu kommen, ins Zuchthaus geraten war. Später werde ich noch mehr als einmal auf Akim Akimytsch zurückkommen.

Aber jetzt will ich kurz die Bewohner unserer Kaserne schildern. Ich musste ja in ihr noch viele Jahre zubringen, also hatte ich lauter künftige Zimmergenossen und Kameraden vor mir. Natürlich musterte ich sie mit brennender Neugier. Links von mir auf der Pritsche hauste eine Gruppe kaukasischer Bergbewohner, die zum größten Teil wegen Raubüberfällen für verschiedene Fristen hergeschickt worden waren. Es waren zwei Lesghier, ein Tschetschenze und drei Tataren aus dem Dagestan. Der Tschetschenze war ein düsteres, mürrisches Geschöpf; er sprach fast mit niemand und blickte immer gehässig mit gerunzelter Stirn und einem giftigen, höhnischen Lächeln um sich. Der eine Lesghier war ein Greis mit einer langen, feinen Hakennase und dem Aussehen eines richtigen Räubers. Dafür machte der andere Lesghier, Nurra, gleich vom ersten Tag an auf mich einen außerordentlich angenehmen Eindruck. Er war noch nicht alt, mittelgroß, herkulisch gebaut, ganz blond mit hellblauen Augen, einer Stupsnase, dem Gesicht einer alten Finnin und krummen Beinen, die er vom vielen Reiten hatte. Sein ganzer Körper war zerhauen und von Bajonetten und Kugeln verwundet. Auf dem Kaukasus gehörte er einem pazifizierten Stamm an, begab sich aber oft zu den nicht pazifizierten Bergbewohnern, mit denen er Überfälle auf die Russen machte. Im Zuchthaus war er bei allen beliebt. Er war stets lustig, gegen alle freundlich, arbeitete, ohne zu murren, war heiter und ruhig, obwohl er sich oft über den ganzen Schmutz und die Gemeinheit des Arrestantenlebens empörte und über jeden Diebstahl, jede Gaunerei, Betrunkenheit und über alles, was unehrenhaft war, bis zur Wut aufregte; er fing aber niemals Streit an und wandte sich nur empört weg. Er selbst hatte während seines ganzen Zuchthauslebens keinen einzigen Diebstahl und überhaupt keine einzige schlechte Handlung begangen. Er war außerordentlich gottesfürchtig. Die Gebete verrichtete er äußerst gewissenhaft, hielt die Fasten vor den mohammedanischen Festen so streng wie ein Fanatiker und stand ganze Nächte im Gebet. Alle liebten ihn und glaubten an seine Ehrlichkeit. »Nurra ist ein Löwe«, pflegten die Arrestanten zu sagen, und dieser Name »Löwe« blieb ihm auch. Er war fest davon überzeugt, dass man ihn nach Abbüßung seiner Zuchthausstrafe wieder nach Hause, nach dem Kaukasus schicken würde, und lebte nur von dieser Hoffnung allein. Ich glaube, er wäre gestorben, wenn er diese Hoffnung verloren hätte. Er fiel mir gleich am ersten Tag meines Zuchthauslebens besonders auf. Sein gutmütiges, sympathisches Gesicht musste auch unter den bösen, düsteren und spöttischen Gesichtern der übrigen Zuchthäusler auffallen. Gleich in der ersten halben Stunde nach meiner Ankunft im Zuchthaus klopfte er mir im Vorbeigehen auf die Schulter und lächelte mir gutmütig zu. Anfangs konnte ich nicht begreifen, was das zu bedeuten hatte. Er konnte nur sehr schlecht russisch sprechen. Bald darauf ging er wieder auf mich zu und klopfte mir wieder freundlich lächelnd auf die Schulter. Das wiederholte er noch öfters, und so ging es drei Tage lang. Das bedeutete, wie ich erriet und später erfuhr, dass er mit mir Mitleid hatte, dass er fühlte, wie schwer mir die erste Bekanntschaft mit dem Zuchthaus fiel und dass er mir seine Freundschaft beweisen, mich ermutigen und seiner Protektion versichern wollte. Der gute, naive Nurra!

Tataren aus dem Dagestan waren drei da, drei leibliche Brüder. Zwei von ihnen waren schon bejahrt, aber der dritte, Alej, höchstens zweiundzwanzig Jahre alt und sah noch jünger aus. Sein Platz auf der Pritsche befand sich neben dem meinigen. Sein hübsches, offenes, kluges und zugleich gutmütig naives Gesicht gewann gleich auf den ersten Blick meine Zuneigung, und ich war froh, dass das Schicksal mir ihn und nicht irgendjemand anderen zum Nachbarn gegeben hatte. Seine ganze Seele spiegelte sich in seinem hübschen, man darf sogar sagen, schönen Gesicht. Sein Lächeln war so zutraulich und kindlich gutmütig, seine großen schwarzen Augen blickten so sanft und so freundlich, dass ich immer ein besonderes Vergnügen, sogar eine Erleichterung in meinem Gram empfand, wenn ich ihn ansah. Ich sage dies ohne Übertreibung. In der Heimat hatte ihm einmal sein älterer Bruder (er hatte fünf ältere Brüder, von denen zwei in irgendeinem Bergwerk ihre Strafe verbüßten) befohlen, einen Säbel zu nehmen und aufs Pferd zu steigen, um an irgendeiner Expedition teilzunehmen. Der Respekt vor den Älteren ist in den Familien der Bergbewohner so groß, dass der Junge gar nicht wagte, zu fragen, wohin man sich begab; diese Frage kam ihm überhaupt nicht in den Sinn. Die andern hielten es aber nicht für nötig, es ihm mitzuteilen. Sie ritten alle auf Raub aus; es galt, einen reichen armenischen Kaufmann auf der Landstraße abzufangen und zu berauben. So kam es auch. Sie ermordeten die Begleitsoldaten, erdolchten den Armenier und plünderten seine Waren. Die Sache kam aber heraus; alle sechs wurden eingefangen, vors Gericht gestellt, des Verbrechens überführt, geknutet und nach Sibirien in die Zwangsarbeit geschickt. Die ganze Gnade, die das Gericht Alej erwiesen hatte, bestand darin, dass sein Strafmaß herabgesetzt wurde; man hatte ihn für nur vier Jahre verschickt. Die Brüder liebten ihn sehr, und zwar mit einer mehr väterlichen als brüderlichen Liebe. Er war in der Verbannung ihr Trost, und sie, die sonst düster und mürrisch waren, lächelten immer, wenn sie ihn ansahen; wenn sie mit ihm sprachen (sie sprachen aber mit ihm sehr selten, als hielten sie ihn noch für einen Knaben, mit dem man über ernste Dinge gar nicht sprechen kann), so glätteten sich ihre finsteren Gesichter, und ich konnte erraten, dass sie mit ihm über irgendwelche scherzhaften, fast kindlichen Dinge sprachen; jedenfalls sahen sie einander mit gutmütigem Lächeln an, wenn sie seine Antwort hörten. Er selbst wagte aber fast nie, sie anzusprechen, so weit ging sein Respekt. Man konnte sich schwer erklären, wie dieser Jüngling es fertigbrachte, während seines ganzen Zuchthauslebens ein so sanftes Herz, eine so strenge Ehrlichkeit, eine solche sympathische Herzlichkeit zu bewahren und weder zu verrohen, noch zu verderben. Er hatte übrigens trotz seiner scheinbaren Weichheit eine starke und standhafte Natur. Ich habe ihn später gut kennengelernt. Er war keusch wie ein reines Mädchen, und jede gemeine, zynische, schmutzige oder ungerechte Tat im Zuchthaus entzündete ein Feuer der Entrüstung in seinen schönen Augen, die dadurch noch schöner wurden. Aber er mied jeden Streit und jeden Wortwechsel, obwohl er nicht zu denen gehörte, die sich ungestraft beleidigen ließen, und verstand sehr gut, für sich einzustehen. Aber er stritt sich mit niemand; alle liebten ihn und erwiesen ihm jede Freundlichkeit. Anfangs war er gegen mich bloß höflich. Allmählich fing ich mit ihm zu sprechen an; nach einigen Monaten lernte er gut russisch sprechen, was seine Brüder während ihres ganzen Zuchthauslebens nicht zu erreichen vermochten. Er erschien mir als ein außergewöhnlich kluger, bescheidener, zartfühlender und sogar über viele Dinge nachdenkender Junge. Ich will gleich im Vorhinein sagen: Ich halte Alej für einen durchaus nicht gewöhnlichen Menschen und denke an die Begegnung mit ihm als an eine der schönsten Begegnungen meines Lebens zurück. Es gibt Menschen, die von Natur so schön und von Gott so reich begabt sind, dass der bloße Gedanke, dass sie sich jemals zum Schlechten verändern können, unmöglich erscheint. Man kann ihretwegen immer beruhigt sein. Ich bin es wegen Alejs auch jetzt. Wo mag er jetzt sein? …

Einmal, schon ziemlich lange nach meiner Ankunft im Zuchthaus, lag ich auf der Pritsche und dachte an etwas Schweres. Alej, der sonst immer fleißig und arbeitsam war, tat diesmal nichts, obwohl es zum Schlafen noch zu früh war. Aber es war gerade ein mohammedanischer Feiertag, an dem sie alle nicht arbeiteten. Er lag, die Hände im Nacken verschränkt, und dachte gleichfalls über etwas nach. Plötzlich fragte er mich: »Hast du es jetzt sehr schwer?«

Ich sah ihn neugierig an, und so sonderbar kam mir diese schnelle, offene Frage seitens Alejs vor, der sonst immer so zartfühlend, wählerisch und klug war; als ich ihn aber aufmerksamer ansah, erkannte ich in seinem Gesicht solchen Gram, so viel durch Erinnerungen hervorgerufene Qual, dass ich sofort erriet, wie schwer er es selbst in diesem Augenblick hatte. Ich teilte ihm diese Vermutung mit. Er seufzte auf und lächelte traurig. Ich liebte sein immer zärtliches und herzliches Lächeln. Außerdem zeigte er beim Lächeln zwei Reihen so herrlicher Zähne, um die ihn die schönste Frau der Welt hätte beneiden können.

»Nun, Alej, du hast jetzt sicher daran gedacht, wie bei euch in Dagestan dieses Fest gefeiert wird. Es ist dort gewiss schön.«

»Ja,« antwortete er mir begeistert, und seine Augen leuchteten. »Woher weißt du aber, dass ich daran denke?«

»Wie sollte ich es nicht wissen? Was, dort ist es wohl besser als hier?«

»Oh, warum sagst du das! …«

»Bei euch blühen jetzt wohl allerlei Blumen, es ist ein wahres Paradies?«

»Ach, sprich lieber nicht davon.«

Er war aufs Höchste erregt.

»Hör mal, Alej, hast du eine Schwester gehabt?«

»Ja, aber warum fragst du danach?«

»Sie ist wohl eine Schönheit, wenn sie dir ähnlich sieht.«

»Was für ein Vergleich! Sie ist eine solche Schönheit, wie man in ganz Dagestan keine zweite findet. Ach, so schön ist meine Schwester! Du hast eine solche noch nie gesehen! Auch meine Mutter war eine Schönheit.«

»Hat dich deine Mutter lieb gehabt?«

»Ach, wie kannst du es bloß sagen! Sie ist sicher aus Gram um mich gestorben. Sie hat mich mehr als die Schwester, mehr als alle geliebt … Sie ist heute Nacht im Traum zu mir gekommen und hat mit mir geweint.«

Er verstummte und sprach diesen ganzen Abend kein Wort mehr. Aber von nun an suchte er immer nach einer Gelegenheit, mit mir zu sprechen, obwohl er selbst aus Achtung, die er, ich weiß selbst nicht weshalb, vor mir empfand, mich niemals als erster ansprach. Dafür war er sehr froh, wenn ich mich an ihn wandte. Ich fragte ihn nach dem Kaukasus und nach seinem früheren Leben. Seine Brüder hinderten ihn nicht daran, mit mir zu sprechen, und es war ihnen sogar angenehm. Als sie sahen, dass ich Alej immer mehr liebgewann, wurden sie viel freundlicher gegen mich.

Alej half mir bei der Arbeit, war mir in der Kaserne, wo er nur konnte, behilflich, und es war ihm anzusehen, dass es ihm sehr angenehm war, meine Lage irgendwie

zu erleichtern und mir gefällig zu sein; in diesem Bestreben lag aber nicht die geringste Erniedrigung, nicht der entfernteste Gedanke an irgendeinen Vorteil, sondern nur ein warmes, freundschaftliches Gefühl, das er vor mir nicht mehr verheimlichte. Nebenbei bemerkt hatte er große Geschicklichkeit in mechanischen Arbeiten; er lernte gut Wäsche nähen, Stiefel anfertigen und erlernte später, so gut er konnte, das Tischlerhandwerk. Die Brüder lobten ihn und waren auf ihn stolz.
»Hör mal, Alej«, sagte ich ihm einmal, »warum sollst du nicht russisch lesen und schreiben lernen? Weißt du, dass es dir hier in Sibirien später zustatten kommen kann?«
»Ich will es sehr. Aber bei wem soll ich es lernen?«
»Es gibt doch hier viele, die zu lesen verstehen! Willst du, dass ich dich unterrichte?«
»Ach, unterrichte mich, bitte!« Er setzte sich sogar auf seiner Pritsche auf, faltete bittend die Hände und sah mich an.
Wir fingen gleich am nächsten Abend an. Ich hatte ein russisches Neues Testament bei mir, ein Buch, das im Zuchthaus nicht verboten war. Ohne eine Fibel, nur nach diesem Buch lernte Alej in wenigen Wochen vortrefflich lesen. Nach drei Monaten verstand er auch vollkommen die Büchersprache. Er lernte mit Eifer und Begeisterung.
Einmal hatte ich mit ihm die ganze Bergpredigt gelesen. Ich merkte, dass er einige Stellen mit besonderem Gefühl sprach.
Ich fragte ihn, ob ihm das Gelesene gefalle.
Er warf mir einen schnellen Blick zu und errötete.
»Ach ja!« antwortete er. »Issa ist ein heiliger Prophet. Issa sprach göttliche Worte. So schön!«
»Was gefällt dir denn am meisten?«
»Wo er sagt: ›Vergib, liebe, tue niemand was zu leide und liebe deine Feinde.‹ Ach, so schön sagt er das!«
Er wandte sich zu seinen Brüdern um, die unserm Gespräch zuhörten, und begann ihnen mit Feuer etwas zu erklären. Sie sprachen lange und ernst miteinander und nickten bejahend mit den Köpfen. Dann wandten sie sich mit einem würdevoll-wohlwollenden, d. h. echt muselmanischen Lächeln (das ich so sehr liebe, und zwar gerade wegen dieser Würde) an mich und bestätigten, dass Issa ein göttlicher Prophet gewesen sei und große Wunder getan habe; dass er einen Vogel aus Lehm geformt und angeblasen habe und der Vogel davongeflogen sei … so stehe es in ihren Büchern geschrieben. Als sie das sagten, waren sie völlig davon überzeugt, dass sie mir ein großes Vergnügen bereiteten, indem sie Issa lobten, und Alej war vollkommen glücklich, weil seine Brüder sich entschlossen hatten, mir dieses Vergnügen zu bereiten.
Auch im Schreibunterricht machten wir gute Fortschritte. Alej beschaffte Papier (und duldete nicht, dass ich es für mein Geld kaufte), Federn und Tinte und lernte in etwa zwei Monaten vorzüglich schreiben. Das machte sogar auf seine Brüder Eindruck. Ihr Stolz und ihre Zufriedenheit waren grenzenlos. Sie wussten gar nicht, wie

sie mir danken sollten. Bei der Arbeit, wenn es sich traf, dass wir zusammen arbeiteten, halfen sie mir um die Wette und rechneten es sich als ein Glück an. Von Alej rede ich schon gar nicht. Er hing an mir vielleicht nicht weniger als an seinen Brüdern. Nie vergesse ich, wie er das Zuchthaus verließ. Er führte mich hinter die Kaserne, fiel mir dort um den Hals und fing zu weinen an. Vorher hatte er mich noch nie geküsst und auch nie geweint. »Du hast für mich so viel getan, so viel getan«, sagte er, »wie mein Vater und meine Mutter für mich nicht getan hätten, du hast mich zu einem Menschen gemacht, Gott wird es dir lohnen, ich aber werde es dir nie vergessen …« – Wo, wo mag er jetzt sein, mein guter, lieber, lieber Alej!

Außer den Kaukasiern gab es in unseren Kasernen noch eine ganze Gruppe Polen, die eine Familie für sich bildeten und mit den übrigen Arrestanten fast gar nicht verkehrten. Ich sagte schon, dass sie wegen ihrer Abgeschlossenheit und ihres Hasses gegen die russischen Zuchthäusler auch ihrerseits von allen gehasst wurden. Es waren gequälte, kranke Naturen; es waren ihrer sechs Mann. Einige von ihnen waren gebildet; über sie werde ich im Folgenden ausführlicher sprechen. Von ihnen verschaffte ich mir in den letzten Jahren meines Zuchthauslebens zuweilen Bücher. Das erste Buch, das ich gelesen hatte, machte auf mich einen starken, seltsamen, eigentümlichen Eindruck. Auch über diese Eindrücke werde ich später einmal besonders sprechen. Sie sind für mich außerordentlich merkwürdig, und ich bin überzeugt, dass sie vielen ganz unverständlich erscheinen werden. Über manche Dinge kann man gar nicht urteilen, wenn man sie nicht selbst erfahren hat. Ich will nur das eine sagen: Die geistigen Entbehrungen sind schwerer als alle physischen Qualen. Der einfache Mann, der ins Zuchthaus kommt, gerät in seine eigene Gesellschaft, vielleicht sogar in eine, die intelligenter ist als seine bisherige Umgebung. Er hat natürlich vieles verloren, die Heimat, die Familie, alles, aber das Milieu bleibt dennoch dasselbe. Der gebildete Mensch dagegen, der nach dem Gesetz zu der gleichen Strafe wie der einfache Mann verurteilt wird, verliert unvergleichlich mehr als dieser. Er muss alle seine Bedürfnisse und Gewohnheiten unterdrücken; er muss in eine Umgebung kommen, die ihn unmöglich befriedigen kann, und muss lernen, eine andere Luft zu atmen … Er ist wie ein Fisch, den man aus dem Wasser gezogen und auf den Sand geworfen hat … So ist die laut Gesetz für alle gleiche Strafe für ihn oft zehnmal so qualvoll als für die anderen. Es ist wirklich so … selbst wenn man nur an die materiellen Gewohnheiten allein denkt, die er opfern muss.

Aber die Polen bildeten eine Gruppe für sich. Es waren ihrer sechs Mann, die immer zusammenhielten. Von allen Zuchthäuslern unserer Kaserne mochten sie nur den Juden allein, vielleicht einzig aus dem Grund, weil er sie amüsierte. Unsern Juden mochten übrigens auch die andern Arrestanten gern leiden, obwohl sie sich alle ohne Ausnahme über ihn lustig machten. Er war unser einziger Jude, und ich kann auch jetzt noch nicht ohne Lachen an ihn zurückdenken. Sooft ich ihn ansah, kam mir der Gogolsche Jude Jankel aus dem »Taras-Bulba« in den Sinn, der, wenn er sich auszog, um sich für die Nacht mit seiner Jüdin in eine Art Schrank zu begeben, sofort eine Ähnlichkeit mit einem Hühnchen bekam. Unser Jude, Issai Fomitsch, glich auffallend einem gerupften Hühnchen. Er war nicht mehr jung, an die fünfzig

Jahre alt, klein von Wuchs, schwächlich, verschlagen und zugleich ausgesprochen dumm. Er war frech und hochfahrend, zugleich aber furchtbar feige. Sein Gesicht war voller Runzeln, und auf der Stirn und den Wangen hatte er Brandmale, die ihm auf dem Schafott eingebrannt worden waren. Ich konnte unmöglich begreifen, wie er die sechzig Knutenhiebe hat überstehen können. Ins Zuchthaus war er wegen eines Mordes gekommen. Er hielt bei sich irgendwo ein Rezept versteckt, das ihm seine Glaubensgenossen gleich nach der Exekution von einem Arzt verschafft hatten. Nach diesem Rezept konnte man sich eine Salbe herstellen lassen, mit der man in zwei Wochen alle Brandmale hätte entfernen können. Er wagte es nicht, diese Salbe im Zuchthaus anzuwenden, und wartete auf den Ablauf seiner zwölfjährigen Zuchthausstrafe, um dann als freier Ansiedler vom Rezept Gebrauch zu machen. »Sonst werde ich nicht heiraten können«, sagte er mir einmal, »ich will aber unbedingt heiraten.« Wir waren gute Freunde. Im Zuchthaus hatte er es leicht; er war von Beruf Juwelier und hatte stets eine Menge Aufträge aus der Stadt, wo es keinen Juwelier gab; deshalb war er auch von den schweren Arbeiten befreit. Natürlich war er zugleich auch Wucherer und versorgte das ganze Zuchthaus gegen Zinsen und Pfänder mit Geld. Er war vor mir ins Zuchthaus gekommen, und einer der Polen beschrieb mir ausführlich seine Ankunft. Es ist eine höchst komische Geschichte, die ich später einmal erzählen werde; über Issai Fomitsch werde ich noch mehr als einmal zu sprechen haben.

Die übrigen Insassen unserer Kaserne waren: Vier Altgläubige, alte bibelkundige Männer, unter denen sich auch der Greis aus den Siedlungen bei Starodub befand; zwei oder drei Kleinrussen, düstere Menschen; ein junger Zuchthäusler mit feinem Gesichtchen und einem schmalen Näschen, der trotz seiner dreiundzwanzig Jahre schon acht Menschen ermordet hatte; eine Gruppe von Falschmünzern, von denen einer der Spaßmacher unserer ganzen Kaserne war; und schließlich einige düstere und mürrische Individuen mit rasierten Schädeln und entstellten Gesichtern, die stets schweigsam und neidisch waren, mit Hass um sich blickten und die Absicht hatten, noch viele Jahre, ihre ganze Strafzeit lang, so düster um sich zu blicken, zu schweigen und zu hassen. Dies alles zog an mir an diesem ersten trostlosen Abend meines neuen Lebens flüchtig vorbei, inmitten des Rauches und des Qualmes, des unflätigen Fluchens und eines unbeschreiblichen Zynismus, in der verpesteten Luft, beim Klirren der Ketten, unter wütenden Flüchen und schamlosem Gelächter. Ich legte mich auf die bloße Pritsche, schob mir meine Kleider unter den Kopf (damals besaß ich noch keine Kissen), deckte mich mit meinem Schafspelz zu, konnte aber lange nicht einschlafen, obwohl ich von den ungeheuerlichen und unerwarteten Eindrücken dieses ersten Tages ganz erschöpft und gebrochen war. Aber mein neues Leben fing erst an. In der Zukunft erwartete mich noch vieles, woran ich nie gedacht und was ich nie geahnt hatte …

V
Der erste Monat

Drei Tage nach meiner Ankunft im Zuchthaus wurde mir befohlen, zur Arbeit zu gehen. Dieser erste Arbeitstag ist mir sehr denkwürdig, obwohl an ihm mit mir nichts Besonderes passierte, jedenfalls nichts, was mir in meiner auch ohnehin ungewöhnlichen Lage als etwas Besonderes erscheinen könnte. Aber auch dieser Tag gehörte zu meinen ersten Eindrücken, und ich nahm noch immer gierig alles in mich auf. Die ganzen ersten drei Tage hatte ich unter den schwersten Empfindungen zu leiden. »Das ist nun das Ziel meiner Wanderschaft: Ich bin im Zuchthaus!« wiederholte ich mir jeden Augenblick. »Das ist nun mein Port für viele Jahre, mein Heim, das ich mit einem so misstrauischen und schmerzvollen Gefühl betrete … Aber wer weiß? Vielleicht wird es mir nach vielen Jahren schwer fallen, es zu verlassen! …« fügte ich nicht ohne gewisse Schadenfreude hinzu, die zuweilen an das Bedürfnis, in seiner eigenen Wunde zu wühlen, grenzt, als genieße man diesen Schmerz, und als liege im Bewusstsein des großen Unglücks eine wirkliche Freude. Der Gedanke, dass ich mich dereinst nur schwer von dieser Stätte trennen werde, versetzte mich selbst in Entsetzen. Ich ahnte schon damals, wie erschreckend leicht sich der Mensch überall einlebt. Das stand mir aber erst bevor, indessen war mir meine ganze Umgebung feindselig und schrecklich … natürlich nicht alles, aber es kam mir natürlich so vor. Diese wilde Neugier, mit der mich meine neuen Genossen musterten, ihre betonte Unfreundlichkeit gegen einen Neuling adliger Abstammung, der plötzlich in ihrer Gemeinschaft auftaucht, die Unfreundlichkeit, die zuweilen an Hass grenzt, – dies alles quälte mich dermaßen, dass ich selbst nach Arbeit lechzte, um nur so schnell wie möglich das ganze Maß meines Unglücks kennenzulernen, um das gleiche Leben, wie es die anderen führten, zu beginnen und so schnell wie möglich ins gleiche Gleis mit den andern zu kommen. Natürlich merkte und ahnte ich damals vieles nicht, was ich direkt vor der Nase hatte: Unter dem Feindlichen übersah ich das Erfreuliche. Übrigens ermutigten mich zunächst außerordentlich die einigen freundlichen, angenehmen Gesichter, die ich schon in diesen drei Tagen sah. Am freundlichsten behandelte mich Akim Akimytsch. Unter den mürrischen und gehässigen Gesichtern der übrigen Zuchthäusler konnten mir einige gutmütige und heitere nicht entgehen. »Es gibt doch überall schlechte Menschen und unter den schlechten gute«, tröstete ich mich eilig in Gedanken. »Wer weiß? Vielleicht sind diese Menschen gar nicht so sehr schlechter als die übrigen, die dort, außerhalb des Zuchthauses geblieben sind.« Das dachte ich mir und schüttelte selbst den Kopf über meinen Gedanken; mein Gott, wenn ich damals bloß gewusst hätte, wie richtig dieser Gedanke war! – Da war z. B. ein Mann dabei, den ich erst nach vielen, vielen Jahren vollständig kennenlernte; indessen hatte ich ihn während meiner ganzen Zuchthauszeit dicht in meiner Nähe. Es war der Arrestant Ssuschilow. Als ich eben von den Zuchthäuslern sprach, die nicht schlechter als die andern seien, musste ich unwillkürlich an ihn denken. Er bediente mich. Ich hatte auch noch einen andern Diener. Akim Akymitsch hatte mir gleich in den ersten Tagen einen der Arrestanten namens Ossip empfohlen, von dem er mir sagte, dass er mir für dreißig Kopeken im Monat täglich eigene Speisen zubereiten würde, wenn mir die Kommisskost widerlich sei und ich die Mittel hätte, mich selbst zu beköstigen. Ossip war einer von den vier Köchen, die die Arrestanten selbst für unsere beiden Küchen wählten, wobei es ihnen freistand, die Wahl anzunehmen oder auch nicht; und wenn sie sie angenommen hatten, durften sie das Amt schon am nächsten Tag niederlegen. Die Köche gingen nicht zur Arbeit, und ihre ganze Tätigkeit bestand im Backen von Brot und im Kochen der Kohlsuppe. Man nannte sie nicht Köche, sondern Köchinnen (also weiblich), übrigens nicht aus Verachtung, um so weniger, als für dieses Amt vernünftige und möglichst ehrliche Leute gewählt wurden, sondern nur aus Scherz, was unsere Köche durchaus nicht übelnahmen. Ossip wurde fast immer wieder gewählt und versah mehrere Jahre hintereinander das Amt einer Köchin, das er nur zeitweise niederlegte, wenn ihm die Sache zu langweilig wurde und ihn zugleich das Verlangen überkam, sich dem Branntweinschmuggel zu widmen. Er war ein Mann von seltener Ehrlichkeit und großer Sanftmut, obwohl er wegen Schmuggels ins Zuchthaus geraten war. Er war eben jener großgewachsene, kräftige Schmuggler, den ich schon einmal erwähnt habe; ein ungewöhnlicher Feigling, besonders in Bezug auf die Rutenstrafe, ein stiller, gutmütiger Mensch, der gegen alle freundlich war und sich nie mit jemand zankte, dem es aber, trotz seiner ganzen Feigheit, einfach unmöglich war, keinen Schnaps ins Zuchthaus einzuschmuggeln, so groß war seine Leidenschaft für diese Tätigkeit. Er trieb mit den andern Köchen Branntweinhandel, aber natürlich nicht in dem Maß wie z. B. Gasin, weil er nicht den Mut hatte, viel zu riskieren. Mit diesem Ossip kam ich immer sehr gut aus. Was aber die für die eigene Beköstigung notwendigen Mittel betrifft, so brauchte man dazu auffallend wenig. Ich irre mich nicht, wenn ich sage, dass mich meine ganze Beköstigung im Monat nur einen Silberrubel kostete, natürlich außer dem Kommissbrot und manchmal der Kommisssuppe, die ich, wenn ich schon gar zu großen Hunger hatte, aß, trotz meines Widerwillens, welcher übrigens mit der Zeit gänzlich verschwand. Gewöhnlich ließ ich mir täglich ein Stück Rindfleisch kaufen. Das Rindfleisch kostete bei uns im Winter eine halbe Kopeke. Das Fleisch kaufte auf dem Markt einer von den Invaliden, von denen in jeder Kaserne einer zur Beaufsichtigung der Ordnung lebte und die freiwillig das Amt übernommen hatten, täglich auf den Markt zu gehen, um für die Arrestanten Einkäufe zu machen, wofür sie gar keine Vergütung, höchstens gelegentlich ein kleines Trinkgeld bekamen. Sie machten es nur der eigenen Ruhe wegen, denn sonst hätten sie sich mit den Zuchthäuslern gar nicht vertragen können. So brachten sie uns Tabak, Backsteintee, Fleisch, Brezeln usw., kurz alles, mit Ausnahme von Branntwein. Um die Besorgung von Branntwein bat man sie nie, traktierte sie aber zuweilen mit solchem. Ossip kochte für mich einige Jahre hintereinander, und zwar immer das gleiche Stück gebratenes Rindfleisch. Wie es gebraten war, ist eine andere Frage, aber das kümmerte mich wenig. Es ist auffallend, dass ich mit diesem Ossip mehrere Jahre hintereinander kein einziges Wort wechselte. Ich versuchte oft mit ihm ein Gespräch zu beginnen, er hatte aber keine Fähigkeit, eine Unterhaltung zu führen; er lächelte nur, sagte »ja« oder »nein«, und das war alles. Es war wirklich seltsam, diesen Herkules mit dem Verstand eines siebenjährigen Kindes anzusehen.

Außer Ossip leistete mir auch Ssuschilow Dienste. Ich hatte ihn dazu weder aufgefordert noch berufen. Er kam irgendwie ganz von selbst auf mich und attachierte sich mir; ich erinnere mich sogar nicht, wie es kam. Er begann meine Wäsche zu waschen. Zu diesem Zweck befand sich hinter den Kasernen eine eigene große Abfallgrube. Über dieser Grube wusch man in Trögen, die dem Zuchthaus gehörten, die Arrestantenwäsche. Außerdem erfand Ssuschilow selbst tausend verschiedene Obliegenheiten, um mir gefällig zu sein. Er stellte meine Teekanne aufs Feuer, lief in meinen Aufträgen herum, um für mich dies oder jenes zu suchen, trug meine Jacke zum Ausbessern und schmierte mir die Stiefel viermal im Monat; dies alles tat er eifrig und geschäftig, als erfüllte er eine Gott weiß was für eine wichtige Pflicht; mit einem Wort, er knüpfte sein Schicksal gänzlich an das meinige und übernahm alle meine Angelegenheiten. Er sagte z. B. niemals: »Sie haben soundso viel Hemden, Ihre Jacke ist zerrissen« usw., sondern immer: »Wir haben jetzt soundso viel Hemden, unsere Jacke ist zerrissen.« Er blickte mir immer in die Augen und hielt es anscheinend für seinen wichtigsten Lebenszweck. Er hatte kein Handwerk und verdiente sich anscheinend nur von mir ab und zu ein paar Kopeken. Ich zahlte ihm, soviel ich konnte, d. h. einige Kupfermünzen, und er war immer widerspruchslos zufrieden. Es war ihm einfach unmöglich, nicht zu dienen, und er hatte mich wohl aus dem Grunde gewählt, weil ich umgänglicher als die anderen und anständiger im Zahlen war. Er gehörte zu denen, die niemals reich werden oder in die Höhe kommen konnten und die als Wächter der Maidans ganze Nächte hindurch im Flur im Froste standen und auf jedes Geräusch auf dem Hof horchten, für den Fall, dass der Platzmajor erscheinen sollte; sie bekamen dafür fünf Silberkopeken pro Nacht und verloren, im Falle sie nicht scharf genug aufpassten, alles und mussten es obendrein mit ihrem Rücken büßen. Ich sprach bereits von diesen Leuten. Charakteristisch ist an ihnen, dass sie ihre Persönlichkeit immer, in allen Fällen und fast vor jedem Menschen erniedrigen, in den gemeinsamen Angelegenheiten aber nicht mal eine zweite, sondern höchstens eine dritte Rolle spielen. So sind sie einmal von der Natur geschaffen. Ssuschilow war ein unglücklicher, demütiger und eingeschüchterter Bursche; niemand schlug ihn bei uns, aber er war schon von der Natur geschlagen. Er tat mir aus irgendeinem Grund immer leid. Ich konnte ihn ohne dieses Gefühl gar nicht ansehen, warum er mir aber so leid tat, vermochte ich nicht zu sagen. Ich konnte mich mit ihm auch nicht unterhalten; auch er verstand nicht mit einem Menschen zu sprechen; das bedeutete für ihn offensichtlich die größte Mühe, und er wurde erst dann wieder lebendig, wenn man ihm, um das Gespräch abzubrechen, irgendeine Arbeit gab oder ihn bat, irgendwohin zu gehen oder etwas zu besorgen. Zuletzt gewann ich sogar die Überzeugung, dass ich ihm damit ein Vergnügen bereitete. Er war weder groß noch klein gewachsen, weder hübsch noch hässlich, weder klug noch dumm, weder jung noch alt, ein wenig pockennarbig und ziemlich blond. Etwas Bestimmtes konnte man über ihn niemals sagen. Bloß das eine: er gehörte, soweit ich vermutete, zu der gleichen Gesellschaft wie Ssirotkin, und zwar ausschließlich infolge seiner Demut und Willenlosigkeit. Die Arrestanten machten sich über ihn zuweilen lustig, hauptsächlich deswegen, weil er auf dem Weg nach Sibirien »getauscht« hatte, und zwar für ein rotes Hemd und einen Silberrubel bar. Wegen dieses lächerlichen Preises, für den er sich verkauft hatte, lachten ihn die Arrestanten aus. »Tauschen« heißt mit jemand den Namen und folglich auch das Schicksal tauschen. Wie wunderlich dieser Vorgang auch erscheinen mag, er kommt dennoch wirklich vor und wurde zu meiner Zeit von den nach Sibirien verschickten Arrestanten, von Überlieferungen geheiligt und in gewisse Formen gekleidet, tatsächlich geübt. Anfangs kam es mir unglaublich vor, aber schließlich musste ich daran, vom Augenschein überzeugt, glauben.

Das wird auf folgende Weise gemacht: Da wird nach Sibirien eine Partie Arrestanten transportiert. Es sind allerlei Leute darunter, solche die zur Zwangsarbeit, auf ein Bergwerk oder zur Ansiedlung verschickt werden; sie gehen alle zusammen. Unterwegs, sagen wir im Permschen Gouvernement, will einer mit einem andern tauschen. Irgendein Michailow, der wegen eines Mordes oder eines andern kapitalen Verbrechens verschickt wird, hält es für unvorteilhaft, auf viele Jahre ins Zuchthaus zu kommen. Nehmen wir an, dass er ein schlauer, geriebener Kerl ist und die Sache kennt; nun sucht er in der gleichen Partie einen möglichst einfachen, schüchternen, widerstandslosen Menschen, der zu einer verhältnismäßig geringen Strafe verurteilt ist, zu wenigen Jahren Bergwerk, oder zur Ansiedlung oder sogar zum Zuchthaus, aber für eine kurze Frist. Endlich findet er einen Ssuschilow. Dieser Ssuschilow ist ein leibeigener Bauer und wird einfach zur Ansiedlung verschickt. Er ist schon fünfzehnhundert Werst gegangen, natürlich ohne eine Kopeke Geld, denn so ein Ssuschilow kann niemals eine Kopeke besitzen; er ist müde, erschöpft, lebt ausschließlich vom Kommiss ohne irgendwelche Extrazulagen, trägt nur Kommisskleider und dient allen andern für ein paar elende Kupfermünzen. Michailow kommt mit dem Ssuschilow ins Gespräch, schließt mit ihm sogar Freundschaft und traktiert ihn auf irgendeiner Etappe mit Branntwein. Schließlich macht er ihm den Vorschlag, zu tauschen: »Ich bin Michailow, mit mir steht es so und so, ich gehe eigentlich nicht ins Zuchthaus, sondern in die sogenannte ›Besondere Abteilung‹. Es ist zwar auch ein Zuchthaus, aber ein besonderes, also ein besseres.« Von dieser ›Besonderen Abteilung‹ wussten selbst zu der Zeit, als sie noch existierte, auch unter den Vorgesetzten, z. B. in Petersburg, nur sehr wenige. Das war ein entlegenes, isoliertes Winkelchen in einem der Winkelchen Sibiriens und dazu noch von so wenigen Menschen besetzt (in meiner Zeit befanden sich da nicht mehr als siebzig Mann), dass es schwer war, auf seine Spur zu kommen. Ich traf später Menschen, die in Sibirien gedient hatten und es kannten, aber erst von mir zum ersten Mal von der Existenz der »Besonderen Abteilung« hörten. Im Gesetzbuch handeln von ihr nur sechs Zeilen: »Bei dem und dem Zuchthaus wird für die allerwichtigsten Verbrecher, bis zur Einführung der allerschwersten Zwangsarbeit in Sibirien, eine ›Besondere Abteilung‹ gegründet.« Selbst die in dieser »Abteilung« befindlichen Arrestanten wussten nicht, ob sie sich da für eine bestimmte Frist oder für ihr ganzes Leben befanden. Eine Frist war ja gar nicht angesetzt, es hieß bloß: »bis zur Einrichtung der allerschwersten Zwangsarbeit« und kein Wort mehr. Es ist daher kein Wunder, dass es weder Ssuschilow, noch sonst jemand in der Partie wusste, sogar der betreffende Michailow selbst wusste es nicht und hatte höchstens eine dunkle Ahnung von der »Besonderen Abteilung«, in Anbetracht seines besonders schweren Verbrechens, für das er bereits drei- oder viertausend Spießruten laufen musste. Er konnte sich also denken, dass man ihn an keinen guten Ort schickte. Ssuschilow wird dagegen zur Ansiedlung verschickt; was kann sich Michailow besseres wünschen? »Willst du nicht tauschen?« Ssuschilow ist angeheitert, er ist einfältig, von Dankbarkeit gegen Michailow, der ihn so freundlich behandelt hat, erfüllt und kann ihm daher nicht nein sagen. Außerdem hat er schon in der Partie gehört, dass so etwas üblich ist, dass die andern »tauschen« und dass folglich nichts Ungewöhnliches und Unerhörtes dabei ist. Sie einigen sich. Der gewissenlose Michailow nützt die ungewöhnliche Einfalt Ssuschilows aus und kauft sich seinen Namen für ein rotes Hemd und für einen Silberrubel, die er ihm vor Zeugen übergibt. Am nächsten Tag ist Ssuschilow nüchtern, aber man macht ihn wieder betrunken, er kann sich auch nicht gut weigern; der Silberrubel, den er bekommen hat, ist schon vertrunken, das rote Hemd folgt bald darauf nach. Wenn du nicht willst, so gib das Geld zurück. Wo soll aber so ein Ssuschilow einen Silberrubel hernehmen? Und wenn er ihn nicht zurückgibt, so zwingt ihn die ganze Genossenschaft der Arrestanten dazu; die Genossenschaft passt ja scharf auf. Außerdem muss er ein gegebenes Versprechen halten, – auch darauf sieht die Genossenschaft. Tut er es nicht, so fressen sie ihn bei lebendigem Leibe auf. Sie verprügeln ihn oder ermorden ihn sogar, jedenfalls machen sie ihm große Angst.

Und in der Tat, wollte die Genossenschaft in einer solchen Sache auch nur ein einziges Mal Nachsicht üben, so würde die ganze Einrichtung des Namentausches ein Ende nehmen. Wenn man sein Versprechen auch nicht halten und das Geschäft, nachdem man das Geld angenommen, rückgängig machen kann, wer wird dann noch seine Verpflichtung erfüllen? Es steht, mit einem Wort, das Interesse der ganzen Genossenschaft auf dem Spiel, und darum ist der Trupp in solchen Dingen sehr streng. Ssuschilow sieht endlich ein, dass er sich nicht mehr losbeten kann, und entschließt sich, auf alles einzugehen. Dies wird dem ganzen Trupp mitgeteilt; wenn es notwendig ist, wird noch mancher andere Arrestant beschenkt und traktiert. Dem andern ist es natürlich ganz gleich, ob Ssuschilow oder Michailow zum Teufel geht; außerdem ist der Branntwein ausgetrunken, also wird er schweigen. Auf der nächsten Etappe wird ein Namensappell vorgenommen; die Reihe kommt auf Michailow: »Michailow!« Ssuschilow antwortet: »Hier!« – »Ssuschilow!« Michailow schreit: »Hier!«, und sie wandern weiter. Niemand spricht mehr darüber. In Tobolsk werden die zur Ansiedlung Verschickten abgesondert. Der »Michailow« kommt zur Ansiedlung, und »Ssuschilow« wird unter verstärkter Eskorte nach der »Besonderen Abteilung« transportiert. Jetzt ist keinerlei Protest mehr möglich; wie sollte man es auch beweisen? Wie viele Jahre wird sich so eine Sache hinziehen? Was für eine Strafe riskiert man dafür? Und wo sind schließlich die Zeugen? Selbst wenn solche vorhanden sind, werden sie alles leugnen. Und so bleibt als Resultat, dass Ssuschilow für einen Silberrubel und ein rotes Hemd in die »Besondere Abteilung« gekommen ist.

Die Arrestanten machten sich über Ssuschilow lustig, nicht weil er getauscht hatte (obwohl man diejenigen, die eine leichtere Arbeit für eine schwerere eingetauscht haben, im Allgemeinen als hereingefallene Dummköpfe verachtete), sondern weil er sich mit einem roten Hemd und einem Silberrubel, also einem allzu geringen Lohn, begnügt hatte. Gewöhnlich wird solch ein Tausch für hohe, natürlich nur eine verhältnismäßig hohe Bezahlung vorgenommen. Es werden dafür sogar zwanzig und mehr Rubel bezahlt. Aber Ssuschilow war so widerstandslos, so unpersönlich und in aller Augen so unbedeutend, dass man über ihn eigentlich nicht einmal lachen sollte.

Schon lange, seit mehreren Jahren, lebte ich mit Ssuschilow zusammen. Er schloss sich mir allmählich außerordentlich an; ich musste es sehen, da auch ich mich an ihn gewöhnt hatte. Aber einmal, – ich werde es mir niemals verzeihen – traf es sich, dass er einen meiner Aufträge, für den er schon das Geld bekommen hatte, nicht ausführte und ich die Grausamkeit hatte, ihm zu sagen: »Sehen Sie, Ssuschilow, Sie nehmen das Geld, tun aber Ihre Pflicht nicht.« Ssuschilow erwiderte darauf nichts, besorgte schnell meinen Auftrag, wurde aber plötzlich auffallend traurig. Es vergingen zwei Tage. Ich dachte mir: Es kann doch nicht sein, dass meine Worte auf ihn solchen Eindruck gemacht haben. Ich wusste, dass ein anderer Arrestant, ein gewisser Anton Wassiljew von ihm mit großer Hartnäckigkeit eine Schuld von wenigen Kopeken mahnte. Also hat er wohl kein Geld und traut sich nicht, mich um welches zu bitten. Am dritten Tag sage ich zu ihm: »Ssuschilow, ich glaube, Sie wollten mich um Geld für Anton Wassiljew bitten? Hier haben Sie es.« Ich saß auf der Pritsche; Ssuschilow stand vor mir. Er war wohl sehr verblüfft, dass ich ihm selbst Geld anbot und an seine schwierige Lage dachte, um so mehr, als er in der letzten Zeit, wie er glaubte, gar zu viel Geld von mir genommen hatte und folglich gar nicht zu hoffen wagte, dass ich ihm noch mehr gebe. Er sah erst das Geld, dann mich an, wandte sich um und ging hinaus. Dies versetzte mich in Erstaunen. Ich folgte ihm und fand ihn hinter den Kasernen. Er stand am Palisadenzaun, das Gesicht zum Zaun gewandt und sich mit der Hand gegen die Palisaden stützend. »Ssuschilow, was haben Sie?« fragte ich ihn. Er sah mich nicht an, und ich merkte zu meinem größten Erstaunen, dass er nahe daran war, in Tränen auszubrechen. »Alexander Petrowitsch … Sie glauben …« begann er mit stockender Stimme und bemühte sich, zur Seite zu blicken, »dass ich Ihnen … des Geldes wegen … aber ich … ich … ach!« Er wandte sich wieder zum Palisadenzaun, sodass er sogar mit der Stirn an ihn stieß, und fing plötzlich zu schluchzen an! … Es war das erste Mal, dass ich im Zuchthaus einen Menschen weinen sah. Ich tröstete ihn mit großer Mühe, aber obwohl er mir von nun an womöglich noch eifriger diente und um mich sorgte, sah ich ihm doch an einigen, kaum merklichen Anzeichen an, dass sein Herz mir meinen Vorwurf niemals zu verzeihen vermochte. Die anderen machten sich aber über ihn lustig, kränkten ihn bei jeder Gelegenheit, schimpften auf ihn zuweilen kräftig, und doch lebte er mit ihnen in Freundschaft und nahm ihnen nichts übel. Ja, es ist zuweilen sehr schwer, einen Menschen genau kennenzulernen, selbst wenn man schon viele Jahre mit ihm verkehrt!

Darum konnte ich auch nicht auf den ersten Blick den wahren Eindruck vom Zuchthaus bekommen, den ich erst später gewann. Darum sagte ich auch, dass ich, obwohl ich alles mit einer so gierigen und intensiven Aufmerksamkeit beobachtete, dennoch vieles nicht sehen konnte, was ich dicht vor meiner Nase hatte. Natürlich frappierten mich zuerst die besonders auffallenden Erscheinungen, aber auch diese fasste ich vielleicht falsch auf, sodass sie in meiner Seele nur einen schweren, trostlos traurigen Eindruck hinterließen. Sehr viel trug dazu meine Begegnung mit dem Arrestanten A-ow bei, der kurz vor mir ins Zuchthaus gekommen war und der auf mich gleich in den ersten Tagen einen besonders qualvollen Eindruck machte. Ich hatte übrigens schon vor meiner Ankunft im Zuchthaus gewusst, dass ich da den A-ow treffen würde. Er vergiftete mir die erste schwere Zeit und vergrößerte meine Seelenqualen. Ich kann ihn nicht mit Schweigen übergehen.

Er stellte das abstoßendste Beispiel dafür dar, bis zu welchem Grad ein Mensch sinken und herunterkommen und in sich jedes sittliche Gefühl ohne Mühe und ohne Reue töten kann. A-ow war der junge Mann adliger Abstammung, von dem ich schon sagte, dass er unserem Platzmajor alles hinterbrachte, was im Zuchthaus geschah, und mit dessen Burschen Fedjka befreundet war. Hier ist seine kurze Geschichte: Ohne irgendeine Schule absolviert zu haben, kam er nach einem Zank mit seinen Angehörigen in Moskau, die er durch seinen lasterhaften Lebenswandel erschreckt hatte, nach Petersburg und ließ sich hier, um Geld zu beschaffen, zu einer gemeinen Denunziation herbei, d. h. er entschloss sich, das Blut von zehn Menschen zu verkaufen, um seinen unstillbaren Durst nach den rohesten und gemeinsten Genüssen sofort befriedigen zu können; Petersburg hatte ihn mit seinen Konditoreien und verrufenen Straßen dermaßen verdorben und in ihm eine solche Gier nach derartigen Genüssen geweckt, dass er, obwohl er sonst gar nicht dumm war, eine wahnsinnige Sache riskierte. Er wurde bald überführt; er verwickelte in seine Denunziation völlig unschuldige Menschen, betrog die andern und wurde deswegen für zehn Jahre nach Sibirien in unser Zuchthaus geschickt. Er war noch sehr jung, sein Leben fing erst eben an. Man sollte doch annehmen, dass diese schreckliche Wendung in seinem Schicksal auf ihn einen starken Eindruck machen und in seiner Natur irgendeine Reaktion wecken müsste. Er nahm aber sein neues Schicksal ohne jede Erschütterung, sogar ohne jeden Abscheu hin, empfand vor ihm keinerlei sittliche Empörung und erschrak vor nichts, höchstens vor der Notwendigkeit, zu arbeiten und den Konditoreien und den verrufenen Straßen Lebewohl sagen zu müssen. Es schien ihm sogar, dass seine Stellung eines Zuchthäuslers ihm die Freiheit gab, noch größere Gemeinheiten zu begehen. »Ein Zuchthäusler ist eben ein Zuchthäusler; und wenn man ein Zuchthäusler ist, so darf man jede Gemeinheit tun und braucht sich nicht zu schämen.« Das war buchstäblich seine Ansicht. Ich denke an dieses widerliche Geschöpf als an ein seltenes Phänomen zurück. Ich habe mehrere Jahre unter Mördern, Wüstlingen und den schlimmsten Verbrechern zugebracht, behaupte aber mit aller Entschiedenheit, noch nie im Leben eine so völlige sittliche Verkommenheit und eine so freche Niedrigkeit gesehen zu haben wie bei diesem A-ow. Wir hatten einen andern Adligen, der seinen Vater ermordet hatte; ich habe ihn schon erwähnt; aber viele Züge und Tatsachen überzeugten mich, dass sogar er unvergleichlich edler und menschlicher war als dieser A-ow. Während meines ganzen Aufenthaltes im Zuchthaus war A-ow für mein Gefühl nur ein Stück Fleisch mit Zähnen und einem Magen und einem unstillbaren Durst nach den rohesten, tierischsten körperlichen Genüssen; um sich auch den geringsten dieser Genüsse zu verschaffen, war er imstande, vollkommen kaltblütig einen Mord und jedes Verbrechen zu begehen, wenn nur die Sache verborgen bliebe. Ich übertreibe nicht; ich habe diesen A-ow gut kennengelernt. Er lieferte ein Beispiel dafür, welches Übergewicht das Fleischliche am Menschen erhalten kann, wenn es durch keinerlei Norm oder Gesetz gebunden ist. So ekelhaft war mir sein ewiges spöttisches Lächeln. Er war ein Monstrum, ein moralischer Quasimodo. Man stelle sich dabei vor, dass er verschlagen und klug, auch hübsch war und sogar über einige Bildung und gute Fähigkeiten verfügte. Nein, besser ist schon eine Feuersbrunst, eine Seuche und eine Hungersnot als solch ein Mensch in der Gesellschaft. Ich sagte schon, dass im Zuchthaus alle so tief gesunken waren, dass Spionage und Denunziation in hoher Blüte standen und keinen Protest erregten. Im Gegenteil, alle verkehrten mit A-ow sehr freundschaftlich und behandelten ihn viel freundlicher als uns. Die Gunst, die ihm unser versoffener Major erwies, verlieh ihm in den Augen der anderen eine besondere Bedeutung und ein hohes Gewicht. Unter anderem redete er dem Major ein, dass er Porträts zu malen verstünde (den Arrestanten erzählte er dagegen, dass er ein Gardeleutnant gewesen sei), und der Major befahl, dass man ihn zur Arbeit zu ihm ins Haus schicke, natürlich, um ein Porträt des Majors selbst zu malen. Bei dieser Gelegenheit lernte A-ow den Burschen Fedjka kennen, der auf seinen Herrn und folglich auf alles und alle im Zuchthaus einen außerordentlichen Einfluss hatte. A-ow spionierte auf Befehl des Majors bei uns, aber dieser ohrfeigte ihn, wenn er betrunken war, oder schimpfte ihn einen Spion und einen Angeber. Es kam vor, und sogar sehr oft, dass der Major, nachdem er ihn verprügelt, sich sofort auf einen Stuhl setzte und dem A-ow befahl, an seinem Porträt weiter zu malen. Unser Major glaubte anscheinend wirklich, dass A-ow ein hervorragender Künstler sei, fast ein Brjullow, von dem er gehört hatte; aber er hielt sich dennoch für berechtigt, ihn mit Ohrfeigen zu traktieren: »Du bist zwar ein Künstler, aber doch ein Zuchthäusler, und wenn du auch ein Erzbrjullow bist, so bin ich jedenfalls dein Vorgesetzter und kann mit dir alles tun, was mir passt.« Unter anderem zwang er A-ow, ihm die Stiefel auszuziehen und aus seinem Schlafzimmer gewisse Gefäße hinauszutragen, konnte aber dabei doch lange nicht den Gedanken loswerden, dass A-ow ein großer Künstler sei. Das Malen des Porträts dauerte unendlich lang, fast ein ganzes Jahr. Der Major kam endlich dahinter, dass man ihn zum Besten hielt und dass das Porträt nicht nur nicht vollendet, sondern von Tag zu Tag unähnlicher wurde. Er geriet in Wut, verprügelte den Künstler und schickte ihn zur Strafe ins Zuchthaus zu der schmutzigsten Arbeit. A-ow bedauerte sichtbar diese Wendung, und es war ihm schwer, auf die arbeitsfreien Tage, auf die Bissen vom Tisch des Majors, auf die

Freundschaft mit Fedjka und auf alle die Genüsse zu verzichten, die er mit dem letzteren in der Küche des Majors zu finden pflegte. Nach der Absetzung des A-ow hörte der Major jedenfalls auf, den Arrestanten M. zu verfolgen, den A-ow bei ihm fortwährend denunzierte, und zwar aus folgendem Grund: Als A-ow ins Zuchthaus kam, war M. ganz allein, litt sehr unter der Einsamkeit, hatte keinen Verkehr mit den übrigen Arrestanten, blickte auf sie mit Entsetzen und Abscheu und übersah an ihnen das, was ihn mit ihnen hätte versöhnen können. Sie zahlten es ihm mit ihrem Hass. Überhaupt ist die Lage solcher Menschen wie M. im Zuchthaus entsetzlich. Der Grund, weshalb man A-ow ins Zuchthaus verschickt hatte, war dem M. unbekannt. Als aber A-ow sah, was für einen Menschen er vor sich hatte, redete er ihm ein, dass man ihn wegen einer Sache verschickt habe, die einer Denunziation gerade entgegengesetzt sei, fast wegen des gleichen Vergehens wie den M. selbst, und M. war froh, einen Freund und Genossen gefunden zu haben. Er bemutterte und tröstete ihn in den ersten Tagen seines Zuchthauslebens, da er annahm, dass er entsetzlich leiden müsse, gab ihm sein letztes Geld, gab ihm zu essen und teilte mit ihm seine notwendigsten Sachen. Aber A-ow fing ihn gleich zu hassen an, nur weil M. ein anständiger Mensch war, weil er sich über jede Gemeinheit so entsetzte, weil er eben ganz anders war als er, A-ow; alles, was ihm M. in den früheren Gesprächen über das Zuchthaus und den Major gesagt hatte, hinterbrachte A-ow bei der ersten passenden Gelegenheit diesem letzteren. Der Major bekam eine entsetzliche Wut auf M., verfolgte ihn grausam und hätte ihn, wenn der Einfluss des Kommandanten nicht wäre, sicher zugrunde gerichtet. Als M. später von dieser Gemeinheit erfuhr, machte es auf A-ow nicht nur keinen Eindruck, sondern es freute ihn sogar, ihm spöttisch ins Gesicht zu schauen. Das verschaffte ihm sichtbaren Genuss. M. selbst machte mich darauf einige Mal aufmerksam. Diese niederträchtige Kreatur entfloh später mit einem anderen Arrestanten und einem Begleitsoldaten, aber von dieser Flucht will ich ein anderes Mal erzählen. Anfangs umschmeichelte er auch mich, da er glaubte, dass ich von seiner Geschichte nichts wisse. Ich sage es noch einmal: Er vergiftete mir die ersten Tage meines Zuchthauslebens und verschärfte meine seelischen Qualen. Ich entsetzte mich vor dieser schrecklichen Niedertracht und Gemeinheit, in die ich hineingeraten war. Ich glaubte, dass hier alles so niederträchtig und gemein sei. Aber ich irrte mich, denn ich hatte alle nach diesem A-ow beurteilt.

Diese ersten drei Tage trieb ich mich tief niedergeschlagen im Zuchthaus herum, lag auf meiner Pritsche, ließ mir von einem zuverlässigen Arrestanten, den mir Akim Akimytsch empfohlen hatte, aus der mir ausgefolgten Kommissleinwand Hemden nähen, natürlich gegen Bezahlung (für einige Kopeken pro Stück), und schaffte mir auf dringenden Rat Akim Akymitschs eine zusammenlegbare Matratze (aus Filz mit Leinenüberzug), so dünn wie ein Pfannkuchen, und ein mit Wolle gefülltes Kissen an, das mir, bevor ich mich daran gewöhnte, furchtbar hart vorkam. Akim Akymitsch war um die Anschaffung all dieser Gegenstände sehr besorgt und beteiligte sich auch selbst daran. Er nähte mir eigenhändig eine Bettdecke aus Fetzen alten Kommisstuches, die von abgetragenen Hosen und Jacken herrührten und die ich bei den anderen Arrestanten gekauft hatte. Die Kommisssachen gingen nach einer festgesetzten Frist in den Besitz der Arrestanten über und wurden sofort im Zuchthaus selbst verkauft; wie abgetragen ein Gegenstand auch war, hatte er doch Aussicht, für einen gewissen Preis verkauft zu werden. Über dies alles musste ich mich anfangs sehr wundern. Es war überhaupt die Zeit meiner ersten Berührung mit dem einfachen Volk. Plötzlich war ich selbst ein Mann aus dem Volk, der gleiche Arrestant geworden wie sie. Ihre Gewohnheiten, Begriffe, Ansichten und Sitten wurden gleichsam auch die meinigen, jedenfalls der Form und dem Gesetz nach, obwohl ich sie, im Grunde genommen, nicht teilte. Ich war erstaunt und verblüfft, als hätte ich früher nichts davon geahnt oder gehört, obwohl ich es in Wirklichkeit wohl gehört und gewusst hatte. Aber die Wirklichkeit wirkt immer ganz anders als das Wissen und Hören. Hätte ich mir z. B. früher vorstellen können, dass solche Gegenstände wie alte abgetragene Lumpen überhaupt noch als Gegenstände gelten können? Nun ließ ich mir aber aus diesen Lumpen eine Bettdecke nähen! Man konnte sich auch schwer vorstellen, aus was für einer Sorte Tuch die Arrestantenkleider gemacht wurden. Von außen sah es wirklich wie Tuch, sogar wie dickes Soldatentuch aus; kaum hatte man es aber eine Weile getragen, so verwandelte es sich in ein netzartiges Gewebe und zerriss auf die gemeinste Weise. Die Tuchkleider wurden übrigens nur für ein Jahr geliefert, aber es war schwer, mit ihnen auch diese Frist auszukommen. Der Arrestant arbeitet ja und trägt Lasten, darum wetzt sich seine Kleidung schnell ab. Die Schafspelze wurden dagegen für drei Jahre geliefert und dienten gewöhnlich während dieser Zeit als Bekleidung sowohl als auch als Bettdecken und Schlafunterlagen. Aber die Pelze waren dauerhaft, obwohl man gar nicht selten am Ende des dritten Jahres, also vor Ablauf der Frist, solche Schafspelze, mit Flicken aus einfacher Leinwand sehen konnte. Trotzdem wurden sie, wie abgetragen sie auch waren, nach Ablauf der festgesetzten Frist für etwa vierzig Silberkopeken verkauft. Für solche, die besser erhalten waren, bekam man sogar sechzig und siebzig Silberkopeken. Im Zuchthaus ist das aber viel Geld.

Das Geld hatte, wie ich schon sagte, im Zuchthaus eine große Bedeutung und stellte eine Macht dar. Man darf positiv sagen, dass ein Arrestant, der im Zuchthaus auch nur etwas Geld besaß, zehnmal weniger zu leiden hatte, als einer, der nichts besaß, obwohl der letztere ja auch mit Kommisssachen versorgt wurde. Was braucht er also Geld? – sagten sich unsere Vorgesetzten. Ich aber sage wieder, dass die Arrestanten, wenn sie keine Möglichkeit hätten, eigenes Geld zu besitzen, entweder verrückt geworden oder wie die Fliegen gestorben wären (obwohl sie mit allem Notwendigen versorgt waren) oder schließlich unerhörte Verbrechen begangen hätten, – die einen einfach aus Langeweile, die andern, um so schnell wie möglich hingerichtet und vernichtet zu werden oder irgendwie »sein Schicksal zu verändern« (so lautete der technische Ausdruck). Dass der Arrestant, der mit blutigem Schweiß jede Kopeke verdient oder sich des Gelderwerbs wegen auf allerlei Listen einlässt, die oft mit Diebstahl und Betrug verbunden sind, dieses Geld mit einem so kindlichen Leichtsinn ausgibt, ist gar kein Beweis dafür, dass er das Geld nicht schätzt, selbst wenn es auf den ersten Blick so erscheinen mag. Die Geldgier eines Arrestanten ist direkt krankhaft und grenzt an Wahnsinn, und selbst wenn er es wie Hobelspäne um sich wirft, so gibt er es doch für etwas aus, was er um eine Stufe höher stellt als das Geld. Was ist aber für den Arrestanten höher als Geld? Die Freiheit oder der Traum von der Freiheit. Die Arrestanten sind große Träumer. Darüber werde ich noch später sprechen, jetzt will ich aber nur noch eines erwähnen; wird es mir jemand glauben wollen, dass ich unter den für zwanzig Jahre Verschickten solche sah, die mir vollkommen ruhig sagten: »Warte nur, so Gott will, sitze ich meine Zeit ab, und dann …« Das Wort »Arrestant« bedeutet ja einen Menschen ohne Willen, wenn er aber Geld ausgibt, handelt er schon nach eigenem Willen. Trotz aller Brandmale, Ketten und der verhaften Palisaden des Zuchthauses, die vor ihm die Welt Gottes verdecken und ihn wie ein wildes Tier im Käfig einschließen, kann er sich doch Branntwein kaufen, der einen streng verbotenen Genuss bedeutet, er kann sich auch mit dem schönen Geschlecht einlassen, kann sogar manchmal (wenn auch nicht immer) seine unmittelbaren Vorgesetzten, die Invaliden und selbst den Unteroffizier bestechen, die dann ein Auge zudrücken, wenn er die Vorschriften und die Disziplin verletzt; er kann sogar obendrein so tun, als fürchte er sie nicht; das tut aber ein Arrestant furchtbar gern, d. h. er kann vor seinen Kameraden damit prahlen und es sogar sich selbst, wenigstens für einige Zeit, einreden, dass er unvergleichlich mehr eigenen Willen und Macht habe, als es scheine; mit einem Wort, er kann prassen, Skandal machen, einen anderen auf die gemeinste Weise behandeln und ihm beweisen, dass er dies alles dürfe, dass er die Gewalt dazu habe, d. h. sich selbst etwas einzureden, woran der arme Teufel nicht mal zu denken wagt. Das ist übrigens vielleicht der Grund dafür, dass die Arrestanten, selbst wenn sie nüchtern sind, allgemein eine Neigung zum Prahlen und zu einer komischen und naiven, völlig unbegründeten Selbstüberhebung neigen. Schließlich ist jede Ausschweifung immer mit einem Risiko verbunden, also erinnert das alles wenigstens entfernt an das freie Leben. Was gibt aber der Mensch für seine Freiheit nicht alles her? Welcher Millionär, dem man die Kehle mit einer Schlinge zuschnürte, würde nicht alle seine Millionen für einen einzigen Atemzug hergeben?

Die Vorgesetzten wundern sich manchmal, dass ein Arrestant, der einige Jahre so friedlich und musterhaft gelebt und den man wegen seines guten Betragens zu einem Aufseher gemacht hat, plötzlich so mir nichts, dir nichts, als wäre in ihn der Teufel gefahren, über die Schnur haut, Radau macht, um sich schlägt und zuweilen sogar ein Kriminalverbrechen riskiert, entweder sich offen der Obrigkeit widersetzt, oder jemanden ermordet oder vergewaltigt usw. Sie wundern sich alle darüber. Dabei ist aber dieser plötzliche Ausbruch in dem Menschen, von dem man es am allerwenigsten erwartet hätte, nur eine krampfhafte Behauptung seiner Persönlichkeit, eine instinktive Sehnsucht nach einem eigenen Ich, der Wunsch, sich irgendwie zu äußern und seine unterdrückte Individualität zu zeigen, ein Drang, der sich bis zur Wut, bis zur Raserei, bis zum Wahnsinn, bis zu einem Krampf steigern kann. So klopft vielleicht ein lebendig Begrabener, wenn er im Sarg erwacht, gegen den Sargdeckel und bemüht sich, ihn aufzuheben, obwohl die Vernunft ihm sagen müsste, dass alle seine Bemühungen vergeblich sein würden. Aber das ist es eben, dass die Vernunft hier nicht mitzureden hat; es ist ein krampfhafter Anfall. Wir müssen ferner bedenken, dass fast jede willkürliche Äußerung seiner Persönlichkeit bei einem Arrestanten als ein Verbrechen angesehen wird; darum macht er natürlich keinen Unterschied zwischen einer großen oder kleinen Äußerung. Wenn er schon prassen will, dann auch ordentlich, wenn er etwas riskiert, dann gleich alles, selbst einen Mord. Es genügt ja schon der Anfang; der Mensch gerät dann in einen Rausch und lässt sich nicht mehr zurückhalten! Darum wäre es unbedingt besser, ihn nicht so weit kommen zu lassen. Dann hätten alle mehr Ruhe. – Ja, aber wie das machen?

VI

Bei meinem Eintritt ins Zuchthaus besaß ich einiges Geld; in der Tasche hatte ich nur wenig, aus Furcht, dass es mir weggenommen werden könnte, aber ich hatte mir für jeden Fall in den Einbanddeckel des Neuen Testaments, das ich ins Zuchthaus mitnehmen durfte, einige Rubel versteckt, d. h. eingeklebt. Dieses Buch mit dem in seinem Einband eingeklebten Geld hatten mir zu Tobolsk gewisse Personen[1] geschenkt, die gleich mir in der Verbannung schmachteten, die ihre Zeit schon nach Jahrzehnten zählten und darum schon längst gewohnt waren, in jedem Unglücklichen einen Bruder zu sehen. Es gibt in Sibirien stets einzelne Personen, die es sich zum Lebensziel gemacht haben, die »Unglücklichen« brüderlich zu behandeln und sich um sie völlig uneigennützig wie um leibliche Kinder zu sorgen. Ich kann nicht umhin, hier ganz kurz eine Begegnung dieser Art zu schildern. In der Stadt, in der sich unser Zuchthaus befand, lebte eine Witwe namens Nastasja Iwanowna. Natürlich konnte während unseres Aufenthaltes im Zuchthaus niemand von uns ihre persönliche Bekanntschaft machen. Sie hatte es sich anscheinend zur Lebensaufgabe gemacht, den Verbannten zu helfen, für uns sorgte sie aber mehr als für die anderen. Ich weiß nicht, ob nicht auch in ihrer eigenen Familie ein ähnliches Unglück passiert war, oder ob jemand von den ihr teuren und nahestehenden Menschen wegen eines ähnlichen Vergehens verurteilt worden war, aber sie hielt es jedenfalls für ein besonderes Glück, für uns alles zu tun, was sie nur konnte. Viel konnte sie natürlich nicht machen; sie war sehr arm. Aber wir fühlten dennoch, solange wir im Zuchthaus saßen, dass wir außerhalb des Zuchthauses einen uns ergebenen Freund hatten. Unter anderem übermittelte sie uns oft Nachrichten, nach denen wir uns sehr sehnten. Als ich das Zuchthaus verließ, suchte ich sie, vor der Übersiedlung in eine andere Stadt, auf und machte ihre persönliche Bekanntschaft. Sie lebte in der Vorstadt bei ihren nahen Verwandten. Sie war weder alt noch jung, weder hübsch noch hässlich; man konnte sogar schwer feststellen, ob sie klug und gebildet war. Man merkte an ihr nur eine grenzenlose Güte, ein unüberwindliches Verlangen, das Schicksal der anderen zu erleichtern und ihnen etwas Angenehmes zu tun. Dies alles konnte man in ihren stillen, guten Blicken lesen. Ich verbrachte bei ihr mit einem ehemaligen Zuchthausgenossen einen ganzen Abend. Sie blickte uns immer in die Augen,

[1] Dostojewskij bekam zu Tobolsk von den Frauen der *»Dekabristen«*, die ihren 1825 verbannten Männern freiwillig nach Sibirien gefolgt waren, ein Neues Testament geschenkt.

lachte, wenn wir lachten, stimmte eiligst allem bei, was wir sagten, und gab sich die größte Mühe, uns auf jede Weise zu bewirten. Sie traktierte uns mit Tee, kaltem Imbiss und Süßigkeiten, und wenn sie Tausende hätte, so würden sie ihr, wie ich glaube, nur darum Freude machen, weil sie uns dann noch mehr Gefälligkeiten erweisen und das Los unserer im Zuchthaus zurückgebliebenen Genossen noch mehr erleichtern könnte. Beim Abschied gab sie einem jeden von uns ein Zigarettenetui zum Andenken. Diese Etuis hatte sie für uns eigenhändig aus Karton angefertigt (über die Güte der Arbeit will ich nichts sagen) und mit buntem Papier beklebt, mit dem gleichen Papier, in das gewöhnlich die Rechenbücher für die Volksschulen gebunden werden (vielleicht hatte sie für die Etuis tatsächlich so ein Rechenbuch verwendet). Beide Etuis waren ringsherum mit einer schmalen Borte aus Goldpapier verziert, das sie vielleicht eigens zu diesem Zweck in einem Laden gekauft hatte. »Sie rauchen ja Zigaretten, vielleicht werden Sie die Etuis brauchen können«, sagte sie schüchtern, als wollte sie sich wegen des Geschenks entschuldigen … Manche sagen (ich habe es gehört und auch gelesen), dass die höchste Nächstenliebe zugleich den größten Egoismus bedeute. Worin aber hier der Egoismus stecken soll, kann ich unmöglich begreifen.

Obwohl ich also beim Eintritt ins Zuchthaus nicht viel Geld besaß, konnte ich mich doch nicht ernsthaft über die Zuchthäusler ärgern, die mich schon fast in den ersten Stunden meines Zuchthauslebens, nachdem sie mich schon einmal betrogen hatten, auf die naivste Weise zum zweiten, zum dritten und sogar zum vierten Male anzupumpen versuchten. Aber eines muss ich aufrichtig gestehen: es war mir sehr ärgerlich, dass mich alle diese Leute mit allen ihren naiven Listen, wie ich glaubte, unbedingt für einen Einfaltspinsel und Narren halten und sich über mich lustig machen mussten, weil ich ihnen auch zum fünften Mal Geld gab. Sie mussten doch sicher glauben, dass ich auf ihre Betrugsversuche hereinfalle, und ich bin überzeugt, dass sie unvergleichlich mehr Achtung vor mir hätten, wenn ich ihnen das Geld verweigert hätte. Aber so sehr ich mich auch ärgerte, konnte ich ihnen ihre Bitten doch nicht abschlagen. Mein Ärger beruhte eigentlich darauf, dass ich mir in diesen ersten Tagen ernste Gedanken darüber machte, auf welchem Fuße ich mit ihnen stehen müsse. Ich fühlte und sah wohl ein, dass diese ganze Umgebung für mich völlig neu war, dass ich mich gleichsam im Finstern befand, dass man aber im Finstern unmöglich so viele Jahre leben könne. Also musste ich mich darauf vorbereiten. Natürlich sagte ich mir, dass ich vor allem meiner inneren Stimme und meinem Gewissen folgen müsse. Aber ich wusste auch, dass dies nur schöne Worte sind, während mir in der Praxis manches Unerwartete bevorstand.

Darum quälte mich, trotz all der kleinen Sorgen um meine Einrichtung in der Kaserne, von denen ich schon berichtete und in die mich vorwiegend Akim Akimytsch hereinzog, trotz der Ablenkung, die ich darin fand, immer mehr und mehr ein schrecklicher, zehrender Gram. »Ein totes Haus!« sagte ich zu mir selbst, wenn ich zuweilen in der Morgendämmerung von den Stufen unserer Kaserne aus die Arrestanten betrachtete, die sich eben anschickten, zur Arbeit zu gehen, und träge auf dem Zuchthaushof aus der Kaserne in die Küche und zurück schlenderten. Ich beobachtete ihre Gesichter und ihre Bewegungen und bemühte mich, zu erraten, was sie wohl für Menschen seien und was sie für Charaktere haben. Sie aber trieben sich vor meinen Augen mit gerunzelten Stirnen oder übertrieben lustigen Mienen (diese beiden Kategorien kommen am häufigsten vor und sind für das Zuchthaus charakteristisch) herum, fluchten oder unterhielten sich einfach oder gingen schließlich einsam, gleichsam in Gedanken versunken, still und ruhig hin und her, die einen mit müdem, apathischem Ausdruck, die anderen (sogar hier!) mit dem Ausdruck einer frechen Selbstüberhebung, die Mützen auf ein Ohr geschoben, die Pelze lose über die Schultern geworfen, mit herausfordernden, verschlagenen Blicken und einem unverschämten Lächeln. »Das ist nun meine Umgebung, meine jetzige Welt«, dachte ich mir, »mit der ich, ob ich will oder nicht, leben muss …« Ich versuchte, mich über die Leute bei Akim Akimytsch zu erkundigen, in dessen Gesellschaft ich gern Tee trank, um nicht allein zu sein. Nebenbei bemerkt war der Tee in der ersten Zeit fast meine einzige Nahrung. Akim Akimytsch lehnte den Tee niemals ab und setzte selbst unsern komischen, selbstverfertigten kleinen Samovar aus Blech auf, den mir M. geliehen hatte. Akim Akimytsch trank gewöhnlich nur ein Glas (er besaß sogar Teegläser), trank es schweigend und sittsam aus, bedankte sich und begann wieder an meiner Bettdecke zu nähen. Aber das, was ich von ihm erfahren wollte, konnte er mir gar nicht mitteilen, und er verstand sogar nicht, warum ich mich so sehr für die Charaktere der uns umgebenden und in unserer nächsten Nähe lebenden Zuchthäusler interessierte; er hörte mir mit einem eigentümlichen schlauen Lächeln zu, an das ich mich gut erinnere. »Nein, offenbar muss man hier alles selbst erproben und nicht erfragen«, sagte ich mir.

Am vierten Tag stellten sich die Arrestanten genau wie damals, als man mir die Fesseln umgeschmiedet hatte, am frühen Morgen in zwei Reihen auf dem Platz vor der Hauptwache am Zuchthaustor auf. Vor ihnen, mit dem Gesicht zu ihnen, und hinter ihnen stellten sich Soldaten mit geladenen Gewehren und aufgepflanzten Bajonetten auf. Der Soldat hat das Recht, auf den Arrestanten zu schießen, wenn es diesem einfällt, zu entfliehen; zugleich wird er aber zur Verantwortung gezogen, wenn er den Schuss nicht im äußersten Notfall abgegeben hat; dasselbe gilt im Fall einer offenen Meuterei der Zuchthäusler. Aber wem wird es einfallen, vor den Augen des Wachtsoldaten davonzulaufen? Es erschienen der Ingenieur-Offizier, der Zugführer, dann die Ingenieur-Unteroffiziere und Soldaten, die uns bei der Arbeit zu beaufsichtigen hatten. Man nahm einen Appell vor; eine Anzahl Arrestanten, die in den Nähstuben beschäftigt wurden, gingen zuerst ab; die Ingenieur-Behörde hatte mit ihnen nichts zu tun; sie arbeiteten für das Zuchthaus und nähten für die Sträflinge Kleider. Dann wurden die in den andern Werkstätten beschäftigten Arrestanten weggeschickt und zuletzt die, die mit gewöhnlichen groben Arbeiten beschäftigt wurden. Zu den letzteren wurde ich mit etwa zwanzig andern Arrestanten kommandiert. Auf dem zugefrorenen Fluss hinter der Festung lagen zwei dem Staat gehörende Barken, die man infolge ihrer Unbrauchbarkeit auseinandernehmen musste, damit wenigstens das alte Holz erhalten bleibe. Dieses ganze alte Material hatte übrigens, wie ich glaube, einen sehr geringen oder auch gar keinen Wert. Brennholz war in der Stadt zu einem sehr geringen Preis zu haben, und Wald gab es ringsum genug. Man schickte uns zu dieser Arbeit, nur damit die Arrestanten irgendeine Beschäftigung hätten, was sie auch selbst wussten. Eine solche Arbeit machten sie immer apathisch und lustlos, während es bei einer richtigen, vernünftigen Arbeit ganz anders zuging, besonders wenn man ein bestimmtes Pensum zugewiesen bekam. Bei einer solchen Arbeit gerieten sie fast in Begeisterung, und ich sah oft, wie sie, obwohl sie selbst gar keinen Nutzen davon hatten, alle Kräfte aufwandten, um die Arbeit so schnell und so gut wie möglich zu erledigen; sogar ihr Ehrgeiz war dabei im Spiel. Aber bei dieser Arbeit, die mehr pro forma als aus wirklicher Notwendigkeit getan wurde, war es schwer, ein bestimmtes Pensum zu erwirken, arbeiten musste man aber bis zum Trommelschlag, der um elf Uhr vormittags als Signal zum Heimgehen ertönte. Der Tag war warm und neblig; der Schnee schmolz beinahe. Unsere ganze Gruppe begab sich hinter die Festung ans Ufer, leicht mit den Ketten klirrend, die zwar unter den Kleidern verborgen waren, aber dennoch bei jedem Schritt einen scharfen metallischen Klang gaben. Zwei oder drei Mann trennten sich von uns, um aus dem Zeughaus die nötigen Werkzeuge zu holen. Ich ging mit den anderen und empfand sogar eine gewisse Aufregung: ich wollte schneller sehen und erfahren, was es für eine Arbeit sei. Wie mag die Zwangsarbeit aussehen? Und wie werde ich selbst zum ersten Mal im Leben arbeiten?

Ich besinne mich auf alles bis zur letzten Kleinigkeit. Unterwegs begegnete uns ein Kleinbürger mit einem Bärtchen; er blieb stehen und steckte die Hand in die Tasche. Von unserer Gruppe löste sich sofort ein Arrestant, zog die Mütze, nahm das Almosen, es waren fünf Kopeken, und kehrte schnell zu den Übrigen zurück. Der Kleinbürger bekreuzigte sich und zog seinen Weg weiter. Diese fünf Kopeken wurden am gleichen Morgen in Semmeln angelegt, die unter der ganzen Gruppe zu gleichen Teilen verteilt wurden.

In unserer Gruppe waren die einen Arrestanten wie gewöhnlich mürrisch und wortkarg, die andern gleichgültig und matt, während andere wieder träge miteinander plauderten. Einer war aus irgendeinem Grund furchtbar froh und lustig; er sang und tanzte sogar fast unterwegs, bei jedem Sprung mit den Ketten klirrend. Es war derselbe kleingewachsene, kräftige Arrestant, der sich am ersten Morgen meines Zuchthauslebens mit einem anderen beim Waschen am Wassereimer gezankt hatte, weil jener es wagte, von sich dummerweise zu behaupten, dass er ein Enterich sei. Dieser lustige Bursche hieß Skuratow; schließlich stimmte er ein flottes Lied an, von dem ich noch den Refrain in Erinnerung habe:

Als man meine Hochzeit machte,
War ich selbst gar nicht dabei.

Es fehlte nur noch eine Balalaika. – Seine ungewöhnlich lustige Gemütsverfassung erregte natürlich sofort bei einigen in unserer Gruppe Entrüstung und wurde fast als eine Beleidigung aufgefasst. »Da heult er schon wieder!« versetzte vorwurfsvoll ein Arrestant, den die Sache übrigens gar nicht anging. »Der Wolf hat nur ein einziges Lied gekannt, und das hast du ihm gestohlen, du Tula'er!« bemerkte ein anderer von

den mürrischen Gesellen mit kleinrussischer Aussprache.
»Mag ich ein Tula'er sein«, entgegnete Skuratow auf der Stelle, »aber euch in Poltawa ist ein Mehlkloß im Halse stecken geblieben.«
»Lüg' nur! Und was hast du selbst gegessen? Hast mit dem Bastschuh Kohlsuppe gelöffelt.«
»Und jetzt füttert ihn der Teufel mit Kanonenkugeln«, setzte ein dritter hinzu.
»Ich bin in der Tat ein verzärtelter Mensch, Brüder«, antwortete Skuratow mit einem leichten Seufzer, als bedauerte er selbst seine Verzärtelung, sich an alle zusammen und an keinen einzelnen wendend. »Ich bin von Kind auf mit Backpflaumen und preußischen Semmeln großgezogen worden. Meine leiblichen Brüder in Moskau haben auch heute noch einen Laden in der Luftstraße, sie handeln mit Winden und sind reiche Kaufleute.«
»Womit hast aber du gehandelt?«
»Ich habe Verschiedenes versucht. Damals bekam ich, Brüder, die ersten zweihundert …«
»Rubel?« fiel ihm ein Neugieriger ins Wort, der sogar zusammenfuhr, als er von einem solchen Betrag hörte.
»Nein, lieber Freund, nicht Rubel, sondern Ruten. Luka, du, Luka!«
»Für manchen heiße ich Luka, aber für dich Luka Kusmitsch«, erwiderte verdrießlich ein kleiner, schmächtiger Arrestant mit einem spitzen Näschen.
»Gut, von mir aus Luka Kusmitsch, hol dich der Teufel.«
»Für manche heiße ich Luka Kusmitsch, aber für dich Onkelchen.«
»Na, hol dich der Teufel mitsamt dem Onkelchen, es lohnt sich gar nicht, mit dir zu reden! Aber ich wollte dir etwas Schönes sagen. So kam es also, Brüder, dass ich nur kurze Zeit in Moskau blieb; man gab mir zum Abschied fünfzehn Knutenhiebe und schickte mich her. So bin ich hier …«
»Warum hat man dich denn hergeschickt?« unterbrach ihn einer, der der Erzählung aufmerksam gelauscht hatte.
»Man soll eben nicht in die Quarantäne gehen, man soll nicht aus dem Fass saufen, man soll nicht Billard spielen. So hatte ich in Moskau nicht Zeit gehabt, Brüder, richtig, reich zu werden. Ich wollte aber so gern reich werden. So sehr wollte ich es, dass ich es gar nicht sagen kann.«
Viele lachten. Skuratow gehörte offenbar zu den freiwilligen Spaßmachern oder, richtiger gesagt, Hanswursten, die es sich zur Pflicht machten, ihre mürrischen Kameraden zu erheitern und dafür natürlich nichts außer Flüchen ernteten. Er gehörte zu einem besonderen, interessanten Typus, von dem ich vielleicht später noch zu reden haben werde.
»Man könnte dich ja jetzt schon statt eines Zobels totschlagen«, bemerkte Luka Kusmitsch. »Deine Kleider allein haben einen Wert von hundert Rubeln.«
Skuratow trug einen sehr alten und abgetragenen Schafspelz, der über und über mit Flicken bedeckt war. Er betrachtete ihn ziemlich gleichgültig, aber aufmerksam von oben bis unten.
»Dafür ist mein Kopf viel wert, Brüder, mein Kopf!« antwortete er. »Als ich mich

von Moskau verabschiedete, war mein einziger Trost, dass ich meinen Kopf mitnehmen durfte. Leb wohl, Moskau, ich danke dir für das Dampfbad und für die freie Luft, schön haben sie mich dort zugerichtet! Meinen Pelz brauchst du aber nicht anzuschauen, lieber Freund …«

»Soll ich etwa deinen Kopf anschauen?«

»Auch sein Kopf gehört ihm nicht, den hat man ihm als Almosen geschenkt«, mischte sich wieder Luka ein. »Man hat ihn ihm unterwegs in Tjumenj im Namen Christi geschenkt.«

»Du hast wohl irgendein Handwerk gehabt, Skuratow?«

»Was für ein Handwerk! Ein Blindenführer ist er gewesen, hat seinen Blinden die Kieselsteine, die man ihnen statt eines Almosens gab, gestohlen«, bemerkte einer von den Mürrischen: »Das ist sein ganzes Handwerk.«

»Ich habe wirklich versucht, Stiefel zu nähen«, entgegnete Skuratow, der die beißende Bemerkung gar nicht beachtete, »aber ich habe bisher nur ein Paar fertiggebracht.«

»Nun, hat man es dir abgekauft?«

»Ja, es fand sich solch ein Mann, hat keine Gottesfurcht im Herzen gehabt, hat Vater und Mutter nicht geehrt; Gott hat ihn dafür gestraft, und er hat mir die Stiefel abgekauft.«

Alle um Skuratow herum wälzten sich vor Lachen.

»Dann habe ich noch einmal gearbeitet, das war schon hier«, fuhr Skuratow außerordentlich kaltblütig fort. »Ich habe dem Herrn Leutnant Stepan Fjodorytsch Pomorzew ein Paar Stiefel mit Kappen versehen.«

»Nun, war er zufrieden?«

»Nein, Brüder, unzufrieden. Er hat auf mich geschimpft, dass es für tausend Jahre langt, und mir außerdem einen Fußtritt gegeben. Er war schon sehr zornig. Ach, betrogen hat mich mein Leben, dieses Zuchthausleben!

Etwas später, etwas später, kam Akuljkas Mann ins Haus …«

Er fing plötzlich wieder zu singen an und dazu mit den Füßen zu stampfen.

»Ist das ein ekelhafter Kerl«, brummte der neben mir gehende Kleinrusse, indem er ihn mit gehässiger Verachtung von der Seite ansah.

»Ein unnützer Mensch!« bemerkte ein anderer in entschiedenem und ernstem Tone.

Ich konnte unmöglich begreifen, warum man Skutarow so sehr zürnte und warum alle lustigen Leute, wie ich es schon in den ersten Tagen bemerkte, eine gewisse Verachtung genossen. Ich glaubte, dass der Zorn des Kleinrussen und der anderen auf persönlichen Gründen beruhe. Es waren aber keine persönlichen Gründe, sondern sie waren böse, weil Skuratow keine Haltung hatte, weil er keine geheuchelte Würde zeigte, mit der das ganze Zuchthaus bis zur Pedanterie angesteckt war, kurz, weil er, wie sie sich ausdrückten, ein »unnützer« Mensch war. Aber nicht alle Lustigen wurden so böse behandelt wie Skutarow und seinesgleichen. Es kam ganz darauf an, ob man sich diese Behandlung gefallen ließ. Ein gutmütiger Mensch wurde, selbst wenn er keine Späße trieb, verachtet. Das setzte mich sogar in Erstaunen. Es gab aber unter den Lustigen auch solche, die es verstanden, sich zu wehren, und die sich nichts gefallen ließen: Solche musste man achten. Auch in dieser Gruppe befand sich so ein scharfer Kerl, der im Grunde genommen ein sehr lieber und lustiger Mensch war, den ich aber von dieser Seite erst später kennenlernte, ein langer, stattlicher Bursche mit einer großen Warze auf der Wange und einem höchst komischen Ausdruck in seinem übrigens recht hübschen und intelligenten Gesicht. Man nannte ihn »Pionier«, weil er früher einmal bei den Pionieren gedient hatte; jetzt befand er sich in der Besonderen Abteilung. Über ihn werde ich noch viel zu erzählen haben.

Übrigens waren auch nicht alle »Ernsthaften« so temperamentvoll wie der Kleinrusse, der sich über die Heiterkeit entrüstete. Im Zuchthaus befanden sich einige Leute, die immer danach strebten, die Ersten zu sein, und Anspruch auf Wissen jeder Art, auf Findigkeit, Charakterfestigkeit und Verstand erhoben. Viele von ihnen waren wirklich kluge Menschen mit starkem Charakter, und sie erreichten wirklich das, wonach sie strebten, d. h. eine gewisse Machtstellung und einen erheblichen moralischen Einfluss auf ihre Genossen. Unter sich waren diese Klugen oft arg verfeindet, und ein jeder von ihnen hatte viele Hasser. Auf die übrigen Arrestanten sahen sie mit großer Würde und sogar einer gewissen Nachsicht herab; sie begannen keinen unnützen Streit, waren bei den Vorgesetzten gut angeschrieben und traten bei der Arbeit als eigenmächtige Aufseher auf; keiner von ihnen hatte sich z. B. über das Singen geärgert; zu solcher Kleinlichkeit erniedrigten sie sich niemals. Gegen mich waren sie alle während meines ganzen Zuchthauslebens ungewöhnlich höflich, aber wenig gesprächig, wohl auch aus Würde. Auch von ihnen werde ich noch ausführlicher sprechen müssen.

Wir kamen ans Ufer. Unten auf dem Fluss lag die im Wasser eingefrorene alte Barke, die man abbrechen musste. Jenseits des Flusses blaute die Steppe; der Anblick war düster und öde. Ich erwartete, dass alle sich auf die Arbeit stürzen würden; aber sie dachten gar nicht daran. Die einen setzten sich auf die am Ufer herumliegenden Balken; fast alle zogen aus ihren Stiefeln Beutel mit sibirischem Blättertabak, der auf dem Markte zu drei Kopeken das Pfund zu haben war, und kurze Pfeifenrohre aus Weidenholz mit selbstgemachten kleinen hölzernen Köpfen. Die Pfeifen wurden angezündet; die Begleitsoldaten bildeten eine Kette um uns herum und begannen uns mit höchst gelangweilten Mienen zu bewachen.

»Wem ist es bloß eingefallen, diese Barke abbrechen zu lassen?« sagte einer wie vor sich hin, ohne sich an jemand Bestimmten zu wenden. »Sie brauchen wohl Späne.«

»Das ist einem solchen Menschen eingefallen, der uns nicht fürchtet«, bemerkte ein anderer.

»Wo geht bloß das Bauernpack hin?« fragte nach einer Pause der erste, der die Antwort auf seine Frage natürlich überhört hatte, auf einen Trupp Bauern hinweisend, die im Gänsemarsch über den noch unbetretenen Schnee zogen. Alle wandten sich träge nach den Bauern um und begannen aus Langeweile über sie zu spotten. Einer von den Bauern, der hinterste, ging ungewöhnlich komisch, die Arme gespreizt und

den mit einer hohen kegelförmigen Bauernmütze bekleideten Kopf zur Seite geneigt. Seine ganze Figur hob sich scharf von dem weißen Schnee ab.
»Wie du dich bloß eingemummt hast, Bruder Petrowitsch!« bemerkte einer der Arrestanten, die Bauernsprache nachäffend. Es ist auffallend, dass die Arrestanten die Bauern überhaupt von oben herab ansahen, obwohl sie selbst zur Hälfte aus dem Bauernstande stammten.
»Der hinterste geht so, wie wenn er Rettiche pflanzte.«
»Der hat viele Gedanken im Kopf, und viel Geld in der Tasche«, bemerkte ein dritter.
Alle lachten, aber träge und ohne besondere Lust. Indessen ging auf uns eine Semmelverkäuferin zu, ein keckes und lustiges junges Weib.
Man kaufte bei ihr für die uns geschenkten fünf Kopeken Semmeln und teilte sie sofort zu gleichen Teilen.
Der junge Bursch, der im Zuchthaus mit Semmeln handelte, nahm ihr zwanzig Stück ab und begann mit ihr energisch zu streiten, um drei Semmeln statt der sonst üblichen zwei als Provision zu bekommen. Aber die Verkäuferin wollte darauf nicht eingehen.
»Nun, und das andere gibst du mir auch nicht her?«
»Was denn noch?«
»Was die Mäuse nicht fressen!«
»Dass dich die Pest!« kreischte die Frau auf und begann zu lachen.
Endlich erschien mit einem Stöckchen in der Hand der Unteroffizier, der die Arbeiten zu beaufsichtigen hatte.
»He, ihr! Was sitzt ihr da herum? Anfangen!«
»Ach, Iwan Matwejitsch, geben Sie uns doch ein Pensum auf«, sagte einer von denen, die sich die erste Rolle anmaßten, sich langsam von seinem Platz erhebend.
»Warum habt ihr es nicht vorher, beim Abmarsch verlangt? Ihr sollt eben die Barke abbrechen, das ist euer Pensum.«
Endlich erhob man sich träge von den Balken und schleppte sich langsam zum Fluss. In der Menge traten sofort einige »Führer« auf, die wenigstens zu kommandieren versuchten. Es zeigte sich, dass man die Barke nicht so aufs Geratewohl zerhauen durfte, sondern nach Möglichkeit die Balken ganz erhalten musste, besonders die Querbalken, die ihrer ganzen Länge nach mit Holzstiften an dem Boden der Barke befestigt waren, – es war eine langwierige und langweilige Arbeit.
»Zuerst müsste man diese Balken da abbrechen. Fangt mal an, Brüder!« sagte ein Arrestant, der weder zu den »Führern« noch zu den Vorgesetzten gehörte, sondern ein ganz gewöhnlicher, wortkarger und stiller Arbeiter war, der bisher geschwiegen hatte. Er bückte sich, umfasste mit beiden Armen einen dicken Balken und wartete auf Helfer. Aber niemand wollte ihm helfen.
»Ja, so leicht wirst du ihn nicht abbrechen! Weder du kannst ihn abbrechen, noch dein Großvater, der Bär, wenn er herkommt!« brummte einer zwischen den Zähnen.
»Wie sollen wir also anfangen, Brüder? Ich weiß es wirklich nicht …« versetzte der Vorlaute verlegen, indem er den Balken in Ruhe ließ und sich erhob.

»Die ganze Arbeit kriegst du doch nicht fertig … Was drängst du dich vor?«
»Wenn er drei Hühnern Futter geben soll, verrechnet er sich, aber hier will er der Erste sein! So ein Schafskopf!«
»Ich habe es ja nur so gemeint, Brüder«, rechtfertigte sich jener verlegen, »Hab es nur so gesagt …«
»Soll ich euch etwa in Futterale stecken? Oder für den Winter einsalzen?« schrie wieder der Aufseher, ratlos den Trupp von zwanzig Mann anblickend, die nicht wussten, wie mit der Arbeit zu beginnen. »Anfangen! Schneller!«
»Schneller als schnell kann man doch nichts machen, Iwan Matwejitsch!«
»Du tust ja sowieso nichts! He, Ssaweljew! Schwätzer Petrowitsch! Dich meine ich! Was stehst du da und bietest Maulaffen feil! … Anfangen!«
»Was kann ich denn allein machen?«
»Geben Sie uns doch ein Pensum auf, Iwan Matwejitsch.«
»Ich hab es euch schon gesagt, es gibt kein Pensum. Nehmt die Barke auseinander und geht heim. Anfangen!«
Sie machten sich endlich an die Arbeit, aber matt, lustlos und unzufrieden. Es war sogar ärgerlich, diesen Trupp kräftiger Arbeiter anzuschauen, die gar nicht zu wissen schienen, wie die Sache anzupacken. Kaum hatten sie angefangen, den ersten, kleinsten Querbalken herauszunehmen, als es sich zeigte, dass er brach, »ganz von selbst brach«, wie sie es dem Aufseher zur Rechtfertigung meldeten. Also konnte man auf diese Weise nicht arbeiten und musste es irgendwie anders anfangen. Nun begann eine lange Unterhaltung darüber, was man jetzt anfangen solle. Natürlich ging die Unterhaltung allmählich in Schimpfereien über und drohte noch eine ganz andere Wendung zu nehmen … Der Aufseher schrie sie wieder an und schwang seinen Stock, aber das Querholz brach wieder. Schließlich stellte es sich heraus, dass man zu wenig Äxte hatte und noch mehr Werkzeug holen musste. Sofort wurden zwei Burschen unter Bewachung nach Werkzeugen in die Festung geschickt, die Übrigen setzten sich aber in Erwartung ruhig auf die Barke, holten ihre Pfeifen heraus und begannen wieder zu rauchen. –
Der Aufseher spuckte endlich aus. »Ach, vor euch hat die Arbeit wahrhaftig keine Angst! Ach, seid ihr ein Volk!« brummte er böse, winkte dann resigniert mit der Hand und begab sich, sein Stöckchen schwingend, zur Festung. – Nach einer Stunde kam der Zugführer. Nachdem er die Arrestanten ruhig angehört hatte, erklärte er, er gebe ihnen als Pensum auf, noch vier Querhölzer herauszunehmen, aber so, dass sie nicht mehr brächen, sondern ganz blieben, außerdem einen großen Teil der Barke auseinanderzunehmen; dann dürften sie nach Hause gehen. Das Pensum war groß, aber, mein Gott, mit welchem Eifer machten sie sich an die Arbeit! Wo war jetzt ihre Faulheit geblieben, wo ihre Ungeschicklichkeit! Die Äxte klopften, die Holzstifte wurden herausgedreht. Die übrigen schoben die dicken Stangen unter, stemmten sich mit zwanzig Händen dagegen und brachen die Querhölzer heraus, die sich jetzt zu meinem Erstaunen vollkommen unversehrt herausbrechen ließen. Die Arbeit kochte nur so. Alle schienen plötzlich bedeutend klüger geworden zu sein. Man hörte kein überflüssiges Wort, kein Schimpfen, ein jeder wusste, was er

zu tun und zu sagen hatte, wo er sich hinstellen und was er für einen Rat geben sollte. Genau eine halbe Stunde vor dem Trommelsignal war die Arbeit beendet, und die Arrestanten gingen nach Hause, müde, aber höchst zufrieden, obwohl sie nur eine halbe Stunde gegen die vorgeschriebene Zeit gewonnen hatten. In Bezug auf mich selbst machte ich aber folgende Beobachtung: Wo ich ihnen auch zu helfen versuchte, war ich ihnen immer im Weg, ich störte überall, und sie jagten mich beinahe fluchend fort.

Jeder abgerissene Kerl, der selbst ein schlechter Arbeiter war und vor den anderen Zuchthäuslern, die geschickter und vernünftiger als er waren, nicht mal den Mund aufzutun wagte, hielt sich immer berechtigt, mich anzuschreien, wenn ich mich neben ihn stellte, unter dem Vorwand, dass ich ihn störe. Schließlich sagte mir einer von den geschickten Arbeitern grob ins Gesicht: »Was drängen Sie sich vor, gehen Sie doch weg! Mischen Sie sich nicht ein, wo man Sie nicht bittet.«

»Da ist er in einen Sack geraten!« fiel ihm ein anderer ins Wort.

»Nimm lieber eine Sammelbüchse«, sagte mir ein Dritter, »und geh, Geld für Kirchenbau und Rauchtabak sammeln, hier hast du aber nichts zu tun.«

So musste ich abseits stehen. Abseits zu stehen wenn die anderen arbeiten, ist irgendwie beschämend. Als ich aber wirklich zur Seite trat und mich an das Ende der Barke stellte, fingen gleich alle zu schreien an: »Was haben sie uns für Arbeiter gegeben, was ist mit solchen anzufangen? Mit ihnen ist nichts anzufangen!«

Dies alles wurde ja absichtlich gesagt, um die anderen zu amüsieren. Sie mussten doch einen ehemaligen Adligen ihre Gewalt fühlen lassen und freuten sich über diese Gelegenheit.

Jetzt ist es wohl verständlich, warum ich mich, wie ich schon sagte, bei meinem Eintritt ins Zuchthaus zuallererst fragte, wie soll ich mich benehmen und wie mich zu diesen Menschen stellen? Ich ahnte schon, dass ich mit ihnen bei der Arbeit noch oft solche Zusammenstöße erleben würde. Aber trotz aller Zusammenstöße entschloss ich mich, meinen Plan, den ich mir zum Teil schon zurechtgelegt hatte, nicht zu ändern; ich wusste, dass er der vernünftigste war. Ich hatte mich nämlich entschlossen, mich so einfach und unabhängig wie nur möglich zu geben, keinerlei besonderes Verlangen nach einer Annäherung mit ihnen zu zeigen und so zu tun, als merkte ich nichts, ihnen in gewissen Punkten in keiner Weise näher zu kommen und gewisse ihrer Gewohnheiten und Sitten durchaus nicht als selbstverständlich hinzunehmen, mit einem Wort, ihnen nicht als Kamerad näherzutreten. Ich erriet schon auf den ersten Blick, dass sie mich wegen solcher Annäherungsversuche selbst verachten würden. Und doch musste ich nach ihren Begriffen (wie ich es später mit Gewissheit erfuhr), ihnen gegenüber meine adlige Abstammung betonen, d. h. einen verzärtelten und verwöhnten Menschen spielen, sie von oben herab ansehen und über sie lachen. So fassten sie eben das Wesen des Adels auf. Sie würden mich deswegen natürlich beschimpfen, aber dennoch in ihren Herzen achten. Eine solche Rolle entsprach mir aber nicht. Ich bin niemals ein Adliger, wie sie sich einen vorstellten, gewesen; dafür gab ich mir das Wort, meiner Bildung und Gesinnung durch keinerlei Konzessionen ihnen gegenüber etwas zu vergeben. Hätte ich ihnen zu Gefallen angefangen, mich bei ihnen einzuschmeicheln, ihnen in allen Dingen recht zu geben, mich auf einen vertrauten Fuß mit ihnen zu stellen und ihre Sitten anzunehmen, um ihre Zuneigung zu gewinnen, so hätten sie sofort geglaubt, dass ich es aus Furcht und Feigheit tue, und mich mit Verachtung behandelt. A-ow konnte nicht als Beispiel gelten, er verkehrte doch beim Major, und sie fürchteten ihn selbst. Andererseits wollte ich mich auch nicht in eine kalte und unnahbare Höflichkeit hüllen, wie es die Polen machten. Ich sah jetzt sehr gut, dass sie mich deswegen verachteten, weil ich genau so wie sie arbeiten wollte, weil ich nicht den Verwöhnten spielte und sie nicht meine Überlegenheit fühlen ließ; obwohl ich genau wusste, dass sie später ihre Meinung von mir würden ändern müssen, war mir der Gedanke, dass sie gleichsam ein Recht hätten, mich zu verachten, in der Annahme, ich wollte mich bei der Arbeit bei ihnen einschmeicheln, dennoch sehr peinlich.

Als ich am Abend nach Beendigung der Nachmittagsarbeit müde und erschöpft ins Zuchthaus zurückkehrte, überkam mich ein drückendes Unlustgefühl. »Wie viel tausende solcher Tage habe ich noch vor mir«, dachte ich mir, »immer die gleichen Tage!« In der Abenddämmerung trieb ich mich schweigend und allein längs des Zaunes hinter den Kasernen herum und erblickte plötzlich unsern Scharik, der auf mich zugelaufen kam. Scharik war unser Zuchthaushund, wie es ja auch Kompaniehunde, Batteriehunde und Schwadronshunde gibt. Er lebte im Zuchthaus seit undenklichen Zeiten, gehörte niemand, hielt alle für seine Herren und nährte sich von den Küchenabfällen. Es war ein ziemlich großer Hofhund, schwarz mit weißen Flecken, nicht sehr alt, mit klugen Augen und einem buschigen Schweif. Niemand streichelte ihn, niemand schenkte ihm je Beachtung. Ich aber streichelte ihn gleich am ersten Tag und gab ihm ein Stück Brot aus der Hand. Als ich ihn streichelte, stand er still da, sah mich freundlich an und wedelte aus Freude leise mit dem Schwanz. Wenn er mich nun längere Zeit nicht sah, – den ersten Menschen, dem es seit so vielen Jahren eingefallen war, ihn zu streicheln, – lief er überall herum und suchte mich unter allen Arrestanten; wenn er mich hinter den Kasernen fand, rannte er mir winselnd entgegen. Ich weiß selbst nicht, wie mir geschah: ich umarmte seinen Kopf und begann ihn zu küssen; er legte mir die Vorderpfoten auf die Schultern und leckte mir das Gesicht. »Das ist also der Freund, den mir das Schicksal schickt!« sagte ich mir und ging später, in der ersten schweren Zeit, sobald ich von der Arbeit zurückkehrte, sofort hinter die Kaserne mit dem vor mir rennenden und vor Freude winselnden Scharik, umarmte seinen Kopf und küsste ihn, wobei mir ein süßes und zugleich qualvoll bitteres Gefühl das Herz beklemmte. Ich erinnere mich, wie angenehm es mir war, mir zu denken, als prahlte ich vor mir selbst mit meiner Qual, dass ich in der ganzen Welt nur noch ein einziges, mich liebendes, an mir hängendes Wesen hätte, meinen Freund, meinen einzigen Freund, meinen treuen Hund Scharik.

VII

Neue Bekanntschaften – Petrow

Aber die Zeit verging, und ich lebte mich allmählich ein. Mit jedem neuen Tag erschienen mir die gewöhnlichsten Erscheinungen meines neuen Lebens immer weniger befremdlich. Die Ereignisse, die Umgebung, die Menschen, alles kam mir schon irgendwie gewohnt vor. Mich mit diesem Leben zu versöhnen, war natürlich unmöglich, aber es als eine gegebene Tatsache anzuerkennen, war doch schon Zeit. Alle Zweifel, die in mir noch blieben, verbarg ich tief in mir. Ich trieb mich nicht mehr wie ein Verlorener im Zuchthaus umher und ließ nichts von meinem Gram erkennen. Die neugierigen Blicke der Arrestanten blieben nicht mehr so oft an mir haften, sie verfolgten mich nicht mehr mit einer so betonten Frechheit. Auch sie hatten sich wohl an meinen Anblick gewöhnt, worüber ich mich sehr freute. Ich bewegte mich im Zuchthaus wie bei mir zu Hause, kannte meinen Platz auf der Pritsche und hatte mich anscheinend sogar an solche Dinge gewöhnt, von denen ich nie erwartet hätte, dass man sich an sie gewöhnen kann. Regelmäßig einmal in der Woche ging ich hin, um mir den halben Kopf rasieren zu lassen. Jeden Sonnabend nach Feierabend rief man uns zu diesem Zweck, einen nach dem andern, aus dem Zuchthaus auf die Hauptwache (wer sich nicht rasieren ließ, war dafür selbst verantwortlich), wo uns die Bataillonsbarbiere die Köpfe mit kaltem Schaum einseiften und erbarmungslos mit unglaublich stumpfen Rasiermessern schabten, sodass es mich auch jetzt noch bei der Erinnerung an diese Folter kalt überläuft. Bald fand sich übrigens eine Rettung. Akim Akimytsch empfahl mir einen Arrestanten aus der Militärabteilung, der für eine Kopeke jedermann mit seinem eigenen Messer rasierte, was sein Beruf war. Viele von den Zuchthäuslern gingen zu ihm, um dem amtlichen Barbier zu entrinnen, dabei war aber dieses Volk gar nicht verzärtelt. Den Arrestanten, der bei uns das Barbierhandwerk ausübte, nannte man »Major«, ich weiß selbst nicht warum und kann auch nicht sagen, was an ihm an einen Major erinnerte. Jetzt, wo ich dieses schreibe, sehe ich den Major lebhaft vor Augen: Es war ein langer, hagerer, schweigsamer Bursche, ziemlich dumm, ewig in seine Beschäftigung vertieft und stets mit einem Riemen in der Hand, auf den er Tag und Nacht sein ungewöhnlich abgewetztes Messer strich; er ging in seiner Tätigkeit ganz auf und hielt sie offenbar für seinen Lebenszweck. Er war in der Tat äußerst zufrieden, wenn das Messer gut war und sich jemand von ihm rasieren ließ; sein Seifenschaum war warm, seine Hand leicht und sein Rasieren wie Samt. Er fand in seiner Tätigkeit offensichtlich Genuss und war auf seine Kunst stolz; die Kopeke nahm er gleichgültig in Empfang, als wäre für ihn die Hauptsache seine Kunst und nicht die Kopeke. A-ow erlebte einmal von unserem Platzmajor ein ordentliches Donnerwetter, als er bei einer seiner Denunziationen unsern Zuchthausbarbier erwähnte und ihn aus Versehen »Major« nannte. Der Platzmajor geriet in höchste Wut und war äußerst gekränkt. »Weißt du auch, Schurke, was ein Major ist!« schrie er mit Schaum vor dem Mund, während er A-ow auf gewohnte Weise verprügelte. »Verstehst du überhaupt, was ein Major ist! Du wagst noch, einen Zuchthäusler vor meinen Augen, in meiner Ge-

genwart einen Major zu nennen! …« Nur A-ow brachte es fertig, sich mit einem solchen Menschen zu vertragen.

Gleich am ersten Tag meines Zuchthauslebens fing ich an, von der Freiheit zu träumen. Die Berechnung, wann meine Zuchthausjahre ein Ende nehmen, wurde in tausenderlei Variationen und Anwendungen zu meiner Lieblingsbeschäftigung. Ich konnte sogar an nichts anderes denken und bin überzeugt, dass es so einem jeden Menschen geht, der für einige Zeit der Freiheit beraubt ist. Ich weiß nicht, ob die anderen Zuchthäusler die gleichen Berechnungen anstellten wie ich, aber der ungewöhnliche Leichtsinn ihrer Hoffnungen fiel mir gleich am ersten Tag auf. Die Hoffnung eines eingekerkerten, der Freiheit beraubten Menschen ist von ganz anderer Art als die eines in Freiheit lebenden. Der freie Mensch hofft natürlich auch (z. B. auf eine Wendung in seinem Schicksal, auf den Erfolg irgendeines Unternehmens), aber er lebt und handelt; das echte Leben zieht ihn stets in seinen Strudel hinein. Anders verhält es sich mit einem Eingekerkerten. Es ist allerdings auch ein Leben, ein Zuchthausleben; aber was für ein Mensch der Zuchthäusler auch sei und wie lang er auch im Zuchthaus bleiben müsse, kann er instinktiv doch nie sein Schicksal als etwas Gegebenes, Endgültiges, als einen Teil des wirklichen Lebens hinnehmen. Jeder Zuchthäusler fühlt sich nicht »wie zu Hause«, sondern gleichsam zu Besuch. Zwanzig Jahre betrachtet er wie zwei Jahre und ist vollkommen überzeugt, dass er mit fünfundfünfzig Jahren beim Verlassen des Zuchthauses der gleiche forsche Kerl sein wird, wie er es jetzt mit fünfunddreißig ist. »Wir werden ja noch leben!« denkt er sich und vertreibt hartnäckig alle Zweifel und sonstige ärgerliche Gedanken. Selbst die auf Lebenszeit Verbannten, die Insassen der Besonderen Abteilung, glaubten manchmal, dass plötzlich ein Befehl aus Petersburg kommen würde, sie auf das Bergwerk von Nertschinsk zu versetzen und ihnen eine Frist zu bestimmen. Das wäre so schön; erstens dauert der Marsch nach Nertschinsk fast ein halbes Jahr, und auf so einer Wanderung hat man es viel besser als im Zuchthaus! Zweitens wird die Frist in Nertschinsk einmal ein Ende nehmen, und dann … In solchen Hoffnungen wiegt sich aber manchmal ein Mann mit einem grauen Kopf!

In Tobolsk sah ich Leute, die an die Mauer angeschmiedet waren. So einer sitzt an einer etwa klafterlangen Kette und hat auch sein Lager in der Nähe. Man hat ihn an die Mauer geschmiedet, weil er schon in Sibirien irgendein außerordentliches Verbrechen begangen hat. So sitzen sie fünf Jahre an der Kette, auch zehn Jahre. Zum größten Teil sind es Raubmörder. Nur einen sah ich darunter, der aus besserem Stand zu stammen schien; er hatte irgendeinmal irgendwo gedient. Er sprach still, im Flüsterton, mit einem süßlichen Lächeln. Er zeigte uns seine Kette und erklärte uns, wie man sich mit ihr am bequemsten auf sein Lager legen könne. Wird wohl ein netter Vogel gewesen sein! Sie alle führen sich im Allgemeinen ruhig auf und scheinen zufrieden, aber ein jeder sehnt sich danach, seine Frist abzusitzen. Was winkt ihm denn dann? Er wird dann das stickige Zimmer mit den stinkenden Wänden und der niederen Ziegeldecke verlassen und einmal durch den Zuchthaushof gehen, und das ist alles. Aus dem Zuchthaus selbst wird er aber niemals herauskommen. Er weiß es und will doch furchtbar gern seine Kettenfrist absitzen. Könnte er denn ohne diese Sehnsucht die fünf oder sechs Jahre an der Kette sitzen, ohne daran zu sterben oder verrückt zu werden? Würde er überhaupt noch sitzen?

Ich fühlte, dass die Arbeit mich retten, meine Gesundheit und meinen Körper stärken könnte. Die ewige seelische Unruhe, die gereizten Nerven, die muffige Luft der Kaserne könnten mich vollständig umbringen. So oft wie möglich in der freien Luft sein, jeden Tag müde werden, sich gewöhnen, Lasten zu schleppen, – wenn ich das könnte, wäre ich gerettet, – sagte ich mir, – so kräftige ich meine Gesundheit und verlasse das Zuchthaus gesund, rüstig, stark und nicht gealtert. Ich hatte mich nicht geirrt: die Arbeit und die Bewegung waren mir äußerst nützlich. Mit Entsetzen beobachtete ich einen meiner Genossen (adliger Abstammung), der im Zuchthaus wie ein Licht erlosch. Er hatte es zugleich mit mir, noch jung, schön und rüstig, betreten, verließ es aber halb gebrochen, ergraut, unfähig zu gehen und von Atemnot geplagt. »Nein«, sagte ich mir, wenn ich ihn ansah, »ich will leben und werde leben.« Dafür hatte ich in der ersten Zeit wegen meiner Liebe zur Arbeit von den anderen Arrestanten genug auszustehen, und sie verfolgten mich lange mit Verachtung und Spott. Aber ich schenkte niemand Beachtung und ging rüstig zu jeder Arbeit, z. B. zum Brennen und Zerstoßen von Alabaster; das war eine der ersten Arbeiten, die ich kennenlernte. Diese Arbeit ist leicht. Die Ingenieurbehörde ist immer geneigt, den Arrestanten adliger Abstammung die Arbeit nach Möglichkeit zu erleichtern, was aber durchaus keine Milde, sondern nur Gerechtigkeit bedeutet. Es wäre doch sonderbar, von einem Menschen, der nur halb so stark ist wie die andern und nie im Leben gearbeitet hat, die gleiche Leistung zu verlangen, wie sie von einem richtigen Arbeiter verlangt wird. Aber diese »Milde« wurde nicht immer geübt, und wenn sie geübt wurde, so heimlich; die anderen Arrestanten passten ja scharf auf. Es kam recht oft vor, dass ich eine schwere Arbeit zu machen hatte, die für die Arrestanten adliger Abstammung eine doppelte Last bedeutete als für die übrigen. Zum Alabasterbrennen wurden gewöhnlich drei oder vier Mann geschickt, alte oder schwache Menschen, darunter natürlich auch wir; außerdem wurde uns ein Arbeiter, der die Sache verstand, mitgegeben. Mehrere Jahre hintereinander war es der gleiche Arrestant, namens Almasow, ein düsterer, hagerer, schon bejahrter Mensch von dunkler Gesichtsfarbe, wenig mitteilsam und ziemlich unfreundlich. Er verachtete uns tief. Im Übrigen war er wortkarg und sogar zu faul, auf uns zu schimpfen. Der Schuppen, in dem der Alabaster gebrannt und gestoßen wurde, stand ebenfalls auf dem öden und steilen Flussufer. Im Winter, besonders an trüben Tagen, war der Anblick des Flusses und des fernen gegenüberliegenden Ufers äußerst langweilig. In dieser wilden, öden Landschaft lag etwas Trauriges und Herzbeklemmendes. Der Anblick war vielleicht noch unerträglicher, wenn auf die grenzenlose weiße Schneedecke grell die Sonne schien; dann hatte man den Wunsch, in diese Steppe davonzufliegen, die am anderen Ufer begann und sich als ununterbrochene Fläche etwa anderthalb tausend Werst weit gegen Süden hinzog. Almasow machte sich gewöhnlich schweigsam und mürrisch an die Arbeit; wir fühlten uns gleichsam beschämt, weil wir ihm nicht ordentlich helfen konnten, er aber machte absichtlich alles allein und verlangte von uns keinerlei Hilfe, als wollte er, dass wir unsere Schuld ihm gegenüber fühlten und unsere eigene Unfähigkeit bereuten. Es galt übrigens nur den Ofen einzuheizen, um den Alabaster, den wir selbst hineingetan hatten, zu brennen. Am nächsten Tag, wenn der Alabaster gargebrannt war, wurde er aus dem Ofen herausgenommen. Ein jeder von uns nahm einen schweren Holzhammer, füllte eine eigene Kiste mit Alabaster und begann ihn zu zerkleinern. Das war eine höchst angenehme Arbeit. Der spröde Alabaster verwandelte sich schnell in glänzenden weißen Staub und ließ sich so schön und leicht zerstoßen. Wir schwangen die schweren Hämmer und machten einen solchen Lärm, dass es uns selbst eine Freude war. Zuletzt wurden wir müde, fühlten uns aber zugleich erleichtert; die Wangen röteten sich, das Blut zirkulierte schneller in den Adern. Nun fing auch Almasow an, uns mit einer gewissen Herablassung zu behandeln, wie man eben kleine Kinder behandelt; er rauchte herablassend sein Pfeifchen, konnte aber doch nicht umhin, zu brummen, wenn er etwas sagen musste. Übrigens benahm er sich so allen Leuten gegenüber und war wohl im Grunde ein guter Mensch.

Die andere Arbeit, die ich zu tun hatte, war, in der Tischlerwerkstätte das Rad an der Drehbank in Bewegung zu setzen. Das Rad war groß und schwer. Es war gar nicht leicht, es zu drehen, besonders wenn der Drechsler (einer von den Ingenieurhandwerkern) etwas wie eine Säule zu einem Treppengeländer oder ein Bein zu einem großen Tisch herstellte, einem ärarischen Möbelstück für irgendeinen Beamten, das fast einen ganzen Balken erforderte. In solchen Fällen hatte ein einzelner Mann nicht die Kraft, das Rad zu drehen, und zu dieser Arbeit wurden zwei kommandiert: Ich und ein anderer Adliger, B. – So blieb diese Arbeit mehrere Jahre hintereinander für uns reserviert, sooft es etwas zu drechseln gab. B. war ein schwächlicher, schmächtiger Mensch, noch jung, aber brustkrank. Er war ins Zuchthaus ein Jahr vor mir mit zwei seiner Genossen gekommen; der eine von diesen war ein alter Mann, der während seines ganzen Zuchthauslebens Tag und Nacht zu Gott betete (aus welchem Grund ihn die anderen Arrestanten sehr achteten) und der zu meiner Zeit starb; der andere war aber noch sehr jung, frisch, rotbackig, stark und tapfer. Dieser hatte auf dem Weg nach Sibirien den schon nach der halben Etappe erschöpften B. siebenhundert Werst weit getragen. Man muss gesehen haben, wie innig sie befreundet waren. B. war ein hochgebildeter Mensch, von einem edlen und schönen Charakter, der aber durch die Krankheit etwas verdorben und reizbar geworden war. Die Arbeit am Rad bewältigten wir zusammen, und sie amüsierte uns sogar. Für mich bedeutete sie eine vorzügliche Bewegung.

Besonders gern schaufelte ich Schnee. Das war gewöhnlich nach den Schneestürmen, die im Winter recht oft vorkamen. Nach so einem Schneesturm, der vierundzwanzig Stunden lang gewütet hatte, war manches Haus bis zur halben Fensterhöhe verweht und manches fast ganz eingeschneit. Wenn dann der Schneesturm aufhörte und die Sonne sich zeigte, wurden wir in großen Gruppen, manchmal sogar alle Insassen des Zuchthauses auf einmal hinausgetrieben, um die ärarischen Gebäude vom Schnee zu befreien. Ein jeder bekam eine Schaufel, allen zusammen wurde ein Pensum vorgeschrieben, das zuweilen so groß war, dass man sich wundern musste, wie man es überhaupt erledigen konnte, und alle machten sich in schönster Eintracht an die Arbeit. Der lockere, frisch gefallene und oben leicht angefrorene Schnee ließ sich leicht in großen Stücken mit der Schaufel abheben und fortschleudern, wobei er sich noch in der Luft in glitzernden Staub verwandelte. Die Schaufel schnitt sich leicht in die weiße in der Sonne glänzende Masse ein. Den Arrestanten machte diese Arbeit fast immer Freude. Die frische Winterluft und die Bewegung erwärmten sie. Alle waren lustiger; man hörte Lachen, Schreien, Scherzen. Man begann sich mit Schneebällen zu bewerfen, was natürlich stets die Folge hatte, dass eine Minute darauf die Vernünftigen, die sich über jedes Lachen und jede Heiterkeit entrüsteten, zu schreien anfingen, und die allgemeine Fröhlichkeit endete gewöhnlich mit einer Schimpferei.

Allmählich begann sich der Kreis meiner Bekanntschaften zu erweitern. Übrigens ging ich damals neuen Bekanntschaften gar nicht nach; ich war noch unruhig, düster und misstrauisch. Meine Bekanntschaften entstanden ganz von selbst. Unter den ersten besuchte mich der Arrestant Petrow. Ich sage »besuchte« und betone dieses Wort ganz besonders. Petrow wohnte in der Besonderen Abteilung in der von mir am weitesten entfernten Kaserne. Anscheinend hatte es doch zwischen uns keinerlei Verbindung geben können; wir hatten nichts Gemeinsames und konnten auch nichts gemein haben. Dennoch hielt es Petrow in dieser ersten Zeit gleichsam für seine Pflicht, fast jeden Tag zu mir in die Kaserne zu kommen oder mich in der arbeitsfreien Zeit, wenn ich möglichst weit von aller Augen hinter den Kasernen herumging, anzusprechen. Anfangs war es mir unangenehm. Er verstand es aber so zu machen, dass seine Besuche mich sogar zerstreuten, obwohl er durchaus kein besonders mitteilsamer oder gesprächiger Mensch war. Was sein Äußeres betrifft, so war er klein gewachsen, kräftig gebaut, gewandt und behände, hatte ein recht angenehmes blasses Gesicht mit breiten Backenknochen und weißen, kleinen, dicht beieinanderstehenden Zähnen und hielt stets eine Prise geriebenen Tabak hinter der Unterlippe. Tabak hinter der Lippe zu haben, war bei vielen Zuchthäuslern Sitte. Er sah jünger aus, als er in Wirklichkeit war. Er war an die vierzig Jahre alt, sah aber dreißigjährig aus. Er sprach mit mir immer höchst ungezwungen und benahm sich mir gegenüber so, als ob er auf der gleichen Stufe wie ich stünde, d. h. außerordentlich anständig und taktvoll. Wenn er z. B. merkte, dass ich allein sein wollte, so sprach er mit mir nur an die zwei Minuten und verließ mich dann sofort; jedes Mal dankte er mir für meine Aufmerksamkeit, was er natürlich sonst bei keinem anderen Menschen im Zuchthaus tat. Es ist interessant, dass dieses Verhältnis zwischen uns nicht nur in den ersten Tagen bestand, sondern mehrere Jahre lang dauerte und fast niemals zu einem intimeren wurde, obwohl er tatsächlich an mir hing. Ich weiß auch jetzt nicht zu sagen, was er von mir eigentlich wollte und warum er jeden Tag zu mir kam. Er bestahl mich zwar später ab und zu, tat es aber immer irgendwie »zufällig«; um Geld bat er mich fast nie, folglich kam er zu mir nicht des Geldes oder irgendwelcher persönlichen Vorteile wegen.

Ich weiß nicht warum, aber ich hatte immer den Eindruck, als wohne er gar nicht im gleichen Zuchthaus mit mir, sondern in der Stadt, in einem anderen Haus und besuche das Zuchthaus nur so im Vorübergehen, um die Neuigkeiten zu erfahren, sich nach meinem Befinden zu erkundigen und sich anzusehen, wie wir alle leben. Er hatte es immer eilig, als hätte er irgendwo jemanden stehen lassen, als werde er irgendwo erwartet oder als hätte er irgendeine Arbeit nicht beendigt. Zugleich tat er aber gar nicht geschäftig. Auch sein Blick war sonderbar: unverwandt, mit einem Anflug von Keckheit und Spott, dabei blickte er in die Ferne, über die Gegenstände hinweg, als bemühte er sich, hinter dem Gegenstand, den er dicht vor seiner Nase hatte, einen anderen, entfernteren zu betrachten. Dies verlieh ihm einen Ausdruck von Zerstreutheit. Manchmal blickte ich ihm absichtlich nach; wohin wird nun Petrow von mir gehen? Wo wird er mit solcher Sehnsucht erwartet? Er begab sich aber von mir in großer Eile in irgendeine Kaserne oder in die Küche, setzte sich dort neben Leute, die sich unterhielten, hörte ihnen aufmerksam zu, beteiligte sich zuweilen selbst an ihrem Gespräch, ereiferte sich sogar dabei und brach plötzlich ab und verstummte. Wenn er sprach oder schweigend dasaß, sah es aber immer so aus, als täte er es nur so im Vorübergehen, als habe er irgendwo etwas zu erledigen oder als werde er von jemand erwartet. Das Seltsamste war, dass er niemals eine Beschäftigung hatte; er lebte völlig müßig (natürlich abgesehen von der vorgeschriebenen Zwangsarbeit). Er verstand auch kein Handwerk und besaß fast niemals Geld. Der Geldmangel machte ihm aber wenig Sorgen. Worüber sprach er denn mit mir? Seine Gespräche waren ebenso seltsam wie er selbst. Wenn er mich allein irgendwo hinter dem Zuchthaus auf und ab gehen sah ging er manchmal stracks auf mich zu. Er ging immer schnell und machte kurze Wendungen. Er kam wohl im Schritt, aber man hatte den Eindruck, als käme er herbeigelaufen. »Guten Tag.«

»Guten Tag.«

»Störe ich nicht?«

»Nein.«

»Ich wollte Sie über Napoleon fragen. Ist er ein Verwandter von dem, der im Jahre zwölf war?« (Petrow war in einer Erziehungsanstalt für Soldatensöhne herangewachsen und verstand zu lesen und zu schreiben.)

»Ja er ist ein Verwandter von ihm.«

»Was ist er dann für ein Präsident?«

Er stellte seine Fragen immer schnell, kurz, als hätte er große Eile etwas zu erfahren. Als handelte es sich um eine wichtige Sache, die nicht den geringsten Aufschub duldete.

Ich erklärte ihm, was für ein Präsident Napoleon war, und fügte hinzu, dass er vielleicht bald Kaiser werden würde.

»Wieso?«

Ich erklärte ihm, so gut ich konnte, auch das. Petrow hörte mir aufmerksam zu, verstand alles, fasste alles schnell auf und hielt sogar das Ohr nach meiner Seite hin.

»Hm … Dann wollte ich Sie noch folgendes fragen, Alexander Petrowitsch: ist es wahr, dass es solche Affen gibt, bei denen die Arme bis zu den Fersen reichen, und die so groß sind wie der größte Mensch?«

»Ja, es gibt solche Affen.«

»Was sind das für welche?«

Ich erklärte ihm nach Möglichkeit auch das.
»Wo leben die denn?«
»In den heißen Ländern. Auf der Insel Sumatra gibt es welche.«
»Ist das in Amerika? Wie ist es nun: man sagt, dass die Leute dort mit dem Kopf nach unten gehen?«
»Gar nicht mit dem Kopf nach unten. Sie meinen wohl die Antipoden.«
Ich erklärte ihm, was Amerika sei, und, so gut ich es konnte, was die Antipoden wären. Er hörte mir so aufmerksam zu, als sei er nur deswegen gelaufen gekommen, um sich nach den Antipoden zu erkundigen.
»Aha! Im vorigen Jahr habe ich aber über die Gräfin Lavallière gelesen; ich hatte mir das Buch vom Adjutanten Arefjew verschafft. Ist die Geschichte wahr oder nur erfunden? Es ist ein Werk von Dumas.«
»Natürlich ist sie erfunden.«
»Nun, leben Sie wohl. Ich danke schön.«
Und Petrow verschwand. Eigentlich sprachen wir miteinander niemals anders als in der geschilderten Art.
Ich zog über ihn Erkundigungen ein. Als M. von dieser Bekanntschaft hörte, warnte er mich sogar. Er sagte mir, viele Zuchthäusler hätten ihm, besonders in den ersten Tagen seines Zuchthauslebens, ein Grauen eingeflößt, aber niemand, selbst Gasin nicht, hatte auf ihn einen so schrecklichen Eindruck gemacht wie dieser Petrow.
»Er ist der entschlossenste und furchtloseste von allen Zuchthäuslern«, sagte mir M. »Er ist zu allem fähig; er macht vor nichts Halt, wenn es die Befriedigung einer Laune gilt. Er wird auch Sie abschlachten, wenn es ihm einfällt, einfach abschlachten, ohne mit der Wimper zu zucken und ohne es zu bereuen. Ich glaube sogar, dass er nicht ganz bei Trost ist.«
Diese Ansicht interessierte mich außerordentlich. M. vermochte mir aber nicht zu erklären, woher er diesen Eindruck hatte. Aber seltsam: ich verkehrte dann mehrere Jahre hintereinander mit Petrow, sprach mit ihm fast jeden Tag, er war mir während dieser ganzen Zeit aufrichtig zugetan (obwohl ich absolut nicht weiß, weshalb), – er benahm sich während dieser Jahre im Zuchthaus vernünftig und stellte nichts Schlimmes an, aber ich hatte trotzdem, sooft ich ihn ansah oder mit ihm sprach, die Überzeugung, dass M. recht hatte und dass Petrow vielleicht der entschlossenste und furchtloseste Mensch war, der keinerlei Autorität anerkannte. Weshalb ich diesen Eindruck hatte, vermag ich auch nicht zu erklären.
Ich will übrigens bemerken, dass dieser Petrow derselbe war, der den Platzmajor hat ermorden wollen, als er seine Rutenstrafe bekommen sollte und als der Major, wie die Arrestanten sagten, »durch ein Wunder« gerettet wurde, indem er einen Augenblick vor der Exekution davonfuhr. Ein anderes Mal, noch vor seinem Eintritt ins Zuchthaus, passierte es, dass sein Oberst ihn beim Exerzieren schlug. Wahrscheinlich hatte man ihn auch schon vorher oft geschlagen; diesmal wollte er es aber nicht dulden und erstach den Oberst vor aller Augen, am helllichten Tag, vor der Front. Die Einzelheiten dieser Geschichte kenne ich übrigens nicht; er erzählte sie mir niemals. Natürlich waren es nur einzelne Anfälle, bei denen seine ganze

Natur plötzlich zum Ausbruch kam. Solche Ausbrüche kamen aber bei ihm doch sehr selten vor. Er war in der Tat vernünftig und sogar friedlich. Er trug wohl starke und brennende Leidenschaften in sich; aber die Kohlenglut war stets von Asche bedeckt und glimmte still. Ich sah bei ihm auch keine Spur von Prahlsucht oder Ruhmsucht wie bei den anderen. Er zankte sich nur selten mit jemand, war auch mit niemand besonders befreundet, höchstens mit Ssirotkin, aber auch das nur, wenn er ihn brauchte. Einmal sah ich übrigens doch, wie er ernstlich böse wurde. Man verweigerte ihm irgendeinen Gegenstand; man hatte ihn irgendwie übervorteilt. Sein Gegner war ein starker Kerl von großem Wuchs, boshaft, händelsüchtig und spöttisch, durchaus kein Feigling, ein Sträfling aus der Zivilabteilung, namens Wassilij Antonow. Sie schrien schon lange, und ich glaubte, die Sache würde sich auf eine gewöhnliche Schlägerei beschränken; Petrow pflegte manchmal, wenn auch sehr selten, wie der gemeinste Zuchthäusler zu fluchen und um sich zu hauen. Diesmal kam es aber anders: Petrow erblasste plötzlich, seine Lippen wurden blau und fingen an zu zittern, und er keuchte schwer. Er erhob sich von seinem Platz und ging langsam, sehr langsam, unhörbar mit seinen bloßen Füßen (im Sommer ging er gern barfuß) auf Antonow zu. Plötzlich wurde es in der Kaserne, in der es ebenso laut zugegangen war, still; man hätte eine Fliege hören können. Alle warteten, was nun kommen würde. Antonow trat ihm entgegen; er sah entsetzlich aus … Ich konnte es nicht ertragen und ging aus der Kaserne. Ich glaubte, dass ich, bevor ich aus dem Flur gekommen sein würde, den Schrei eines ermordeten Menschen hörte. Die Sache lief aber auch diesmal glücklich ab; Antonow hatte Petrow, noch ehe dieser vor ihn getreten war, stumm und eilig den strittigen Gegenstand zugeworfen. (Es handelte sich um einen wertlosen Lumpen, um irgendeinen Fußlappen.) Antonow schimpfte auf ihn natürlich noch etwa zwei Minuten, zur Beruhigung seines Gewissens und des Anstandes wegen, um zu zeigen, dass er keine so große Angst bekommen hatte. Dem Schimpfen schenkte aber Petrow gar keine Beachtung, er schimpfte sogar nicht zurück. Es war ihm nicht ums Schimpfen zu tun, und der Streit hatte zu seinen Gunsten geendet; er war sehr zufrieden und nahm den Fußlappen an sich. Nach einer Viertelstunde trieb er sich wieder im Zuchthaus herum, müßig, mit einem Ausdruck, als passte er auf, ob man nicht irgendwo ein interessantes Gespräch anfangen würde, um sich zu den Sprechenden zu gesellen und zuzuhören. Alles schien ihn zu interessieren, aber es kam meistens so, dass er gegen fast alles gleichgültig blieb und sich ziellos im Zuchthaus herumtrieb. Er erinnerte sogar an einen Arbeiter, an einen tüchtigen Arbeiter, der die Arbeit gleich mit größter Energie anpacken würde, dem man aber aus irgendeinem Grund keine Arbeit zuteilt und der in Erwartung dasitzt und mit kleinen Kindern spielt. Ich konnte auch nicht begreifen, warum er im Zuchthaus blieb und nicht entfloh. Er wäre zweifellos entlaufen, wenn er es wirklich ernsthaft gewollt hätte. Über solche Menschen wie Petrow hat die Vernunft nur so lange Gewalt, bis sie ein starkes Verlangen nach etwas spüren. Dann gibt es auf der ganzen Welt kein Hindernis für ihren Willen. Ich bin aber überzeugt, dass er sich bei einer Flucht sehr geschickt angestellt hätte und imstande gewesen wäre, eine ganze Woche ohne Brot irgendwo im Wald oder im Fluss-Schilf zu sitzen. Anscheinend war er auf diesen Gedanken noch nicht gekommen und von diesem Verlangen noch nicht ganz gefangengenommen. Viel Überlegung und praktischen Sinn habe ich bei ihm niemals bemerkt. Solche Menschen werden mit einer einzigen fixen Idee geboren, die sie ihr Leben lang unbewusst hin und her treibt; sie werfen sich ihr Leben lang unruhig hin und her, bis sie eine ihrem Geschmack entsprechende Tätigkeit gefunden haben; dann ist ihnen auch ihr Kopf nicht zu teuer. Zuweilen musste ich staunen, wie widerspruchslos sich dieser Mensch, der seinen Vorgesetzten wegen Schlägen erstochen hatte, mit Ruten züchtigen ließ. Er wurde manchmal dieser Strafe unterzogen, wenn man ihn beim Branntweinschmuggel erwischte. Diese Strafe ließ er aber gleichsam mit eigener Zustimmung über sich ergehen, als sei er sich bewusst, dass er sie verdient habe; andernfalls ließe er sie sich niemals gefallen und würde sich eher totschlagen lassen. Ich wunderte mich auch, wenn er mich, trotz seiner scheinbaren Anhänglichkeit, bestahl. Das überkam ihn periodisch. Er war es, der mir meine Bibel gestohlen hatte, die er auf meine Bitte von einem Platz zu einem anderen tragen sollte. Es handelte sich um einen Weg von nur wenigen Schritten, aber er brachte es fertig, unterwegs einen Käufer zu finden, die Bibel zu verkaufen und das Geld zu vertrinken. Er hatte wohl großes Verlangen zu trinken, und wenn er etwas wollte, so musste es auch geschehen. So ein Mensch ist imstande, seinen Mitmenschen wegen eines Viertelrubels abzuschlachten, um für diesen Viertelrubel ein Fläschchen Schnaps zu kaufen, während er zu einer anderen Zeit sich auch hunderttausend Rubel entgehen ließe. Abends setzte er mich selbst über den Diebstahl in Kenntnis, tat es aber ohne jede Verlegenheit oder Reue, vollkommen gleichgültig, als handelte es sich um ein ganz gewöhnliches Erlebnis. Ich versuchte ihn ordentlich auszuschimpfen, auch tat mir meine Bibel leid. Er hörte mir gleichmütig und sogar ruhig zu; er stimmte mir bei, dass die Bibel ein sehr nützliches Buch sei, bedauerte aufrichtig, dass ich sie nicht mehr habe, bereute aber durchaus nicht, dass er sie selbst gestohlen hatte; er sah mich mit solchem Selbstvertrauen an, dass ich sogar zu schimpfen aufhörte. Mein Schimpfen ließ er sich aber gefallen, weil er sich wohl sagte, dass ich nicht umhin könne, ihn wegen solcher Handlungsweise auszuschimpfen; also solle ich mein Herz erleichtern und mir durch Schimpfen Trost verschaffen; die ganze Sache sei aber eine solche Bagatelle, dass ein vernünftiger Mensch sich schämen müsse, über sie zu sprechen. Ich glaube, er hielt mich überhaupt für ein Kind, fast für einen Säugling, der die allereinfachsten Dinge nicht begreifen könne. Wenn ich selbst mit ihm ein Gespräch über etwas anderes als über Wissenschaften und Bücher anknüpfte, so antwortete er mir zwar, aber gleichsam nur aus Höflichkeit, und beschränkte sich auf die kürzesten Repliken. Ich fragte mich oft: was gehen ihn alle diese Bücherweisheiten an, nach denen er mich gewöhnlich fragt? Manchmal beobachtete ich ihn bei solchen Gesprächen, ob er nicht über mich lache. Aber nein, gewöhnlich hörte er mir aufmerksam und ernst zu, allerdings auch nicht allzu aufmerksam, und über diesen letzteren Umstand ärgerte ich mich zuweilen. Seine Fragen formulierte er genau, bestimmt, äußerte aber kein übertriebenes Erstaunen über die Antworten, die ich ihm gab, und nahm sie sogar zerstreut auf … Ich hatte ferner den Eindruck, dass er sich, ohne viel Kopfzerbrechen gesagt habe, man könne mit mir nicht so wie mit den anderen Menschen sprechen, und ich sei nicht imstande, außer Gesprächen über Bücher etwas zu begreifen, sodass es keinen Zweck habe, mich mit anderen Dingen zu belästigen.

Ich bin überzeugt, dass er mich sogar gern mochte, und darüber wunderte ich mich sehr. Ob er mich für einen nicht ernst zu nehmenden, nicht ganz erwachsenen Menschen hielt oder mir gegenüber jenes eigentümliche Mitleid empfand, das jedes starke Geschöpf instinktiv gegen ein schwächeres empfindet, weiß ich nicht. Obwohl ihn dies alles nicht hinderte, mich zu bestehlen, bin ich doch überzeugt, dass er mich, indem er mich bestahl, bedauerte. »Ach«, sagte er sich vielleicht, wenn er bei mir etwas stahl, »was ist das für ein Mensch, der nicht mal sein Hab und Gut zu schützen versteht!« Aber vielleicht mochte er mich gerade aus diesem Grund so gern. Einmal sagte er mir selbst, wie unabsichtlich, ich sei »ein gar zu guter Mensch«; oder: »Sie sind so gutmütig, so gutmütig, dass Sie einem leid tun. Aber nehmen Sie es mir nicht übel, Alexander Petrowitsch«, fügte er nach einer Minute hinzu, »es kam mir wirklich vom Herzen.«

Mit solchen Menschen passiert es manchmal im Leben, dass sie bei Gelegenheit irgendeiner großen, allgemeinen Aktion oder Umwälzung ihre eigentliche Betätigung finden. Sie sind nicht Menschen des Wortes und können nicht die Urheber und Hauptführer einer solchen Aktion sein; aber sie sind stets die ausführenden Elemente und fangen zuerst an. Sie tun es einfach, ohne großes Geschrei, bringen aber die Sache ohne zu schwanken und ohne Angst über die wichtigsten Hindernisse hinweg, indem sie allen Dolchen entgegentreten, – und alle stürzen ihnen nach und folgen ihnen blindlings bis zur letzten Mauer, wo sie sich gewöhnlich die Köpfe einrennen. Ich glaube nicht, dass Petrow ein gutes Ende genommen hat; er musste in irgendeinem Augenblick zugrunde gehen, und wenn er noch immer nicht zugrunde gegangen ist, so bedeutet es nur, dass die Gelegenheit für ihn noch nicht gekommen ist. Wer weiß übrigens? Vielleicht wird er alt und grau werden und ruhig im hohen Alter, sich immer zwecklos hin- und hertreibend, sterben. Aber ich glaube, M. hatte recht, wenn er sagte, er sei der entschlossenste Mensch im ganzen Zuchthaus gewesen.

VIII

Entschlossene Menschen – Lutschka

Was die entschlossenen Menschen betrifft, so ist es schwer, über sie etwas zu sagen; im Zuchthaus gab es ihrer wie überall ziemlich wenige. Mancher schien von außen besehen wirklich schrecklich; wenn man sich bloß alles in Erinnerung rief, was man über ihn erzählte, so ging man ihm sogar aus dem Weg. Ein eigentümliches Gefühl, das ich mir nicht recht erklären konnte, zwang mich in der ersten Zeit, solche Menschen nach Möglichkeit zu meiden. Später änderten sich meine Ansichten selbst über die schrecklichsten Mörder. Mancher, der gar keinen Mord begangen hatte, war viel schrecklicher als einer der wegen sechs Mordtaten hergeraten war. Über manche Verbrechen konnte man sich schwer auch nur eine oberflächliche Vorstellung machen: so sonderbar waren sie in ihrer Ausführung. Ich sage das, weil bei unserem einfachen Volk manche Morde aus den merkwürdigsten Ursachen verübt werden. So kommt z. B. ziemlich oft folgender Mördertypus vor: Der Mensch ist still und friedlich; sein Leben ist bitter, aber er trägt es. Er ist beispielsweise ein Bauer, ein Leibeigener, ein Kleinbürger oder Soldat. Plötzlich reißt etwas in ihm; er kann sich nicht mehr beherrschen und sticht mit einem Messer nach seinem Feind und Bedrücker. Hier beginnt eben das Seltsame, der Mensch gerät plötzlich für einige Zeit ganz aus Rand und Band. Zuerst hat er seinen Feind und Bedrücker erstochen; dies ist zwar ein Verbrechen, aber begreiflich; hier lag ein Grund vor; dann ersticht er aber auch andere Menschen, die nicht seine Feinde sind, er mordet den ersten Besten, er tut es zum Vergnügen, wegen eines groben Wortes, wegen eines Blickes, wegen einer Dummheit, oder einfach: »Aus dem Weg, tritt mir nicht entgegen, wenn ich gehe!« Der Mensch ist wie im Fieber. Er hat die für ihn sonst heilige Grenzlinie überschritten, er findet schon Gefallen daran, dass es für ihn nichts Heiliges mehr gibt; etwas reizt ihn, sich mit einem Sprung über alle Gesetze und jede Gewalt hinwegzusetzen, sich an einer grenzenlosen und zügellosen Freiheit zu berauschen, dieses herzbeklemmende Grauen zu genießen, das er doch unbedingt empfinden muss. Außerdem weiß er, dass ihn eine schreckliche Strafe erwartet. Dies alles gleicht vielleicht dem Gefühl, das den Menschen, der auf einem hohen Turm steht, in die Tiefe zieht, die unter seinen Füßen ist, sodass er sogar froh wäre, sich hinunterzustürzen, damit die Sache schneller ein Ende nähme! Dies passiert sogar mit den friedlichsten und bis dahin unauffälligsten Menschen. Manche renommieren sogar in diesem Rausch. Je eingeschüchterter so einer früher gewesen ist, um so stärker drängt es ihn jetzt, sich hervorzutun und den anderen Angst einzujagen. Er hat Freude an dieser Angst, er ergötzt sich am Abscheu, den er den andern einflößt. Er spielt den Tollkühnen, und so ein »Tollkühner« wartet zuweilen selbst mit Ungeduld auf die Strafe, damit man ihm ein Ende gebiete, weil es ihm zuletzt selbst schwer fällt, diese »Tollkühnheit« noch weiter zu spielen. Es ist interessant, dass diese ganze Stimmung, diese gespielte Unnatur nur bis zum Schafott anhält und dann sofort aufhört, als wäre es eine in aller Form vorgeschriebene Frist. Dann wird der Mensch plötzlich still und sanft und verwandelt sich in einen Waschlappen. Auf dem Schafott greint er und bittet das Volk um Verzeihung. Und wenn er dann ins Zuchthaus kommt, so ist er so kläglich, jämmerlich und sogar verängstigt, dass man sich über ihn sogar wundert: »Ist es wirklich derselbe, der fünf oder sechs Menschen abgeschlachtet hat?«

Natürlich gibt es auch solche, die sich auch im Zuchthaus nicht beruhigen. Sie behalten noch immer eine gewisse Schneidigkeit, eine eigentümliche Ruhmsucht, als wollten sie immer betonen, dass sie nicht wegen einer Bagatelle, sondern wegen sechs Mordtaten hergeraten seien. Zuletzt beruhigen sich aber auch diese. Mancher von ihnen ruft sich nur zum eigenen Vergnügen die große Tat, die er einmal im Leben verübt hat, in Erinnerung, als er »tollkühn« gewesen ist, und hat es sehr gern, wenn er einen Einfältigen findet, vor dem er prahlen und dem er alle seine Heldentaten erzählen kann, ohne übrigens durch eine Miene zu verraten, dass er selbst große Lust hat, von diesen Dingen zu sprechen. »So ein Mensch bin ich einmal gewesen!«

Wie raffiniert ist manchmal diese ehrgeizige Vorsicht, und wie nachlässig trägt er seine Geschichte vor! Welch eine gut einstudierte Geckenhaftigkeit spricht aus jedem Ton, aus jedem Wort des Erzählers. Wo mag es das einfache Volk bloß gelernt haben?

In dieser ersten Zeit bekam ich an einem langen Abend, als ich müßig und traurig auf meiner Pritsche lag, eine solcher Erzählungen zu hören und hielt den Erzähler infolge meiner Unerfahrenheit für einen schrecklichen, ungeheuerlichen Verbrecher, für einen unerhört starken, eisernen Charakter, während ich mich zu dieser selben Zeit über Petrow fast lustig machte. Das Thema dieser Erzählung war, wie er, Luka Kusmitsch, zu seinem bloßen Vergnügen einen Major »kalt gemacht« hatte. Dieser Luka Kusmitsch war der kleine, schmächtige, junge Arrestant aus unserer Kaserne, der Kleinrusse mit dem spitzen Näschen, den ich schon einmal erwähnt habe. Eigentlich war er Großrusse, aber im Süden geboren, ich glaube als Leibeigener. Es war in ihm wirklich etwas Scharfes und Herausforderndes: »Ein kleiner Vogel mit scharfen Krallen.« Die Arrestanten durchschauen aber instinktiv jeden Menschen. Man achtete ihn sehr wenig im Zuchthaus. Er war furchtbar eingebildet. An diesem Abend saß er auf der Pritsche und nähte an einem Hemd. Das Nähen von Wäsche war sein Beruf. Neben ihm saß ein stumpfsinniger und beschränkter, aber gutmütiger und freundlicher Bursche, sein Nachbar auf der Pritsche, der großgewachsene und stämmige Arrestant Kobylin. Lutschka zankte sich oft mit ihm, wie es ja überhaupt zwischen Nachbarn oft zu Reibereien kommt, und behandelte ihn von oben herab, spöttisch und despotisch, was Kobylin infolge seiner Einfalt zum Teil gar nicht merkte. Er strickte einen wollenen Strumpf und hörte Lutschka gleichgültig zu. Dieser erzählte ziemlich laut und vernehmbar. Er wollte, dass alle ihm zuhören, obwohl er so tat, als erzählte er es Kobylin allein.

»Sie schickten mich also aus unserer Gegend, Bruder«, begann er, mit der Nadel hantierend, »nach Tsch-w wegen Vagabundage.«

»Wann ist es gewesen? Ist es schon lange her?« fragte Kobylin.

»Wenn die Erbsen reif werden, werden es zwei Jahre sein. Wie wir nach K-w kamen, setzte man mich dort für kurze Zeit ins Zuchthaus. Ich sehe, mit mir sitzen an die zwölf Mann, lauter Kleinrussen, große, kräftige, starke Menschen wie die Stiere. Sind aber so friedlich und lassen sich das schlechte Essen gefallen, und ihr Major behandelt sie, wie es ihm gerade passt. Ich sitze einen Tag, ich sitze zwei Tage und sehe, es ist eine feige Gesellschaft. Warum lasst ihr euch von diesem Dummkopf so viel gefallen? – ›Geh und rede einmal mit ihm selbst!‹ sagen sie mir und grinsen. Da war auch ein sehr spaßiger Kleinrusse dabei, Brüder«, fügte er plötzlich hinzu, sich nicht mehr an Kobylin, sondern an alle wendend. »Er erzählte, wie er vom Gericht verurteilt wurde und was er zu dem Richter gesagt hatte, dabei schwimmt er in Tränen: Ich habe zu Haus ein Weib und Kinder, sagte er ihm. War ein kräftiger Mann, mit grauen Haaren und dick. ›Ich schaue ihn an‹, sagt er, ›er zuckt mit keine Wimper! Der Teufelssohn schreibt in einem fort. Da sage ich mir:

Verrecken sollst du, damit ich eine Freude habe! Er aber schreibt und schreibt! … So war mein Ende besiegelt!‹ Waßja, gib mir mal einen Faden, das Zuchthausgarn ist ganz faul.«

»Dieser da ist vom Markt«, antwortete Waßja, ihm einen Faden reichend.

»Unser Garn in der Nähstube ist besser. Neulich schickten wir den Invaliden hin, Garn einzukaufen, er kauft es aber bei irgendeinem gemeinen Frauenzimmer!« fuhr Lutschka fort, indem er die Nadel gegen das Licht hielt und einfädelte.

»Wohl bei einer Gevatterin.«

»Wie war es nun mit dem Major?« fragte der ganz vergessene Kobylin.

Lutschka hatte nur darauf gewartet. Aber er fuhr in seiner Erzählung nicht sogleich fort und schenkte Kobylin scheinbar keine Beachtung. Er ordnete ruhig den Faden, wechselte ruhig und träge die Beinstellung und begann endlich zu sprechen:

»Schließlich brachte ich meine Kleinrussen doch in Aufruhr, sie verlangten nach dem Major. Ich hatte mir aber schon des Morgens von meinem Nachbarn ein Messer geben lassen und es für jeden Fall versteckt. Der Major ist in Wut geraten und kommt gefahren. ›Jetzt‹, sage ich, ›nur nicht feige sein, ihr Kleinrussen!‹ Ihnen ist aber schon das Herz in die Hosen gefallen, sie zittern nur so! der Major kommt hereingestürzt, ist ganz betrunken. ›Wer will was?! Was ist los?! Ich bin euer Zar und Gott!‹ – »Wie er das sagt: ›Ich bin euer Zar und Gott,‹ da trete ich vor«, fuhr Lutschka fort, »dabei habe ich das Messer im Ärmel. ›Nein‹ sage ich, ›Euer Hochwohlgeboren‹, rücke aber dabei immer näher heran, ›wie ist es bloß möglich‹, sage ich, ›Euer Hochwohlgeboren, dass Sie unser Zar und Gott seien?‹ –

›Ach so, du bist also der Aufrührer!‹ schrie der Major auf. ›Nein‹, sage ich (rücke aber dabei immer näher heran), ›nein‹, sage ich, ›Euer Hochwohlgeboren, es gibt, wie es Ihnen selbst vielleicht bekannt ist, nur einen allmächtigen und allgegenwärtigen Gott‹, sage ich. ›Auch haben wir nur einen Zaren, den Gott selbst über alle gesetzt hat. Er ist, Euer Hochwohlgeboren‹, sage ich ihm, ›Monarch. Sie aber, Euer Hochwohlgeboren‹, sage ich ihm, ›sind erst Major, unser Vorgesetzter, Euer Hochwohlgeboren, durch die Gnade des Zaren‹, sage ich, ›und wegen Ihrer Verdienste.‹

›Wie, wie, wie, wie!‹ gackert er; er kann gar nicht reden, er kocht nur so. So erstaunt war er. – ›Ja, es ist so‹, sage ich ihm und stürze mich plötzlich auf ihn und stoße ihm das ganze Messer in den Bauch. Ich hatte gut gezielt. Er rollte zu Boden und zappelte mit den Beinen. Ich warf das Messer weg. ›Passt auf‹, sage ich, ›ihr Kleinrussen, hebt ihn jetzt auf!‹«

Hier muss ich eine Bemerkung einschalten. Leider waren solche Ausdrücke wie »Ich bin Zar und Gott« und viele ähnliche in früheren Zeiten bei vielen Vorgesetzten in großem Gebrauch. Ich muss bemerken, dass von diesen Vorgesetzten nur sehr wenige übriggeblieben sind, vielleicht gibt es sie überhaupt nicht mehr. Ich muss ferner sagen, dass mit derartigen Ausdrücken vorwiegend solche Offiziere zu prahlen liebten, die sich von dem niedersten Rang hinaufgedient hatten. Der Offiziersrang drehte gleichsam ihr ganzes Inneres um und zugleich den Kopf. Nachdem sie selbst lange genug gedient und alle Stufen der Abhängigkeit durchgemacht hatten, sahen sie sich plötzlich als Offiziere, Vorgesetzte und Adlige und übertrieben daher im ersten Rausch jede Vorstellung von ihrer Gewalt und Bedeutung; natürlich nur im Verkehr mit den ihnen Untergebenen. Den Höheren gegenüber benahmen sie sich aber nach wie vor unterwürfig, was vollkommen überflüssig und vielen Vorgesetzten sogar widerlich war. Manche von diesen Unterwürfigen erklärten sogar ihren höheren Vorgesetzten mit besonderer Rührung, dass sie ehemalige Gemeine seien; nun seien sie zwar Offiziere, würden aber »immer an die ihnen gebührende Stellung denken«. Aber gegen die Untergebenen benahmen sie sich wie unbeschränkte Herrscher. Natürlich wird man jetzt kaum noch einen finden, der schreit: »Ich bin Zar und Gott.« Ich muss aber trotzdem bemerken, dass die Arrestanten wie überhaupt die Niedrigstehenden durch nichts so sehr aufgebracht werden wie durch solche Ausdrücke aus dem Mund der Vorgesetzten. Diese freche Selbstüberhebung, diese übertriebene Vorstellung von seiner Straflosigkeit erzeugt selbst im gehorsamsten Menschen Hass und bringt seine Geduld zum Reißen. Glücklicherweise wurde dieses Benehmen, das heute nicht mehr vorkommt, selbst in alten Zeiten von der Obrigkeit streng geahndet. Ich weiß einige Beispiele dafür.

Überhaupt werden die Untergebenen durch jede hochmütige Nachlässigkeit im Benehmen gegen sie gereizt. Viele glauben z. B., dass es genüge, den Arrestanten gut zu verpflegen und alle diesbezüglichen Vorschriften zu erfüllen. Diese Ansichten sind irrig. Ein jeder, wer und wie tief erniedrigt er auch sei, verlangt, wenn auch instinktiv und unbewusst, Achtung vor seiner Menschenwürde. Der Arrestant weiß ja selbst, dass er ein Arrestant und ein Ausgestoßener ist, und kennt seine Stellung den Vorgesetzten gegenüber; man kann ihn aber durch keinerlei Brandmale, durch keinerlei Ketten zwingen, zu vergessen, dass er ein Mensch ist. Da er aber wirklich ein Mensch ist, so soll man ihn auch menschlich behandeln. Mein Gott! Die menschliche Behandlung kann sogar einen solchen zum Menschen machen, in dem das Ebenbild Gottes schon längst getrübt ist. Diese »Unglücklichen« soll man eben am menschlichsten behandeln. Das ist für sie eine Freude und eine Rettung. Ich traf schon solche gutherzigen, edlen Vorgesetzten. Ich sah auch den Einfluss, den sie auf diese Erniedrigten hatten. Es genügten einige freundliche Worte, um die Arrestanten moralisch zu einem neuen Leben zu erwecken. Sie freuten sich dann wie die Kinder und begannen wie Kinder zu lieben. Ich will noch eine Eigentümlichkeit erwähnen: Die Arrestanten selbst mögen keine allzu familiäre und allzu gutmütige Behandlung durch die Vorgesetzten. Sie wollen vor dem Vorgesetzten Respekt haben, so hört aber jeder Respekt auf. Der Arrestant sieht es z. B. gern, wenn sein Vorgesetzter Orden hat, wenn er stattlich ausschaut und sich der Gunst eines höheren Vorgesetzten erfreut; er muss streng, wichtig und gerecht sein und seine Würde wahren. Solche Vorgesetzten werden von den Arrestanten bevorzugt; so einer wahrt seine eigene Würde, tut dabei ihnen nichts zu Leide, also ist alles schön und gut.

»Dafür hat man dir wohl ordentlich eingeheizt?« fragte Kobylin ruhig.

»Hm, eingeheizt hat man mir wohl gehörig. Alej, gib mal die Schere her! Warum gibt es heute keinen Maidan, Brüder?«

»Wir haben neulich alles vertrunken«, erwiderte Wassja. »Hätten wir nicht alles vertrunken, so gäbe es wohl den Maidan.«

»Wenn! Für das *›Wenn‹* zahlt man in Moskau hundert Rubel«, bemerkte Lutschka.
»Was hast du nun für das Ganze gekriegt?« fragte Kobylin wieder.
»Hundertundfünf, lieber Freund. Aber das will ich euch sagen, Brüder, um ein Haar hätten sie mich totgeschlagen«, antwortete Lutschka, sich wieder von Kobylin an alle wegwendend. »Als sie mir diese hundertundfünf zudiktiert hatten, führte man mich in voller Parade hinaus. Ich hatte aber bis dahin noch nie die Knute gekostet. Eine Menge Volk lief zusammen, die ganze Stadt war dabei; es hieß, man werde einen schweren Verbrecher, einen Mörder knuten. So dumm ist dieses Volk, dass ich es gar nicht sagen kann. Der Henker zog mich aus, legte mich hin und sagte: ›Obacht, es brennt!‹ Ich warte, was wohl kommen wird. Wie er mir den ersten Hieb gab, schrie ich nicht mal, ich riss wohl den Mund auf, konnte aber nicht schreien. Die Stimme versagte mir eben. Beim zweiten Hieb, ob ihr es mir glaubt oder nicht, hörte ich nicht mal, wie er ›zwei‹ zählte. Wie ich zu mir kam, hörte ich ihn ›siebzehn‹ zählen. Viermal nahmen sie mich vom Bock, ließen mich eine halbe Stunde verschnaufen und begossen mich mit Wasser. Ich glotze alle an und denke mir: ›Gleich sterbe ich!‹«
»Bist aber nicht gestorben?« fragte Kobylin naiv.
Lutschka musterte ihn mit einem äußerst verächtlichen Blick. Alle lachten.
»Ist das ein Klotz!«
»Bei ihm ist's im Oberstübchen nicht richtig«, bemerkte Lutschka, als bereute er, dass er sich mit einem solchen Menschen ins Gespräch eingelassen hatte.
»Es fehlt ihm eben an Verstand«, bestätigte Wassja.

Lutschka hatte zwar sechs Menschen ermordet, aber im Zuchthaus fürchtete ihn niemand, obwohl er vielleicht von ganzem Herzen wünschte, als schrecklicher Mensch zu gelten.

IX

Issai Fomitsch – Das Dampfbad – Bakluschins Erzählung

Das Weihnachtsfest stand vor der Tür. Die Arrestanten erwarteten es in einer eigentümlichen feierlichen Stimmung, und wenn ich sie sah, erwartete auch ich etwas Außergewöhnliches. Vier Tage vor dem Fest führte man uns ins Bad. Zu meiner Zeit, besonders in den ersten Jahren, wurden die Arrestanten nur selten ins Bad geführt. Alle freuten sich darüber und machten ihre Vorbereitungen. Es wurde dafür der Nachmittag bestimmt, und an diesem Nachmittag wurde nicht mehr gearbeitet. In unserer Kaserne freute sich am meisten und zeigte die größte Aufregung der jüdische Zuchthäusler, Issai Fomitsch Bumstein, den ich schon im vierten Kapitel meiner Erzählung erwähnt habe. Er liebte es, im Dampfbad bis zur Stumpfsinnigkeit, bis zur Bewusstlosigkeit zu schwitzen, und sooft ich jetzt, die alten Erinnerungen durchnehmend, an unser Dampfbad (welches wohl verdient, nicht vergessen zu werden) zurückdenke, so tritt in den Vordergrund des Bildes sofort das Gesicht des glückseligsten und unvergesslichen Issai Fomitsch, meines Zuchthausgenossen und des Mitbewohners der gleichen Kaserne. Mein Gott, was war er doch für ein spaßiger und drolliger Mensch! Über sein Äußeres habe ich schon einige Worte gesagt: Er war an die fünfzig Jahre alt, schwächlich, voller Runzeln, mit schrecklichen Brandmalen an der Stirn und an den Wangen, schmächtig, mager, mit der weißen Hautfarbe eines Hühnchens. Sein Gesichtsausdruck zeigte eine ständige, unerschütterliche Selbstzufriedenheit und Seligkeit. Er schien gar nicht zu bedauern, ins Zuchthaus geraten zu sein. Da er von Beruf Juwelier war und es in der Stadt keinen Juwelier gab, arbeitete er ununterbrochen für die städtischen Herrschaften und die Beamten, ausschließlich in seinem Beruf. Dafür bekam er doch irgendeine Bezahlung. Er litt keine Not, lebte sogar reich, legte aber das Geld zurück und verlieh es gegen Pfand und Zinsen im ganzen Zuchthaus. Er besaß einen eigenen Samowar, eine gute Matratze, Tassen und ein vollständiges Essgeschirr. Die Juden in der Stadt versagten ihm nicht ihren Schutz und ihre Freundschaft. An Sonnabenden ging er unter Bewachung in die städtische Betstube (was vom Gesetz gestattet ist) und lebte vergnügt und munter, übrigens mit Ungeduld auf die Absolvierung seiner zwölfjährigen Strafzeit wartend, um »heiraten« zu können. In ihm war ein komisches Gemisch von Naivität, Dummheit, Verschlagenheit, Frechheit, Einfalt, Schüchternheit, Prahlsucht und Unverschämtheit. Ich wunderte mich sehr darüber, dass die Zuchthäusler über ihn gar nicht lachten und sich nur ab und zu ein Späßchen erlaubten. Issai Fomitsch diente offenbar allen zum Zeitvertreib und zur Unterhaltung. »Er ist unser Einziger, rührt Issai Fomitsch nicht an«, pflegten die Arrestanten zu sagen. Issai Fomitsch selbst begriff zwar den Sachverhalt, war aber auf seine Bedeutung sichtlich stolz, was den Arrestanten viel Spaß machte. Seine Ankunft im Zuchthaus spielte sich auf eine höchst komische Weise ab (er war vor meiner Zeit gekommen, aber man berichtete es mir). An einem Spätnachmittag, nach Feierabend verbreitete sich plötzlich im Zuchthaus das Gerücht, dass soeben ein Jude eingetroffen sei; er werde eben in der Hauptwache rasiert und müsse jeden Augenblick erscheinen. Im Zuchthaus gab es damals noch keinen einzigen Juden. Die Arrestanten erwarteten ihn mit Ungeduld und umdrängten ihn sofort, als er durchs Tor hereintrat. Der Unteroffizier führte ihn in die Zivilabteilung und zeigte ihm seinen Platz auf der Pritsche. Issai Fomitsch hielt in den Händen einen Sack mit den ihm ausgefolgten ärarischen sowie seinen eigenen Sachen. Er legte den Sack hin, stieg auf die Pritsche und setzte sich mit untergeschlagenen Beinen, ohne es zu wagen, jemand anzuschauen. Rings um ihn herum ertönte Lachen und wurden Zuchthauswitze gemacht, die sich auf seine jüdische Abstammung bezogen. Plötzlich drängte sich durch die Menge ein junger Arrestant mit seiner ältesten, schmutzigen und zerrissenen Sommerhose und einem Paar ärarischer Fußlappen in der Hand. Er setzte sich neben Issai Fomitsch und klopfte ihn auf die Schulter.

»Na, lieber Freund, ich warte hier schon auf dich das sechste Jahr. Da, schau, was gibst du mir dafür?«

Und er breitete vor ihm die mitgebrachten Lumpen aus.

Als Issai Fomitsch, der bei seinem Eintritt ins Zuchthaus dermaßen verängstigt war, dass er nicht mal wagte, die Augen zu dieser Menge spöttischer, verunstalteter und schrecklicher Gesichter, die ihn umdrängten, aufzuheben und vor Angst noch kein

Wort gesprochen hatte, das Pfand erblickte, fuhr er plötzlich zusammen und begann die Lumpen schnell mit den Fingern zu betasten. Er hielt sie sogar gegen das Licht. Alle warteten, was er wohl sagen würde.
»Nun, einen Silberrubel wirst du mir dafür wohl nicht geben? Aber sie sind es wahrhaftig wert!« fuhr der Pfandgeber fort, indem er Issai Fomitsch zublinzelte.
»Einen Silberrubel kann ich nicht geben, aber sieben Kopeken.«
Das waren die ersten Worte, die Issai Fomitsch im Zuchthaus sprach. Alle kugelten sich vor Lachen.
»Sieben! Gut, gib wenigstens sieben her; es ist dein Glück! Pass auf, heb das Pfand gut auf, du haftest mir dafür mit deinem Kopf.«
»Die Zinsen machen drei Kopeken, im ganzen sind es also zehn Kopeken«, fuhr der Jude mit stockender und zitternder Stimme fort, indem er die Hand in die Tasche steckte und die Arrestanten ängstlich musterte. Er hatte furchtbare Ängste wollte aber zugleich auch das Geschäft machen.
»Drei Kopeken Zinsen fürs Jahr?«
»Nein, nicht fürs Jahr, sondern für den Monat.«
»Hart bist du, Jude. Wie heißt du?«
»Issai Fomitsch.«
»Na, Issai Fomitsch, du wirst es bei uns weit bringen! Leb wohl.«
Issai Fomitsch sah sich das Pfund noch einmal an, legte es zusammen und steckte es vorsichtig in seinen Sack, unter dem anhaltenden Gelächter der Arrestanten.
Alle schienen ihn wirklich gerne zu mögen, und niemand tat ihm was zu Leide, obwohl fast alle bei ihm verschuldet waren. Er selbst war harmlos wie eine Henne, und als er sah, dass alle ihm geneigt waren, erlaubte er sich sogar manche Frechheit, tat es aber so komisch und einfältig, dass man ihm immer verzieh. Lutschka, der in seinem Leben viel mit Juden zusammengekommen war, neckte ihn oft, doch nicht aus Hass, sondern nur zur Unterhaltung, wie man sich mit einem Hündchen, einem Papagei, einem zahmen Tierchen usw. unterhält. Issai Fomitsch wusste es sehr gut, nahm nichts übel und parierte die Witze sehr geschickt mit ähnlichen.
»Pass auf, Jud, ich verprügele dich noch!«
»Schlägst du mich einmal, so schlage ich dich zehnmal«, antwortete Issai Fomitsch tapfer.
»Verfluchter Grindkopf!«
»Von mir aus Grindkopf.«
»Krätziger Jud!«
»Von mir aus auch das. Bin zwar krätzig, aber reich; habe Geld.«
»Hast Christus verkauft.«
»Von mir aus auch das.«
»Bravo, Issai Fomitsch, bist ein tapferer Kerl! Rührt ihn nicht an, er ist ja unser Einziger!« schrien die Arrestanten lachend.
»Du, Jud, wirst die Knute bekommen und nach Sibirien gehen.«
»Ich bin auch so schon in Sibirien.«
»Man wird dich noch weiter verschicken.«

»Gibt es dort den lieben Gott?«
»Den lieben Gott gibt es dort wohl.«
»Dann ist's mir gleich. Wenn es nur den lieben Gott gibt und man Geld hat, so ist es überall gut.«
»Ein tapferer Kerl, Issai Fomitsch, bravo!« schrien alle ringsum. Issai Fomitsch sah zwar, dass man sich über ihn lustig machte, fühlte sich aber ermutigt.
Das allgemeine Lob machte ihm offenbar Vergnügen, und er begann dann mit seiner dünnen Diskantstimme, so dass man es in der ganzen Kaserne hörte, zu singen: La-la-la-la-la! Es war eine komische Melodie, das einzige Lied ohne Worte, das er während seiner ganzen Zuchthauszeit sang. Als er mich später näher kennenlernte, schwor er mir, dass es dasselbe Lied und dieselbe Melodie sei, die all' die sechshunderttausend Juden groß und klein beim Durchzug durch das Rote Meer gesungen hätten, und dass es jedem Juden befohlen sei, dieses Lied im Augenblick des Triumphes und des Sieges über seine Feinde zu singen.

Am Vorabend eines jeden Sabbats, am Freitagabend, kamen in unsere Kaserne die Leute aus den anderen Kasernen absichtlich, um zu sehen, wie Issai Fomitsch seinen Sabbat beging. Issai Fomitsch war von einer solchen unschuldigen Ruhmsucht, dass auch diese allgemeine Neugier ihm Vergnügen machte. Er deckte mit einer pedantischen, geheuchelten Wichtigkeit in einer Ecke sein kleines Tischchen, schlug ein Buch auf, entzündete zwei Kerzen und begann, irgendwelche geheimen Worte murmelnd, sich in seinen Gebetsmantel zu hüllen. Es war ein bunter Überwurf aus Wollstoff, den er sorgfältig in seinem Koffer verwahrte. Er band sich um beide Arme Riemen und befestigte am Kopf, gerade an der Stirn mit einer Binde ein eigentümliches hölzernes Kästchen, so dass es aussah, als habe er ein seltsames Horn. Dann begann das Gebet. Er verrichtete es singend, schreiend, um sich spuckend, drehte sich dabei im Kreis und machte wilde, komische Gesten. Dies alles war natürlich vom Ritus vorgeschrieben und konnte daher auch nicht komisch oder sonderbar sein; komisch aber war, dass Issai Fomitsch vor uns wie absichtlich mit seinen Gebräuchen renommierte. Bald bedeckte er das Gesicht mit den Händen und begann zu schluchzen. Das Schluchzen wurde immer lauter, und er ließ seinen vom Kästchen bekrönten Kopf erschöpft und beinahe heulend auf das Buch sinken; bald fing er mitten im heftigsten Schluchzen laut zu lachen an und dabei etwas mit feierlicher, wie vor übergroßer Seligkeit geschwächter Stimme zu sprechen. »Wie es ihn packt!« pflegten die Arrestanten zu sagen. Einmal fragte ich Issai Fomitsch, was dieses Schluchzen und dann diese feierlichen Übergänge zur Glückseligkeit zu bedeuten hätten. Issai Fomitsch hatte es sehr gern, wenn ich ihn nach etwas fragte. Er erklärte mir unverzüglich, dass das Weinen und Schluchzen sich auf den Verlust Jerusalems bezögen, und dass das Gesetz es vorschreibe, bei diesem Gedanken so laut wie möglich zu schreien und sich vor die Brust zu schlagen. Aber mitten im heftigsten Schluchzen müsse sich Issai Fomitsch plötzlich, wie zufällig darauf besinnen (auch dieses »plötzlich« sei vom Gesetz vorgeschrieben), dass es eine Prophezeiung über die Rückkehr der Juden nach Jerusalem gebe. In diesem Augenblick müsse er sofort in Lachen, Freude und Jubel ausbrechen und die Gebete so sprechen,

dass die Stimme selbst die höchste Seligkeit und das Gesicht die höchste Andacht und den größten Adel ausdrückten. Dieser plötzliche Übergang und die unbedingte Verpflichtung, diesen Übergang einzuhalten, gefielen Issai Fomitsch außerordentlich. Er sah darin einen eigentümlichen klugen Trick und teilte mir stolz den komplizierten Sinn des Gesetzes mit. Einmal trat mitten in seinem Gebet der Platzmajor in Begleitung des Wachoffiziers und einiger Soldaten ins Zimmer. Alle Arrestanten machten Front vor ihren Pritschen, nur Issai Fomitsch fing noch lauter zu schreien an. Er wusste, dass das Beten erlaubt war und er es nicht unterbrechen durfte, dass er folglich, indem er vor dem Major schrie, nichts riskierte. Es war ihm aber äußerst angenehm, vor dem Major Komödie zu spielen und vor uns zu renommieren. Der Major ging auf ihn zu und blieb einen Schritt hinter ihm stehen. Issai Fomitsch wandte sich mit dem Rücken zu seinem Tischchen und begann seine feierliche Prophezeiung laut und mit den Händen fuchtelnd dem Major ins Gesicht zu schreien. Da es ihm vorgeschrieben war, in diesem Augenblick in seinem Gesicht recht viel Seligkeit und Adel zu zeigen, so tat er es unverzüglich, wobei er die Augen eigentümlich zusammenkniff, lachte und dem Major zunickte. Der Major war erstaunt; schließlich lachte er los, nannte ihn ins Gesicht einen Dummkopf und ging weg, während Issai Fomitsch sein Geschrei noch lauter ertönen ließ. Nach einer Stunde, als er sein Abendbrot aß, fragte ich ihn: »Wie, wenn der Platzmajor in seiner Dummheit auf Sie böse geworden wäre?«
»Was für ein Platzmajor?«
»Was für einer? Haben Sie ihn denn nicht gesehen?«
»Nein.«
»Er stand ja nur eine Elle vor Ihnen, gerade vor Ihrem Gesicht.«
Aber Issai Fomitsch begann mir mit dem größten Ernst zu versichern, dass er keinen Major gesehen habe, dass er bei seinem Gebet[2] in eine solche Ekstase gerate, dass er weder höre, noch sehe, was um ihn herum vorgehe.

Mir ist es, als sähe ich auch heute noch Issai Fomitsch vor mir, wie er sich am Sonnabend ohne Arbeit im ganzen Zuchthaus herumtreibt und sich alle Mühe gibt, nichts zu tun, wie es vom Gesetz für den Sabbat vorgeschrieben ist. Was für unmögliche Anekdoten erzählte er mir, sooft er aus seiner Betstube zurückkehrte; was für unwahrscheinliche Nachrichten und Gerüchte aus Petersburg teilte er mir mit, mit der Behauptung, er hätte sie von seinen Glaubensgenossen und diese hätten sie aus erster Hand erhalten. – Aber ich habe schon zu viel über Issai Fomitsch erzählt. –

In der ganzen Stadt gab es nur zwei öffentliche Badeanstalten. Die erste gehörte einem Juden; sie hatte nur Einzelbäder, zu fünfzig Kopeken das Bad, und war für die höheren Stände eingerichtet. Die andere, vorwiegend fürs einfache Volk bestimmt, war halb verfallen, schmutzig, eng, und in diese Badeanstalt wurden nun die Insas-

[2] Einem jeden, der den jüdischen Ritus einigermaßen kennt, muss es auffallen, dass Issai Fomitsch, in der Schilderung Dostojewskijs, das Freitagabendgebet auf eine höchst phantastische Weise beging. Entweder hatte den Dichter das Gedächtnis im Stich gelassen, oder aber dieser Issai Fomitsch war geisteskrank.

sen unseres Zuchthauses geführt. Der Tag war frostig und sonnig, und die Arrestanten freuten sich schon, einmal aus dem Zuchthaus herauskommen und sich die Stadt anschauen zu können. Scherze und Lachen verstummten unterwegs keinen Augenblick. Uns begleitete eine ganze Abteilung Soldaten mit geladenen Gewehren – ein Schauspiel für die ganze Stadt. In der Badeanstalt teilte man uns sofort in zwei Schichten; die zweite wartete im kalten Vorraum, während die erste badete; anders ging es in dem engen Bade nicht. Aber das Bad war dermaßen eng, dass man sich schwer vorstellen konnte, wie auch bloß die Hälfte von uns darin Platz finden könnte. Petrow ließ nicht von mir. Ohne jede Aufforderung meinerseits drängte er mir seine Hilfe auf und schlug mir sogar vor, mich zu waschen. Neben Petrow bot mir auch Bakluschin seine Dienste an, ein Sträfling aus der Besonderen Abteilung, den man bei uns den »Pionier« nannte und den ich schon einmal als den lustigsten und nettesten von allen Arrestanten erwähnte, was er auch in der Tat war. Wir waren schon flüchtig bekannt. Petrow half mir sogar beim Auskleiden, was bei mir, da ich nicht die Übung hatte, sehr lange dauerte; im Vorraum war es aber fast so kalt wie im Freien. Das Auskleiden ist für den Sträfling übrigens sehr schwierig, solange er es noch nicht gelernt hat. Erstens muss man die Unterfesseln aufzuschnüren verstehen. Es sind Lederstücke von etwa vier Werschok Länge, die über der Wäsche, direkt unter dem Eisenring getragen werden, der das Bein umfasst. Ein Paar davon kostet nicht weniger als sechzig Kopeken, und doch schafft sich jeder Sträfling diese Unterfesseln an, selbstverständlich auf eigene Kosten, denn ohne sie ist es ganz unmöglich zu gehen. Der Eisenring umfasst das Bein nicht vollkommen, und zwischen dem Ring und dem Bein bleibt ein Zwischenraum, durch den man einen Finger stecken kann; das Eisen schlägt daher gegen das Bein und reibt es so, dass der Sträfling ohne diese Vorrichtung sich schon am ersten Tag Wunden am Fleisch zuzieht. Aber das Ablegen dieser Unterfesseln ist noch nicht das Schwerste. Viel schwerer ist es zu lernen, unter den Fesseln die Wäsche auszuziehen. Das ist ein schwieriges Kunststück. Nachdem man die Wäsche, sagen wir, vom linken Bein abgestreift hat, muss man sie erst zwischen dem Bein und dem Fesselring durchziehen, dann das Bein frei machen und die Wäsche wieder durch den gleichen Ring durchziehen; darauf muss man die ganze vom linken Bein abgezogene Wäsche durch den rechten Ring durchziehen, das rechte Bein befreien und die gleiche Operation am rechten Ring wiederholen. Ein Neuling kann sogar schwerlich dahinterkommen, wie es zu machen ist. Zum ersten Male zeigte es mir in Tobolsk der Arrestant Korenew, ein ehemaliger Räuberhauptmann, der fünf Jahre an der Kette saß. Die Arrestanten sind es schon gewohnt und besorgen es ohne jede Schwierigkeit. Ich gab Petrow einige Kopeken, damit er Seife und einen Bastwisch kaufe; die Arrestanten bekamen allerdings auch von der Obrigkeit ein Stück Seife geliefert, so groß wie eine Zweikopekenmünze und so dick wie eine Käsescheibe, wie sie bei Leuten aus dem Mittelstand zum Abendessen verabreicht wird. Die Seife wurde im gleichen Vorraum zugleich mit Kräutertee, Semmeln und heißem Wasser feilgeboten. Jeder Arrestant bekam gemäß der Abmachung der Zuchthausverwaltung mit dem Besitzer der Badeanstalt nur einen Holzeimer heißes Wasser, der ihm durch ein zu diesem Zweck eigens angebrachtes Fensterchen aus dem Vorraum in den eigentlichen Baderaum gereicht wurde. Petrow entkleidete mich und führte mich sogar am Arm, da er merkte, dass das Gehen in den Fesseln mir sehr schwer fiel. »Ziehen Sie sie hinauf, auf die Waden«, sagte er, mich wie ein Kinderwärter stützend. »Hier müssen Sie aber acht geben, hier ist eine Schwelle.« Ich genierte mich sogar ein wenig; ich wollte Petrow versichern, dass ich auch allein gehen könne, aber er würde es nicht glauben. Er behandelte mich ganz wie ein unmündiges, ungeschicktes Kind, dem jeder zu helfen verpflichtet ist. Petrow war dabei durchaus keine Dienernatur; hätte ich ihn irgendwie beleidigt, so hätte er schon gewusst, wie mit mir zu verfahren. Bezahlung für seine Hilfe hatte ich ihm gar nicht versprochen, auch hatte er um eine solche nicht gebeten. Was bewog ihn nun, sich meiner so anzunehmen?

Als die Tür zum eigentlichen Baderaum aufgemacht wurde, glaubte ich, dass wir in die Hölle kämen. Man stelle sich einen Raum von etwa zwölf Schritt Länge und von der gleichen Breite vor, in dem sich vielleicht an die hundert, mindestens aber achtzig Menschen angesammelt haben. Alle Arrestanten waren ja in nur zwei Schichten eingeteilt, ins Bad waren aber im Ganzen rund zweihundert Mann gekommen. Der Dampf umnebelte die Augen, es war qualmig, schmutzig und so eng, dass man keinen Schritt machen konnte. Ich erschrak und wollte schon umkehren, aber Petrow beeilte sich, mich zu ermutigen. Wir drängten uns irgendwie mit großer Mühe zu den Bänken zwischen den Köpfen der Menschen durch, die auf dem Boden saßen und die wir baten, sich zu bücken, damit wir durchkönnten. Aber alle Plätze auf den Bänken waren besetzt. Petrow erklärte mir, dass man sich den Platz erst kaufen müsse, und trat sofort in Verhandlungen mit einem Sträfling, der am Fenster saß. Jener trat für eine Kopeke seinen Platz ab, empfing von Petrow das Geld, das dieser vorsorglich in der Faust mitgenommen hatte, und glitt sofort unter die Bank, direkt unter meinen Platz, wo es dunkel und schmutzig war und sich ein klebriger Schlamm, fast einen halben Finger dick angesetzt hatte. Aber auch unter den Bänken waren alle Plätze besetzt; auch dort wimmelte es von Menschen. Auf dem ganzen Fußboden war keine Handbreit Platz frei, wo nicht zusammengekrümmte Arrestanten saßen, die sich aus ihren Holzeimern begossen. Andere standen, die Holzeimer in den Händen, zwischen ihnen und wuschen sich im Stehen; das schmutzige Wasser lief von ihnen direkt auf die rasierten Köpfe der unter ihnen Sitzenden. Auf der Schwitzbank und auf allen zu ihr emporführenden Vorsprüngen saßen und wuschen sich zusammengekrümmte Menschen. Sie wuschen sich aber recht nachlässig. Einfache Menschen waschen sich bei uns selten mit heißem Wasser und Seife; sie schwitzen nur entsetzlich im heißen Dampf und begießen sich darauf mit kaltem Wasser, – darin besteht ihr ganzes Bad. Auf der Schwitzbank hoben und senkten sich an die fünfzig Badebesen im gleichen Takt; alle bearbeiteten sich mit diesen Besen bis zur Berauschung. Jede Minute wurde neuer Dampf gegeben. Das war keine Hitze mehr; es war die Hölle. Alles schrie und krakeelte, vom Klirren der hundert auf dem Boden schleifenden Ketten begleitet … Manche, die durchgehen wollten, verfingen sich in den fremden Ketten, streiften mit den eigenen die Köpfe der unter ihnen Sitzenden, fielen hin, fluchten und zogen die anderen mit. Der

Schmutz strömte von allen Seiten. Alle waren wie in einem Rausch, in einer seltsam erregten Gemütsverfassung; man hörte Schreien und Kreischen. Am Fenster im Vorraum, durch das man das heiße Wasser reichte, war ein Gedränge, ein Lärm und Handgemenge. Das empfangene heiße Wasser wurde auf die Köpfe der unten Sitzenden verschüttet, noch ehe man es auf seinen Platz brachte. Jeden Augenblick blickte durch dieses Fenster oder durch die halb geöffnete Tür das schnurrbärtige Gesicht des Soldaten herein, der mit einem Gewehr in der Hand aufpasste, ob es nicht irgendeine Unordnung gäbe. Die rasierten Schädel und die vom Dampf rot gewordenen Körper der Arrestanten erschienen noch abstoßender. Auf den vom Dampf geröteten Rücken treten gewöhnlich scharf die Narben von den früher erhaltenen Ruten- und Stockschlägen hervor, und nun erschienen alle diese Rücken aufs Neue verwundet. Die schrecklichen Narben! Es überlief mich kalt, als ich sie sah. Man gibt wieder Dampf, und er füllt als eine dichte heiße Wolke wieder die ganze Badestube; alles schreit und krakeelt. In der Dampfwolke bewegen sich die wundgeprügelten Rücken, die rasierten Köpfe, die gekrümmten Arme und Beine; zur Vollendung des Bildes schnattert auf der höchsten Schwitzbank Issai Fomitsch aus voller Kehle. Er genießt das Dampfbad bis zur Bewusstlosigkeit, aber kein noch so heißer Dampf scheint ihm zu genügen; er mietet sich für eine Kopeke einen Bader, aber auch der hält es schließlich nicht aus, wirft den Besen weg und läuft davon, um sich mit kaltem Wasser zu begießen. Issai Fomitsch lässt aber den Mut nicht sinken und mietet sich einen zweiten, einen dritten: er hat sich schon entschlossen, bei einer solchen Gelegenheit keine Kosten zu scheuen, und wechselt an die fünf Bader nacheinander. »Wie der aufs Dampfbad versessen ist, ein tapferer Kerl, dieser Issai Fomitsch!« schreien ihm die Arrestanten von unten zu. Issai Fomitsch findet auch selbst, dass er in diesem Augenblick über alle erhaben ist und alle übertroffen hat; er triumphiert und kräht mit scharfer, verrückter Stimme seine Arie »la la la«, die alle anderen Stimmen übertönt. Mir kam der Gedanke: Wenn wir alle miteinander einmal in die Hölle kommen, so wird sie diesem Ort sehr ähnlich sehen. Ich konnte mich nicht beherrschen und teilte diese Vermutung Petrow mit; der sah sich nur in der Runde um und sagte nichts.

Ich hatte schon die Absicht, auch ihm einen Platz neben mir zu kaufen, aber er ließ sich zu meinen Füßen nieder und erklärte, dass er es sehr bequem habe. Bakluschin kaufte uns indessen Wasser und reichte es uns, wenn wir es brauchten. Petrow erklärte, er wolle mich vom Kopf bis zu den Füßen waschen, sodass ich »blitzsauber« sein würde, und forderte mich eifrig auf, auf die Schwitzbank zu gehen. Aber ich wagte mich nicht hin. Petrow rieb mich ganz mit Seife ein. »Und jetzt will ich Ihnen die Füßchen waschen«, fügte er am Schluss hinzu. Ich wollte ihm schon sagen, dass ich sie mir auch selbst waschen könne, aber ich widersprach ihm nicht mehr und ergab mich ganz in seinen Willen. Im Diminutiv »Füßchen« lag durchaus nichts Knechtisches; Petrow konnte ganz einfach nicht meine Füße »Füße« nennen, weil die anderen, die gewöhnlichen Menschen Füße, ich aber nur »Füßchen« hatte.

Nachdem er mich gewaschen, brachte er mich mit den gleichen Zeremonien, d. h. indem er mich stützte und bei jedem Schritt warnte, als wäre ich aus Porzellan, in den Vorraum zurück und half mir die Wäsche anziehen; erst als er mit mir ganz fertig geworden war, eilte er selbst in die Badestube zurück, um ordentlich den Dampf zu genießen.

Als wir heimkamen, bot ich ihm ein Glas Tee an. Er sagte nicht nein, trank den Tee aus und dankte. Nun fiel mir ein, tiefer in die Tasche zu greifen und ihn mit einem Fläschchen Branntwein zu traktieren. Ein solches fand sich auch in unserer Kaserne. Petrow war außerordentlich zufrieden; er trank den Branntwein aus, räusperte sich, erklärte, ich hätte ihn zu neuem Leben erweckt, und eilte in die Küche, als ob man dort ohne ihn nichts anfangen könnte. An seiner Statt erschien jetzt ein anderer Gesprächspartner, Bakluschin (der Pionier), den ich schon im Bad zum Tee eingeladen hatte.

Ich kenne keinen liebenswürdigeren Menschen als diesen Bakluschin. Er gab zwar niemand etwas nach, zankte oft mit den anderen, liebte es nicht, wenn man sich in seine Angelegenheiten mischte, und verstand, mit einem Wort, für seine Person einzutreten. Aber er war niemand lange böse, und alle Leute bei uns schienen ihn gern zu haben. Wo er auch eintrat, überall wurde er mit Vergnügen empfangen. Man kannte ihn sogar in der Stadt als den amüsantesten Menschen von der Welt, der nie seine Heiterkeit verlor. Er war ein hochgewachsener Bursche von etwa dreißig Jahren, mit kühnem und gutmütigem, ziemlich hübschem Gesicht, mit einer Warze. Dieses Gesicht verstand er manchmal, wenn er jemand nachäffte, so komisch zu verziehen, dass alle, die herumstanden, lachen mussten. Er gehörte auch zu den Spaßvögeln, aber er war unversöhnlich gegen unsere mürrischen Hasser des Lachens, und darum schalt ihn niemand, dass er ein »hohler und unnützer« Mensch sei. Er war voll Feuer und Leben. Er hatte meine Bekanntschaft schon in den ersten Tagen gemacht und mir erklärt, dass er einst Kantonist gewesen, später bei den Pionieren gedient habe und sogar von gewissen hochstehenden Persönlichkeiten ausgezeichnet und geliebt gewesen sei, worauf er noch immer sehr stolz war. Mich begann er sogleich über Petersburg auszufragen. Er hatte sogar Bücher gelesen. Bevor er zu mir zum Tee kam, hatte er schon die ganze Kaserne zum Lachen gebracht, indem er erzählte, wie der Leutnant Sch. am Morgen unseren Platzmajor abgefertigt habe. Nun setzte er sich neben mich und berichtete mir mit vergnügter Miene, dass die Theateraufführung wohl zustande kommen würde. Im Zuchthaus war für die Feiertage eine Aufführung geplant. Es hatten sich schon Schauspieler gefunden, und man arbeitete gemächlich an den Dekorationen. Einige Leute in der Stadt versprachen uns ihre Kleider für die Schauspieler, sogar für die weiblichen Rollen; man hoffte sogar, durch die Vermittlung eines Offiziersburschen eine Offiziersuniform mit Fangschnüren zu beschaffen. Wenn es nur dem Platzmajor nicht einfiele, die Aufführung wie im vorigen Jahr zu verbieten. Aber im vorigen Jahr war der Platzmajor in der Weihnachtszeit schlechter Laune gewesen. Er hatte irgendwo im Kartenspiel verloren, außerdem hatte man im Zuchthaus etwas angestellt; darum verbot er aus Ärger die Aufführung; diesmal würde er sie aber vielleicht nicht verhindern wollen. Mit einem Wort, Bakluschin war in einer erregten Stimmung. Offenbar gehörte er zu den Haupturhebern der Theateraufführung, und ich gab mir das

Wort, unbedingt dieser Aufführung beizuwohnen. Die einfältige Freude Bakluschins über das Gelingen des Planes gefiel mir sehr gut. Ein Wort gab das andere, und wir kamen ins Gespräch. Unter anderem erzählte er mir, dass er nicht immer in Petersburg gedient habe; er hätte sich dort etwas zuschulden kommen lassen und sei nach R. versetzt worden, übrigens als Unteroffizier in ein Garnisonsbataillon.

»Von dort hat man mich aber hergeschickt«, bemerkte Bakluschin.

»Weswegen denn?« fragte ich ihn.

»Weswegen? Wie glauben Sie, Alexander Petrowitsch, weswegen? Nun, weil ich mich verliebt hatte.«

»Nun, deshalb schickt man doch nicht einen Menschen her«, entgegnete ich lachend.

»Allerdings«, fügte Bakluschin hinzu, »allerdings habe ich bei dieser Gelegenheit einen dortigen Deutschen mit der Pistole erschossen. Aber man darf doch nicht einen Menschen wegen eines Deutschen verschicken, urteilen Sie doch selbst!«

»Wie war es denn? Erzählen Sie es mir, es interessiert mich.«

»Es ist eine komische Geschichte, Alexander Petrowitsch.«

»Um so besser. Erzählen Sie.«

»Soll ich erzählen? Nun, hören Sie zu ...«

Ich bekam eine wenn auch gar nicht komische, dafür aber sehr seltsame Geschichte eines Mordes zu hören ...

»Die Sache war so«, begann Bakluschin. »Als man mich nach R. schickte, sah ich mir die Stadt an. Sie ist hübsch und groß, aber es gibt zu viele Deutsche da. Nun, ich bin natürlich noch ein junger Mann, bei den Vorgesetzten gut angeschrieben, gehe herum, die Mütze auf ein Ohr geschoben, und suche mir die Zeit zu vertreiben. Blinzele den deutschen Mädchen zu. Und da gefiel mir so eine junge Deutsche. Alle beide waren Wäscherinnen, für die allerfeinste Wäsche, sie und ihre Tante. Die Tante ist alt und aufgeblasen, aber sie leben im Wohlstand. Zuerst promenierte ich immer vor ihren Fenstern und freundete mich dann richtig an. Luise sprach auch anständig russisch, nur das ›R‹ wollte ihr nicht recht geraten, war ein so liebes Mädchen, wie ich ein solches noch nie getroffen hatte. Ich versuchte anfangs das eine und das andere, aber sie sagte mir: ›Nein, das darfst du nicht, Sascha, denn ich will meine ganze Unschuld für dich bewahren, um dir eine würdige Frau zu sein!‹ Und sie schmeichelt mir und lacht so hell ... So sauber war sie, ich sah nie wieder eine solche wie sie. Sie selbst lockte mich, sie zu heiraten. Wie soll man sie auch nicht heiraten, sagen Sie mir bitte! Ich will also schon mit dem Gesuch zum Oberstleutnant gehen ... Plötzlich sehe ich, Luise ist einmal nicht zum Stelldichein gekommen, ist das zweite Mal nicht gekommen, auch nicht das dritte Mal ... Ich schreibe ihr einen Brief; auf den Brief kommt keine Antwort. Ich denke mir: Was ist denn das? Das heißt, hätte sie mich betrogen, so würde sie schon irgendwelche Finten machen, würde den Brief beantwortet haben und auch zum Stelldichein gekommen sein. Sie verstand aber nicht zu lügen, hatte ganz einfach mit mir gebrochen. Da steckt die Tante dahinter, denke ich mir. Zur Tante wage ich nicht zu gehen; sie wusste zwar alles, aber wir machten es doch heimlich, d. h. mit leisen Schritten. Ich gehe wie verrückt herum, schreibe ihr den letzten Brief und sage ihr: ›Wenn du jetzt nicht kommst, so gehe ich selbst zu deiner Tante.‹ Sie erschrak und kam. Sie weint und erzählt: Ein Deutscher, namens Schulz, ein entfernter Verwandter von ihnen, ein reicher, nicht mehr junger Uhrmacher hat den Wunsch geäußert, sie zu heiraten – ›um mich‹, erzählt sie, ›glücklich zu machen und um auch selbst im Alter nicht ohne Frau zu sein; er liebt mich auch, sagt er, und hat schon längst diese Absicht gehabt, aber immer geschwiegen und sich darauf vorbereitet. Er ist reich, Sascha‹, sagt sie, ›und das ist für mich ein Glück; willst du mir denn mein Glück rauben?‹ Ich sehe, sie weint und umarmt mich … Ach, denke ich mir, es ist vernünftig, was sie da sagt! Was für einen Sinn hat es für sie, einen Soldaten zu heiraten, und wenn ich auch Unteroffizier bin? – ›Nun, leb wohl, Luise‹, sage ich ihr, ›Gott sei mit dir; ich will dir nicht dein Glück rauben. Und wie ist er, ist er nett?‹ – ›Nein‹, sagt sie, ›ist schon bejahrt, hat eine so lange Nase …‹ Sie lacht sogar. Ich gehe von ihr und denke mir: nun, so will es halt mein Schicksal! Am nächsten Morgen ging ich zu seinem Laden, die Straße hatte sie mir gesagt. Ich sehe durch die Fensterscheibe: da sitzt der Deutsche, arbeitet an einer Uhr, ist so an die fünfundvierzig Jahre alt, hat eine krumme Nase und Glotzaugen, trägt einen Frack und einen sehr hohen Stehkragen, sieht so wichtig aus. Ich spie sogar aus; ich wollte ihm die Fensterscheibe einschlagen … aber was soll ich mich mit ihm einlassen, sage ich mir, hin ist hin! Ich kam gegen Abend in die Kaserne, legte mich aufs Bett und fing, glauben Sie es mir, Alexander Petrowitsch, zu weinen an …

»Es vergeht ein Tag, ein zweiter, ein dritter. Mit Luise komme ich nicht mehr zusammen. Indessen höre ich von einer Gevatterin (es war ein altes Weib, auch eine Wäscherin, zu der Luise zuweilen kam), dass der Deutsche von unserer Liebe wisse und sich darum beeilt habe, seinen Antrag zu machen. Sonst hätte er aber noch an die zwei Jahre gewartet. Der Luise hätte er aber den Eid abgenommen, dass sie mich nicht mehr kennen werde; vorläufig behandle er die beiden, die Tante und die Luise, noch gar nicht gut; vielleicht werde er sich die Sache noch überlegen, jedenfalls sei er noch nicht endgültig entschlossen. Sie sagte mir auch, er habe die beiden für übermorgen, Sonntag zu sich zum Morgenkaffee geladen, es werde auch noch ein alter Verwandter dabei sein, der einst Kaufmann gewesen, nun aber bettelarm sei und in irgendeinem Warenlager als Aufseher diene. Als ich erfuhr, dass sie am Sonntag vielleicht die Sache endgültig abmachen würden, packte mich die Wut, sodass ich mich gar nicht beherrschen konnte. Diesen ganzen Tag und auch den folgenden tat ich nichts anderes, als daran denken. Ich hätte wohl diesen Deutschen auffressen können.

»Sonntag früh wusste ich noch nichts, als aber der Gottesdienst zu Ende war, sprang ich auf, zog meinen Mantel an und ging zu dem Deutschen. Ich glaubte, sie alle dort anzutreffen. Warum ich zu dem Deutschen gegangen bin und was ich dort alles habe sagen wollen, weiß ich selbst nicht. Für jeden Fall steckte ich mir aber eine Pistole in die Tasche. Ich hatte eine alte, schlechte Pistole mit einem veralteten Hahn; als kleiner Junge hatte ich schon aus ihr geschossen. Richtig schießen konnte man mit ihr eigentlich nicht mehr. Ich lud sie aber dennoch mit einer Kugel; ich dachte mir,

wenn sie grob werden und mich hinauszuwerfen versuchen, hole ich die Pistole aus der Tasche und erschrecke sie alle. Ich komme hin. In der Werkstatt ist kein Mensch, alle sitzen im Hinterzimmer. Außer ihnen ist niemand da, auch kein Dienstbote. Er hielt sich nur eine einzige deutsche Dienstmagd, die zugleich auch Köchin war. Ich gehe durch den Laden und sehe: Die Tür zum Hinterzimmer ist zugemacht, es ist eine alte Tür, mit einem Haken. Mein Herz klopft, ich bleibe stehen und horche, sie sprechen deutsch. Nun stoße ich aus aller Kraft mit dem Fuß, und die Tür geht sofort auf. Ich sehe: Der Tisch ist gedeckt. Auf dem Tisch steht eine große Kaffeekanne, und der Kaffee kocht über einer Spiritusflamme. Auch Zwieback steht da; auf einem anderen Tablett eine Karaffe mit Branntwein, Hering, Wurst und noch eine Flasche mit irgendeinem Wein. Luise und die Tante, beide schön geputzt, sitzen auf dem Sofa. Ihnen gegenüber auf dem Stuhl sitzt der Deutsche selbst, der Bräutigam, schön frisiert, in Frack und Stehkragen, der ganz steil in die Höhe ragt. Zu seiner Seite sitzt auf einem Stuhl der andere Deutsche, schon alt, grau und dick, und schweigt. Als ich eintrat, wurde Luise blass. Die Tante sprang erst auf und setzte sich gleich wieder, der Deutsche aber machte ein finsteres Gesicht. So böse stand er auf und trat mir entgegen.
›Was wünschen Sie?‹ fragte er mich.
Ich war etwas verwirrt, aber die Wut packte mich.
›Was ich wünsche?‹ sage ich: ›Empfange den Gast und bewirte ihn mit Branntwein. Ich bin als Gast zu dir gekommen.‹
Der Deutsche überlegt und sagt: ›Nehmen Sie Platz.‹
Ich setze mich. ›Nun, gib Branntwein her!‹ sage ich ihm.
›Hier ist Branntwein‹, sagt er, ›trinken Sie, bitte.‹
›Du sollst mir aber guten Branntwein geben‹, sage ich ihm. Die Wut packt mich immer mehr.
›Dieser Branntwein ist gut.‹
Es kränkte mich, dass er mich so von oben herab behandelte. Noch mehr aber, dass Luise es sah. Ich trank und sagte: ›Was bist du so grob, Deutscher? Du sollst mich wie einen Freund behandeln. Ich bin in Freundschaft zu dir gekommen.‹
›Ich kann nicht Ihr Freund sein‹, sagt er, ›Sie sind ein einfacher Soldat.‹
Nun wurde ich ganz toll. ›Ach du Vogelscheuche, du Wurstmacher!‹ sage ich ihm. ›Weißt du denn auch, dass ich von dieser Minute an mit dir alles machen kann? – Willst du, dass ich dich mit der Pistole erschieße?‹ – Ich holte die Pistole aus der Tasche, stellte mich vor ihn hin und richtete den Lauf gerade auf seinen Kopf. Die anderen sitzen mehr tot als lebendig da und wagen nicht, einen Ton von sich zu geben; der Alte aber zittert wie ein Espenblatt, schweigt und ist ganz blass geworden. Der Deutsche war erst verblüfft, besann sich aber bald.
›Ich fürchte Sie nicht‹, sagt er, ›und bitte Sie als einen anständigen Menschen, Ihre Scherze sofort zu unterlassen, ich fürchte Sie gar nicht.‹
›Ei, du lügst‹, sage ich ihm, ›du fürchtest mich wohl!‹ Er wagt nicht, den Kopf vor der Pistole zu rühren, sitzt ganz starr da.
›Nein‹, sagt er, ›Sie werden sich nicht unterstehen!‹

›Warum‹, sage ich, ›sollte ich mich nicht unterstehen?‹

›Weil es Ihnen strengstens verboten ist‹, sagt er, ›und Sie dafür streng bestraft werden.‹

Mag sich der Teufel in so einem Deutschen auskennen! Hätte er mich nicht selbst gereizt, so wäre er auch heute noch am Leben; das Ganze kam nur, weil er mit mir stritt.

›Du meinst also, dass ich mich nicht unterstehe?‹

›Nein!‹

›Ich unterstehe mich nicht?‹

›Sie unterstehen sich nicht, mir etwas zu tun …‹

›Nun, da hast du es, du Wurst!‹ Ich drücke ab, und er rollt vom Stuhl. Die anderen schrien auf.

»Ich steckte die Pistole in die Tasche und ging fort; wie ich aber in die Festung trat, warf ich die Pistole vor dem Festungstor in die Brennnesseln.

»Ich kam heim, legte mich aufs Bett und dachte mir: gleich werden sie mich holen. Es vergeht aber eine Stunde, eine zweite, – sie holen mich nicht. Gegen Abend aber überkam mich eine solche Herzensunruhe, dass ich wieder ausging. Ich wollte unbedingt Luise sehen. Ich komme am Uhrmachergeschäft vorbei und sehe: Viele Leute stehen da, auch die Polizei ist dabei. Ich gehe zur Gevatterin und sage: ›Ruf mir Luise!‹ Ich hatte nicht lange zu warten, Luise kam gleich herbeigelaufen; sie fliegt mir um den Hals und weint: ›Ich selbst bin an allem Schuld‹, sagt sie, ›weil ich auf die Tante gehört habe.‹ Sie sagte mir auch, dass die Tante gleich nach dem Geschehenen heimgekehrt sei und solche Angst hätte, dass sie daran erkrankt sei und über die Sache schweige; sie habe keinem Menschen etwas davon gesagt und auch ihr verboten, davon zu sprechen, so erschrocken sei sie: ›Sollen sie machen, was sie wollen.‹ – ›Uns hat vorhin niemand gesehen‹, sagt Luise. Er hatte seine Dienstmagd weggeschickt, weil er sie fürchtete. Sie hätte ihm wohl die Augen ausgekratzt, wenn sie gehört hätte, dass er heiraten wolle. Auch von den Gesellen war niemand im Haus, – alle hatte er fortgeschickt. Er hatte selbst den Kaffee gekocht und den Imbiss hergerichtet. Der Verwandte aber hatte auch schon vorher sein ganzes Leben geschwiegen; auch jetzt sagte er nichts, nahm seine Mütze und ging als erster aus dem Haus. ›Auch er wird sicher schweigen‹, sagte Luise. Und so geschah es auch. Zwei Wochen lang geschah mir nichts, und es lag auch kein Verdacht gegen mich vor. In diesen zwei Wochen – Sie können es mir glauben, Alexander Petrowitsch, oder auch nicht glauben, – habe ich mein ganzes Glück erfahren. Jeden Tag kam ich mit Luise zusammen, und wie hat sie an mir gehangen! Sie weint und sagt: ›Ich werde dir folgen, wohin man dich auch verschickt, alles will ich deinetwegen verlassen!‹ Ich glaubte, ich müsste vor Mitleid sterben, so sehr hatte sie mich gerührt. Nun, nach zwei Wochen wurde ich aber doch geholt. Der Alte und die Tante hatten sich beraten und mich angezeigt …«

»Warten Sie«, unterbrach ich Bakluschin, »deswegen konnte man Sie doch nur für zehn, höchstens für zwölf Jahre in die Zivilabteilung verschicken; Sie sind aber in der Besonderen Abteilung. Wie ist das möglich?«

»Das ist schon eine andere Sache«, antwortete Bakluschin. »Wie man mich vor die Gerichtskommission brachte, beschimpfte mich der Hauptmann vor Gericht mit gemeinen Worten. Ich beherrschte mich nicht und sagte ihm: ›Was schimpfst du? Siehst du denn nicht, Schuft, dass du vor den Gesetzbüchern sitzt?‹ Nun wurde die Sache ganz anders, und es begann ein neues Gerichtsverfahren; für alles zusammen bekam ich viertausend Spießruten und wurde hierher, in die Besondere Abteilung verschickt. Aber in derselben Stunde, als man mich zur Strafe führte, führte man auch den Hauptmann hinaus. Ich kam unter die Spießruten, er aber wurde degradiert und als gemeiner Soldat in den Kaukasus verschickt. – Auf Wiedersehen, Alexander Petrowitsch. Kommen Sie also zu unserer Vorstellung.«

X

Das Weihnachtsfest

Endlich rückte das Fest heran. Schon am Tag vorher gingen die Arrestanten fast nicht zur Arbeit. Nur die in den Nähstuben und anderen Werkstätten Beschäftigten gingen hin; die übrigen waren wohl beim Appell anwesend und wurden zwar zu irgendwelchen Arbeiten kommandiert, kehrten aber fast alle sogleich einzeln und auch gruppenweise ins Zuchthaus zurück, das am Nachmittag niemand mehr verließ. Auch am Vormittag waren sie zum größten Teil in ihren eigenen und nicht amtlichen Angelegenheiten ausgegangen: die einen, um Branntwein hereinzuschmuggeln und neuen zu bestellen; die andern, um ihre Gevatter und Gevatterinnen aufzusuchen oder um vor dem Fest das Geld für die schon früher geleisteten Arbeiten einzukassieren. Bakluschin und die andern, die an der Theateraufführung teilnahmen, – um ihre Bekannten, vorwiegend unter den Offiziersdienern, zu besuchen und sich von ihnen die nötigen Kostüme zu beschaffen. Manche gingen nur deshalb mit besorgten und geschäftigen Mienen herum, weil die andern besorgt und geschäftig taten; manche hatten z. B. von keiner Seite Geld zu erwarten, taten aber so, als ob sie welches erwarteten; mit einem Wort, alle schienen am bevorstehenden Tag irgendeine Veränderung, etwas Außergewöhnliches zu erwarten. Die Invaliden, die für die Arrestanten die Einkäufe auf dem Markt besorgten, brachten gegen Abend eine Menge Lebensmittel: Fleisch, Spanferkel und sogar Gänse. Viele von den Arrestanten, die sonst bescheiden und sparsam waren und das ganze Jahr jede Kopeke zurücklegten, hielten es für ihre Pflicht, an einem solchen Tag ordentlich in den Beutel zu greifen und das Ende der Fasten auf eine würdige Weise zu feiern. Der morgige Tag war für die Arrestanten ein echter Feiertag, den ihnen niemand nehmen konnte und der vom Gesetz in aller Form anerkannt war. An diesem Tag konnte ein Arrestant nicht zur Arbeit geschickt werden, und solcher Tage gab es nur drei im Jahr.

Und schließlich, wer weiß, wie viel Erinnerungen sich in den Seelen dieser Ausgestoßenen an einem solchen Tage regen mochten! Die hohen Feiertage prägen sich in das Gedächtnis der Menschen aus dem Volk von frühester Kindheit ein. Es sind die

Tage der Ruhe nach schwerer Arbeit, die Tage, an denen sich die ganze Familie versammelt. Im Zuchthaus mussten sie sich dieser Tage mit Schmerz und Sehnsucht erinnern. Die Achtung vor dem Festtag nahm bei den Arrestanten sogar den Anstrich einer Pflicht an; nur wenige betranken sich; alle waren ernst und schienen beschäftigt, obwohl die meisten gar keine Beschäftigung hatten. Aber selbst die Müßigen und die Bummelnden bemühten sich, eine gewisse Wichtigkeit zur Schau zu tragen … Das Lachen schien verpönt. Die Stimmung erreicht überhaupt eine eigentümliche Empfindlichkeit und reizbare Unduldsamkeit, und wenn einer auch nur zufällig den allgemeinen Ton störte, wurde er mit Geschrei und Geschimpfe zurechtgewiesen, und man zürnte ihm, als hätte er dem Feiertag den nötigen Respekt versagt. Diese Stimmung der Arrestanten war höchst merkwürdig, sogar rührend. Abgesehen von der angeborenen Andacht vor dem großen Tag, hatte jeder Arrestant unbewusst das Gefühl, dass er durch die Begehung des Festes gleichsam mit der ganzen Welt in Berührung komme, dass er folglich kein Ausgestoßener, verlorener Mensch, eine vom Brotlaib abgeschnittene Scheibe sei und dass es im Zuchthaus ebenso zugehe wie in der ganzen Welt. Dies fühlten sie; das war sichtbar und verständlich.

Auch Akim Akimytsch machte seine Vorbereitungen zum Fest. Er hatte keine Familienerinnerungen, da er als Waise in einem fremden Haus aufgewachsen war und fast von seinem fünfzehnten Lebensjahr an schwer dienen musste; er hatte in seinem Leben auch keine besonderen Freuden gehabt, weil er es eintönig und gleichmäßig zugebracht und immer gefürchtet hatte, von den ihm vorgeschriebenen Pflichten auch um ein Haar abzuweichen. Er war auch nicht besonders religiös, da seine äußere Sittsamkeit in ihm alle übrigen menschlichen Gaben und insbesondere alle Leidenschaften und Wünsche, wie die guten, so auch die schlechten verschlungen hatte. Infolgedessen erwartete er den feierlichen Tag ohne Getue, ohne Aufregung, ohne sich traurigen und völlig zwecklosen Erinnerungen hinzugeben, sondern mit einer stillen und methodischen Sittsamkeit, von der er gerade so viel hatte, um einer Pflicht oder einer ein für allemal eingeführten Sitte zu genügen, überhaupt liebte er es nicht, zu viel nachzudenken. Die Bedeutung einer Tatsache schien seinen Kopf niemals zu beschäftigen, aber die einmal gegebenen Vorschriften erfüllte er stets mit einer religiösen Gewissenhaftigkeit. Hätte man ihm am nächsten Tag befohlen, das Gegenteil davon zu tun, so würde er es mit demselben Gehorsam und der gleichen Genauigkeit getan haben, mit denen er einen Tag vorher das Entgegengesetzte tat. Nur ein einziges Mal in seinem Leben hatte er versucht, nach seinem eigenen Verstand zu handeln, und war deswegen ins Zuchthaus geraten. Diese Lektion war nicht vergebens. Obwohl es ihm vom Schicksal nicht gegeben war, jemals zu begreifen, worin sein Vergehen bestand, zog er aus seinem Erlebnis dennoch den heilsamen Schluss, nie und unter keinen Umständen selbständig zu urteilen, weil das »nichts für seinen Kopf sei«, wie die Arrestanten untereinander sprachen. Blind den Sitten ergeben, betrachtete er sogar sein Weihnachtsferkel, das er mit Grütze füllte und briet (er briet es eigenhändig, denn er verstand sich auch darauf), schon im Voraus mit einem besonderen Respekt, als wäre es kein gewöhnliches Ferkel, das man immer kaufen und braten könne, sondern ein besonderes, feiertägliches. Vielleicht war er von Kind auf gewöhnt, an diesem Tag ein Ferkel auf dem Tisch zu sehen, und hatte daraus den Schluss gezogen, dass das Ferkel unbedingt zu Weihnachten gehöre. Ich bin überzeugt, dass er, wenn er an diesem Tag auch nur ein einziges Mal kein Ferkel gegessen hätte, sein Leben lang Gewissensbisse wegen der Nichterfüllung seiner Pflicht empfunden haben würde. Vor den Feiertagen hatte er seine alte Jacke und seine alte Hose getragen, die zwar anständig geflickt, aber gänzlich abgetragen waren. Nun zeigte es sich, dass er den neuen Anzug, der ihm vor etwa vier Monaten ausgefolgt worden war, sorgfältig in seinem Köfferchen verwahrt und kein einziges Mal angerührt hatte, vom beglückenden Vorhaben erfüllt, ihn erst am Weihnachtstag feierlich einzuweihen. So machte er es auch. Er holte den neuen Anzug schon am Vorabend heraus, breitete ihn aus, untersuchte ihn genau, reinigte ihn, blies jedes Stäubchen weg und probierte ihn, nachdem er dies alles verrichtet hatte, zum ersten Mal an. Es stellte sich heraus, dass der Anzug vorzüglich passte; alles war anständig und ließ sich bis oben zuknöpfen, der Stehkragen war steif wie aus Pappe und stützte das Kinn; an der Taille saß er fast wie ein Uniformrock, und Akim Akimytsch grinste sogar vor Vergnügen, als er sich nicht ohne Eleganz vor seinem winzigen Spiegel drehte, den er in einer freien Stunde eigenhändig mit einer goldenen Bordüre beklebt hatte. Nur ein Häkchen am Kragen der Joppe schien nicht auf der richtigen Stelle zu sitzen. Als Akim Akimytsch es feststellte, entschloss er sich, das Häkchen zu versetzen; er versetzte es, probierte die Jacke von neuem und stellte fest, dass nun alles tadellos saß. Darauf legte er die Sachen wieder zusammen und tat sie beruhigt bis zum folgenden Tag in sein Köfferchen. Sein Kopf war recht anständig rasiert; als er sich aber genauer im Spiegel betrachtete, bemerkte er kaum sichtbare Stoppeln auf dem Schädel und begab sich sofort zum »Major«, um sich ganz tadellos und vorschriftsmäßig rasieren zu lassen. Obwohl ihn am nächsten Tag sicher kein Mensch darauf hin untersucht hätte, ließ er sich einzig zur Beruhigung seines eigenen Gewissens rasieren, damit an einem solchen Tag alle Vorschriften peinlich genau erfüllt seien. Die Andacht vor jedem Knöpfchen, vor jeder Litze, vor jeder Einzelheit der Uniform hatte sich in seinem Geist schon von Kind auf als eine unverletzbare Pflicht aufgeprägt und seinem Herzen als das Muster der höchsten Schönheit, die ein anständiger Mensch zu erreichen vermöge. Nachdem er dies alles erledigt hatte, ließ er in seiner Eigenschaft als Stubenältester Heu bringen und beobachtete sorgfältig, wie man es auf dem Fußboden ausbreitete. Das wurde auch in den anderen Kasernen gemacht. Ich weiß nicht, warum, aber man pflegte bei uns zu Weihnachten immer Heu auf den Fußböden auszubreiten. Als Akim Akimytsch mit allen diesen Arbeiten fertig war, verrichtete er sein Gebet, legte sich auf sein Lager und versank sofort in den ruhigen Schlaf eines Säuglings, um am nächsten Morgen möglichst früh zu erwachen. Dasselbe taten übrigens auch die anderen Arrestanten. In allen Kasernen begab man sich viel früher zur Ruhe als gewöhnlich. Die sonst üblichen Abendarbeiten unterblieben, von den Maidans war keine Spur zu sehen. Alle erwarteten den kommenden Morgen. Endlich brach dieser Morgen an. Ganz in der Früh', gleich nach dem Trommelschlag wurden die Kasernen aufgeschlossen, und der wachhabende Unteroffizier, der die Arrestanten nachzuzählen hatte, beglückwünschte alle zum Fest. Man erwiderte seinen Glückwunsch freundlich und höflich. Nachdem Akim Akimytsch in aller Eile gebetet hatte, lief er gleich allen andern, die in der Küche ihre eigenen Gänse und Ferkel hatten, hin, um nachzuschauen, was mit ihnen geschähe, wie sie gebraten würden, wo sich jeder Braten befinde usw. In der Dunkelheit konnte man durch die kleinen schneeverwehten und eingefrorenen Fenster unserer Kaserne sehen, wie in den beiden Küchen, in allen sechs Öfen ein helles Feuer loderte, das schon vor Tagesanbruch angezündet worden war. Über den Hof huschten schon im Dunkeln viele Arrestanten in ihren Pelzröcken, die sie teils richtig angezogen und teils lose über die Schultern geworfen hatten, und alles drängte sich nach der Küche. Einige Arrestanten, übrigens sehr wenige, hatten schon Zeit gehabt, die Branntweinverkäufer aufzusuchen. Das waren die ungeduldigsten. Im Allgemeinen benahmen sich aber alle anständig, ruhig und ungewöhnlich solide. Man hörte weder das gewohnte Geschimpfe, noch die gewohnten Streitigkeiten. Alle begriffen, dass es ein großer Tag und ein hohes Fest sei. Manche waren in die andern Kasernen gegangen, um ihre Bekannten zu beglückwünschen. Es zeigte sich sogar etwas wie Freundschaft. Hier will ich nebenbei bemerken: Unter den Arrestanten ließ sich nichts von freundschaftlichen Beziehungen wahrnehmen; ich spreche schon gar nicht von einem freundschaftlichen Zusammenhalten aller, aber es kam auch nicht vor, dass sich ein Arrestant mit einem anderen befreundete. Das kam fast niemals vor, und diese Erscheinung ist höchst eigentümlich; in der Freiheit ist es anders. Bei uns waren überhaupt alle im Umgang miteinander, von sehr seltenen Ausnahmen abgesehen, trocken und kühl, und dies war ein gleichsam offizieller, ein für allemal eingeführter Ton. Auch ich trat aus der Kaserne ins Freie; es fing kaum zu tagen an, die Sterne erloschen, ein feiner Dampf stieg in die frostige Luft. Aus den Schornsteinen der Küchen erhoben sich Rauchsäulen. Einige von den Arrestanten, denen ich begegnete, gratulierten mir freundlich und mit großer Lust zum Fest. Ich dankte und erwiderte ihre Glückwünsche. Unter diesen Arrestanten gab es auch solche, die mit mir bisher den ganzen Monat noch kein Wort gesprochen hatten.

Dicht vor der Küche holte mich ein Arrestant aus der Militärabteilung in einem lose um die Schultern geworfenen Schafspelz ein. Er hatte mich schon von weitem erkannt und rief mir zu: »Alexander Petrowitsch! Alexander Petrowitsch!« Er lief nach der Küche und hatte große Eile. Ich blieb stehen und wartete auf ihn. Es war ein junger Bursch mit rundem Gesicht und sanften Augen, der auch sonst mit keinem Menschen sprach, mit mir aber seit meinem Eintritt ins Zuchthaus kein Wort gewechselt und mir überhaupt nicht die geringste Beachtung geschenkt hatte; ich wusste nicht mal, wie er hieß. Er lief ganz atemlos auf mich zu, blieb dicht vor mir stehen und sah mich mit einem blöden und zugleich glückseligen Lächeln an.

»Was wünschen Sie?« fragte ich ihn nicht ohne Erstaunen, als ich sah, wie er vor mir stand, lächelte, mich anstarrte, aber kein Wort sagte.

»Heut ist ja Feiertag …« murmelte er. Da er nun selbst merkte, dass er mir sonst nichts zu sagen hatte, ließ er mich stehen und lief eilig in die Küche.

Ich will hier bemerken, dass ich mit ihm auch später nie wieder zusammenkam und bis zu meinem Austritt aus dem Zuchthaus kein Wort mehr wechselte.

In der Küche herrschten bei den glühenden Öfen ein Getue und ein Gedränge. Ein jeder gab auf sein Eigentum acht; die »Köchinnen« machten sich eben daran, das amtliche Zuchthausessen zu kochen, da das Mittagessen an diesem Tag für eine frühere Stunde angesetzt war. Übrigens fing noch niemand zu essen an, obwohl manche große Lust dazu hatten, aber man musste doch den Anstand den andern gegenüber wahren. Man wartete auf den Geistlichen, um erst nach seinem Besuch von den Fleischspeisen zu genießen. Indessen, es war noch nicht ganz Tag geworden, erklangen jeden Augenblick vom Tor des Zuchthauses her die Rufe des Gefreiten: »Die Köche her!« Diese Rufe ertönten jeden Augenblick, und so ging es an die zwei Stunden lang. Die Köche wurden aus der Küche herausgerufen, um die von allen Enden der Stadt ins Zuchthaus zusammenströmenden Gaben in Empfang zu nehmen. Man brachte eine außerordentliche Menge davon in Form von Semmeln, Broten, Käsekuchen, Fladen, Pfannkuchen und sonstigem Buttergebäck. Ich glaube, es gab in der ganzen Stadt, in keinem Kaufmanns- oder Kleinbürgershaus auch nur eine Hausfrau, die uns nicht etwas von ihrem Gebäck geschickt hätte, um den »Unglücklichen« und Gefangenen zum hohen Fest Glück zu wünschen. Es waren darunter auch sehr üppige Gaben – feinstes Gebäck aus reinstem Mehl in größter Menge. Andere Gaben waren dagegen ärmlich: Irgendeine Semmel im Wert von einer halben Kopeke oder zwei kaum mit Sahne bestrichene Fladen; das waren Gaben, die ein Armer aus seinem letzten Besitz einem andern Armen spendete. Alles wurde mit der gleichen Dankbarkeit ohne Ansehen der Gaben und der Person der Schenkenden angenommen. Die Arrestanten, die die Sachen in Empfang nahmen, zogen die Mützen, verbeugten sich, gratulierten zum Fest und trugen die Gaben in die Küche. Als sich dort ganze Berge von dem gespendeten Gebäck angesammelt hatten, wurden die Stubenältesten aus jeder Kaserne gerufen, und diese verteilten alles gleichmäßig unter allen Kasernen. Dabei gab es weder Streit, noch Geschimpfe; man erledigte die Sache ehrlich und gerecht. Alles, was auf unsere Kaserne kam, wurde schon bei uns verteilt; die Verteilung besorgten Akim Akimytsch und noch ein anderer Arrestant; sie verteilten alles mit eigener Hand und gaben einem jeden mit eigener Hand seinen Teil. Es gab nicht die geringsten Zeichen von Unzufriedenheit oder Neid; alle waren befriedigt; ein Verdacht, dass eine Gabe unterschlagen oder ungerecht verteilt worden sei, konnte überhaupt nicht aufkommen. Nachdem Akim Akimytsch seine persönlichen Angelegenheiten in der Küche erledigt hatte, begann er sich anzuziehen und tat es mit allem Anstand und großer Feierlichkeit, so dass auch nicht ein einziges Häkchen übersehen wurde. Als er mit dem Ankleiden fertig war, begann er mit dem eigentlichen Gebet. Das Gebet dauerte ziemlich lang. Viele Arrestanten, zum größten Teil ältere Leute, beteten schon. Die Jüngeren beteten nicht zu viel. Sie bekreuzigten sich höchstens beim Aufstehen, sogar an einem Feiertag. Nachdem Akim Akimytsch sein Gebet verrichtet hatte, ging er auf mich zu und beglückwünschte mich mit einiger Feierlichkeit zum Fest. Ich lud ihn sofort zum Tee ein, was er mit einer Einladung zum Ferkel beantwortete. Bald darauf kam auch Petrow herbeigelaufen, um mir zu gratulieren. Er hatte wohl schon etwas getrunken, kam zwar mit großer Hast herbeigestürzt, sagte aber nicht viel, sondern stand nur wie in Erwartung eine kurze Weile vor mir da und begab sich bald darauf in die Küche. Indessen bereitete man sich in der Militärkaserne zum Empfang des Geistlichen vor. Diese Kaserne hatte eine andere Einrichtung als die anderen. Die Pritschen waren in ihr längs der Wände und nicht mitten im Raum angeordnet, wie es in den anderen Kasernen war; es war die einzige Kaserne, die in der Mitte einen freien Raum hatte. Wahrscheinlich war sie absichtlich so eingerichtet, damit man im Bedarfsfall in ihr die Arrestanten versammeln könne. In der Mitte des Raumes stellte man ein Tischchen auf, bedeckte es mit einem sauberen Handtuch, stellte ein Heiligenbild darauf und entzündete davor ein Lämpchen. Endlich kam der Geistliche mit dem Kreuz und dem Weihwasser. Nachdem er vor dem Heiligenbild gebetet und gesungen hatte, stellte er sich vor den Arrestanten hin, und alle gingen mit aufrichtiger Andacht auf ihn zu, um das Kreuz zu küssen. Der Geistliche machte darauf eine Runde durch sämtliche Kasernen und besprengte sie mit Weihwasser. In der Küche lobte er unser Zuchthausbrot, das wegen seiner Güte in der ganzen Stadt berühmt war, und die Arrestanten äußerten sofort den Wunsch, ihm zwei frischgebackene Brote zu schicken; mit der Überbringung dieser Brote wurde sofort einer der Invaliden betraut. Dem Kreuz gab man mit der gleichen Andacht das Geleite, mit der man es empfangen hatte, und fast gleich darauf kamen der Platzmajor und der Kommandant. Der Kommandant genoss bei uns Liebe und Achtung. Er ging in Begleitung des Platzmajors durch alle Kasernen, gratulierte allen zum Fest, begab sich in die Küche und kostete von unserer Kohlsuppe. Die Kohlsuppe war vorzüglich; man hatte uns diesem Tag zu Ehren für sie fast ein ganzes Pfund Fleisch pro Mann gegeben. Außerdem war noch ein Hirsebrei vorbereitet, zu dem man genügend Butter ausgefolgt hatte. Als der Kommandant gegangen war, gab der Platzmajor den Befehl, mit dem Mittagessen zu beginnen. Die Arrestanten bemühten sich, ihm möglichst wenig unter die Augen zu kommen. Wir liebten nicht seinen bösen Blick unter der Brille hervor, mit dem er nach rechts und nach links ausspähte, ob es nicht irgendwo eine Unordnung gäbe, und ob er nicht einen Schuldigen erwischen könne.

Man begann zu essen. Das Ferkel Akim Akimytschs war vorzüglich durchgebraten. Nun kam etwas, was ich unmöglich erklären kann. Sofort nach dem Weggang des Platzmajors, höchstens fünf Minuten darauf, machte sich eine außerordentliche Anzahl von Betrunkenen bemerkbar, wahrend fünf Minuten vorher alle nüchtern waren. Man sah auf einmal viele rote und strahlende Gesichter und hörte Balalaikas. Der kleine Pole mit der Geige ging schon hinter einem Bummelnden her, der ihn für den ganzen Tag gemietet hatte, um lustige Tänze aufzuspielen. Die Gespräche wurden immer lauter und trunkener. Aber man beendete das Mittagessen ohne besondere Zwischenfälle. Alle waren satt. Viele von den Älteren und Solideren legten sich sofort schlafen; unter diesen war auch Akim Akimytsch, der es anscheinend für eine Vorschrift hielt, an einem großen Feiertag ein Nachmittagsschläfchen zu halten. Der Greis von den Staroduber Altgläubigen stieg, nachdem er eine Weile geschlafen hatte, auf den Ofen, schlug sein Buch auf und betete ununterbrochen bis tief in die Nacht hinein. Es war ihm schwer, diese »Schande«, wie er den allgemeinen lustigen Zeitvertreib der Arrestanten nannte, mitanzusehen. Alle Kaukasier saßen auf den Stufen vor dem Flur und beobachteten mit Interesse, zugleich auch mit einem gewissen Abscheu unsere Betrunkenen. Ich begegnete Nurra. »Jaman, nicht schön!« sagte er, den Kopf schüttelnd, mit frommer Entrüstung: »Ach, jaman! Allah wird böse sein!« Issai Fomitsch zündete trotzig und hochmütig in seinem Winkelchen ein Licht an und begann zu arbeiten, wohl um uns zu zeigen, dass er diesen Feiertag für nichts achte. An verschiedenen Stellen taten sich die Maidans auf. Vor den Invaliden hatte man keine Angst, und für den Fall des Erscheinens des Unteroffiziers, der sich übrigens selbst Mühe gab, nichts zu sehen, stellte man Wachen aus. Der Wachoffizier sah an diesem Tag an die drei Mal ins Zuchthaus hinein. Aber bei seinem Erscheinen versteckten sich die Betrunkenen und verschwanden die Maidans; auch er selbst schien wohl an diesem Tag kleinere Vergehen nicht beachten zu wollen. Betrunkenheit galt an diesem Tag als ein kleines Vergehen. Die Leute kamen allmählich in Stimmung. Es begannen Streitigkeiten. Die Nüchternen waren immer noch in der Mehrheit, also gab es genug Leute, um auf die Betrunkenen aufzupassen. Dafür tranken die anderen ohne jedes Maß. Gasin triumphierte. Er spazierte mit selbstzufriedener Miene vor seinem Platz auf der Pritsche auf und ab, unter die er ganz frech den Branntwein geschafft hatte, der bis dahin in einem geheimen Ort, irgendwo im Schnee hinter der Kaserne versteckt gewesen war, und lächelte schlau, die an ihn herantretenden Kunden musternd. Er selbst war nüchtern und hatte keinen Tropfen getrunken. Er hatte die Absicht, mit dem Bummeln erst am Ende des Festes zu beginnen, nachdem er sich das Geld aller Sträflinge angeeignet haben würde. In den Kasernen tönten Lieder. Die Trunkenheit ging schon in Katzenjammer über, und die Lieder waren nahe daran, in Weinen überzugehen. Viele gingen mit ihren eigenen Balalaikas, die Pelze lose über die Schultern geworfen, umher und klimperten mit herausfordernder Miene. In der Besonderen Abteilung hatte sich sogar ein Chor aus acht Mann gebildet. Sie sangen schön mit der Begleitung von Balalaikas und Gitarren. Echte Volkslieder wurden nur wenig gesungen. Ich kann mich nur auf eines besinnen, das mit schönem Schwung vorgetragen wurde:

Abends gab's zu Haus
Einen großen Schmaus.

Hier hörte ich eine neue Variante dieses Liedes, die ich vorher nicht gekannt hatte. Am Ende des Liedes wurden noch einige Verse hinzugefügt:

Denn ich, junge Frau,
Nehm' es sehr genau:
Wusch die Löffel aus,
Machte Suppe draus,
Schabte den Türstock ab,
Was Pasteten gab.

Sonst sang man zum größten Teil die sogenannten Arrestantenlieder, übrigens lauter bekannte. Das eine von ihnen, betitelt: »Es war einmal«, war humoristisch und handelte davon, wie der Mensch sich früher als großer Herr in der Freiheit vergnügt hatte und dann ins Zuchthaus geraten war. Es wurde darin geschildert, wie er vorher sein »Blancmanger mit Champagner« zu versüßen pflegte, aber jetzt:

Ess ich auch Kohl mit kaltem Wasser
Mit allergrößtem Appetit.

Verbreitet war auch folgendes allzu bekannte Lied:

Vormals lebt' ich junger Bursche selig,
Hatte ja ein Sümmchen noch.
Doch das Kapital verschwand allmählich,
Und so kam ich denn ins Loch.

Nur wurde bei uns das Wort »Kapital« – »Kopital« ausgesprochen, da man es von »kopitj« (sparen) ableitete. Man hörte auch traurige Lieder. Eines davon war ein echtes Arrestantenlied, das, wie ich glaube, ebenfalls bekannt ist:

Wenn sich färbt die Himmelsweite
Und die Trommel wirbelt grell,
Sperrt die Tür auf der Gefreite,
Ruft der Schreiber zum Appell.
Freilich, man erblickt uns nimmer
Hinter Mauern starr und breit.
Aber Gott, der Herr der Himmel,
Sorgt auch hier für uns allzeit!

Ein anderes Lied war noch trauriger, hatte übrigens eine sehr schöne Melodie und war wohl von irgendeinem Verschickten verfasst worden; der Text war süßlich und stümperhaft gemacht. Mir sind davon einige Verse in Erinnerung geblieben:

Nie schaut mein Blick die Heimat mehr,
Nie komm ich mehr dahin;
Da ich zu Leiden lang und schwer
Schuldlos verurteilt bin.
Es krächzt das Käuzchen auf dem Dach,
Den Urwald weckt sein Schrei'n,
Das Herz wird weh, das Herz wird schwach,
Nie werd' ich dorten sein.

Dieses Lied wurde bei uns oft gesungen, aber nicht im Chor, sondern als Solonummer. Manchmal trat jemand in der arbeitsfreien Zeit aus der Kaserne, setzte sich auf die Stufen, wurde nachdenklich, stützte das Kinn in die Hand und stimmte mit hoher Fistelstimme dieses Lied an. Wenn man es hörte, tat einem das Herz weh. Wir hatten übrigens einige anständige Stimmen.

Indessen senkte sich die Abenddämmerung. Trauer, Gram und Katzenjammer lugten schwermütig aus Trunkenheit und Ausgelassenheit hervor. Einer, der vor einer

Stunde gelacht hatte, weinte irgendwo, maßlos betrunken. Andere waren sich schon mehrere Male in die Haare geraten. Andere wieder trieben sich, blass und sich kaum auf den Beinen haltend, in den Kasernen herum und fingen Händel an. Diejenigen aber, die im Rausch friedlich blieben, suchten vergebens nach Freunden, um ihnen ihr Herz auszuschütten und ihr trunkenes Weh auszuweinen. Dieses ganze arme Volk wollte sich vergnügen und das hohe Fest lustig zubringen, aber, mein Gott, wie traurig und schwer war dieser Tag fast für jeden! Ein jeder fühlte sich so, als hätte ihn eine Hoffnung betrogen. Petrow kam noch ein paar Mal zu mir gelaufen. Er hatte während des ganzen Tages nur sehr wenig getrunken und war fast ganz nüchtern. Aber er erwartete bis zur allerletzten Stunde etwas, was unbedingt eintreffen müsste, etwas Ungewöhnliches, Festliches, unendlich Lustiges. Er sprach es zwar nicht aus, aber man konnte es in seinen Augen lesen. Er schlenderte unermüdlich durch alle Kasernen. Es geschah aber nichts, und er stieß überall nur auf Betrunkene, welche trunken schimpften und heiser schrien. Auch Ssirotkin ging in einem neuen roten Hemd durch alle Kasernen, hübsch, gewaschen, und schien ebenfalls still und naiv auf etwas zu warten. Allmählich wurde es in den Kasernen unerträglich und widerlich. Es gab natürlich auch viel Komisches dabei, aber ich fühlte eine Trauer und Mitleid mit ihnen allen, es war mir so schwer und schwül in dieser Umgebung. Da streiten sich zwei Arrestanten herum, wer den andern traktieren müsse. Man sieht, dass sie schon lange so streiten und auch schon vorher verzankt waren. Der eine hat schon seit langem einen Zorn auf den andern. Er beklagt sich, mühselig die Zunge bewegend, und bemüht sich zu beweisen, dass der andere ihn ungerecht behandelt habe. Es handelt sich um den Verkauf irgendeines Pelzrockes und um die Unterschlagung von irgendwelchem Geld in der Butterwoche des vorigen Jahres. Er erhob auch noch andere Anklagen … Der Ankläger, ein großgewachsener muskulöser Bursche, ist sonst friedlich und gar nicht dumm; wenn er aber betrunken ist, hat er das Bedürfnis, sich mit jedermann anzufreunden und sein Herz auszuschütten. Er schimpft und erhebt seine Anklagen eigentlich auch nur mit dem Wunsch, sich mit seinem Gegner nachher recht ordentlich zu versöhnen. Der andere ist ein stämmiger, kräftiger, kleiner Mann mit rundem Gesicht, listig und verschlagen. Er hat vielleicht sogar mehr als sein Freund getrunken, ist aber nur leicht angeheitert. Er hat einen starken Charakter und gilt als reich, es ist ihm aber aus irgendeinem Grund vorteilhaft, seinen temperamentvollen Freund jetzt nicht zu reizen, und er führt ihn zum Branntweinverkäufer; der Freund behauptet, er sei verpflichtet, ihn zu traktieren, »wenn du überhaupt ein anständiger Mensch bist«.

Der Branntweinverkäufer schenkt eine Tasse Branntwein ein mit dem Ausdruck einer gewissen Hochachtung gegen den Besteller und einer leisen Geringschätzung gegen dessen temperamentvollen Freund, weil dieser nicht für sein eigenes Geld trinkt, sondern sich traktieren lässt.

»Nein, Stjopka, das musst du wohl«, sagt der temperamentvolle Freund, als er sieht, dass er seinen Willen durchgesetzt hat, »denn es ist deine Pflicht«.

»Ich werde doch mit dir nicht viel herumreden!« antwortet Stjopka. »Nein, Stjopka, du lügst«, dringt der erste in ihn ein, indem er aus den Händen des Branntweinverkäufers die Tasse nimmt: »Denn du schuldest mir Geld, du hast kein Gewissen im Leib, selbst deine Augen gehören nicht dir, sondern du hast sie geliehen! Ein Schuft bist du, Stjopka, dass du es weißt! Mit einem Wort, ein Schuft!«

»Na, was jammerst du da, hast ja den Branntwein verschüttet! Wenn man dir schon die Ehre erweist, so trink doch!« schreit der Branntweinverkäufer dem temperamentvollen Freund an. »Ich werde doch nicht bis morgen hier mit dir stehen!«

»Ich werde ja trinken, was schreist du! Ein frohes Fest wünsche ich, Stepan Dorofejitsch!« wendet er sich höflich, mit einer leichten Verbeugung an Stjopka, den er vor einer halben Minute einen Schuft genannt hatte. »Hundert Jahre sollst du leben und gesund sein, und was du schon gelebt hast, wird nicht mitgezählt!« Er trank aus, räusperte sich und wischte sich den Mund. »Früher habe ich viel Branntwein vertragen können, Brüder«, bemerkte er ernst und wichtig, sich an alle und an keinen insbesondere wendend, »aber jetzt werde ich wohl alt. Ich danke schön, Stepan Dorofejitsch.«

»Keine Ursache.«

»Ich werde dir aber immer dasselbe sagen, Stjopka, und ganz abgesehen davon, dass du vor mir als ein großer Schuft dastehst, will ich dir sagen, dass …«

»Ich werde dir aber folgendes sagen, du betrunkene Fratze«, unterbricht ihn Stjopka, dem die Geduld reißt. »Hör zu und merk dir jedes meiner Worte: Wollen wir die Welt teilen, du kriegst die eine Hälfte, und ich kriege die andere. Geh und komm mir nicht wieder vor die Augen. Ich hab dich satt!«

»Du wirst mir also das Geld nicht zurückgeben?«

»Was für ein Geld, du besoffener Kerl?«

»Ach, wenn du in jener Welt zu mir kommst und es mir zurückgeben willst, werde ich es nicht annehmen. Ich habe mein Geld mit Mühe und Schweiß und Schwielen verdient. Du wirst an meinen fünf Kopeken in jener Welt schwer zu tragen haben.«

»Geh doch zum Teufel.«

»Was treibst du mich an, du hast mich doch nicht angespannt!«

»Geh, geh!«

»Schuft!«

»Zuchthäusler!«

Und es beginnt ein Schimpfen noch ärger als vor dem Traktieren.

Da sitzen auf der Pritsche zwei Freunde beieinander; der eine ist ein großer, feister, fleischiger Kerl mit rotem Gesicht, ein richtiger Metzger. Er weint beinahe, denn er ist tief gerührt. Der andere ist schmächtig, dünn und mager und hat eine lange Nase, aus der etwas zu tropfen scheint, und kleine Schweinsaugen, die er gesenkt hält. Dieser ist ein solider und gebildeter Mensch, ist einmal Schreiber gewesen und traktiert seinen Freund etwas von oben herab, worüber sich dieser heimlich ärgert. Sie haben den ganzen Tag zusammen getrunken.

»Er hat sich gegen mich erfrecht!« schreit der fleischige Freund, indem er den Kopf des Schreibers mit der linken Hand packt und kräftig schüttelt. (»Er hat sich erfrecht«, heißt: Er hat mich geschlagen.) Der fleischige Freund, ein ehemaliger Unteroffizier, beneidet insgeheim seinen schwächlichen Freund, und darum renommieren sie voreinander mit ihrem gewählten Stil.

»Ich sage dir aber, dass auch du unrecht hast …« fängt der Schreiber dogmatisch an, hartnäckig und wichtig zu Boden blickend.

»Er hat sich gegen mich erfrecht, hörst du?!« unterbricht ihn der Freund, wobei er den Freund noch kräftiger schüttelt. »Jetzt habe ich nur dich allein auf der ganzen Welt, hörst du es? Darum sage ich es dir allein: Er hat sich gegen mich erfrecht! …«

»Ich will dir aber folgendes sagen: Eine so versauerte Rechtfertigung bedeckt dein Haupt mit Schande, lieber Freund!« erwidert der Schreiber höflich mit seiner dünnen Stimme. »Gib doch lieber zu, Freund, dass diese ganze Sauferei von deiner eigenen Unbeständigkeit herrührt.«

Der fleischige Freund wankt etwas zurück, blickt stumpf mit seinen trunkenen Augen den selbstgefälligen Schreiber an und schlägt ihn plötzlich, völlig unerwartet, aus aller Kraft mit seiner großen Faust auf sein kleines Gesicht. Damit endet die Freundschaft für den ganzen Tag. Der liebe Freund fliegt bewusstlos unter die Pritsche …

Da tritt in unsere Kaserne einer meiner Bekannten aus der Besonderen Abteilung, ein grenzenlos gutmütiger und lustiger Bursche, recht gescheit, harmlos spöttisch und ungewöhnlich einfältig von Aussehen. Es ist derselbe, der am ersten Tag meines Zuchthauslebens, während des Mittagessens in der Küche gesucht hatte, wo der reiche Bauer wohne, versichert hatte, dass er sein Ehrgefühl habe, und mit mir Tee getrunken hatte. Er ist an die vierzig Jahre alt, hat eine ungewöhnlich dicke Unterlippe und eine große, fleischige, mit Finnen besäte Nase. Er hält in der Hand eine Balalaika, auf deren Saiten er nachlässig klimpert. Ihm folgt wie ein Adjutant ein außergewöhnlich kleiner Arrestant mit großem Kopf, den ich bisher wenig gekannt habe. Ihm hat übrigens auch niemand anders irgendwelche Beachtung geschenkt. Er war ein merkwürdiger, misstrauischer, ewig schweigsamer und ernster Mensch; er arbeitete in der Nähstube und gab sich offenbar Mühe, für sich allein zu leben und mit niemand zu verkehren. Jetzt hatte er sich aber in seiner Betrunkenheit wie ein Schatten an Warlamow geheftet. Er folgte ihm in schrecklicher Aufregung, fuchtelte mit den Armen, schlug mit der Faust gegen die Wand und die Pritschen und weinte beinahe. Warlamow schien ihn überhaupt nicht zu beachten, als hätte er ihn gar nicht in seiner Nähe. Es ist merkwürdig, dass diese beiden Menschen vorher fast nie einander nahegekommen sind; weder in den Beschäftigungen noch im Charakter haben sie etwas Gemeinsames. Sie gehören in verschiedene Abteilungen und wohnen in verschiedenen Kasernen. Der kleine Arrestant heißt Bulkin.

Als Warlamow mich erblickte, grinste er. Ich saß auf meinem Platz auf der Pritsche am Ofen. Er stellte sich in einiger Entfernung vor mir hin, überlegte etwas, schwankte, ging mit unsicheren Schritten auf mich zu, beugte den ganzen Körper mit Grazie vor, berührte leicht die Saiten und rezitierte, indem er den Takt leise mit dem Stiefel klopfte:

Weiß und rund, mit Feuerblicken
Ist mein Liebchen zum Entzücken,

Und wie schön sie singt!
Ist im Kleid aus weißer Seide
Eine wahre Augenweide,
Wenn sie freundlich winkt …

Dieses Lied schien Bulkin ganz aus der Fassung zu bringen; er schwang die Arme und schrie, sich an alle wendend: »Es ist alles gelogen, Brüder, alles gelogen! Er spricht kein wahres Wort, er lügt immer!«

»Dem alten Alexander Petrowitsch!« sagte Warlamow, indem er mit schelmischem Lächeln mir in die Augen sah und beinahe Anstalten machte, mich zu küssen. Er war vollkommen betrunken. Der Ausdruck: »Dem alten so und so …« d. h. »bringe ich meine Hochachtung dar«, wird von den einfachen Leuten in ganz Sibirien gebraucht, selbst in Bezug auf einen Zwölfjährigen. Das Wort »alter« bedeutet einen gewissen Respekt und hat sogar etwas Schmeichelhaftes.

»Na, wie geht's, Warlamow?«

»Man lebt halt von einem Tag zum andern. Wer sich aber über das Fest freut, der ist vom frühen Morgen an betrunken; Sie verzeihen schon!« Warlamow sprach in einem etwas singenden Ton.

»Er lügt immer, er lügt wieder!« schrie Bulkin, in einem Anfall von Verzweiflung mit der Hand auf die Pritsche schlagend. Jener schenkte ihm aber nicht die geringste Beachtung, und das war außerordentlich komisch, weil Bulkin sich an Warlamow ohne jeden Grund schon vom frühen Morgen an geheftet hatte und ihm ständig vorwarf, dass er »immer lüge«, was er sich aus irgendeinem Grund einbildete. Er folgte ihm wie ein Schatten, widersprach jedem seiner Worte, schlug sich die Hände an den Wänden und Pritschen fast blutig und litt sichtlich unter der Überzeugung, dass Warlamow »immer lüge!« Hätte er Haare auf dem Kopf, so würde er sie sich vor Kummer wohl ausgerissen haben. Es war, als hätte er es sich zur Pflicht gemacht, alle Handlungen Warlamows zu verantworten, und als lasteten auf seinem Gewissen alle Mängel desselben. Das Komische aber war, dass Warlamow ihn nicht einmal ansah.

»Er lügt, er lügt, er lügt immer! Kein Wort von ihm ist wahr!« schrie Bulkin.

»Was geht es aber dich an?« fragten die Arrestanten lachend.

»Ich muss Ihnen folgendes sagen, Alexander Petrowitsch: Ich bin ein hübscher Mann gewesen, und die Mädels haben mich sehr geliebt …« begann Warlamow ganz unvermittelt.

»Er lügt! Er lügt schon wieder!« unterbricht ihn Bulkin winselnd. Die Arrestanten lachen.

»Ich aber mache mir aus ihnen nicht viel! Ein rotes Hemd habe ich an und eine Plüschhose; ich liege da wie irgendein Graf Butylkin, d. h. ich bin besoffen wie ein Schwede, mit einem Wort, was will man noch mehr!«

»Er lügt!« erklärt Bulkin entschieden.

»Um jene Zeit hatte ich ein zweistöckiges steinernes Haus von meinem Vater geerbt. Nun hatte ich in zwei Jahren die zwei Stockwerke durchgebracht, und es blieb

mir nur das Tor ohne die Pfosten. Nun, Geld ist halt wie eine Taube: es kommt geflogen und fliegt wieder fort!«
»Er lügt!« erklärt Bulkin noch entschiedener.
»So schickte ich neulich von hier einen Bittbrief an meine Eltern: vielleicht schicken sie mir etwas Geld. Die Leute sagten, ich hätte mich an meinen Eltern vergangen. Ich hätte sie nicht genug geachtet! Es sind schon sieben Jahre her, dass ich den Brief abgeschickt habe.«
»Und es ist noch immer keine Antwort da?« fragte ich lachend.
»Nein, noch immer keine«, antwortete er, indem er plötzlich selbst auflachte und seine Nase meinem Gesicht näherte. »Ich habe aber hier eine Geliebte, Alexander Petrowitsch ...«
»Sie? Eine Geliebte?«
»Da sagte Onufrijew neulich: ›Wenn die meine auch pockennarbig und unschön ist, so hat sie dafür viele Kleider; die deinige aber ist zwar hübsch, aber arm und geht betteln.‹«
»Ist es denn wahr?«
»Sie ist in der Tat eine Bettlerin!« antwortete er und brach in ein kaum hörbares Lachen aus; auch die andern Leute in der Kaserne lachten. Es war allen wirklich bekannt, dass er sich mit einer Bettlerin eingelassen und ihr im Laufe des halben Jahres bloß zehn Kopeken geschenkt hatte.
»Also was ist damit?« fragte ich, da ich ihn schon loswerden wollte.
Er schwieg, sah mich gerührt an und sagte zärtlich: »Wollen Sie mir nicht aus diesem Grund etwas für ein Fläschchen Branntwein spendieren? Ich habe ja heute nur Tee getrunken, Alexander Petrowitsch«, fügte er gerührt hinzu, das Geld einsteckend, »und habe mich mit diesem Tee so besoffen, dass ich Atemnot leide und er mir im Magen wie in einer Flasche hin und her schwankt.«
Während er das Geld in Empfang nahm, erreichte die moralische Entrüstung Bulkins anscheinend den höchsten Grad. Er gestikulierte wie verzweifelt und weinte beinahe. »Ihr Menschen Gottes!« schrie er, sich wie rasend an die ganze Kaserne wendend. »Schaut ihn doch an! Er lügt immer! Was er auch sagt, alles ist gelogen!«
»Was geht es aber dich an?« schrien die Arrestanten, sich über seine Wut wundernd.
»Bist ja ein ganz unsinniger Mensch!«
»Ich dulde es nicht, dass er lügt!« schrie Bulkin, mit den Augen funkelnd und aus aller Kraft mit der Faust gegen die Pritsche schlagend. »Ich will nicht, dass er lügt!«
Alle lachen. Warlamow nimmt das Geld, verabschiedet sich von mir und eilt aus der Kaserne, natürlich zum Branntweinverkäufer. Jetzt erst scheint er Bulkin zu bemerken. »Na, gehen wir!« sagt er ihm, auf der Schwelle stehenbleibend, als brauchte er ihn wirklich. »Du Stockknopf!« fügt er hinzu, indem er Bulkin voller Verachtung den Vortritt lässt und wieder auf seiner Balalaika zu klimpern beginnt.

Aber was soll ich diese trunkene Atmosphäre beschreiben! Endlich nimmt dieser schwüle Tag ein Ende. Die Arrestanten versinken auf ihren Pritschen in einen schweren Schlaf. Im Schlaf sprechen und phantasieren sie noch mehr als in den anderen Nächten. Hier und da sitzen noch Leute bei den Maidans. Das längst erwartete Fest ist zu Ende. Morgen ist wieder ein Wochentag, morgen beginnt wieder die Arbeit.

XI
Die Theateraufführung

Am dritten Feiertag abends fand die erste Vorstellung in unserem Theater statt. Es gab wohl vorher sehr viel Arbeit, aber die Schauspieler hatten alles auf sich genommen, sodass wir Übrigen vom Stande der Sache gar nichts wussten. Wir wussten nicht, was vor sich ging, nicht einmal, was aufgeführt werden sollte. Die Schauspieler hatten sich an allen diesen drei Tagen, wenn sie zur Arbeit gingen, bemüht, möglichst viele Kostüme aufzutreiben. Wenn Bakluschin mir begegnete, schnippte er vor Vergnügen nur mit den Fingern. Auch der Platzmajor schien ordentlich in Stimmung geraten zu sein. Uns war es übrigens gänzlich unbekannt, ob er vom Theater etwas wusste. Und wenn er etwas wusste, ob er es in aller Form gestattete oder sich nur entschlossen hatte zu schweigen, sich um das Vorhaben der Arrestanten nicht zu kümmern und ihnen natürlich nur einzuschärfen, dass alles ja in Ordnung verlaufe? Ich glaube, er wusste wohl vom Theater; es wäre kaum möglich, dass er es nicht wusste; aber er wollte sich wohl nicht einmischen, da er einsah, dass es vielleicht schlimmer wäre, wenn er die Aufführung untersagte; dann würden die Sträflinge dumme Streiche machen und zu trinken anfangen, sodass es viel besser war, wenn sie eine Beschäftigung hatten. Übrigens setzte ich diese Erwägung beim Platzmajor nur deshalb voraus, weil sie die natürlichste, richtigste und gesündeste ist. Man kann sogar so sagen: wenn die Sträflinge in den Feiertagen das Theater oder eine andere Beschäftigung dieser Art nicht hätten, so müsste die Obrigkeit selbst eine erfinden. Da aber unser Platzmajor sich durch eine Denkweise auszeichnete, die der der übrigen Menschheit direkt entgegengesetzt war, so ist es sehr wohl möglich, dass ich schwer gegen die Wahrscheinlichkeit sündige, wenn ich annehme, dass er vom Theater etwas wusste und es erlaubte. So ein Mensch wie unser Platzmajor musste immer jemand bedrücken, etwas versagen, jemand entrechten, mit einem Wort, überall Ordnung schaffen. In dieser Beziehung war er in der ganzen Stadt bekannt. Was kümmerte es ihn, dass diese Bedrückung die Sträflinge zu dummen Streichen verleiten könnte? Gegen dumme Streiche gibt es ja Strafen (urteilen solche Menschen wie unser Platzmajor), im Umgang mit diesen schuftigen Sträflingen ist aber nur die größte Strenge am Platz und eine ununterbrochene und buchstäbliche Befolgung der Gesetze; das ist alles, was verlangt wird! Diese talentlosen Vollstrecker des Gesetzes begreifen nicht und sind auch nicht imstande, zu begreifen, dass seine bloße buchstäbliche Erfüllung, ohne Sinn und ohne Verständnis für seinen Geist, direkt zu Unordnungen führen muss und zu etwas anderem niemals geführt hat. »So steht es im Gesetz, was will man noch mehr?« sagen sie und wundern sich aufrichtig, wenn man von ihnen zu den Gesetzen auch noch gesunden Menschenverstand und einen klaren Kopf verlangt. Besonders das letztere erscheint vielen von ihnen als ein überflüssiger und empörender Luxus, als Zwang und Intoleranz. – Wie dem auch sei, der älteste Unteroffizier widersprach den Sträflingen nicht, und das war alles, was sie wollten. Ich behaupte positiv, dass die Theateraufführung und die Dankbarkeit dafür, dass man sie erlaubte, den Grund dafür bildeten, dass es in den Feiertagen keine einzige nennenswerte Unordnung im Zuchthaus gab; es gab keinen einzigen bösartigen Streit, keinen einzigen Diebstahl. Ich war Zeuge, wie die Sträflinge selbst ihre gar zu übermütig gewordenen oder in Streit geratenen Kameraden zur Vernunft brachten, einzig mit der Begründung, dass sonst das Theater verboten werden würde. Der Unteroffizier ließ sich von den Sträflingen das Wort geben, dass alles ruhig verlaufen würde und alle sich gut aufführen wollten. Sie willigten mit Freuden ein und hielten ihr Versprechen heilig; es schmeichelte ihnen, dass man ihrem Wort glaubte. Es ist übrigens zu bemerken, dass die Genehmigung des Theaters der Obrigkeit gar keine Opfer gekostet hatte. Das Theater erforderte keinen besonderen Platz und wurde in einer Viertelstunde aufgebaut und wieder auseinandergenommen. Die Aufführung dauerte anderthalb Stunden, und wenn plötzlich der Befehl von oben käme, die Aufführung abzubrechen, so wäre dies in einem Augenblick geschehen. Die Kostüme lagen in den Koffern der Sträflinge versteckt. Aber bevor ich erzähle, wie das Theater eingerichtet war und was es für Kostüme gab, will ich über den Theaterzettel berichten, d. h. was gespielt werden sollte.

Einen geschriebenen Theaterzettel gab es eigentlich nicht. Bei der zweiten und dritten Vorstellung tauchte aber ein solcher auf: Bakluschin hatte ihn für die Herren Offiziere und sonstigen vornehmen Gäste, die unser Theater schon bei der ersten Aufführung mit ihrem Besuch beehrten, eigenhändig geschrieben. Es geschah so: Von den Herrschaften kam gewöhnlich der Wachoffizier und einmal sogar der diensthabende Offizier, der die Wachen unter sich hatte. Einmal erschien auch der Ingenieuroffizier; für solche Besucher war eben der Theaterzettel entstanden. Man glaubte, dass der Ruhm des Zuchthaustheaters sich weit in der Festung und sogar in der Stadt verbreiten würde, um so mehr als es in der Stadt kein Theater gab. Man hatte nur einmal etwas von einer Liebhaberaufführung gehört. Die Sträflinge freuten sich wie die Kinder über den geringsten Erfolg und waren sogar stolz darauf. »Wer weiß«, dachten und sagten sie bei sich und untereinander, »vielleicht erfährt auch die höchste Behörde etwas davon; sie werden kommen und sehen, was die Sträflinge für Menschen sind. Es ist doch keine gewöhnliche Soldatenaufführung mit Tiermasken, schwimmenden Booten, herumspazierenden Bären und Ziegen. Hier sind Schauspieler, richtige Schauspieler, welche herrschaftliche Komödien spielen; ein solches Theater gibt es nicht einmal in der Stadt. Man sagt, dass beim General Abrossimow einmal eine Vorstellung stattgefunden hat und wieder einmal eine stattfinden wird; die werden höchstens bessere Kostüme haben, was aber die Gespräche betrifft, so weiß man nicht, ob sie uns darin übertreffen werden! Auch der Gouverneur wird es erfahren, vielleicht wird er selbst den Wunsch haben, sich die Sache, anzusehen; es ist ja alles möglich! In der Stadt gibt es doch kein Theater …« Kurz gesagt, die Phantasie der Sträflinge erreichte, besonders nach dem ersten Erfolg, während der Feiertage den höchsten Grad: Sie malten sich beinahe Belohnungen und Herabsetzung ihrer Strafzeit aus, obwohl sie zugleich über sich selbst recht gutmütig spotteten. Mit einem Wort, sie waren Kinder, durchaus Kinder, obwohl einige von diesen Kindern schon vierzig Jahre alt waren.

Obwohl es also keinen Theaterzettel gab, kannte ich schon in den Hauptzügen das Programm der geplanten Aufführung. Das erste Stück hieß: »Filatka und Miroschka als Nebenbuhler.« Bakluschin hatte mir schon eine Woche vor der Vorstellung vorgeprahlt, dass die Rolle Filatkas, die er selbst übernommen hatte, so gespielt werden würde, wie man sie selbst im Sankt-Petersburger Theater noch nie gesehen hätte. Er ging in den Kasernen umher, renommierte skrupel- und schamlos, zugleich aber ebenso harmlos; zuweilen gab er auch etwas auf »Theaterart«, d. h. aus seiner Rolle zum Besten, und alle lachten, ganz gleich, ob es wirklich komisch war oder nicht. Es ist übrigens zu bemerken, dass die Arrestanten auch darin ihre Würde zu wahren wussten; über die Auftritte Bakluschins und seine Erzählungen von der bevorstehenden Aufführung entzückten sich nur die allerjüngsten Grünschnäbel, Leute ohne jede Haltung, sowie nur die Angesehensten unter ihnen, deren Autorität so unerschütterlich feststand, dass sie sich nicht zu schämen brauchten, ihre Empfindungen zu äußern, selbst wenn diese von der naivsten (d. h. nach den Zuchthausbegriffen unziemlichsten) Art waren. Die Übrigen aber hörten dem Gerede schweigend zu; sie verurteilten es zwar nicht und widersprachen ihm nicht, gaben sich aber doch die größte Mühe, den Theatergerüchten gegenüber Gleichgültigkeit und sogar Hochmut zur Schau zu tragen. Nur im allerletzten Moment, fast am Tage der Vorstellung selbst, fingen alle sich zu interessieren an: Was wird es geben? Wie werden sich die Unsrigen bewähren? Was wird der Platzmajor dazu sagen? Wird es ebenso gut gelingen wie im letzten Jahr? … usw. Bakluschin versicherte mich, dass alle Schauspieler vortrefflich ausgewählt seien und »ein jeder auf seinem Platz stehe«. Dass man selbst einen Vorhang habe und dass Ssirotkin Filatkas Braut spielen werde. »Sie werden ja selbst sehen, wie er sich in Frauenkleidern macht!« sagte er, indem er mit den Augen zwinkerte und mit der Zunge schnalzte. »Die wohltätige Gutsbesitzerin wird ein Kleid mit Falbeln, eine Pelerine und einen Sonnenschirm in der Hand haben, der wohltätige Gutsbesitzer aber wird in einem Offiziersrock mit Fangschnüren und einem Rohrstöckchen auftreten.«

Darauf sollte ein zweites Stück folgen: »Der Vielfraß Kedrill«. Dieser Titel interessierte mich sehr, aber so viel ich auch nach dem Inhalt fragte, konnte ich doch nichts vorher erfahren. Ich wurde nur inne, dass es nicht aus einem Buch, sondern aus einer »Handschrift« stammte; dass man das Stück von einem alten Unteroffizier aus der Vorstadt bekommen habe, der wahrscheinlich einmal selbst bei der Aufführung auf einer Soldatenbühne mitgewirkt hatte. Es gibt bei uns in den entlegenen Städten und Gouvernements tatsächlich solche Theaterstücke, die niemand kennt und die wohl auch nirgends veröffentlicht sind, die aber von selbst irgendwoher entstanden sind und zum eisernen Bestand eines jeden »Volkstheaters« gehören. Es wäre gut, wenn sich jemand unter unseren Gelehrten neuen und sorgfältigeren Forschungen über unser Volkstheater widmen wollte, welches existiert und vielleicht durchaus nicht ganz unbedeutend ist. Ich kann nicht glauben, dass alles, was ich in unserem

Zuchthaustheater zu sehen bekam, von den Sträflingen selbst erfunden worden sei. Es ist hier sicher eine Überlieferung anzunehmen, es sind feststehende Kunstgriffe und Anschauungen dabei, die von Geschlecht zu Geschlecht aus dem Gedächtnis weitergegeben werden. Man muss dies alles bei den Soldaten, den Fabrikarbeitern, in den Fabrikstädten und sogar in manchen unbekannten armen Städtchen bei den Kleinbürgern suchen. Die Überlieferung hat sich auch auf dem Lande und in den Gouvernementsstädten unter den Leibeigenen der Gutsbesitzer erhalten. Ich glaube sogar, dass viele alte Stücke ihre handschriftliche Verbreitung in Russland nur durch das leibeigene Hausgesinde der Gutsbesitzer gefunden haben. Die Gutsbesitzer und Moskauer Magnaten der alten Zeit hielten sich Theatertruppen aus leibeigenen Schauspielern. Aus diesen Bühnen ist wohl auch unsere volkstümliche Theaterkunst entstanden, deren Eigentümlichkeiten unverkennbar sind. Was aber das Stück »Der Vielfraß Kedrill« betrifft, so konnte ich trotz meiner Bemühungen, vorher nicht mehr darüber erfahren, als dass darin böse Geister auftreten und den Kedrill in die Hölle schleppen. Aber was bedeutet der Name »Kedrill«, und weshalb Kedrill und nicht Kyrill? Ob sein Ursprung russisch oder ausländisch ist, konnte ich nicht feststellen.

Zum Schluss sollte eine »Pantomime mit Musik« kommen. Dies alles war natürlich sehr interessant. Schauspieler waren an die fünfzehn Mann, lauter gewandte und tapfere Jungen. Sie waren sehr geschäftig, hielten ihre Proben, manchmal hinter der Kaserne, versteckten sich und taten heimlich. Mit einem Wort, sie wollten uns alle durch etwas Ungewöhnliches und Unerwartetes verblüffen.

An Wochentagen wurde das Zuchthaus früh, gleich nach Anbruch der Dunkelheit geschlossen. Aber am Weihnachtstag machte man eine Ausnahme; es blieb bis zum Zapfenstreich offen. Diese Vergünstigung galt eigentlich nur dem Theater. Während der Feiertage schickte man gewöhnlich jeden Abend zum Wachoffizier mit der ergebensten Bitte, »das Theater zu erlauben und das Zuchthaus möglichst lange offen zu lassen«, und dem Bemerken, dass auch am vorhergegangenen Tag eine Aufführung gewesen und das Zuchthaus erst spät geschlossen worden sei, ohne dass Unordnungen vorgekommen wären. Der Wachoffizier sagte sich: »Gestern ist wirklich keinerlei Unordnung vorgekommen; da sie aber selbst versprechen, dass es auch heute keine geben wird, so werden sie selbst auf sich aufpassen, und das ist das Sicherste. Außerdem, wenn ich die Aufführung nicht erlaube, so werden sie vielleicht aus Ärger absichtlich etwas anstellen (sie sind doch nur Zuchthäusler!), damit die Wache eine Rüge bekommt.« Schließlich kam noch die Erwägung hinzu: Der Wachdienst ist langweilig, hier ist aber ein Theater, und zwar kein gewöhnliches Soldatentheater, sondern ein Zuchthaustheater; die Sträflinge sind interessante Menschen, und es kann lustig sein, ihnen zuzuschauen. Zuschauen darf aber ein Wachoffizier zu jeder Zeit.

Wenn der Diensthabende kommt und fragt: »Wo ist der Wachoffizier?«, so ist die Antwort: »Er ist ins Zuchthaus gegangen, um die Sträflinge nachzuzählen und die Kasernen zu schließen«, eine bündige Rechtfertigung. Darum erlaubten die Wachoffiziere jeden Abend während der Feiertage die Aufführung und schlossen die Kasernen nicht vor dem Zapfenstreich. Die Sträflinge wussten schon im Voraus, dass die Wache keine Hindernisse in den Weg legen werde, und waren unbesorgt.

Gegen sieben Uhr kam Petrow mich abzuholen, und wir gingen gemeinsam zur Vorstellung. Aus unserer Kaserne gingen fast alle hin, mit Ausnahme des Altgläubigen aus Tschernigow und der Polen. Die Polen ließen sich erst bei der letzten Vorstellung, am 4. Januar, herab, das Theater zu besuchen, und das auch nur nach vielen Versicherungen, dass es dort nett, lustig und ungefährlich sei. Die Zuchthäusler waren durch diese Zurückhaltung in keiner Weise gekränkt, und die Polen wurden am 4. Januar mit aller Höflichkeit empfangen. Man gab ihnen sogar die besten Plätze. Was aber die Tscherkessen und besonders Issai Fomitsch betrifft, so war für sie unser Theater ein wahrer Hochgenuss. Issai Fomitsch gab jedes Mal drei Kopeken, am letzten Abend legte er aber zehn Kopeken auf den Teller, wobei sein Gesicht höchste Seligkeit ausdrückte. Die Schauspieler hatten beschlossen, von den Besuchern Eintrittsgeld zu erheben, so viel jeder geben wollte, um damit die Auslagen für die Aufführung und für ihre eigene »Stärkung« zu bestreiten. Petrow versicherte, dass man mich auf einen der ersten Plätze lassen würde, so überfüllt das Theater auch wäre, weil ich reicher als die andern sei und mehr geben würde; auch weil ich mehr als alle von der Sache verstünde. So kam es auch. Aber ich will erst den Saal und die Einrichtung des Theaters beschreiben.

Unser Kasernenraum, in dem die Aufführung stattfand, war an die fünfzehn Schritt lang. Vom Hof kam man auf die Treppe, von der Treppe in den Flur und aus dem Flur in die Kaserne. Diese lange Kaserne hatte, wie ich schon sagte, eine eigene Einrichtung. Die Pritschen waren längs der Wände angeordnet, sodass die Mitte des Zimmers frei blieb. Die der Eingangstür zunächst liegende Hälfte des Zimmers war für die Zuschauer, die andere Hälfte, die mit einer anderen Kaserne in Verbindung stand, für die Bühne selbst bestimmt. Vor allem setzte mich der Vorhang in Erstaunen. Er zog sich an die zehn Schritt quer durch den ganzen Raum. Er bedeutete einen Luxus, über den man sich wirklich wundern konnte. Außerdem war er mit Ölfarbe bemalt; dargestellt waren auf ihm Bäume, Lauben, Teiche und Sterne. Er bestand aus alten und neuen Leinwandstücken, die ein jeder beigesteuert hatte, aus alten Fußlappen und Hemden, die zu einem großen Stück zusammengenäht waren; soweit die Leinwand nicht gereicht hatte, war einfach Papier verwendet worden, das man sich gleichfalls bogenweise in den verschiedenen Kanzleien und Amtsstuben zusammengebettelt hatte. Unsere Maler, unter ihnen unser »Brjullow«, A-ow, hatten es übernommen, den Vorhang anzustreichen und zu bemalen. Der Effekt war erstaunlich. Eine solche Pracht gereichte sogar den Düstersten und den Verwöhntesten unter den Arrestanten zur Freude, und sie erwiesen sich denn auch, sobald die Vorstellung begann, alle ohne Ausnahme als die gleichen Kinder, wie die Hitzigsten und Ungeduldigsten. Alle waren sehr zufrieden, sogar bis zur Prahlerei. Die Beleuchtung bestand aus einigen in Stücke geschnittenen Talglichtern. Vor dem Vorhang standen zwei Küchenbänke und vor den Bänken drei oder vier Stühle, die sich im Unteroffizierzimmer gefunden hatten. Die Stühle waren für den Fall bestimmt, dass höhere Offiziere kommen sollten; die Bänke aber standen für die Unteroffiziere, Ingenieurschreiber, Zugführer und ähnliche Personen bereit, die zwar zu den Vorgesetzten gehörten, aber keinen Offiziersrang hatten, für den Fall, dass sie ins Zuchthaus hineinschauten.

So kam es auch. Zufällige Besucher fanden sich an jedem Abend ein, an einem Abend mehr, am andern weniger; aber bei der letzten Vorstellung blieb kein Platz auf den Bänken unbesetzt. Zuletzt, hinter den Bänken, standen die Arrestanten, aus Achtung vor den Gästen barhäuptig, in Joppen und Halbpelzen, trotz der schwülen Luft im Zimmer. Natürlich war der Platz für die Arrestanten viel zu klein. Aber abgesehen davon, dass der eine buchstäblich auf dem andern saß, zumal in den hinteren Reihen, waren auch alle Pritschen und Kulissen besetzt; schließlich fanden sich auch Liebhaber, die das Theater jeden Abend besuchten und der Aufführung aus der anderen Kaserne, hinter der rückwärtigen Kulisse, zuschauten. Die Enge in der vorderen Hälfte der Kaserne war ganz unnatürlich und vielleicht der Enge und dem Gedränge zu vergleichen, die ich neulich im Dampfbad gesehen hatte. Die Tür in den Flur stand offen; auch im Flur, in dem ein Frost von etwa zwanzig Grad herrschte, drängten sich die Leute. Man ließ uns, mich und Petrow, sogleich nach vorn durch, fast bis zu den Bänken, von wo man alles viel besser sehen konnte als von den hinteren Reihen. Man sah in mir zum Teil einen Kenner, der schon ganz andere Theateraufführungen erlebt hatte; man hatte bemerkt, dass Bakluschin sich die ganze Zeit mit mir beraten hatte und mich mit Respekt behandelte; also gebührte mir Ehre und ein guter Platz. Die Arrestanten waren zwar ehrgeizige und im höchsten Maß leichtsinnige Menschen, aber das war nur geheuchelt. Die Arrestanten konnten über mich lachen, als sie sahen, dass ich ihnen bei der Arbeit ein schlechter Helfer war. Almasow durfte uns Adelige mit Verachtung ansehen und sich vor uns mit seinem Können, Alabaster zu brennen, brüsten. Aber in ihren Verfolgungen und Spöttereien über uns steckte auch etwas anderes: wir waren ja früher einmal Adelige gewesen; wir gehörten dem gleichen Stand an wie ihre einstigen Herren, die sie unmöglich in gutem Andenken haben konnten. Aber jetzt, im Theater, machten sie mir Platz. Sie anerkannten, dass ich darin ein besseres Urteil und mehr gesehen hätte und wisse als sie. Die mir am wenigsten Wohlgesinnten wünschten (ich weiß es) mein Lob über ihr Theater zu hören, und ließen mich ohne jede Selbsterniedrigung auf den ersten Platz. Ich sage es jetzt, da ich mich meines damaligen Eindrucks erinnere. Damals hatte ich auch den Eindruck – ich erinnere mich dessen –, dass in ihrer gerechten Selbsteinschätzung durchaus keine Selbsterniedrigung, sondern ein Gefühl für die eigene Würde lag. Der höchste und auffallendste Charakterzug unseres Volkes ist das Gefühl für Gerechtigkeit und der Drang nach ihr. Das freche Bestreben, sich immer und überall, koste es, was es wolle, auf den ersten Platz zu drängen, ganz gleich, ob der Mensch es verdient oder nicht, ist diesem Volk fremd. Man braucht nur die äußere Schale zu entfernen und den inneren Kern aus nächster Nähe recht aufmerksam und vorurteilslos anzuschauen, um in unserem Volk solche Dinge zu erkennen, die man gar nicht geahnt hat. Unsere Weisen können unser Volk nicht viel lehren. Ich will sogar positiv behaupten: sie müssen selbst von ihm lernen.

Petrow sagte mir naiv, als wir uns aufmachten, um ins Theater zu gehen, dass man mich auch deshalb auf den ersten Platz lassen würde, weil man von mir mehr Geld erwartete. Einen bestimmten Preis gab es nicht, ein jeder gab so viel er konnte oder wollte. Als man mit dem Teller sammeln ging, gab fast jeder etwas, wenigstens eine halbe Kopeke. Wenn man mir aber den ersten Platz zum Teil auch des Geldes wegen einräumte, in der Annahme, dass ich mehr als die andern geben würde, so lag ja darin wiederum sehr viel Gefühl für eigene Würde! »Du bist reicher als ich, geh darum nach vorn; wir sind hier zwar alle gleich, aber du wirst mehr als die anderen auf den Teller legen; ein solcher Besucher wie du, ist also den Schauspielern angenehmer, – dir gebührt der erste Platz, denn wir alle sind hier nicht für Geld, sondern aus Achtung, – folglich müssen wir uns selbst sortieren.« Wie viel echter Stolz liegt doch darin! Es ist keine Achtung vor dem Geld, sondern die Achtung vor sich selbst. Im Zuchthaus genossen Geld und Reichtum überhaupt sehr wenig Ansehen, besonders wenn man die Arrestanten als eine Masse und Gemeinschaft betrachtete. Ich kann mich auf keinen einzigen besinnen, der sich des Geldes wegen ernsthaft erniedrigt hätte, selbst wenn ich jeden einzelnen durchnehme. Es gab wohl Bettler, die auch mich anschnorrten. Aber sie bettelten mehr aus Mutwillen und Schelmerei als aus geldgieriger wirklicher Absicht; es lag darin mehr Humor und Naivität. Ich weiß nicht, ob ich mich verständlich genug ausdrücke. Aber ich habe das Theater inzwischen ganz vergessen. Zur Sache:

Bis zum Aufgehen des Vorhanges bot das ganze Zimmer ein seltsam belebtes Bild. Vor allem fiel die Menge der Zuschauer auf, die von allen Seiten gepresst und zusammengedrückt war und mit Ungeduld und Seligkeit in den Mienen auf den Anfang der Vorstellung wartete. In den hinteren Reihen hockten die Menschen aufeinander. Viele von ihnen hatten aus der Küche Holzscheite mitgebracht. Man stellte so ein dickes Scheit an die Wand, stieg mit beiden Füßen hinauf, stützte sich mit beiden Händen auf die Schultern des Vordermannes und blieb so, ohne seine Stellung zu ändern, zwei Stunden lang stehen, mit sich und seinem Platz vollkommen zufrieden. Andere stellten sich auf den unteren Vorsprung des Ofens und standen ebenfalls die ganze Zeit, mit den Händen auf die Vordermänner gestützt. So war es in den hintersten Reihen an der Wand. Seitwärts über den Musikanten stand gleichfalls eine kompakte Masse auf den Pritschen. Hier waren gute Plätze. An die fünf Mann waren auf den Ofen selbst geklettert und sahen liegend hinunter. Diese genossen die höchste Seligkeit. Auf den Fensterbänken und längs der anderen Wand drängte sich eine ganze Menge Verspäteter und solcher, die keinen guten Platz gefunden hatten. Alle verhielten sich ruhig und anständig. Ein jeder wollte sich vor den Ehrengästen und den anderen Besuchern im besten Licht zeigen. Auf allen Gesichtern stand die naivste Erwartung. Alle Gesichter waren rot und von der Hitze und Schwüle schweißbedeckt. Welch ein seltsamer Widerschein kindlicher Freude, eines herzlichen, reinen Genusses leuchtete auf diesen von vielen Runzeln durchfurchten, gebrandmarkten Stirnen und Wangen, in diesen Blicken der bisher düsteren und finsteren Menschen, in diesen Augen, die sonst oft in schrecklichem Feuer glühten! Alle waren barhaupt, und alle Köpfe zeigten sich mir von rechts rasiert. Da machte sich aber auf der Bühne eine Bewegung bemerkbar. Gleich wird der Vorhang aufgehen. Das Orchester beginnt zu spielen … Dieses Orchester ist der Erwähnung wert. Seitwärts auf den Pritschen saßen an die acht Musikanten: Zwei Geigen (die eine war im Zuchthaus vorhanden, die andere hatte man sich irgendwo in der Festung geliehen, der Künstler dazu fand sich im Zuchthaus), drei Balalaikas, lauter selbstgemachte Instrumente, zwei Gitarren und ein Tamburin, das eine Bassgeige vertrat. Die Geigen quietschten und winselten nur, die Gitarren waren schlecht, die Balalaikas aber ganz außergewöhnlich gut. Die Gewandtheit, mit der die Musiker die Saiten bearbeiteten, erinnerte an ein geschicktes Kunststück. Man spielte lauter Tanzweisen. An den lebhaftesten Stellen schlugen die Balalaikaspieler mit den Knöcheln auf die Resonanzdecken der Instrumente; der ganze Ton und Geschmack, die Ausführung, die Behandlung der Instrumente und der Charakter der Wiedergabe der Melodie waren durchaus originell und verrieten einen eigentümlichen Arrestantenstil. Auch der eine Gitarrenspieler beherrschte sein Instrument vorzüglich. Es war der Adelige, der seinen Vater ermordet hatte. Was aber den Tamburinspieler betrifft, so vollbrachte er wahre Wunder; bald drehte er das Instrument auf einem Finger im Kreis, bald fuhr er mit dem Daumen über das Fell; bald hörte man schnelle, helle, eintönige Schläge, bald löste sich dieses deutlich akzentuierte Tönen in einer Menge kleiner, zitternder und raschelnder Laute auf, als schütte man Erbsen aus. Schließlich tauchten auch zwei Ziehharmonikas auf. Mein Ehrenwort, ich hatte bis dahin keine Ahnung davon gehabt, was sich aus den einfachsten Volksinstrumenten machen lässt. Die Harmonie der Töne, der Rhythmus, vor allem aber der Geist, der Charakter der Auffassung und die Wiedergabe des Wesens der Melodie waren einfach erstaunlich. Ich begriff damals zum ersten Mal vollkommen, worin die unendliche Ausgelassenheit und Unbändigkeit der kühnen russischen Tanzlieder liegt.

Endlich ging der Vorhang auf. Alle gerieten in Bewegung, ein jeder trat von dem einen Fuß auf den andern, die Hintersten stellten sich auf die Fußspitzen, einer fiel von seinem Holzscheit herunter, alle rissen Mund und Augen auf, und eine vollständige Ruhe trat ein. Die Vorstellung begann.

Neben mir stand Alej in einer Gruppe mit seinen Brüdern und den übrigen Tscherkessen. Sie alle hatten am Theater leidenschaftlichen Geschmack gefunden und besuchten es jeden Abend. Alle Muselmänner, Tataren usw. sind leidenschaftliche Liebhaber von Schauspielen jeder Art. Neben ihnen fand auch Issai Fomitsch Platz, der nun ganz Ohr und Auge und die naivste, gierige Erwartung von Wundern und Genüssen geworden zu sein schien. Es wäre mir wirklich leid, wenn er in seinen Erwartungen getäuscht worden wäre. Das liebe Gesicht Alejs strahlte in einer solchen kindlichen, schönen Freude, dass es mir, ich gestehe es, ein wahres Vergnügen war, ihn anzusehen, und ich erinnere mich noch, wie ich, sooft bei irgendeinem drolligen und geschickten Spaß eines Schauspielers ein allgemeines Gelächter ertönte, mich sofort zu Alej umwandte und ihm ins Gesicht blickte. Er sah mich nicht, seine Aufmerksamkeit war von anderen Dingen gefesselt! Gar nicht weit von mir stand links ein älterer, immer mürrischer, unzufriedener und brummiger Arrestant. Auch er war auf Alej aufmerksam geworden, und ich sah, wie er sich einige Male halb lächelnd nach ihm umwandte, um ihn anzublicken: so nett war der Tscherkesse! Jemand nannte ihn, ich weiß nicht warum, mit dem russischen Vatersnamen »Alej Ssemjonowitsch«. Man fing mit »Filatka und Miroschka« an. Filatka (Bakluschin) war wirklich großartig. Er spielte seine Rolle mit wunderbarem Takt. Man sah, dass er sich jeden Satz, jede seiner Bewegungen überlegt hatte. Jedem noch so unbedeutendem Wort, jeder Geste verstand er einen Sinn und eine Bedeutung zu verleihen, die dem Charakter der Rolle vollkommen entsprachen. Wenn man sich zu diesen Bemühungen, zu diesem sorgfältigen Studium der Rolle seine wunderbare, ungekünstelte Heiterkeit, Natürlichkeit und Echtheit hinzudenkt, wird man beim Anblick Bakluschins unbedingt zugeben müssen, dass er ein echter, geborener Schauspieler mit großem Talent war. Den »Filatka« habe ich mehrmals auf den Moskauer und Petersburger Bühnen gesehen, und ich behaupte entschieden, dass die großstädtischen Schauspieler, die den »Filatka« darstellten, durchaus schlechter waren als Bakluschin. Im Vergleich mit ihm waren sie »Paysans« und keine echten Bauern. Sie wollten zu sehr den Bauern spielen. Bakluschin wurde außerdem durch die Konkurrenz angeregt. Es war allen bekannt, dass im zweiten Stück die Rolle des Kedrill dem Arrestanten Pozejkin zugeteilt war, einem Schauspieler, den alle aus irgendeinem Grunde für begabter und besser als Bakluschin hielten, und Bakluschin litt darunter wie ein Kind. In den letzten Tagen war er gar oft zu mir gekommen und hatte bei mir sein Herz erleichtert. Zwei Stunden vor der Vorstellung schüttelte ihn Fieberfrost. Als die Menge lachte und ihm zurief: »Bravo, Bakluschin! Gut, Bakluschin!« strahlte sein Gesicht vor Glück, und in seinen Augen leuchtete echte Begeisterung. Die Kussszene mit Miroschka, wo ihm Filatka zuruft: »Wisch dir erst den Mund ab!« und sich auch selbst den Mund abwischt, geriet ungemein komisch. Alle wälzten sich vor Lachen. Am meisten interessierten mich aber die Zuschauer. Alle Herzen standen offen. Alle gaben sich ungehemmt dem Genuss hin. Beifallsrufe wurden immer häufiger. Da stößt einer seinen Nachbarn in die Seite und teilt ihm in aller Eile seine Eindrücke mit, ohne sich darum zu kümmern und selbst ohne zu sehen, wer dieser Nachbar ist; ein anderer wendet sich bei einer besonders lustigen Szene plötzlich entzückt zu der Menge um, lässt seinen Blick schnell über alle Gesichter gleiten, als wolle er alle zum Lachen auffordern, winkt mit der Hand und dreht sich gleich wieder zur Bühne um. Ein dritter schnalzt einfach mit der Zunge und den Fingern und kann nicht ruhig auf seinem Platz stehen; da er aber keinen Schritt zu machen vermag, so tritt er von einem Fuß auf den andern.

Gegen den Schluss des Stückes erreichte die allgemeine heitere Stimmung ihren Höhepunkt. Ich übertreibe es nicht. Man stelle sich das Zuchthaus vor, die Ketten, die Unfreiheit, die vielen traurigen Jahre in der Zukunft, das Leben, so eintönig wie ein trüber herbstlicher Regentag, – und plötzlich wurde allen dieser bedrückten, gefangenen Menschen gestattet, sich eine Stunde lang gehen zu lassen, sich zu vergnügen, den schweren Traum zu vergessen, eine richtige Theatervorstellung zu veranstalten, und zwar eine, die der ganzen Stadt zu Stolz und Bewunderung gereicht. – Ja, so sind unsere Arrestanten! Alles erregte natürlich ihr Interesse, z. B. auch die

Kostüme. Es war ihnen außerordentlich interessant, irgendeinen Wanjka Otpjetyi oder Nezwetajew oder Bakluschin in ganz anderer Kleidung zu sehen als der, in welcher man ihn schon seit so vielen Jahren täglich sah. »Er ist ja Arrestant, genau wie ich, man hört seine Ketten klirren, und da tritt er in einem Rock, runden Hut und Mantel auf, ganz wie ein Zivilist! Er hat sich einen Schnurrbart und Haar angeklebt. Jetzt zieht er ein rotes Tüchlein aus der Tasche, fächelt damit, er stellt einen vornehmen Herrn dar und ist wirklich ganz wie ein vornehmer Herr!« Und alle sind begeistert.

Der »wohltätige Gutsbesitzer« trat in einer, wenn auch sehr abgetragenen Adjutantenuniform auf, mit Epauletten, einer Mütze mit Kokarde und machte einen ungewöhnlichen Effekt. Für diese Rolle gab es zwei Bewerber, und – sollte man es glauben, – beide stritten sich wie kleine Kinder herum, wer sie spielen sollte, beide wollten sich gar zu gern in Offiziersuniform mit Fangschnüren zeigen! Die übrigen Schauspieler schlichteten den Streit und beschlossen mit Stimmenmehrheit, diese Rolle dem Nezwetajew zu geben, nicht etwa weil er hübscher und ansehnlicher als der andere wäre und daher eher einem wirklichen Herrn gliche, sondern weil Nezwetajew allen versichert hatte, dass er mit einem Rohrstöckchen auftreten und mit demselben wie ein echter Herr und Stutzer fuchteln und auf der Erde zeichnen würde, wie es Wanjka Otpjetyi niemals darstellen könne, weil er echte Herrschaften niemals gesehen habe. Und in der Tat: als Nezwetajew mit seiner Dame vor das Publikum trat, tat er nichts anderes, als mit seinem dünnen Rohrstöckchen, das er sich irgendwo verschafft hatte, mit großer Geschwindigkeit auf der Erde zu zeichnen, worin er wahrscheinlich die Merkmale höchster Vornehmheit und Eleganz erblickte. Wahrscheinlich hatte er einmal in seiner Kindheit als barfüßiger Bauernjunge einen schöngekleideten Herrn mit einem Rohrstöckchen gesehen und war von der Kunstfertigkeit, mit der jener das Stöckchen drehte, dermaßen gefesselt worden, dass dieser Eindruck für alle Ewigkeit unauslöschlich in seiner Seele haften geblieben war; und nun gab er mit seinen dreißig Jahren zum Ergötzen des Zuchthauses alles so wieder, wie er es einst gesehen hatte. Nezwetajew war dermaßen in diese Betätigung vertieft, dass er auf nichts und niemand sah, selbst beim Sprechen nicht aufblickte und ununterbrochen die Spitze seines Rohrstöckchens im Auge behielt. Die »wohltätige Gutsbesitzerin« war in ihrer Art gleichfalls bemerkenswert. Sie erschien in einem alten, abgetragenen Tüllkleid, das mehr wie ein Fetzen aussah, mit bloßen Armen und bloßem Hals, mit entsetzlich gepudertem und geschminktem Gesicht, mit einem am Kinn festgebundenen Nachthäubchen aus Kattun, mit einem Sonnenschirm in der einen Hand und einem Fächer aus bemaltem Papier in der andern, mit dem sie unaufhörlich fächelte. Eine Lachsalve begrüßte die Dame; auch die Dame selbst hielt es nicht aus und fing einige Male zu lachen an. Die Dame spielte der Arrestant Iwanow. Ssirotkin, als junges Mädchen verkleidet, war sehr nett. Die Couplets gerieten gut. Mit einem Wort, das Stück endete zur größten allgemeinen Zufriedenheit. Eine Kritik gab es nicht und konnte es auch nicht geben.

Man spielte als Zwischenakt wieder ein bekanntes Volkslied, und der Vorhang ging von neuem auf. Jetzt kam der »Kedrill«. Der Kedrill ist etwas von der Art des Don

Juan, jedenfalls werden der Herr und der Diener am Ende des Stückes von den Teufeln in die Hölle geschleppt. Man spielte einen ganzen Akt, aber offenbar war es nur ein Bruchstück; der Anfang und der Schluss schienen verloren zu sein. Von einem Sinn und Zusammenhang war nichts zu erkennen. Die Handlung spielt in Russland, in einem Gasthof. Der Gastwirt geleitet einen Herrn im Mantel und eingedrückten runden Hut ins Zimmer. Ihm folgt sein Diener Kedrill mit der Reisetasche und einem in blaues Papier eingewickelten Huhn. Kedrill trägt einen Halbpelz und eine Lakaienmütze. Er ist eben der Vielfraß. Diese Rolle spielt der Arrestant Pozejkin, der Rivale Bakluschins; den Herrn spielt der gleiche Iwanow, der im ersten Stück die wohltätige Gutsbesitzerin gespielt hat. Der Gastwirt, Nezwetajew, teilt dem Gast warnend mit, dass es im Zimmer Teufel gebe, und verschwindet. Der Herr murmelt düster und besorgt vor sich hin, dass er es schon längst gewusst habe, und befiehlt Kedrill, die Sachen auszupacken und das Abendessen herzurichten. Kedrill ist ein Feigling und ein Vielfraß. Als er von den Teufeln hört, wird er blass und zittert wie ein Espenblatt. Er wäre gern davongelaufen, aber er fürchtet sich vor seinem Herrn. Außerdem hat er auch Hunger. Er ist naschhaft, dumm, feig und auf seine Weise schlau; er betrügt den Herrn auf Schritt und Tritt und hat zugleich Angst vor ihm. Es ist ein merkwürdiger Dienertypus, mit entfernten, dunklen Anklängen an den Leporello, und die Rolle wurde auch wunderbar gespielt. Pozejkin hatte entschieden Talent und war meiner Ansicht nach ein noch besserer Schauspieler als Bakluschin. Als ich ihn am nächsten Tag mit Bakluschin traf, sprach ich ihm diese Meinung nicht völlig aus, denn das würde den andern zu sehr gekränkt haben. Auch der Arrestant, der den Herrn spielte, war nicht schlecht. Er sprach entsetzlichen Unsinn, aber seine Diktion war richtig und gewandt, und auch die Gesten waren passend. Während nun Kedrill sich mit dem Gepäck zu schaffen macht, geht der Herr nachdenklich auf der Bühne auf und ab und erklärt laut, dass am heutigen Abend seine Fahrten ein Ende nehmen. Kedrill hört neugierig zu, schneidet Grimassen, spricht beiseite und bringt mit jedem Wort die Zuschauer zum Lachen. Sein Herr tut ihm nicht leid; er hat aber von den Teufeln gehört und möchte wissen, was das ist; so beginnt er ein Gespräch und stellt allerlei Fragen. Der Herr erklärt ihm schließlich, dass er einmal in großer Not die Hilfe der Hölle angerufen habe und dass die Teufel ihm aus der Klemme geholfen hätten; heute sei aber die Zeit abgelaufen, und vielleicht würden sie kommen, um laut Abmachung seine Seele zu holen. Kedrill bekommt ordentlich Angst. Der Herr aber verliert seinen Mut nicht und befiehlt ihm, das Abendessen herzurichten. Als Kedrill vom Abendessen hört, wird er lebendig, packt das Huhn aus und holt Wein; dabei reißt er jeden Augenblick ein Stückchen vom Huhn ab und stopft es sich in den Mund. Das Publikum lacht. Da knarrt die Tür, der Wind poltert mit den Fensterläden; Kedrill zittert und steckt sich fast unbewusst ein riesengroßes Stück Huhn in den Mund, das er nicht hinunterschlucken kann. Alle lachen wieder. »Bist du fertig?« schreit der Herr, der im Zimmer auf und ab geht. – »Sofort, Herr … ich werde für Sie alles … herrichten«, sagt Kedrill, indem er sich selbst an den Tisch setzt und das Essen seines Herrn zu verzehren beginnt. Dem Publikum gefällt offenbar die Gewandtheit und die List des

Dieners, auch dass der Herr betrogen wird. Ich muss sagen, dass Pozejkin den Beifall auch wirklich verdiente. Die Worte »Sofort, Herr, ich werde für Sie alles herrichten«, sprach er vorzüglich. Nachdem Kedrill sich an den Tisch gesetzt hat, beginnt er mit Gier zu essen und fährt bei jedem Schritt des Herrn zusammen, vor Angst, dass dieser seine Streiche bemerken werde; kaum macht der Herr eine Bewegung, so verkriecht er sich unter den Tisch und nimmt auch das Huhn mit. Endlich hat er seinen ersten Hunger gestillt, nun ist es Zeit, auch an den Herrn zu denken. – »Kedrill, wird es bald?« schreit der Herr. – »Fertig!« antwortet Kedrill schnell und merkt, dass für den Herrn fast nichts übrig geblieben ist. Auf dem Teller liegt tatsächlich nur noch ein Hühnerbein. Der Herr setzt sich düster und besorgt, ohne etwas zu merken, an den Tisch, und Kedrill stellt sich mit einer Serviette in der Hand hinter seinem Stuhl auf. Jedes Wort, jede Geste, jede Grimasse Kedrills, wenn er zum Publikum gewendet, auf seinen einfältigen Herrn weist, wird vom Publikum mit unbändigem Gelächter begleitet. Kaum beginnt aber der Herr zu essen, als schon die Teufel erscheinen. Das geschieht auf eine ganz unverständliche Weise, und die Teufel erscheinen gar nicht wie üblich. In einer Seitenkulisse geht eine Tür auf, und es kommt eine weiße Gestalt mit einer brennenden Laterne anstatt des Kopfes; ein zweites Phantom, gleichfalls mit einer Laterne auf dem Kopf, hält in den Händen eine Sense. Wozu die Laternen, wozu die Sense, warum sind die Teufel weiß gekleidet? Das kann niemand erklären. Übrigens macht sich auch niemand Gedanken darüber. Wahrscheinlich muss es so sein. Der Herr wendet sich ziemlich tapfer zu den Teufeln und ruft ihnen zu, dass er bereit sei und dass sie ihn holen möchten. Kedrill aber ist feig wie ein Hase; er verkriecht sich unter den Tisch, vergisst aber trotz seines Schreckens nicht, die Flasche vom Tisch mitzunehmen. Die Teufel verschwinden für einen Augenblick; Kedrill kommt wieder hervor; kaum macht sich aber der Herr wieder an das Huhn, als drei Teufel von neuem ins Zimmer stürzen, den Herrn von hinten packen und in die Hölle schleppen. »Kedrill! Rette mich!« schreit der Herr. Aber Kedrill denkt nicht daran. Diesmal hat er auch die Flasche, den Teller und sogar das Brot unter den Tisch mitgenommen. Nun ist er aber allein, die Teufel sind verschwunden, der Herr ebenfalls. Kedrill kommt zum Vorschein, sieht sich um, und ein Lächeln verklärt sein Gesicht. Er kneift schelmisch die Augen zusammen, setzt sich auf den Platz seines Herrn und sagt, dem Publikum zunickend, vor sich hin: »Nun bin ich allein … ohne den Herrn! …«

Alle lachen darüber; da fügt er noch im Flüsterton hinzu, sich vertraulich an die Zuschauer wendend und ihnen immer lustiger zublinzelnd: »Den Herrn haben die Teufel geholt! …«

Das Entzücken der Zuschauer ist grenzenlos. Das macht nicht allein die Mitteilung, dass den Herrn die Teufel geholt haben, es ist auch so schelmisch, mit einer solchen höhnisch triumphierenden Grimasse gesprochen, dass man wirklich applaudieren muss. Aber das Glück Kedrills währt nicht lange. Kaum hat er sich aus der Flasche ein Glas eingeschenkt und will trinken, als die Teufel wiederkommen, sich auf den Fußspitzen heranschleichen und ihn plötzlich an den Seiten packen. Kedrill schreit aus vollem Halse; vor Feigheit wagt er sich nicht umzuwenden. Er kann sich auch nicht wehren; er hat ja die Flasche und das Glas in den Händen, von denen er sich nicht trennen mag. Mit vor Entsetzen weit aufgerissenem Mund sitzt er eine halbe Minute da und glotzt das Publikum an mit einem so komischen Ausdruck feiger Angst, dass man ihn buchstäblich malen könnte. Schließlich wird er weggeschleppt; er hat die Flasche bei sich, strampelt mit den Beinen und schreit. Man hört ihn auch noch hinter den Kulissen schreien. Aber der Vorhang fällt, und alle lachen, alle sind entzückt. – Das Orchester stimmt die »Kamarinskaja« an.

Man spielt ganz leise, kaum hörbar, aber die Melodie wächst und wächst, das Tempo wird immer schneller, man hört ausgelassenes Klopfen auf die Resonanzböden der Balalaiken … Es ist die »Kamarinskaja« in ihrem vollen Schwung, und es wäre wirklich gut, wenn Glinka sie wenigstens zufällig bei uns im Zuchthaus gehört hätte. Es beginnt eine Pantomime mit Musik. Die »Kamarinskaja« verstummt während der ganzen Pantomime nicht. Die Bühne stellt eine Bauernstube dar. Auf der Bühne sind der Müller und seine Frau. Der Müller ist in einer Ecke mit dem Ausbessern von Pferdegeschirr beschäftigt, seine Frau spinnt in der anderen Ecke Flachs. Die Frau wird von Ssirotkin gespielt, der Müller von Nezwetajew.

Ich muss bemerken, dass unsere Dekorationen sehr armselig waren. In diesem wie auch im vorhergehenden Stück musste man mehr mit seiner Phantasie ergänzen, als man mit Augen sah. Statt der hinteren Wand war eine Art Teppich oder Pferdedecke gespannt; seitwärts stand eine zerrissene spanische Wand. Die linke Seite der Bühne war unverdeckt, sodass man die Pritschen sah, aber die Zuschauer waren nicht anspruchsvoll und bereit, die Wirklichkeit durch die Phantasie zu ergänzen, um so mehr als die Arrestanten dessen sehr fähig sind: »Wenn man dir sagt, es sei ein Garten, so ist's ein Garten; wenn man dir sagt, es sei eine Stube, so ist's eine Stube, – es ist ja ganz gleich, und du darfst nicht zu viel verlangen.«

Ssirotkin ist in der Verkleidung einer jungen Bauernfrau sehr nett. Von den Zuschauern kommen einige leise Komplimente. Der Müller beendigt seine Arbeit, nimmt die Mütze, nimmt die Peitsche, geht auf seine Frau zu und erklärt ihr durch Mienenspiel, dass er weggehen müsse und dass, wenn sie in seiner Abwesenheit jemand empfangen würde, er sie … und er zeigt ihr die Peitsche. Die Frau hört es und nickt. Diese Peitsche ist ihr wohlbekannt; die junge Frau ist dem Mann nicht allzu treu. Der Mann geht weg. Kaum ist er aus der Tür, so droht sie ihm mit der Faust nach. Es klopft; die Tür geht auf, und es erscheint der Nachbar, gleichfalls ein Müller, ein Kerl mit Kaftan und Bart. In der Hand hat er als Geschenk ein rotes Tuch. Die junge Frau lacht; kaum macht aber der Nachbar Anstalten, sie zu umarmen, als es schon wieder klopft. Was soll sie mit ihm anfangen? Sie schiebt ihn in aller Eile unter den Tisch und setzt sich wieder an den Spinnrocken. Nun kommt der zweite Verehrer; es ist der Schreiber in Militäruniform. Bisher wurde die Pantomime tadellos gespielt, die Gesten waren richtig und fehlerlos. Man konnte sich über diese improvisierten Schauspieler sogar wundern und sich denken: wie viel Kraft und Talent geht doch bei uns in Russland zuweilen fast unnütz, in schwerer Not und Gefangenschaft zugrunde! Aber der Arrestant, der den Schreiber spielte, hatte wohl früher einmal auf einer Provinz- oder Hausbühne gespielt und bildete sich ein, dass alle unsere Schauspieler ohne Ausnahme ihre Sache nicht verstünden und sich nicht so bewegten, wie man sich auf der Bühne bewegen müsste. Und so bewegte er sich so, wie sich in alten Zeiten im Theater die klassischen Helden bewegt haben sollen: Er macht einen langen Schritt, bleibt plötzlich, ohne noch den anderen Fuß nachgezogen zu haben, stehen, wirft den ganzen Rumpf und den Kopf zurück, sieht sich stolz um und macht den nächsten Schritt. Wenn diese Gehweise beim klassischen Helden lächerlich war, so war sie am Regimentsschreiber im komischen Stück noch viel lächerlicher. Aber unser Publikum glaubte, dass es wohl so sein müsse, und nahm die langen Schritte des baumlangen Schreibers als vollendete Tatsache ohne besondere Kritik hin. Kaum hat der Schreiber die Bühne betreten, als es wieder an die Türe pocht. Die Hausfrau gerät in neue Unruhe. Wo soll sie den Schreiber hintun? In den Koffer, um so mehr als er offen steht. Der Schreiber kriecht hinein, und die Frau macht den Deckel zu. Diesmal erscheint ein eigentümlicher, gleichfalls verliebter Gast. Es ist ein Brahmine, sogar in Kostüm. Ein unbändiges Lachen ertönt im Publikum. Den Brahminen spielt der Arrestant Koschkin und zwar vorzüglich. Er hat eine echte Brahminenfigur. Er erklärt ihr mit Gesten seine ganze Liebe. Er hebt die Arme zum Himmel, drückt sie dann an die Brust, ans Herz; kaum ist er aber zärtlich geworden, als ein sehr lautes Klopfen an der Tür ertönt. Man hört, es ist der Herr des Hauses. Die Frau ist vor Schreck außer sich, der Brahmine rennt wie verrückt hin und her und fleht sie an, sie möge ihn verstecken. Sie schiebt ihn in aller Eile hinter den Schrank, vergisst die Türe zu öffnen, stürzt sich zu ihrem Spinnrocken und spinnt und spinnt, ohne das Klopfen ihres Mannes zu hören; sie drillt vor Entsetzen den Faden, den sie nicht in der Hand hat, und dreht die Spindel, die sie vom Boden aufzuheben vergaß. Ssirotkin spielt dieses Entsetzen vorzüglich. Der Müller schlägt aber die Türe mit dem Fuß ein und geht mit der Peitsche in der Hand auf seine Frau zu. Er hat alles gesehen und belauscht und bedeutet ihr gleich mit den Fingern, dass sie drei Männer bei sich verborgen habe. Dann sucht er die Versteckten. Zuerst findet er den Nachbarn und befördert ihn mit Püffen aus der Stube. Der erschrockene Schreiber will davonlaufen, hebt mit dem Kopf den Kofferdeckel und verrät sich auf diese Weise selbst. Der Müller treibt ihn mit der Peitsche an, und der verliebte Schreiber hüpft jetzt gänzlich unklassisch davon. Nun bleibt noch der Brahmine; der Müller sucht ihn lange, findet ihn schließlich in der Ecke hinter dem Schrank, verbeugt sich erst höflich vor ihm und zieht ihn dann am Bart auf die Mitte der Bühne heraus. Der Brahmine versucht sich zu wehren; er schreit »Verdammter, Verdammter!« (das sind die einzigen Worte, die in der Pantomime gesprochen werden) aber der Mann hört nicht auf ihn und rechnet mit ihm ordentlich ab. Als die Frau sieht, dass die Reihe an sie kommt, wirft sie den Spinnrocken weg und rennt aus dem Zimmer; die Spinnbank fällt um, die Arrestanten lachen. Alej zupft mich, ohne mich anzublicken, am Ärmel und ruft mir zu: »Schau an! Ein Brahmine, ein Brahmine!« Dabei kann er vor Lachen kaum stehen. Der Vorhang fällt. Eine neue Szene beginnt.

Ich will aber alle Szenen gar nicht beschreiben. Es gab ihrer noch zwei oder drei. Alle waren lustig und ungekünstelt komisch. Wenn die Arrestanten sie auch nicht selbst verfasst hatten, so hatten sie doch in jedes Stück viel Eigenes hineingelegt. Fast jeder Schauspieler improvisierte und spielte die gleiche Rolle an den folgenden Abenden stets etwas anders. Die letzte Pantomime in phantastischer Art endete mit einem Ballett. Ein Toter wird beerdigt. Der Brahmine macht mit seinem zahlreichen Gefolge verschiedene Beschwörungen über dem Sarg, aber nichts will helfen. Schließlich ertönt das Lied »Die Sonne geht unter«, der Tote wird lebendig, und alle fangen vor Freude zu tanzen an. Der Brahmine tanzt mit dem Toten, und zwar auf eine eigene Brahminenart. Damit endet das Theater bis zum nächsten Abend.

Alle Arrestanten gehen lustig und zufrieden auseinander, loben die Schauspieler und bedanken sich beim Unteroffizier. Man hört keinen einzigen Streit. Alle sind irgendwie ungewohnt zufrieden, sogar fast glücklich und schlafen nicht wie jeden Abend, sondern ruhigen Mutes ein; was mag wohl der Grund sein? Und doch ist es nicht nur meine Einbildung. Es ist wirklich, wirklich so. Man hat diesen armen Menschen nur ein wenig erlaubt, sich auf eigene Art auszuleben, sich wie andere Menschen zu vergnügen, wenigstens eine Stunde nicht wie Zuchthäusler zu verbringen, und die Menschen sind schon moralisch verändert, und wenn auch nur für einige Minuten … Aber es ist schon tiefe Nacht geworden. Ich fahre zusammen und erwache zufällig. Der Alte betet noch immer auf dem Ofen und wird bis zum Sonnenaufgang beten; Alej schläft still neben mir. Ich erinnere mich, dass er vor dem Einschlafen mit seinen Brüdern vom Theater gesprochen und gelacht hat, und ich betrachte unwillkürlich sein ruhiges Kindergesicht. Allmählich erinnere ich mich an alles: An den letzten Tag, an das Fest, an diesen ganzen Monat … ich hebe erschrocken den Kopf und mustere im zitternden, trüben Schein der Zuchthauskerze alle meine schlafenden Genossen. Ich sehe ihre unglücklichen Gesichter, ihre armseligen Lager, diese ganze äußerste Armut und Blöße, – ich sehe aufmerksam hin, und ich will mich gleichsam überzeugen, dass dies alles nicht die Fortsetzung eines hässlichen Traumes, sondern die wirkliche Wahrheit ist. Und es ist Wahrheit; da höre ich jemand stöhnen; jemand wirft schwer seinen Arm zurück und lässt die Kette klirren. Ein anderer fährt im Schlaf auf und beginnt zu sprechen, und der Großvater auf dem Ofen betet für alle »rechtgläubigen Christen«, und ich höre sein langsames, stilles, gedehntes »Herr Jesus Christ, erbarme dich unser! …«

»Ich bin aber doch nicht für immer hier, sondern nur für einige Jahre!« denke ich mir und lasse den Kopf wieder auf das Kissen sinken.

Zweiter Teil

I

Das Hospital

Bald nach den Feiertagen erkrankte ich und kam ins Militärspital. Es stand abseits, eine halbe Werst von der Festung entfernt. Es war ein langgestrecktes, gelbgestrichenes Gebäude. Im Sommer, wenn alle Baulichkeiten renoviert wurden, verwendete man darauf eine außerordentliche Menge Ocker. Auf dem riesengroßen Hof befanden sich die Wirtschaftsgebäude, Häuser für das ärztliche Personal und sonstige notwendige Baulichkeiten. Im Hauptbau lagen ausschließlich die Krankensäle. Es gab ihrer viele, aber nur zwei von ihnen waren für die Sträflinge bestimmt. Sie waren immer außerordentlich überfüllt, besonders aber im Sommer, sodass man oft die Betten zusammenrücken musste. Unsere Krankensäle waren von »Unglücklichen« aller Art angefüllt. Es waren Leute aus unserem Zuchthaus dabei, auch solche, die als Angeklagte vor dem Kriegsgericht standen und in verschiedenen Arrestlokalen saßen, Verurteilte und auch Nichtverurteilte; es gab auch welche aus der Korrektionskompanie, einer seltsamen Einrichtung, in welche Soldaten, die sich etwas zuschulden kommen ließen, und auch solche, auf die kein besonderer Verlass war, zwecks Besserung ihrer Aufführung gesteckt wurden und die sie gewöhnlich nach zwei oder mehr Jahren als solche Schurken verließen, wie man sie selten findet. Wenn ein Arrestant bei uns erkrankte, so meldete er es gewöhnlich am Morgen dem Unteroffizier. Der Kranke wurde dann sofort in ein Buch eingetragen und mit diesem Buch in Begleitung eines Wachsoldaten ins Bataillonslazarett geschickt. Der dortige Arzt untersuchte zunächst alle Kranken aus sämtlichen in der Festung untergebrachten Militärkommandos und schickte diejenigen, die er für wirklich krank hielt, ins Hospital. So wurde auch ich ins Buch eingetragen und begab mich gegen zwei Uhr, als alle Unsrigen aus dem Zuchthaus zur Nachmittagsarbeit gegangen waren, ins Hospital. Ein kranker Arrestant pflegte möglichst viel Geld und Brot mitzunehmen, da er am ersten Tag im Hospital noch keine Ration zu erwarten hatte; ferner ein winziges Pfeifchen, einen Tabaksbeutel und einen Feuerstein nebst Stahl. Die letztgenannten Gegenstände pflegte man sorgfältig in den Stiefeln zu verstecken. Ich betrat das Hospital nicht ohne eine gewisse Neugier auf diese neue, mir noch unbekannte Variation unseres Arrestantendaseins.

Der Tag war warm, trüb und traurig, – einer jener Tage, an denen solche Anstalten wie ein Hospital ein besonders nüchternes, unfreundliches und griesgrämiges Aussehen haben. Ich betrat mit dem Wachsoldaten das Aufnahmezimmer, wo zwei kupferne Wannen standen und schon zwei kranke Angeklagte mit ihren Wachsoldaten warteten. Der Feldscher kam, musterte uns mit einem faulen und hochmütigen Ausdruck und begab sich noch fauler zum diensthabenden Arzt mit der Meldung. Dieser kam bald, untersuchte uns, behandelte uns sehr freundlich und gab einem jeden von uns einen »Krankenbogen«, auf dem der Name des Betreffenden verzeichnet

war. Die fernere Beschreibung der Krankheit, die Verordnung der Arzneien und Beköstigung oblag aber einem der Assistenzärzte, die die Arrestantensäle unter sich hatten. Ich hatte auch schon früher gehört, dass die Arrestanten diese Ärzte gar nicht genug loben konnten. »Sie sind besser als leibliche Väter!« antworteten sie mir auf meine Fragen, bevor ich mich ins Spital begab. Indessen hatten wir uns umgekleidet. Die Kleider und die Wäschestücke, in denen wir gekommen waren, wurden uns abgenommen, und man bekleidete uns mit der Hospitalwäsche und gab uns außerdem lange Strümpfe, Pantoffeln, Nachtmützen und dicke tuchene Schlafröcke von brauner Farbe, die mit einem Zeug, das halb an Leinwand und halb an ein Pflaster erinnerte, gefüttert waren. Kurz, mein Schlafrock war außergewöhnlich schmutzig, aber ich lernte ihn erst an Ort und Stelle richtig schätzen. Dann führte man uns in die Arrestantensäle, die am Ende eines außerordentlich langen, hohen und sauberen Korridors lagen. Die äußere Reinlichkeit war überall sehr befriedigend; alles, was einem zuerst ins Auge fiel, glänzte förmlich. Es ist übrigens möglich, dass es mir nur nach dem Aufenthalt in unserem Zuchthaus so vorkam. Die beiden Angeklagten kamen in den Saal links und ich in den Saal rechts. Vor der mit einer eisernen Querstange verschlossenen Tür stand ein Wachtposten mit einem Gewehr und neben ihm ein Mann zur Ablösung. Der zweite Unteroffizier (von der Hospitalwache) befahl ihm, mich einzulassen, und ich kam in einen langen, schmalen Raum, an dessen beiden Längswänden etwa zweiundzwanzig Betten standen, von denen drei oder vier noch unbesetzt waren. Die Betten waren aus Holz und grün gestrichen, – solche Betten sind bei uns in Russland jedermann bekannt und können infolge einer geheimnisvollen Schicksalsfügung unmöglich wanzenfrei sein. Ich bekam das Bett in der Ecke an der Fensterseite.
Wie ich schon sagte, befanden sich hier auch Arrestanten aus unserem Zuchthaus. Einige von ihnen kannten mich schon oder hatten mich wenigstens früher gesehen. Weit mehr gab es hier Leute im Anklagezustand und aus der Korrektionskompanie. Schwerkranke, d. h. solche, die das Bett nicht verlassen konnten, gab es nicht viel. Die übrigen, die leicht Kranken und die Genesenden, saßen auf den Betten oder gingen im Zimmer auf und ab, wo es zwischen den beiden Bettreihen einen zu solchen Spaziergängen völlig ausreichenden freien Raum gab. Im Saal herrschte ein erstickender Hospitalgeruch. Die Luft war von verschiedenen unangenehmen Ausdünstungen und vom Geruch der Arzneien geschwängert, obwohl in der Ecke fast den ganzen Tag ein Ofen brannte. Mein Bett war mit einem gestreiften Überzug bedeckt. Ich nahm ihn ab. Unter dem Überzug fand ich eine mit Leinwand gefütterte tuchene Bettdecke und dicke Wäsche von zweifelhafter Sauberkeit. Neben dem Bett stand ein Tischchen mit einem Krug und einer Zinntasse. Diese Gegenstände wurden des Anstandes halber mit dem kleinen Handtuch, das ich bekam, zugedeckt. Unten im Tischchen befand sich noch ein Fach; darin hielten diejenigen, die Tee zu trinken pflegten, ihre Teekannen; hier standen auch Gefäße mit Kwas und ähnliche Dinge; Teetrinker gab es aber unter den Kranken nicht viel. Die Pfeifen und die Tabaksbeutel, die fast alle, die Schwindsüchtigen nicht ausgeschlossen, besaßen, wurden aber unter den Betten verwahrt. Der Arzt und die anderen Vorgesetzten unter-

suchten die Betten fast nie, und wenn sie jemand mit einer Pfeife antrafen, so taten sie so, als sähen sie sie nicht, übrigens waren auch die Kranken fast immer vorsichtig und rauchten ihre Pfeifen am Ofen. Nur in der Nacht rauchte man einfach auf dem Bett liegend; aber in der Nacht kam niemand in die Krankensäle, höchstens zuweilen der die Hospitalwache befehligende Offizier.

Bisher hatte ich noch in keinem Krankenhaus gelegen; darum war die ganze Umgebung für mich außerordentlich neu. Ich merkte, dass ich eine gewisse Neugier erweckte; man hatte von mir schon gehört und musterte mich höchst ungeniert, sogar mit dem Ausdruck einer gewissen Überlegenheit, mit dem man in einer Schule einen Neueingetretenen oder in einem Amtslokal einen Bittsteller anzusehen pflegt. Rechts neben mir lag ein im Anklagezustand befindlicher Schreiber, der uneheliche Sohn eines Hauptmannes a. D. – Er stand wegen Falschmünzerei vor Gericht und lag schon fast ein Jahr da, obwohl er anscheinend gar nicht krank war; aber er versicherte die Ärzte, dass er das Aneurysma habe. Er hatte damit sein Ziel erreicht: Er entging dem Zuchthaus und der Körperstrafe und wurde nach einem Jahr nach T-k geschickt, um dort in einem Krankenhaus untergebracht zu werden. Er war ein kräftiger, stämmiger Bursche von etwa achtundzwanzig Jahren, ein großer Schwindler und Kenner der gesetzlichen Vorschriften, gar nicht dumm, außerordentlich ungeniert, seiner selbst sicher und von einem krankhaften Ehrgeiz; er hatte sich selbst ernsthaft eingeredet, dass er der ehrlichste und rechtschaffenste Mensch in der Welt und dabei völlig unschuldig sei, und behielt diese Überzeugung für immer. Er sprach mich als erster an, fragte mich neugierig aus und erzählte mir recht ausführlich von den äußeren Einrichtungen des Hospitals. Vor allen Dingen erklärte er mir natürlich, dass er ein Hauptmannssohn sei. Er wollte furchtbar gern als ein Edelmann oder wenigstens als ein Mensch adliger Abstammung erscheinen. Gleich nach ihm ging auf mich ein Kranker aus der Korrektionskompanie zu und begann, mir zu versichern, dass er viele von den früher verbannten Adligen gekannt habe, die er mit Vor- und Vatersnamen nannte. Er war ein schon ergrauter Soldat; in seinem Gesicht stand geschrieben, dass er log. Er hieß Tschekunow. Er machte mir offenbar deshalb den Hof, weil er mich im Besitze von Geld vermutete. Als er bei mir ein Paket mit Tee und Zucker bemerkte, bot er mir gleich seine Dienste an; er wollte mir eine Teekanne holen und den Tee aufbrühen. Eine Teekanne hatte mir aber schon M-cki aus dem Zuchthaus durch einen der Arrestanten, die im Hospital zu arbeiten hatten, zu schicken versprochen. Aber Tschekunow besorgte mir die ganze Sache. Er verschaffte irgendeinen kleinen Kessel und sogar eine Tasse, kochte Wasser und brühte den Tee auf, diente mir mit einem Worte mit ungewöhnlichem Eifer, womit er einen der Kranken zu einigen giftigen Bemerkungen über mich verleitete. Dieser Kranke, ein Schwindsüchtiger namens Ustjanzew, lag mir gegenüber; er gehörte zu den im Anklagezustand befindlichen Soldaten und war derselbe, der aus Angst vor der Strafe eine Schale mit Branntwein, den er stark mit Tabak angesetzt, ausgetrunken und sich dadurch die Schwindsucht zugezogen hatte; ihn habe ich schon früher einmal erwähnt. Bisher hatte er schweigend und schwer atmend dagelegen, mich mit ernster Miene gemustert und das Benehmen Tschekunows mit Entrüstung ver-

folgt. Ein ungewöhnlich ernster, galliger Ausdruck verlieh seiner Entrüstung etwas Komisches. Schließlich hielt er es nicht mehr aus: »Dieser Knecht! Da hat er einen vornehmen Herrn gefunden!« versetzte er mit einigen Unterbrechungen, vor Erregung atemlos. Er hatte nur noch wenige Tage zu leben.
Tschekunow wandte sich empört zu ihm um. »Wer ist hier ein Knecht?« sprach er mit einem verächtlichen Blick auf Ustjanzew.
»Du bist der Knecht!« antwortete jener mit solcher Sicherheit, als hätte er volles Recht, Tschekunow Rügen zu erteilen und wäre sogar zu diesem Zweck angestellt.
»Ich bin ein Knecht?«
»Ja, du. Hört ihr es, Leute, er glaubt es nicht! Er wundert sich noch!«
»Was geht es dich an! Du siehst doch, der Herr kann sich allein nicht helfen, als ob er keine Hände hätte. Er ist natürlich nicht gewohnt, ohne einen Diener zu sein! Warum soll ich ihm nicht den Dienst erweisen, du borstschnauziger Hanswurst!«
»Wer ist borstschnauzig?«
»Du.«
»Ich bin borstschnauzig?«
»Ja, du!«
»Und du bist wohl hübsch? Hast selbst ein Gesicht wie ein Krähenei, wenn ich borstschnauzig bin.«
»Gewiss bist du borstschnauzig! Wenn dich Gott einmal geschlagen hat, lieg' ruhig da und stirb! Aber er muss sich auch einmischen! Was mischt du dich ein?«
»Was ich mich einmische? Ich werde mich lieber vor einem Stiefel als vor einem Bastschuh verbeugen. Mein Vater hat sich vor keinem Bastschuh verbeugt und hat es auch mir verboten. Ich … ich …«
Er wollte noch fortfahren, bekam aber einen schrecklichen Hustenanfall, der einige Minuten dauerte und bei dem er Blut spuckte. Bald trat ihm kalter Schweiß der Erschöpfung auf die schmale Stirn. Der Hustenanfall hinderte ihn, sonst hätte er noch lange gesprochen; man sah es seinen Augen an, wie gern er noch schimpfen wollte; in seiner Ohnmacht winkte er aber nur mit der Hand … So achtete Tschekunow auf ihn bald nicht mehr.
Ich fühlte, dass die Bosheit des Schwindsüchtigen mehr gegen mich als gegen Tschekunow gerichtet war. Der Wunsch Tschekunows, mir nützlich zu sein und damit eine Kopeke zu verdienen, hätte wohl in niemand einen Zorn oder Verachtung gegen ihn geweckt. Ein jeder wusste, dass er es einfach des Geldes wegen tat. In dieser Beziehung ist das einfache Volk nicht so heikel und versteht seine Unterschiede zu machen. Den Unwillen Ustjanzews hatte eigentlich meine Person erweckt; ihm missfiel mein Tee, auch dass ich mich selbst in Ketten noch als ein Herr gab, als könnte ich mich ohne einen Diener nicht behelfen, obwohl ich nach einem solchen gar nicht verlangt hatte. Ich wollte ja wirklich immer alles selbst machen und gab mir besondere Mühe, den Eindruck zu vermeiden, dass ich ein verzärtelter Herr mit sauberen Händen sei. Darin lag sogar ein gewisser Ehrgeiz meinerseits, – wenn ich darüber schon sprechen soll. Ich kann unmöglich begreifen, warum es immer so kam, – aber ich konnte niemals die Leute, die sich mir als Diener aufdräng-

ten, zurückweisen; diese gewannen schließlich solche Gewalt über mich, dass eigentlich sie meine Herren waren, ich aber ihr Diener; von außen betrachtet sah es aber immer so aus, als wäre ich wirklich ein verwöhnter Herr und könne mich ohne Dienstboten nicht behelfen. Dies war mir natürlich sehr ärgerlich. Aber Ustjanzew war ein schwindsüchtiger, reizbarer Mensch. Die übrigen Kranken sahen mich gleichgültig, sogar mit einem gewissen Hochmut an. Ich erinnere mich, dass ein besonderer Umstand sie alle beschäftigte; ich erfuhr aus den Gesprächen der Sträflinge, dass am gleichen Abend zu uns einer der Angeklagten gebracht werden sollte, der in diesem Augenblick die Spießrutenstrafe bekam. Die Arrestanten erwarteten diesen Neuling mit gewisser Neugier. Man sagte übrigens, dass die Strafe eine leichte sei, bloß fünfhundert Hiebe.

Allmählich lernte ich meine Umgebung kennen. Soweit ich bemerken konnte, litten hier die meisten an Skorbut und Augenkrankheiten, die in dieser Gegend allgemein verbreitet waren. Solche gab es hier mehrere. Die anderen wirklich Kranken hatten Fieber, allerlei Geschwüre und Brustleiden. Hier war es anders als in den anderen Krankensälen: Alle Kranken, selbst die Venerischen, lagen beieinander. Ich sprach eben von den »wirklich« Kranken, denn es gab hier auch solche, die ohne jede Krankheit hergekommen waren, einfach um auszuruhen. Die Ärzte nahmen solche gern aus Mitleid auf, besonders wenn es viel unbesetzte Betten gab. Das Leben in den Arrestlokalen und in den Zuchthäusern war im Vergleich mit dem im Hospital dermaßen schlecht, dass viele Arrestanten hier trotz der stickigen Luft und der verschlossenen Tür mit Vergnügen lagen. Es gab sogar besondere Liebhaber für das Liegen und für das Hospitalleben; diese gehörten übrigens zum größten Teil der Korrektionskompanie an. Ich musterte mit Neugier meine neuen Genossen, aber meine besondere Neugier erregte, wie ich mich erinnere, ein gleichfalls schwindsüchtiger Arrestant aus unserem Zuchthaus, der in den letzten Zügen, nur durch ein Bett von Ustjanzew getrennt, also gleichfalls mir fast gegenüber lag. Er hieß Michailow; erst vor zwei Wochen hatte ich ihn im Zuchthaus gesehen. Er war schon seit langem krank und hätte sich längst in ärztliche Behandlung begeben sollen; aber er überwand sich mit einer trotzigen, völlig überflüssigen Geduld, beherrschte sich und kam erst in den Feiertagen ins Hospital, um nach drei Wochen seiner entsetzlich vorgeschrittenen Schwindsucht zu erliegen; der Mann war gleichsam bei lebendigem Leibe verbrannt. Mich frappierte sein schrecklich verändertes Gesicht, das mir schon bei meinem Eintritt ins Zuchthaus als eines der ersten aufgefallen war. Neben ihm lag ein Soldat aus der Korrektionskompanie, ein schon bejahrter Mensch, der sich durch eine schreckliche, ekelerregende Unsauberkeit auszeichnete … Aber ich will hier gar nicht alle Kranken aufzählen … Diesen Alten erwähnte ich eben nur aus dem Grunde, weil er auf mich damals gleichfalls einigen Eindruck gemacht und mir in einem Augenblick einen ziemlich vollständigen Begriff von gewissen Eigentümlichkeiten des Arrestantensaals verschafft hatte. Dieser Alte hatte damals, wie ich mich erinnere, einen heftigen Schnupfen. Er nieste die ganze Zeit, nieste eine ganze Woche lang sogar im Schlaf, salvenweise, in fünf und sechs Anfällen hintereinander, wobei er jedes Mal sagte: »Mein Gott, ist das eine Strafe!« Damals saß er auf seinem Bett und stopfte sich gierig aus einem kleinen Papierpaket Schnupftabak in die Nase, um auf diese Weise seine Nase möglichst gründlich zu säubern. Er nieste in sein eigenes baumwollenes kariertes Schnupftuch, das wohl hundertmal gewaschen und äußerst verschossen war; dabei verzog er eigentümlich seine kleine Nase, in der sich zahllose kleine Runzeln bildeten, und zeigte die Überreste seiner alten schwarzgewordenen Zähne zugleich mit dem roten, speicheltriefenden Zahnfleisch. Nachdem er sich tüchtig ausgeniest hatte, entfaltete er sofort das Schnupftuch, betrachtete aufmerksam den darin aufgefangenen Schleim und strich diesen sofort auf seinen dunkelbraunen Kommiss-Schlafrock, so dass der ganze Schleim auf den Rock kam, während das Schnupftuch nur feucht blieb. So trieb er es die ganze Woche, Dieses knauserige, sorgfältige Schonen des eigenen Schnupftuches zuschaden des Kommiss-Schlafrockes erregte bei den andern Kranken gar keinen Protest, obwohl jemand von ihnen gleich nach ihm diesen selben Schlafrock bekommen musste. Aber unser einfaches Volk ist erstaunlich wenig heikel und empfindlich. Ich fühlte mich sofort angeekelt und begann unwillkürlich mit Abscheu und Neugier den Schlafrock, den ich soeben angelegt hatte, zu betrachten. Da merkte ich, dass er mir schon längst durch seinen starken Geruch aufgefallen war; er war an meinem Leib wärmer geworden, roch immer stärker nach Arzneien, Pflastern und, wie mir schien, nach Eiter, was auch kein Wunder war, da er seit Jahren ständig von Kranken getragen wurde. Vielleicht wurde das leinene Unterfutter am Rücken manchmal gewaschen; aber ich weiß es nicht sicher. Jedenfalls war dieses Unterfutter jetzt von allen möglichen unangenehmen Säften, Mundwassern und Absonderungen von durchschnittenen Geschwüren nach dem Spanischfliegenpflaster durchtränkt. Außerdem kamen in die Krankensäle oft Arrestanten, die eben erst die Spießrutenstrafe erhalten hatten, mit verwundeten Rücken; diese wurden mit Umschlägen behandelt, und darum konnte der Schlafrock, der direkt auf dem nassen Hemd getragen wurde, unmöglich sauber bleiben: alles blieb an ihm haften. Während der Jahre, die ich im Zuchthaus blieb, zog ich daher so einen Schlafrock, sooft ich ins Hospital kam (ich kam aber oft hin), nur mit Widerwillen und Angst an. Besonders missfielen mir die zuweilen in diesen Schlafröcken vorkommenden großen und auffallend fetten Läuse. Die Arrestanten richteten sie mit Genuss hin, und wenn unter dem dicken, ungelenken Arrestantennagel das zum Tode verurteilte Tier platzte, konnte man vom Gesicht des Jägers den Grad des dabei empfangenen Genusses ablesen. Ebenso wenig mochten sie die Wanzen und machten sich zuweilen an manchem langen, langweiligen Winterabend in großer Gesellschaft auf, sie auszurotten. Obwohl im Krankensaal, abgesehen vom stickigen Geruch, äußerlich alles nach Möglichkeit sauber schien, war die innere, sozusagen unsichtbare Reinlichkeit durchaus nicht hervorragend. Die Kranken waren daran gewöhnt und glaubten sogar, dass es so sein müsse; auch die ganze Ordnung war wenig dazu angetan, den Reinlichkeitssinn zu stärken. Aber von der Ordnung werde ich später sprechen …

Kaum hatte mir Tschekunow den Tee gebracht (der, nebenbei bemerkt, mit dem Wasser des Krankensaales bereitet war, das nur einmal am Tage erneuert wurde und in unserer Luft sehr schnell verdarb), als die Tür etwas geräuschvoll aufging und der soeben mit Spießruten bestrafte Soldat unter starker Bewachung hereingeführt wurde. Das war das erste Mal, dass ich einen auf diese Weise Bestraften sah. Später wurden solche oft zu uns gebracht, zuweilen sogar (wenn die Strafe allzu schwer gewesen war) hereingetragen, und dies bot den Kranken jedes Mal eine große Zerstreuung. Ein solcher Delinquent wurde bei uns meistens mit einer betont und stark übertrieben ernsten Miene empfangen. Der Empfang hing übrigens zum Teil auch von dem Grade des Verbrechens und folglich auch von der Schwere der Strafe ab. Ein besonders schwer bestrafter Mann, der obendrein als schwerer Verbrecher galt, genoss auch größeren Respekt und größere Aufmerksamkeit als irgendein desertierter Rekrut, wie der, den man jetzt zu uns brachte. Aber im einen wie im anderen Fall wurde kein besonderes Mitleid geäußert, und man hörte auch keinerlei gereizte Bemerkungen. Man half dem Unglücklichen und pflegte ihn schweigend, besonders wenn er ohne fremde Hilfe nicht auskommen konnte. Die Feldschere wussten schon selbst, dass sie das Opfer in geschickte und erfahrene Hände gaben. Die Hilfe bestand gewöhnlich im häufigen und notwendigen Wechsel des in kaltes Wasser getauchten Lakens oder Hemdes, mit dem man den zerschundenen Rücken deckte, besonders wenn der Bestrafte nicht mehr die Kraft hatte, für sich selbst zu sorgen, außerdem im geschickten Herausziehen der Splitter, die die gebrochenen Spießruten oft in den Wunden hinterließen. Die letztere Operation war für den Patienten meistens sehr unangenehm. Aber im Allgemeinen wunderte ich mich über die ungewöhnliche Standhaftigkeit im Ertragen des Schmerzes. Ich habe viele Bestrafte gesehen, darunter auch solche, die schon gar zu grausam bestraft worden waren, und doch hörte ich keinen von ihnen stöhnen! Nur die Gesichter schienen verändert und blass geworden; die Augen brannten; der Blick war zerstreut und unruhig, und die Lippen zitterten so, dass der Ärmste zuweilen die Zähne so fest in sie biss, dass sie bluteten. Der Soldat, den man eben hereinbrachte, war ein Bursch von etwa dreiundzwanzig Jahren, stark und muskulös, hübsch, groß, schlank, von gebräunter Hautfarbe. Sein Rücken war übrigens ordentlich zerschlagen. Sein Körper war von oben bis zum Gürtel entblößt; auf seine Schultern war ein nasses Laken geworfen, vor dem er an allen Gliedern wie im Fieber zitterte. Anderthalb Stunden ging er im Krankensaal auf und ab. Ich betrachtete sein Gesicht: er schien in diesen Augenblicken an nichts zu denken und sah sonderbar und wild, mit irrenden Blicken um sich, denen es offenbar schwer fiel, auf irgendeinem bestimmten Gegenstand aufmerksam zu verweilen. Mir kam es vor, dass er meinen Tee anstarre. Der Tee war heiß, der Dampf stieg aus der Tasse, der Ärmste war ganz erfroren, zitterte und klapperte mit den Zähnen. Ich bot ihm von meinem Tee an. Er wandte sich stumm und schnell zu mir um, nahm die Tasse und trank den Tee stehend, ohne Zucker, wobei er sich sehr beeilte und sich Mühe gab, mich nicht anzuschauen. Nachdem er den Tee ausgetrunken hatte, stellte er die Tasse hin, nickte mir nicht mal zu und fing wieder an, auf- und abzugehen. Allerdings war ihm nicht so zu Mute, dass er mir etwas sagen oder bloß zunicken konnte! Was aber die anderen Arrestanten betrifft, so vermieden sie anfangs aus irgendeinem Grunde jede Unterhaltung mit dem bestraften Rekruten; im Gegenteil, nachdem sie ihm anfangs geholfen hatten, bemühten sie sich, ihm keine weitere Beachtung zu schenken, vielleicht um ihn möglichst in Ruhe zu lassen und mit keinen weiteren Fragen und »Mitleidsäußerungen« zu belästigen, womit er vollkommen zufrieden schien.

Indessen war es dunkel geworden, und man zündete das Nachtlicht an. Einige Arrestanten besaßen, wie es sich zeigte, eigene Leuchter, aber nur wenige. Endlich kam nach der Abendvisite des Arztes der wachhabende Unteroffizier und zählte alle Kranken nach. Der Krankensaal wurde nun verschlossen, nachdem man vorher den Nachtzuber hereingebracht hatte … Ich erfuhr mit Erstaunen, dass dieser Zuber hier die ganze Nacht bleiben sollte, obwohl der eigentliche Abort sich im gleichen Korridor, nur zwei Schritte von der Tür befand. Aber so wollte es die einmal eingeführte Ordnung. Tagsüber wurde der Arrestant aus dem Krankensaal hinausgelassen, übrigens nicht länger als für eine Minute; doch in der Nacht unter keinen Umständen. Die Arrestantensäle glichen in keiner Weise den übrigen Krankensälen, und ein kranker Arrestant musste sogar in der Krankheit seine Strafe tragen. Von wem diese Ordnung ursprünglich eingeführt ist, weiß ich nicht; ich weiß nur, dass dies mit der wahren Ordnung gar nichts zu tun hatte und dass die ganze Zwecklosigkeit des strengen Festhaltens an den Vorschriften nirgends so krass zum Ausdruck kam, wie gerade in diesem Fall. Diese Ordnung rührte natürlich nicht von den Ärzten her. Ich wiederhole, die Arrestanten konnten ihre Ärzte nicht genug loben, sie hielten sie für ihre Väter und brachten ihnen jede Achtung entgegen. Jeder Arrestant war von ihnen schon freundlich behandelt worden, hatte von ihnen ein gutes Wort gehört, und der von allen Verstoßene schätzte es, da er die Aufrichtigkeit und Wahrhaftigkeit dieses guten Wortes und der freundlichen Behandlung sah. Die letztere hätte ja ebenso gut auch nicht sein können; niemand hätte den Ärzten etwas angehabt, wenn sie die Kranken anders, d. h. roher und unmenschlicher behandelten: folglich waren sie aus echter Menschenliebe so gutmütig. Jedenfalls wussten sie, dass jeder Kranke, wer er auch sei, ob ein Arrestant oder nicht, ebenso die frische Luft brauchte wie jeder andere Kranke, selbst vom höchsten Rang. Die Rekonvaleszenten aus den anderen Krankensälen durften z. B. frei in den Korridors auf- und abgehen, sich Bewegung machen und eine weniger verpestete Luft atmen als die in den Krankensälen, die übelriechend und selbstverständlich immer von erstickenden Ausdünstungen erfüllt war. Ich kann mir jetzt nur mit Ekel vorstellen, in welchem Grade die schon ohnehin verpestete Luft bei uns nachts vergiftet wurde, wenn man diesen Zuber hereinbrachte, in Anbetracht der warmen Temperatur im Saal und der gewissen Krankheiten, bei denen man unbedingt austreten muss! Wenn ich soeben sagte, dass der Arrestant auch in der Krankheit seine Strafe tragen musste, so nahm und nehme ich durchaus nicht an, dass diese Ordnung ausschließlich als Strafe eingeführt worden ist. Natürlich wäre dies eine unsinnige Verleumdung. Kranke brauchen nicht mehr bestraft zu werden. Und wenn dem so ist, so hat wohl irgendeine harte Notwendigkeit die Obrigkeit zu dieser in ihren Folgen, so schädlichen Maßregel gezwungen. Was für eine Notwendigkeit mag es gewesen sein? Das ist eben so ärgerlich, dass man die Notwendigkeit dieser Maßregel auf keine andere Weise erklären kann, genau wie die der anderen Maßregeln, die dermaßen unbegreiflich sind, dass man sie nicht nur nicht erklären, sondern auch keinerlei Erklärung für sie vermuten kann. Womit soll man sich diese zwecklose Grausamkeit erklären? Vielleicht damit, dass ein Arrestant sich absichtlich krank stellt und die Ärzte anführt, um ins Hospital zu kommen, dann des Nachts auf den Abort gehen und in der Dunkelheit entfliehen kann? Es ist fast überflüssig, die ganze Sinnlosigkeit einer solchen Annahme zu beweisen. Wohin soll er fliehen? Wie soll er fliehen? In welcher Kleidung? Bei Tag werden ja die Sträflinge nur einzeln herausgelassen; ebenso hätte man es auch nachts machen können. Vor der Türe steht ein Posten mit geladenem Gewehr. Der Abort befindet sich buchstäblich zwei Schritte von diesem Posten, aber der Kranke wird trotzdem vom Hilfsposten auf den Abort begleitet, und dieser lässt ihn die ganze Zeit nicht aus den Augen. Im Abort gibt es nur ein Fenster mit doppelten Scheiben und einem Eisengitter. Vor diesem Fenster auf dem Hof, dicht vor den Fenstern der Arrestantensäle geht gleichfalls die ganze Nacht ein Wachtposten auf und ab. Um durch das Fenster zu fliehen, müsste man das Fenster einschlagen und das Gitter herausbrechen. Wer wird das zulassen? Nehmen wir sogar an, dass der Arrestant zunächst den ihn begleitenden Hilfsposten erschlägt, ohne dass dieser einen Ton von sich gibt, und dass es niemand hört. Selbst wenn wir diese unsinnige Annahme machen, muss er dennoch das Fenster und das Gitter herausbrechen. Es ist zu beachten, dass dicht neben dem Wachtposten die Krankensaalwärter schlafen, dass in zehn Schritt Entfernung vor dem nächsten Arrestantensaal ein anderer Wachtposten mit Gewehr steht und sich neben ihm ein anderer Hilfsposten und andere Krankensaalwächter befinden. Wohin soll er im Winter in seinen Strümpfen und Pantoffeln, im Schlafrock und Nachtmütze fliehen? Und wenn es sich so verhält, wenn die Gefahr wirklich so gering ist (eigentlich liegt überhaupt keine Gefahr vor), – wozu dann diese Erschwerung für die Kranken, vielleicht in den letzten Tagen und Stunden ihres Lebens, für die Kranken, die die frische Luft vielleicht noch notwendiger brauchen als die Gesunden? Wozu? Ich habe es niemals begreifen können.

Wenn ich aber schon einmal die Frage »wozu?« gestellt und die Rede darauf gebracht habe, so kann ich nicht umhin, noch ein anderes Rätsel zu erwähnen, dem ich so viele Jahre gegenüberstand und für das ich unmöglich eine Erklärung finden konnte. Ich muss jetzt unbedingt wenigstens einige Worte darüber sagen, ehe ich in meiner Schilderung fortfahre. Ich meine die Fesseln, von denen keine Krankheit den Zuchthäusler befreit. Ich habe selbst Schwindsüchtige in diesen Fesseln sterben sehen. Dabei waren alle daran gewöhnt und hielten sie für eine gegebene, unabänderliche Tatsache. Ich glaube kaum, dass sich jemand irgendwelche Gedanken darüber machte, denn es war während meiner Zuchthausjahre keinem von den Ärzten je eingefallen, sich bei der Obrigkeit für die Befreiung irgendeines schwerkranken, schwindsüchtigen Arrestanten von den Fesseln zu verwenden. Die Fesseln sind zwar an sich keine, Gott weiß wie, schwere Last. Sie wiegen acht bis zwölf Pfund. Ein Gewicht von zehn Pfund ist für einen gesunden Menschen nicht beschwerlich. Man erzählte mir übrigens, dass die Fesseln nach einigen Jahren die Abzehrung der Arme und Beine bewirken. Ich weiß nicht, ob es stimmt, aber eine gewisse Wahrscheinlichkeit scheint hier doch vorzuliegen. Die Last ist zwar nicht groß, obwohl die ständig am Bein befestigten zehn Pfund immerhin das Gewicht des Gliedes in unnormaler Weise vergrößern und nach längerer Zeit eine schädliche Wirkung zeigen müssen … Aber nehmen wir an, dass es dem Gesunden nichts macht. Wie ist es aber mit einem Kranken? Wollen wir sogar annehmen, dass es dem gewöhnlichen Kranken nichts macht. Aber ich wiederhole: Wie ist es mit den Schwerkranken, mit dem Schwindsüchtigen, bei dem die Arme und Beine auch ohnehin so abgezehrt sind, dass ihm jeder Strohhalm als eine Last erscheint? Wenn die ärztlichen Vorgesetzten eine Erleichterung, sei es auch nur für die Schwindsüchtigen, allein durchsetzen könnten, so wäre schon das allein eine wahre und große Wohltat. Vielleicht wird jemand einwenden, dass der Arrestant ein Bösewicht ist und keine Wohltaten verdient; darf man aber die Strafe für einen Menschen vergrößern, der schon ohnehin vom Finger Gottes getroffen ist? Ich kann auch gar nicht glauben, dass es nur als Strafe gedacht ist. Ein Schwindsüchtiger ist ja selbst von einer gerichtlich zudiktierten Körperstrafe befreit. Folglich steckt wiederum eine geheimnisvolle, wichtige Vorsichtsmaßregel dahinter. Aber was für eine, ist nicht zu verstehen. Es ist doch wirklich nicht zu befürchten, dass ein Schwindsüchtiger entfliehen kann. Wer wird an die Flucht denken, besonders beim gewissen Entwicklungsstadium dieser Krankheit? Die Schwindsucht simulieren und die Ärzte betrügen, um zu fliehen, ist unmöglich. Es ist ja eine Krankheit, die man auf den ersten Blick erkennt. Legt man übrigens einem Menschen die Fußfesseln nur dazu an, damit er nicht fliehen könne und damit sie ihn an der Flucht hindern? Durchaus nicht. Die Fesseln bedeuten nur eine Ächtung, eine körperliche und moralische Schmach und Last. So nimmt man an. An der Flucht können aber die Fesseln niemand hindern. Selbst der ungeschickteste und unerfahrenste Arrestant kann sie immer ohne besondere Mühe durchfeilen oder die Nieten mit einem Stein zerschlagen. Die Fußfesseln garantieren also absolut nichts, und wenn dem so ist und sie für den verurteilten Zuchthäusler nur eine Strafe bedeuten, so frage ich wiederum: Darf man denn auch einen Sterbenden strafen?

Jetzt, da ich dieses schreibe, sehe ich deutlich einen sterbenden Schwindsüchtigen vor mir, denselben Michailow, der fast mir gegenüber, nicht weit von Ustjanzew lag und, wenn ich nicht irre, am vierten Tag nach meinem Eintritt in den Krankensaal starb. Wenn ich jetzt von den Schwindsüchtigen spreche, so wiederhole ich vielleicht nur unwillkürlich jene Eindrücke und Gedanken, die mir damals anlässlich seines Todes kamen. Den Michailow selbst habe ich übrigens wenig gekannt. Er war ein noch sehr junger Mann von höchstens fünfundzwanzig Jahren, groß, schlank, von einem angenehmen Äußeren. Er befand sich in der Besonderen Abteilung, war auffallend schweigsam und zeigte immer den Ausdruck einer stillen, ruhigen Trauer. Er schien im Zuchthaus zu »verdorren«. So drückten sich wenigstens nachher die Arrestanten aus, bei denen er ein gutes Andenken hinterließ. Ich erinnere mich nur noch, dass er wunderschöne Augen hatte, und ich weiß wirklich nicht, warum er sich mir so scharf ins Gedächtnis eingeprägt hat. Er starb um drei Uhr nachmittags, an einem heiteren Frosttag. Ich erinnere mich, wie die Sonne mit ihren scharfen, schrägen Strahlen die grünen, leicht angefrorenen Fensterscheiben in unserem Krankensaal durchdrang. Ein ganzer Strom von Sonnenlicht ergoss sich über den Unglücklichen. Er starb ohne Besinnung, sein Tod war schwer und dauerte lange, mehrere Stunden. Schon am Morgen hatte er begonnen, die sich ihm Nähernden nicht zu erkennen. Man wollte ihm den Zustand erleichtern, man sah, dass er es sehr schwer hatte; er atmete mit großer Mühe, tief und röchelnd; seine Brust hob sich hoch, als hätte sie zu wenig Luft. Er warf die Bettdecke und alle Kleider von sich und fing schließlich an, auch das Hemd von sich herunterzureißen; selbst das Hemd war für ihn eine Last. Man half ihm und zog ihm das Hemd aus. Es war schrecklich, diesen ungewöhnlich langen Körper mit den bis zu den Knochen abgezehrten Armen und Beinen, dem eingefallenen Bauch, der gehobenen Brust und den Rippen, die sich so deutlich wie bei einem Skelett abzeichneten, zu sehen. Auf seinem ganzen Körper hatte er nur noch ein hölzernes Kreuz mit einem Amulett und die Fesseln, aus denen er jetzt die abgemagerten Füße einfach herausziehen zu können schien. Eine halbe Stunde vor seinem Tod waren alle bei uns irgendwie stiller geworden und sprachen nur noch im Flüsterton. Wer gehen musste, bemühte sich, unhörbar aufzutreten. Man sprach untereinander wenig und nur von ganz abseits liegenden Dingen, wobei man nur ab und zu den Sterbenden ansah, der immer stärker röchelte. Endlich fand er mit seiner tastenden, unsicheren Hand an seiner Brust das Amulett und begann es von sich herunterzureißen, als wäre es für ihn zu schwer, als beunruhigte und beengte es ihn. Man nahm ihm auch das Amulett ab. Nach etwa zehn Minuten gab er den Geist auf. Man klopfte an die Tür und meldete es dem Wachtposten. Ein Wächter trat ein, sah den Toten mit stumpfem Blick an und begab sich zum Feldscher. Der Feldscher, ein junger und guter Kerl, der sich zu viel mit seinem, übrigens recht vorteilhaften Äußeren beschäftigte, erschien sehr bald; er ging mit schnellen Schritten, die im stillen Krankensaal laut widerhallten, auf den Toten zu, ergriff mit besonders ungezwungener Miene, die er eigens für diesen Fall vorbereitet zu haben schien, dessen Hand, fühlte den Puls, winkte mit der Hand und ging hinaus. Man meldete den Fall sofort auf die Wache. Der Verstorbene war ein schwerer Verbrecher gewesen und hatte der Besonderen Abteilung angehört; darum konnte er auch nur unter Beobachtung besonderer Zeremonien als tot befunden werden. In Erwartung der Wachen sagte einer der Arrestanten mit leiser Stimme, dass man dem Verstorbenen eigentlich die Augen schließen sollte. Ein anderer hörte ihn aufmerksam an, näherte sich dann stumm der Leiche und drückte ihr die Augen zu. Als er das auf dem Kissen liegende Kreuz sah, nahm er es in die Hand, besah es sich und legte es dann schweigend Michailow wieder um den Hals; dann bekreuzigte er sich. Das Gesicht des Toten war indessen starr geworden; ein Sonnenstrahl spielte auf ihm; der Mund war halb geöffnet; zwei Reihen weißer junger Zähne schimmerten unter den dünnen, am Zahnfleisch haftenden Lippen. Endlich kam der wachhabende Unteroffizier mit Seitengewehr und Helm, von zwei Wärtern gefolgt. Er kam näher, die Schritte immer mehr verlangsamend und die stillgewordenen, ihn von allen Seiten ernst anblickenden Arrestanten etwas erstaunt anschauend. Als er sich dem Toten auf einen Schritt genähert hatte, blieb er wie angewurzelt, gleichsam erschrocken, stehen. Die gänzlich entblößte, abgezehrte Leiche, die nur noch mit den Fesseln bekleidet war, machte auf ihn einen starken Eindruck; er löste plötzlich die Schuppenkette, nahm den Helm ab, was gar nicht verlangt wurde, und bekreuzigte sich mit breiter Gebärde. Er hatte ein strenges, ergrautes Soldatengesicht. Ich besinne mich, dass in diesem Augenblick Tschekunow, gleichfalls ein grauhaariger Alter, neben ihm stand. Er blickte die ganze Zeit stumm und unverwandt dem Unteroffizier aus nächster Nähe ins Gesicht und verfolgte mit seltsamer Aufmerksamkeit jede seiner Gesten. Aber ihre Blicke begegneten sich, und bei Tschekunow zitterte plötzlich aus irgendeinem Grund die Unterlippe. Er verzog sie auf eine sonderbare Weise, zeigte die Zähne, nickte schnell, wie zufällig dem Unteroffizier zu und sagte: »Er hat ja auch einmal eine Mutter gehabt!« Und er trat zur Seite.

Ich erinnere mich noch, wie diese Worte mich förmlich durchbohrten … Wozu hatte er sie gesprochen und wie waren sie ihm in den Sinn gekommen? Nun hob man aber die Leiche mit dem Bett auf; das Stroh raschelte, die Fesseln schlugen in der allgemeinen Stille laut gegen den Boden … Man hob sie auf. Dann trug man die Leiche hinaus. Plötzlich begannen alle laut zu sprechen. Man hörte, wie der Unteroffizier schon im Korridor jemand nach dem Schmied schickte. Der Tote sollte von seinen Fesseln befreit werden …

Ich bin aber von meinem Thema abgeschweift …

II

Fortsetzung

Die Ärzte machten in den Morgenstunden eine Runde durch die Krankensäle; gegen elf erschienen sie alle zugleich bei uns mit dem Oberarzt; eineinhalb Stunden vorher besuchte uns aber unser Assistenzarzt. Um jene Zeit war es ein junger Arzt, der seine Sache verstand, freundlich und gutmütig war, und den die Arrestanten sehr gerne mochten, obwohl sie an ihm einen Fehler fanden: »Er ist schon gar zu still.« Er war in der Tat sehr schweigsam, schien sich vor uns fast zu genieren, errötete beinahe, veränderte die Speiserationen gleich auf die erste Bitte der Patienten und schien sogar bereit, ihnen auch die Arzneien nach ihren Wünschen zu verschreiben, übrigens war er ein vortrefflicher junger Mann. Es ist zu bemerken, dass in Russland viele Ärzte die Liebe und Achtung des einfachen Volkes genießen; dies ist, soviel ich bemerken konnte, wirklich wahr. Ich weiß, dass meine Worte paradox erscheinen können, besonders wenn man das allgemeine Misstrauen des ganzen einfachen russischen Volkes gegen die Medizin und die ausländischen Arzneien in Betracht zieht. Ein Mann aus dem Volke, der an einer schweren Krankheit leidet, wird sich in der Tat eher mehrere Jahre hintereinander von einer weisen Frau behandeln lassen oder sich selbst mit seinen volkstümlichen Hausmitteln (die übrigens durchaus nicht zu verachten sind) kurieren, als zum Arzt gehen oder sich in ein Hospital begeben. Außerdem ist hier auch noch ein anderer, äußerst wichtiger Umstand im Spiel, der mit der Medizin nichts zu tun hat: Das allgemeine Misstrauen des ganzen einfachen Volkes gegen alles, was einen behördlichen und formellen Anstrich hat; außerdem ist das Volk durch allerlei Märchengeschichten, die oft sehr unsinnig sind, manchmal aber auch ihren Grund haben, gegen die Hospitäler voreingenommen und eingeschüchtert. Die größte Angst machen ihm aber die deutsche Ordnung im Hospital, die ihn während seiner ganzen Krankheit umgebenden fremden Menschen, die strengen Diätvorschriften, die Berichte über die Unerbittlichkeit der Feldschere und Ärzte, über das Zerstückeln und Ausweiden der Leichen usw. – Außerdem urteilt das Volk, dass man im Hospital in die Behandlung von vornehmen Herren komme, denn die Ärzte seien immerhin vornehme Herren. Aber bei der näheren Bekanntschaft mit den Ärzten verschwinden alle diese Ängste (nicht immer, aber doch in den meisten Fällen) vollkommen, was nach meiner Meinung unseren Ärzten, vorwiegend den jüngeren zur Ehre gereicht. Die meisten von ihnen verstehen die Achtung und sogar die Liebe des einfachen Volkes zu erwerben. Ich schreibe jedenfalls nur über Dinge, die ich selbst mehr als einmal an verschiedenen Orten gesehen und erlebt habe, und ich kann mir nicht denken, dass es sich an anderen Orten allzu oft anders verhalten sollte. Natürlich gibt es in manchen versteckten Winkeln Ärzte, die sich bestechen lassen, aus ihren Krankenhäusern zu großen Nutzen ziehen, die Kranken fast vernachlässigen und sogar die Medizin gänzlich vergessen. Das kommt noch vor; aber ich spreche von der Mehrheit oder, genauer gesagt, von dem Geist, von der Richtung, die heutzutage in der Medizin zum Ausdruck kommt. Jene Verräter an der allgemeinen Sache, jene Wölfe unter Schafen, womit sie sich auch verteidigen und was sie auch zu ihrer Rechtfertigung vorbringen mögen, wie z. B. das »Milieu«, das sie anstecke, bleiben immer im Unrecht, besonders wenn sie dabei auch jede Menschenliebe verloren haben. Menschenliebe, Freundlichkeit, brüderliches Mitleid mit den Kranken sind aber zuweilen wichtiger als alle Arzneien. Es wäre schon wirklich Zeit, aufzuhören, sich apathisch über das Milieu zu beklagen, das uns hereingezogen habe. Es ist allerdings wahr, dass es viele von uns hereinzieht, vieles in uns erstickt, aber doch nicht alles, und mancher schlaue und erfahrene Schuft rechtfertigt oft mit dem Einfluss des Milieus nicht nur seine Schwäche, sondern seine Gemeinheiten, besonders wenn er schön zu reden oder zu schreiben versteht. Ich bin übrigens wieder vom Thema abgekommen; ich wollte nur sagen, dass unser einfaches Volk nur gegen die medizinischen Behörden, aber nicht gegen die Ärzte selbst misstrauisch und feindselig ist. Wenn es erfährt, wie sie in Wirklichkeit sind, gibt es schnell viele seiner Vorurteile auf. Die Einrichtung unserer Krankenhäuser entspricht übrigens auch heute noch nicht dem Geist unseres Volkes, ist den Gewohnheiten dieses Volkes feindselig und kann daher volles Vertrauen und Achtung des Volkes nicht erwerben. Diesen Eindruck habe ich wenigstens auf Grund einiger eigener Beobachtungen.

Unser Assistenzarzt blieb gewöhnlich bei jedem Kranken stehen, untersuchte ihn ernst und außerordentlich aufmerksam, fragte ihn aus und bestimmte dann die Arzneien und die Diät. Manchmal merkte er auch selbst, dass dem Kranken gar nichts fehlte; da aber so ein Arrestant ins Hospital gekommen war, um von der Arbeit auszuruhen und auf einer Matratze statt auf bloßen Brettern zu liegen, in einem immerhin warmen Zimmer statt des feuchten Arrestlokals, wo Mengen von blassen und abgezehrten Untersuchungsgefangenen zusammengepfercht sind (bei uns in Russland sind die Untersuchungsgefangenen fast immer blass und abgezehrt – ein Beweis dafür, dass sie körperlich und seelisch viel mehr zu leiden haben als die verurteilten Verbrecher), so schrieb unser Assistenzarzt in solchen Fällen ruhig ein »febris catarrhalis« in die Liste und ließ den Scheinkranken zuweilen eine ganze Woche liegen. Über dieses »febris catarrhalis« lachten wir alle. Wir wussten sehr gut, dass es eine im gegenseitigen Einverständnis zwischen dem Arzt und den Kranken angenommene Formel zur Bezeichnung einer simulierten Krankheit war; die Arrestanten selbst übersetzten das »febris catarrhalis« mit »Reserve-Leibschmerzen«. Manchmal missbrauchte so ein Kranker das Mitleid des Arztes und blieb so lange liegen, bis er mit Gewalt hinausgeworfen wurde. Dann musste man unseren Assistenzarzt sehen. Er schien sich zu schämen, dem Kranken geradeaus zu sagen, dass er schneller gesund werden und um seine Entlassung aus dem Hospital bitten solle, obwohl er das volle Recht hatte, ihm ohne alle Auseinandersetzungen und Bitten einfach »sanatus est« in den Krankheitsbericht zu schreiben. Anfangs machte er ihm Andeutungen, dann bat er ihn gleichsam: »Ist noch nicht Zeit? Du bist ja schon fast gesund, im Krankensaal ist so wenig Platz« usw., bis der Kranke sich schämte und schließlich selbst um Entlassung bat. Der Oberarzt war zwar ein humaner und ehrlicher Mensch (den die Kranken gleichfalls sehr liebten), aber unvergleichlich strenger und energischer als der Assistenzarzt; in manchen Fällen zeigte er sogar eine Härte, und deswegen achtete man ihn ganz besonders. Er erschien in Begleitung sämtlicher Hospitalärzte gleich nach dem Assistenzarzt, untersuchte ebenfalls jeden einzeln, hielt sich besonders bei den Schwerkranken auf, verstand ihnen immer ein gutes, ermutigendes, oft sogar herzliches Wort zu sagen und machte überhaupt einen guten Eindruck. Die mit den »Reserve-Leibschmerzen« schickte er niemals weg; wenn aber der Kranke widerspenstig war, strich er ihn einfach als geheilt aus der Liste: »Nun hast du lange genug gelegen, Bruder, hast ausgeruht, jetzt ist's genug.« Widerspenstig waren gewöhnlich die Faulen, besonders in der arbeitsreichen Sommerzeit, oder die Untersuchungsgefangenen, die eine Strafe erwarteten. Ich erinnere mich, wie gegen einen von diesen besondere Strenge, sogar Grausamkeit angewandt wurde, um ihn zu zwingen, um Entlassung zu bitten. Er trat mit einem Augenleiden ein; seine Augen waren rot, und er beklagte sich über ein heftiges Stechen in den Augen. Man behandelte ihn mit spanischen Fliegen, Blutegeln, Einträufeln einer beißenden Flüssigkeit in die Augen usw., aber die Krankheit wollte nicht weichen, und die Augen wurden nicht klar. Die Ärzte kamen allmählich dahinter, dass es eine simulierte Krankheit war: die Entzündung blieb immer nicht zu stark, wurde nicht schlimmer, verging aber auch nicht und blieb immer gleich. Der Fall war verdächtig. Alle Arrestanten wussten schon längst, dass er simulierte und die Leute anführte, obwohl er es selbst nicht eingestand. Er war ein junger, sogar hübscher Bursche, der aber auf uns alle einen eigentümlich unangenehmen Eindruck machte; er war verschlossen, misstrauisch, mürrisch, sprach mit niemand ein Wort, blickte finster drein und hielt sich von allen zurück, als misstraute er allen. Ich erinnere mich noch, dass vielen der Gedanke kam, dass er uns irgendeinen Streich spielen könne. Er war ein Soldat, der einen Diebstahl begangen hatte, erwischt worden war und dem tausend Spießruten und die Einreihung in die Arrestantenkompanie drohte. Um die Strafe hinauszuschieben, entschließen sich die Verurteilten, wie ich schon früher erwähnt habe, zuweilen zu schrecklichen Dingen. So einer stürzt sich am Vorabend der Exekution mit einem Messer auf einen der Vorgesetzten oder sogar auf einen seiner Kameraden; er kommt aufs neue vors Gericht, die Exekution wird auf weitere zwei Monate hinausgeschoben, und so hat er sein Ziel erreicht. Er denkt nicht daran, dass er nach den zwei Monaten doppelt und dreimal so streng bestraft werden wird; er will den schrecklichen Augenblick wenigstens für einige Tage hinausschieben, und dann komme, was kommen mag; so tief entmutigt sind zuweilen diese Unglücklichen. Man tuschelte bei uns, dass man sich nachts vor ihm hüten müsse. Er sei imstande, jemand zu erstechen. Man beschränkte sich übrigens aufs Tuscheln, ergriff aber keinerlei Vorsichtsmaßregeln; auch diejenigen, deren Bett sich in seiner Nachbarschaft befand, ergriffen keine Maßregeln. Man sah übrigens, dass er sich nachts die Augen mit dem von der Wand heruntergekratzten Kalk und mit noch irgend etwas einrieb, damit sie des Morgens wieder rot seien. Schließlich drohte ihm der Oberarzt selbst mit dem »Haarseil«. Bei hartnäckigen Augenkrankheiten, die lange dauern und allen ärztlichen Mitteln trotzen, entschließen sich die Ärzte, um das Augenlicht zu retten, zu einem sehr energischen und qualvollen Mittel. Man zieht dem Kranken wie einem Pferd ein Haarseil ein. Der Ärmste wollte aber noch immer nicht gesund werden. Entweder war er zu trotzig oder zu feig; das Haarseil tat zwar nicht so weh wie die Stockstrafe, war aber qualvoll genug. Man zieht dem Kranken hinten im Nacken soviel Haut mit der Hand zusammen, als man fassen kann, durchbohrt das ganze erfasste Fleisch mit einem Messer, so dass eine lange und breite Wunde längs des ganzen Nackens entsteht, und zieht durch diese Wunde ein ziemlich breites, fast fingerdickes Leinenband. Dieses Band wird dann täglich zu einer bestimmten Stunde durch die Wunde gezogen, sodass diese gleichsam immer wieder aufgeschnitten wird, damit sie ewig eitere und nicht verheile. Der Ärmste ertrug übrigens diese Folter, wenn auch unter entsetzlichen Qualen, hartnäckig mehrere Tage, ehe er sich entschloss, um Entlassung zu bitten. Seine Augen waren in einem Tag vollkommen gesund geworden, und sobald sein Hals geheilt war, begab er sich auf die Hauptwache, um gleich am nächsten Tag die tausend Spießruten zu empfangen.

Natürlich ist der Augenblick vor der Strafe schwer, so schwer, dass ich vielleicht unrecht habe, wenn ich diese Furcht Kleinmut und Feigheit nenne. Er ist wohl sehr schwer, wenn einer die doppelte und dreifache Strafe riskiert, nur um die Exekution etwas hinauszuschieben. Ich erwähnte übrigens auch solche, die selbst um Entlassung baten, obwohl ihre Rücken nach den ersten Schlägen noch nicht zugeheilt waren, um den Rest der Strafe schneller abzubüßen und endgültig aus dem Anklagezustand herauszukommen; die Haft auf der Hauptwache im Anklagezustand war aber natürlich unvergleichlich schlimmer als im Zuchthaus. Abgesehen vom Unterschied in den Temperamenten hängt die Entschlossenheit und Furchtlosigkeit bei vielen in bedeutendem Maße von der eingewurzelten Gewöhnung an die Schläge und Strafen ab. Der oft Geschlagene ist an Geist und Rücken gefestigt und betrachtet schließlich die Strafe skeptisch, fast als eine geringe Unannehmlichkeit und fürchtet sie nicht mehr. Im Allgemeinen ist das richtig. Ein Arrestant aus unserer Besonderen Abteilung, der getaufte Kalmücke Alexander, oder Alexandra, wie man ihn bei uns nannte, ein sonderbarer, durchtriebener und furchtloser, zugleich sehr gutmütiger Bursche, erzählte mir, wie er seine viertausend Spießruten ertragen hatte; er erzählte es mir lachend und scherzend, schwor aber zugleich sehr ernsthaft, dass, wenn er nicht schon von der frühesten, zartesten Kindheit an unter der Knute aufgewachsen wäre, von der die Narben auf seinem Rücken während seines ganzen Lebens unter seinen Volksgenossen nie verschwanden, er diese viertausend Hiebe nicht ausgehalten hätte. Als er mir das erzählte, segnete er gleichsam diese Erziehung durch die Knute. »Man hat mich für alles geschlagen, Alexander Petrowitsch!« sagte er mir einmal gegen Abend, bevor Licht gemacht wurde, auf meinem Bett sitzend, »für alles; man schlug mich fünfzehn Jahre hintereinander, vom ersten Tag an, dessen ich mich erinnere, und jeden Tag einige Male; nur solche, die gar keine Lust dazu hatten, schlugen mich nicht; so habe ich mich schließlich ganz daran gewöhnt.« Wie er unter die Soldaten geraten war, weiß ich nicht; ich erinnere mich dessen nicht, vielleicht hat er mir darüber etwas erzählt; er war ein gewohnheitsmäßiger Ausreißer und Vagabund. Ich besinne mich nur auf seine Erzählung, wie schrecklich er sich gefürchtet hatte, als er zu viertausend Spießruten wegen der Ermordung eines Vorgesetzten verurteilt worden war. »Ich wusste, dass man mich streng bestrafen und vielleicht nicht mehr lebendig entlassen würde; ich bin zwar an die Knute gewöhnt, aber viertausend Spießruten sind kein Spaß! Dazu war die Obrigkeit sehr erbittert! Ich wusste, ich wusste es ganz sicher, dass es nicht so einfach abgehen würde, dass ich es nicht ertragen werde; dass ich nicht mit dem Leben davonkomme. Zuerst versuchte ich, mich taufen zu lassen; ich dachte mir, dass man mir vielleicht die Strafe erlassen würde, obwohl man mir sagte, ich hätte darauf nicht zu hoffen, man würde mir nicht vergeben. Aber ich dachte mir, ich will es doch versuchen, sie werden mit einem Getauften doch mehr Mitleid haben. So wurde ich denn auch wirklich getauft, und erhielt bei der heiligen Taufe den Namen Alexander; aber Spießruten blieben Spießruten, keine einzige haben sie mir erlassen; das kränkte mich sogar. So dachte ich mir: Wartet, ich werde euch alle anführen. Und was glauben Sie, Alexander Petrowitsch, ich habe sie wirklich angeführt! Ich verstand vortrefflich, mich tot zu stellen, d. h. nicht ganz tot, aber so als wolle die Seele gerade den Körper verlassen. Man führte mich durch die Gasse; wie ich das erste Tausend passiere, brennt es wie Feuer, und ich schreie; beim zweiten Tausend denke ich mir, es sei mein Ende, ich bin nicht mehr bei Sinnen, die Beine knicken unter mir ein; ich falle zu Boden; meine Augen wurden tot, das Gesicht blau, ich atme nicht mehr und habe Schaum vor den Lippen. Der Arzt trat heran und sagte: ›Er wird gleich sterben.‹ Man trug mich ins Hospital, und da wurde ich gleich lebendig. So führten sie mich noch zweimal hinaus, sie ärgerten sich furchtbar über mich, aber ich führte sie noch zweimal an; nach dem dritten Tausend wurde ich ohnmächtig, und beim vierten Tausend drang mir jeder Hieb wie ein Messer ins Herz, jeder Hieb war wie drei, so furchtbar schlugen sie mich! Sie waren schon wütend geworden. Dieses letzte verdammte Tausend (hol es der Teufel! …) war so viel wert wie die ersten drei, und wäre ich nicht kurz vor dem Ende gestorben (es blieben nur noch zweihundert Hiebe), so hätten sie mich totgeschlagen, aber ich ließ es nicht zu und stellte mich wieder tot; sie glaubten es mir wieder, und wie sollten sie es mir auch nicht glauben, wenn es auch der Arzt glaubte; bei den letzten Zweihundert schlugen sie mich aus Wut so, dass es schrecklicher war als gewöhnliche *Zweitausend Spießruten*, – aber es gelang ihnen doch nicht, mich totzuschlagen. Und warum gelang es ihnen nicht? Immer aus dem gleichen Grund, weil ich von Kind auf unter der Knute aufgewachsen bin. Darum bin ich auch heute noch am Leben. Ach, wie viel Schläge habe ich schon in meinem Leben bekommen!« bemerkte er am Schluss seiner Erzählung, gleichsam in traurige Erinnerungen versunken, als wollte er all' die Schlage zählen, die er schon bekommen hatte. »Aber nein«, fügte er nach einer minutenlangen Pause hinzu, »man kann es gar nicht zählen! Es gibt keine solchen Zahlen.« Er sah mich an und lachte auf, aber so gutmütig, dass ich selbst nicht umhin konnte, ihm zuzulächeln. »Wissen Sie, Alexander Petrowitsch, wenn ich jetzt nachts etwas träume, so nur, dass ich geschlagen werde; andere Träume habe ich überhaupt nicht.« Er pflegte nachts wirklich aus voller Kehle zu schreien, so dass ihn die anderen Arrestanten mit Püffen weckten: »Was schreist du Teufel!« Er war ein kräftiger Bursch, klein gewachsen, lebhaft und heiter, an die fünfundvierzig Jahre alt und lebte mit allen in Frieden, obwohl er gerne stahl und deswegen oft verprügelt wurde, aber wer bei uns stahl nicht und bekam dafür keine Prügel?

Ich will noch eines hinzufügen: ich wunderte mich immer über die ungewöhnliche Gutmütigkeit und den Mangel an Gehässigkeit, mit dem alle diese Geschlagenen davon sprachen, wie und von wem sie geschlagen worden waren. In ihren Erzählungen, bei denen mir selbst manchmal das Herz erzitterte und zu klopfen anfing, war oft nicht der geringste Ton von Bosheit oder Hass zu hören. Sie aber lachten dabei wie die Kinder. So erzählte mir z. B. M-cki von seiner Strafe; er war kein Adliger und hatte vierhundert Spießruten laufen müssen. Ich erfuhr es von den anderen und fragte ihn selbst, ob es wahr sei und wie das gewesen wäre. Er antwortete mir eigentümlich kurz, gleichsam mit einem inneren Schmerz, wollte mich dabei nicht anschauen, und sein Gesicht war rot geworden; als er mich nach einer halben Minute ansah, brannten seine Augen vor Hass, und seine Lippen zitterten vor Empörung. Ich fühlte, dass er dieses Kapitel aus seiner Vergangenheit niemals vergessen würde. Aber die unsrigen, fast alle (ich bürge nicht, dass es keine Ausnahmen gegeben hat), sahen die Sache ganz anders an. Es kann doch nicht sein, dachte ich mir zuweilen, dass sie sich als vollkommen schuldig und der Bestrafung wert hielten, besonders wenn sie sich nicht gegen ihre Genossen, sondern gegen die Vorgesetzten vergangen haben. Die meisten von ihnen klagten sich auch gar nicht an. Ich sagte schon, dass ich nie etwas von Gewissensbissen gemerkt hätte, selbst wenn das Verbrechen gegen die eigenen Standesgenossen gerichtet war. Von den Vergehen gegen die Obrigkeit spreche ich schon gar nicht. Mir kam zuweilen vor, als ob in diesem letzteren Fall eine eigentümliche, sozusagen praktische oder, genauer gesagt, faktische Anschauung vorläge. Man zog das Schicksal und die Unanwendbarkeit der Tatsache in Betracht, und zwar nicht irgendwie überlegt, sondern unbewusst, als wäre es eine Glaubenssache. Der Arrestant ist z. B. immer geneigt, sich bei den Vergehen gegen die Obrigkeit im Recht zu fühlen, und so ist für ihn diese Frage gar nicht denkbar; aber praktisch ist er sich immer bewusst, dass die Vorgesetzten seine Vergehen ganz anders anschauen, und dass er folglich bestraft werden müsse, um die Rechnung zu begleichen. Der Kampf ist hier beiderseitig. Der Verbrecher weiß dabei und zweifelt nicht, dass er vom Gericht seiner Genossen, der einfachen Menschen, gerechtfertigt wird, welche, wie er es wiederum weiß, ihn niemals verurteilen und in den meisten Fällen sogar völlig freisprechen werden, wenn er nur keine Sünde gegen seine Brüder, gegen das ihm verwandte niedere Volk begangen hat. Sein Gewissen ist ruhig, im Gewissen liegt aber seine Kraft, sein sittliches Gefühl ist nicht verletzt, und das ist die Hauptsache. Er fühlt gleichsam, dass er etwas hat, worauf er sich stützen kann, und darum hasst er nicht, sondern nimmt das Geschehene als eine unvermeidliche Tatsache hin, die weder mit ihm begonnen hat, noch mit ihm enden und noch sehr lange unter dem einmal angefangenen passiven, doch hartnäckigen Kampf fortdauern wird. Welcher Soldat hasst persönlich den Türken, gegen den er Krieg führt? Aber der Türke sticht und schießt doch nach ihm. Übrigens waren nicht alle Erzählungen so ganz kaltblütig und gleichgültig. Über den Leutnant Sherebjatnikow z. B. sprach man mit einiger, wenn auch nicht sehr großen Empörung. Diesen Leutnant Sherebjatnikow lernte ich schon während der ersten Zeit meines Aufenthalts im Hospital kennen, natürlich nur aus den Berichten der anderen Arrestanten. Dann sah ich ihn einmal in natura, als er bei uns die Wache hatte. Er war ein etwa dreißigjähriger Mann, groß gewachsen, dick, fett, mit roten, aufgedunsenen Wangen, weißen Zähnen und dem schallenden Lachen eines Nosdrjow[3]. Seinem Gesicht konnte man ansehen, dass er der gedankenloseste Mensch auf der Welt war. Er liebte es leidenschaftlich, die Spießruten- und Stockstrafe zu leiten, wenn man ihn zum Vollstrecker bestellte. Ich muss aber hier gleich hinzufügen, dass ich den Leutnant Sherebjatnikow schon damals als ein Ungeheuer unter seinesgleichen ansah; auch die anderen Arrestanten sahen ihn ebenso an. Es gab außer ihm auch noch andere Strafvollstrecker, natürlich nur in der alten Zeit, in der erst kürzlich vergangenen alten Zeit, – »es ist nicht lange her, allein man glaubt es kaum!« – Vollstrecker, die ihre Sache mit großer Gründlichkeit und Gewissenhaftigkeit machten. In den meisten Fällen wurde es aber naiv und ohne besondere Begeisterung gemacht. Doch der Leutnant war beim Strafvollzug eine Art raffiniertester Feinschmecker. Er hatte für seine Vollstreckungskunst eine leidenschaftliche Liebe, er liebte sie der Kunst wegen. Sie war für ihn ein hoher Genuss, und er erfand wie ein gegen alle Genüsse abgestumpfter, degenerierter Patrizier der römischen Kaiserzeit allerlei Raffinements, allerlei Perversitäten, um seine verfettete Seele einigermaßen aufzurütteln und angenehm zu kitzeln. Da wird ein Arrestant zur Exekution geführt; Sherebjatnikow ist der Vollstrecker; schon ein Blick auf die lange

[3] Person aus Gogols »Toten Seelen«.

Reihe der mit dicken Stöcken bewaffneten Soldaten versetzt ihn in Begeisterung. Er geht mit selbstzufriedener Miene durch die Reihen und schärft allen energisch ein, dass jeder seine Pflicht eifrig und gewissenhaft tun solle, oder … Aber die Soldaten wussten schon, was dieses »oder« bedeutete. Nun wird auch der Verbrecher selbst gebracht, und wenn er Sherebjatnikow noch nicht kennt und noch nicht alles über ihn gehört hat, so pflegt sich dieser mit ihm z. B. folgenden Spaß zu leisten. (Es ist natürlich nur einer von hundert Späßen; der Leutnant war unerschöpflich in seinen Erfindungen.) Ein jeder Arrestant beginnt in dem Augenblick, wo man ihn entkleidet und seine Hände an die Gewehrkolben bindet, an denen ihn dann die Unteroffiziere durch die grüne Gasse führen, – ein jeder Arrestant beginnt, der allgemeinen Sitte folgend, in diesem Augenblick den Vollstrecker mit weinerlicher Stimme anzuflehen, ihn möglichst mild zu strafen und die Strafe nicht durch übermäßige Strenge zu vergrößern. »Euer Wohlgeboren«, schreit so ein Unglücklicher, »erbarmen Sie sich meiner, seien Sie mir wie ein Vater, damit ich mein Leben lang für Sie zu Gott bete! Bringen Sie mich nicht um, haben Sie Mitleid!« Sherebjatnikow wartet nur darauf; er lässt sofort innehalten und beginnt mit der gefühlvollsten Miene folgendes Gespräch mit dem Arrestanten: »Mein Freund«, sagt er, »was soll ich denn mit dir anfangen? Nicht ich strafe dich, sondern das Gesetz!«

»Euer Wohlgeboren, alles liegt in Ihrer Gewalt, haben Sie Erbarmen!«

»Du glaubst wohl, ich hätte kein Mitleid mit dir? Du glaubst, es sei mir ein Vergnügen, zu sehen, wie man dich schlägt? Ich bin doch auch ein Mensch! Was glaubst du: Bin ich ein Mensch oder nicht?«

»Man weiß es ja, Euer Wohlgeboren, man weiß es ja: Sie sind unser Vater, und wir sind die Kinder. Seien Sie mir wie ein Vater!« schreit der Arrestant, der schon zu hoffen beginnt.

»Aber urteile doch selbst, mein Freund! Du bist doch vernünftig genug, um darüber zu urteilen: ich weiß selbst, dass ich aus Menschlichkeit dich, den Sünder, nachsichtig und barmherzig behandeln muss.«

»Euer Wohlgeboren sprechen die reinste Wahrheit!«

»Ja, ich muss dich mit Mitleid anschauen, wie sündig du auch seist. Aber hier hast du nicht mit mir zu tun, sondern mit dem Gesetz! Bedenk es doch! Ich diene ja Gott und dem Vaterland; ich nehme doch eine schwere Sünde auf mich, wenn ich das Gesetz umgehe, bedenk es doch!«

»Euer Wohlgeboren!«

»Aber was soll ich machen! Deinetwillen will ich es doch tun! Ich weiß, dass ich sündige, aber es sei … Ich will diesmal mit dir Mitleid haben und dich mild bestrafen. Aber was, wenn ich damit dich selbst schädige? Wenn ich mit dir Mitleid habe und dich mild bestrafe, so wirst du dir sagen, dass es auch das nächste Mal ebenso sein wird, wirst wieder ein Verbrechen begehen, – was dann? Die Verantwortung ruht dann doch auf meiner Seele …«

»Euer Wohlgeboren! Jeden Freund und jeden Feind werde ich davor warnen! Ich schwöre es wie vor dem Thron des himmlischen Schöpfers …«

»Ist schon gut, ist schon gut! Willst du mir aber schwören, dass du dich in Zukunft

gut aufführen wirst?«
»Der Herr möge mich mit seinem Donner treffen, möge ich auf dieser Welt …«
»Schwöre nicht, es ist Sünde. Ich will einfach deinem Wort glauben. Gibst du mir dein Wort?«
»Euer Wohlgeboren!!!«
»Also höre: Ich begnadige dich nur deiner Waisentränen wegen. Du bist doch eine Waise?«
»Ich bin eine Waise, Euer Wohlgeboren, bin einsam auf der Welt, habe weder Vater noch Mutter …«
»Nun, also deiner Waisentränen wegen; aber pass auf, es ist das letzte Mal … Führt ihn!« fügt er mit einer so milden Stimme hinzu, dass der Arrestant gar nicht weiß, mit welchen Gebeten er für diesen Wohltäter zu Gott beten soll.
Die grausame Prozession hat sich aber schon in Bewegung gesetzt, man führt ihn durch die Gasse; die Trommel dröhnt, die ersten Stöcke schwirren durch die Luft …
»Haut zu!« schreit Sherebjatnikow aus voller Kehle. »Schlagt zu! Ordentlich! Brennt ihm das Fell! Noch mehr, noch mehr! Haut ihn, diesen Gauner, diesen Waisenknaben! Ordentlich!«
Die Soldaten hauen aus aller Kraft, dem Ärmsten sprühen Funken aus den Augen, er fängt zu schreien an, aber Sherebjatnikow läuft ihm die Front entlang nach und lacht, lacht, hält sich mit den Händen die Seiten, kann sich gar nicht aufrichten, so leid tut ihm schließlich der Arme. Er ist so froh und lustig, und nur ab und zu unterbricht er sein schallendes, rollendes Lachen und ruft wieder: »Haut ihn, haut! Heizt ihm ein, dem Gauner, heizt ihm ein, dem Waisenknaben! …«
Manchmal erfand er noch andere Variationen: man führt den Arrestanten zur Exekution, und er fängt wieder zu flehen an. Sherebjatnikow macht diesmal keine langen Geschichten, schneidet keine Grimassen, sondern erklärt ganz aufrichtig:
»Siehst du, mein Lieber«, sagt er, »ich werde dich bestrafen, wie es sich gehört, denn du verdienst es. Aber für dich will ich vielleicht folgendes tun: Ich lasse dich nicht an den Kolben anbinden. Du wirst von selbst gehen, aber auf eine neue Manier. Lauf, so schnell du kannst, durch die ganze Front! Dich wird zwar jeder Stock treffen, aber die Sache ist schneller erledigt, wie glaubst du? Willst du es probieren?«
Der Arrestant hört es mit Erstaunen und Misstrauen an und wird nachdenklich. »Nun«, denkt er sich, »vielleicht wird es so wirklich leichter sein; ich will laufen, so schnell ich kann, die Qual wird fünfmal kürzer dauern, vielleicht wird mich auch nicht jeder Stock treffen.«
»Gut, Euer Wohlgeboren, ich bin einverstanden.«
»Nun, auch ich bin einverstanden, also los! Aber passt auf, schlaft nicht!« ruft er den Soldaten zu, obwohl er schon im Voraus weiß, dass kein einziger Stock den schuldigen Rücken verfehlen wird; ein Soldat, der vorbeigehauen hat, weiß ebenfalls sehr gut, was er riskiert.
Der Arrestant rennt nun, so schnell er kann, durch die »grüne Gasse«, kommt aber natürlich nicht weiter als fünfzehn Schritt. Die Stöcke fallen wie Trommelwirbel, wie Blitze, sie treffen alle zugleich seinen Rücken, und der Ärmste stürzt mit einem

Schrei, wie ein Grashalm unter einer Sense, wie von einer Kugel getroffen, zu Boden.

»Nein, Euer Wohlgeboren, dann schon lieber nach dem Gesetz«, sagt er, sich langsam vom Boden erhebend, blass und erschrocken.

Aber Sherebjatnikow, der schon im Voraus wusste, wie dieser Spaß enden würde, schüttelt sich vor Lachen. Doch ich kann hier alle seine Späße und alles, was man sich bei uns über ihn erzählte, gar nicht beschreiben!

In einer etwas anderen Weise, in einem anderen Ton und Geist sprach man bei uns über einen Leutnant Smjekalow, der in unserem Zuchthaus das Amt des Kommandeurs versehen hatte, bevor unser Platzmajor zu uns kam. Über Sherebjatnikow sprach man zwar ziemlich gleichgültig, ohne besondere Gehässigkeit, aber auch ohne Bewunderung für seine Heldentaten; man lobte ihn nicht und verabscheute ihn wohl. Man hatte für ihn sogar eine hochmütige Verachtung. Aber des Leutnants Smjekalow gedachte man mit Freude und Genuss. Er war nämlich durchaus kein besonderer Liebhaber von Exekutionen, das Sherebjatnikowsche Element war ihm fremd. Aber er war auch gar nicht abgeneigt, eine Exekution zu leiten; an seine Ruten dachte man bei uns sogar mit Liebe zurück – so gut gefiel dieser Mensch den Arrestanten! Weshalb eigentlich? Womit hatte er diese Popularität verdient? Unsere Arrestanten sind freilich, wie wohl das ganze russische Volk, imstande, eines einzigen freundlichen Wortes wegen alle Qualen zu vergessen; ich erwähne dies als eine Tatsache, ohne es diesmal von der einen oder anderen Seite zu untersuchen. Es war nicht schwer, diesen Leuten zu gefallen und sich bei ihnen populär zu machen. Aber Leutnant Smjekalow hatte sich eine ganz besondere Popularität erworben, sodass man sich seiner Exekutionen sogar fast mit Rührung erinnerte. »Er war besser als ein Vater«, sagten die Arrestanten zuweilen von ihm und seufzten sogar, wenn sie ihren früheren provisorischen Vorgesetzten Smjekalow in der Erinnerung mit dem jetzigen Platzmajor verglichen. »Eine Seele von einem Menschen!« – Er war ein einfacher, in seiner Art vielleicht auch gutmütiger Mensch. Nicht nur gute, sondern auch großmütige Menschen kamen unter den Vorgesetzten wohl vor, aber man liebte sie nicht, über manche von ihnen lachte man sogar. Smjekalow verstand es aber so einzurichten, dass ihn alle bei uns für einen Menschen ihresgleichen hielten, und das ist eine große Kunst, oder, genauer gesagt, eine angeborene Fähigkeit. Es ist wirklich merkwürdig. Unter diesen Menschen gibt es auch solche, die gar nicht gutmütig sind, und doch erwerben sie zuweilen eine große Popularität. Sie ekeln sich nicht vor ihren Untergebenen, – das scheint mir der Grund zu sein! Sie zeigen nichts von einem verwöhnten Herrn, lassen nichts vom herrschaftlichen Geruch spüren, sondern haben einen eigenen angeborenen volkstümlichen Geruch, und, mein Gott, was für eine feine Nase hat dafür unser Volk! Was gibt es nicht alles dafür her! Es ist sogar imstande, den mitleidvollsten Menschen für einen sehr strengen herzugeben, wenn nur dieser letztere ihren eigenen volkstümlichen Geruch hat. Und wenn dieser so duftende Mensch außerdem noch gutmütig ist, wenn auch nur in seiner Art, – dann wird er über alles geschätzt! Der Leutnant Smjekalow pflegte, wie ich schon sagte, manchmal recht empfindlich zu strafen, aber er verstand es so zu machen, dass man ihm nicht nur nicht böse war, sondern auch später, in meiner Zeit, als alles schon in der Vergangenheit lag, seiner »Späße« bei den Exekutionen mit Lachen und Freude gedachte. Er kannte übrigens nicht viele Späße, dazu fehlte es ihm an künstlerischer Phantasie. Eigentlich verfügte er nur über ein einziges Späßchen, von dem er bei uns fast ein ganzes Jahr lebte; vielleicht gefiel es aber gerade aus dem Grunde, weil es das einzige war. Es steckte in ihm viel Naivität. Da wird der zu einer Strafe verurteilte Arrestant gebracht. Smjekalow kommt selbst zur Exekution, er kommt mit einem Lächeln, mit einem Scherz, fragt den Delinquenten nach etwas Abseitsliegendem, nach seinen persönlichen, häuslichen oder Arrestantenangelegenheiten, und zwar nicht mit irgendeiner versteckten Absicht, nicht zum Spaß, sondern ganz einfach, weil er von diesen Dingen wirklich gerne hören will. Man bringt die Ruten und einen Stuhl für Smjekalow; er setzt sich auf den Stuhl und steckt sich sogar eine Pfeife an. Er hatte eine lange Pfeife. Der Arrestant beginnt zu flehen … »Nein, Bruder, leg dich nur, ist nichts zu machen …« sagt Smjekalow; der Arrestant seufzt und legt sich hin. »Nun, mein Lieber, kennst du den und den Bibelvers auswendig?« – »Wie sollte ich ihn nicht kennen, Euer Wohlgeboren: ich bin ja getauft und habe von Kind auf gelernt.« – »Nun, dann sag ihn auf.« Der Arrestant weiß schon, was er aufsagen soll, und er weiß auch im Voraus, was bei diesem Aufsagen geschehen wird, denn dieser Spaß ist schon dreißigmal mit anderen wiederholt worden. Auch Smjekalow selbst weiß, dass der Arrestant es weiß; auch die Soldaten, die mit erhobenen Ruten über dem liegenden Opfer stehen, sind über diesen Scherz längst unterrichtet, und dennoch wiederholt er ihn wieder, – so sehr gefällt er ihm, vielleicht aus literarischem Ehrgeiz, weil er ihn selbst erfunden hat. Der Arrestant beginnt den Vers aufzusagen, die Soldaten mit den Ruten warten, Smjekalow sitzt gebückt da, hebt die Hand, hört zu rauchen auf und wartet auf ein bestimmtes Wort. Endlich kommt der Arrestant zu dem Wort »im Himmel«. Smjekalow wartet nur darauf. »Halt!« schreit plötzlich der Leutnant, ganz Feuer und Flamme, und wendet sich sofort mit begeisterter Geste zu dem Soldaten mit der erhobenen Rute und ruft: »Gib's dem Lümmel!« Und er fängt zu lachen an. Auch die ringsum stehenden Soldaten grinsen; der Schlagende grinst, auch der Geschlagene grinst, obwohl die Rute auf das Kommando »Gib's dem Lümmel« durch die Luft saust, um im nächsten Augenblick scharf wie ein Rasiermesser seinen sündhaften Körper zu treffen. Auch Smjekalow freut sich, er freut sich, weil er es so schön erfunden, weil er es selbst erdacht hat: »Im Himmel« – »gib's dem Lümmel«, das reimt sich so schön. Smjekalow geht von der Exekution fort, vollkommen mit sich zufrieden, auch der Geschlagene ist fast zufrieden mit sich und auch mit Smjekalow, und schon nach einer halben Stunde erzählt er im Zuchthaus, wie dieser schon dreißigmal wiederholte Scherz nun zum einunddreißigsten Mal wiederholt worden ist. »Mit einem Wort: Eine Seele von einem Menschen und solch ein Spaßvogel!«

Die Erinnerungen an den gutmütigen Leutnant hatten zuweilen einen idyllischen Charakter.

»Man geht mal vorbei, Brüder«, erzählt ein Arrestant, und sein ganzes Gesicht lächelt bei dieser Erinnerung, »man geht vorbei, er aber sitzt schon in seinem Schlafrock am Fenster, trinkt Tee und raucht die Pfeife. Man zieht vor ihm die Mütze. ›Wohin gehst du denn, Aksjonow?‹«

»›Zur Arbeit, Michail Wassiljitsch, zuerst muss ich in die Werkstatt.‹ Da lacht er … Eine Seele von einem Menschen! Mit einem Wort, eine Seele von einem Menschen!«

»Einen zweiten solchen erlebt man nicht!« fügt jemand von den Zuhörern hinzu.

III

Fortsetzung

Ich kam soeben auf die Strafen wie auch auf die verschiedenen Vollstrecker dieser interessanten Obliegenheiten eigentlich nur aus dem Grunde zu sprechen, weil ich erst nach meiner Übersiedlung ins Hospital den ersten anschaulichen Begriff von diesen Dingen erhielt. Bisher hatte ich sie nur vom Hörensagen gekannt. In unsere beiden Krankensäle kamen sämtliche mit Spießruten bestraften Angeklagten aus allen Bataillonen, Arrestantenabteilungen und sonstigen Militärkommandos, die in unserer Stadt wie auch im ganzen Kreis lagen. In dieser ersten Zeit, als ich alles, was um mich her geschah, mit solcher Gier studierte, machten alle diese für mich neuen Erscheinungen, alle diese Bestraften und der Bestrafung Entgegensehenden auf mich naturgemäß einen außerordentlich starken Eindruck. Ich war erregt, verwirrt und erschrocken. Ich erinnere mich noch, wie ich damals mit plötzlicher Ungeduld in alle Einzelheiten dieser für mich neuen Erscheinungen einzudringen und den Gesprächen und Berichten der anderen Arrestanten über dieses Thema zuzuhören anfing, wie ich selbst Fragen stellte und Antworten suchte. Unter anderem wollte ich unbedingt alle Abstufungen der Urteile und Exekutionen, alle Gradationen in der Vollstreckung und die Anschauungen der Arrestanten selbst kennenlernen; ich bemühte mich, mir den psychischen Zustand eines zur Exekution Gehenden vorzustellen. Ich sagte schon, dass vor der Exekution kaum jemand seine Kaltblütigkeit bewahrte, selbst diejenigen, die schon oft und stark geschlagen worden sind, nicht ausgeschlossen. Den Verurteilten überfällt hier eine eigene scharfe, schneidende, aber rein physische, unwillkürliche und unüberwindliche Angst, die das ganze sittliche Wesen des Menschen niederdrückt. Ich habe auch in den späteren Zuchthausjahren immer unwillkürlich diejenigen von den Verurteilten beobachtet, die, nachdem sie die erste Hälfte der Strafe verbüßt hatten, mit geheilten Rücken das Hospital verließen, um gleich am nächsten Tag die zweite Hälfte der ihnen zudiktierten Spießruten zu empfangen. Diese Teilung der Strafe in zwei Portionen geschieht immer auf Geheiß des Arztes, der der Exekution beiwohnt. Wenn die für das Verbrechen zudiktierte Zahl der Spießruten sehr groß ist, sodass der Arrestant sie nicht auf einmal überstehen könnte, teilt man ihm diese Anzahl in zwei und sogar drei Portionen, je nach der Meinung des Arztes während der Exekution selbst, d. h. ob der Delinquent imstande ist, noch weiter Spießruten zu laufen oder ob es mit Lebensgefahr für ihn verbunden ist. Fünfhundert, tausend und sogar fünfzehnhundert Spießruten werden gewöhnlich auf einmal verabfolgt; wenn aber das Urteil auf zwei- oder sogar dreitausend lautet, so wird die Vollstreckung in zwei oder sogar drei Teile geteilt. Diejenigen, deren Rücken nach der ersten Hälfte der Strafe wieder verheilt waren und das Hospital verließen, um die zweite Hälfte abzubüßen, waren am Tag ihrer Entlassung und auch schon am Vorabend derselben düster, mürrisch und schweigsam. Man merkte an ihnen eine gewisse Abstumpfung des Geistes, eine eigentümliche unnatürliche Zerstreutheit. So ein Mensch lässt sich in keine Gespräche ein und schweigt meistenteils; noch interessanter ist, dass die Arrestanten selbst mit einem solchen niemals sprechen und sich Mühe geben, die Rede nicht darauf zu bringen, was ihn erwartet. Man bekommt von ihnen weder ein überflüssiges Wort, noch einen Trost zu hören; sie bemühen sich sogar, dem Betreffenden überhaupt möglichst wenig Beachtung zu schenken. Für den Verurteilten ist das natürlich am besten. Es gab aber auch Ausnahmen, wie z. B. Orlow, von dem ich schon erzählte. Nachdem er die erste Hälfte seiner Strafe erhalten hatte, ärgerte er sich nur darüber, dass sein Rücken lange nicht heilen wollte und dass er nicht so schnell, wie er es wollte, das Hospital verlassen konnte, um den Rest der Spießruten zu absolvieren, mit einer Partie anderer Arrestanten verschickt zu werden und unterwegs durchzubrennen. Dieser wurde aber durch sein Ziel abgelenkt, und Gott allein weiß, was er sich alles dachte. Er war eine leidenschaftliche und vitale Natur. Er war sehr zufrieden und außerordentlich erregt, obwohl er seine Empfindungen unterdrückte. Er hatte nämlich vor der ersten Hälfte der Strafe geglaubt, man werde ihn nicht lebend die Spießruten passieren lassen, und er müsse sterben. Als er sich noch im Anklagezustand befand, erreichten ihn verschiedene Gerüchte über die Absichten der Behörden, und er bereitete sich schon damals auf den Tod vor. Als er aber die erste Hälfte absolviert hatte, fasste er neuen Mut. Er kam ins Hospital halb totgeschlagen; ich hatte noch nie solche Wunden gesehen; aber er kam mit freudigem Herzen und mit der Überzeugung, dass er am Leben bleiben werde, dass alle Gerüchte falsch gewesen seien; man habe ihn ja mit dem Leben davonkommen lassen, und so träumte er schon nach der langen Untersuchungshaft vom Marsch mit dem Arrestantentransport, von der Flucht, von der Freiheit, von Feldern und Wäldern … Zwei Tage nach seiner Entlassung starb er im gleichen Hospital auf seinem früheren Bett, da er die zweite Hälfte der Strafe nicht ausgehalten hatte. Aber ich habe davon schon erzählt.

Und doch ertrugen die gleichen Arrestanten, denen die Tage und die Nächte vor der Strafe so schwer fielen, die Strafe selbst höchst tapfer, auch die Kleinmütigsten nicht ausgeschlossen. Nur selten hörte ich sie, sogar die außerordentlich schwer Zugerichteten, selbst in der ersten Nacht nach ihrer Ankunft stöhnen; unser Volk versteht es überhaupt, Schmerzen zu ertragen. Über die Schmerzen habe ich mich bei vielen erkundigt. Ich wollte ungefähr wissen, wie groß diese Schmerzen seien und womit sie sich vergleichen ließen. Ich weiß wirklich nicht, warum ich mich dafür so sehr interessierte. Ich weiß nur, dass es nicht müßige Neugier war. Ich wiederhole, dass ich erregt und erschüttert war. Aber wen ich auch befragte, konnte ich doch unmöglich eine befriedigende Antwort bekommen. »Es brennt, es brennt wie Feuer«, – das war alles, was ich erfahren konnte, und die einzige Antwort, die ich zu hören bekam. Es brennt und fertig. In der gleichen ersten Zeit befragte ich auch M-cki darüber, nachdem ich ihn näher kennengelernt hatte. »Es tut weh«, antwortete er, »es tut sehr weh, es brennt wie Feuer; es ist ein Gefühl, als würde der Rücken auf großem Feuer gebraten.« Mit einem Wort, alle sagten dasselbe aus. Ich erinnere mich übrigens, dass ich damals eine merkwürdige Beobachtung machte, für deren Richtigkeit ich jedoch nicht einstehe; aber das übereinstimmende Urteil der Arrestanten selbst scheint es zu bestätigen, nämlich, dass die Ruten, wenn sie in großer Anzahl verabfolgt werden, die schwerste von allen gebräuchlichen Strafen darstellen. Auf den ersten Blick müsste es unmöglich erscheinen. Aber man kann mit fünfhundert und sogar schon mit vierhundert Rutenhieben einen Menschen töten; bei mehr als fünfhundert ist der Tod sogar fast sicher. Tausend Rutenhiebe auf einmal kann selbst der kräftigste Mensch nicht ohne Lebensgefahr überstehen. Aber selbst zweitausend Spießruten vermögen einen Menschen von mittlerer Stärke und kräftiger Konstitution nicht zu töten. Alle Arrestanten sagten, dass die Ruten schlimmer als die Spießruten seien. »Die Ruten sind halt schärfer«, sagten die, »und schmerzen mehr.« Natürlich sind die Ruten qualvoller als die Spießruten. Sie reizen stärker, sie erregen maßlos die Nerven und erschüttern den Menschen mehr, als er es aushalten kann. Ich weiß nicht, wie es jetzt damit bestellt ist, aber in der noch gar nicht so weit zurückliegenden Zeit gab es Gentlemans, denen die Möglichkeit, ihr Opfer auszupeitschen, einen Genuss verschaffte, der an den eines Marquis de Sade oder einer Brinvilliers erinnerte. Ich glaube, dass in dieser Empfindung etwas liegt, was bei diesen Gentlemans das Herz wonnig und zugleich schmerzlich erstarren lässt. Es gibt Menschen, die wie Tiger danach lechzen, Blut zu lecken. Wer nur einmal diese Gewalt, diese unumschränkte Herrschaft über den Leib, über das Blut und den Geist seines Mitmenschen, der so wie er selbst geschaffen ist, seines Bruders nach dem Gebot Christi gekostet hat; wer diese Gewalt und die Möglichkeit kennengelernt hat, ein anderes Geschöpf, das das Ebenbild Gottes in sich trägt, aufs Tiefste zu erniedrigen, – der hat keine Macht mehr über seine Empfindungen. Die Tyrannei wird zu einer Gewohnheit; sie hat die Fähigkeit, sich zu entwickeln, und schreitet wie eine Krankheit fort. Ich bestehe darauf, dass auch der beste Mensch infolge einer Gewöhnung so roh und stumpf wie ein Tier werden kann. Das Blut und die Macht berauschen den Menschen. Unter ihrem Einfluss entwickeln sich Rohheit und Zügellosigkeit; dem Geist und Gefühl werden selbst die unnormalsten Dinge zugänglich und zuletzt auch süß. Der Mensch und der Bürger gehen in dem Tyrannen fast immer zugrunde, und die Rückkehr zur Menschenwürde, zur Reue, zur Wiedergeburt wird ihm schließlich unmöglich. Außerdem wirken das Beispiel und die Möglichkeit einer solchen Willkür auch auf die ganze Gesellschaft ansteckend. In einer solchen Gewalt liegt etwas Verführerisches. Eine Gesellschaft, die sich solchen Erscheinungen gegenüber gleichgültig verhält, ist schon in ihrem tiefsten Kern angesteckt. Mit einem Wort, das Recht seinen Mitmenschen einer Körperstrafe zu unterziehen, ist eine der Eiterbeulen der Gesellschaft, eines der stärksten Mittel, um in ihr jeden Keim und jeden Versuch einer Zivilisation zu vernichten, und ein ausreichender Grund zu ihrer unvermeidlichen und unbedingten

Zersetzung.

Die Gesellschaft verabscheut einen gewöhnlichen Henker, aber einen Gentleman-Henker durchaus nicht. Erst vor kurzem ist eine entgegengesetzte Ansicht ausgesprochen worden, aber nur abstrakt, in Büchern. Sogar diejenigen, die diese Ansicht aussprechen, haben noch nicht alle in sich dieses Bedürfnis nach Willkür erstickt. Sogar jeder Fabrikbesitzer, jeder Unternehmer muss unbedingt ein eigentümliches, kitzelndes Vergnügen in dem Umstand finden, dass sein Arbeiter mit seiner ganzen Familie einzig von ihm abhängt. Es ist sicher so; eine Generation kann sich nicht so schnell von dem losreißen, was in ihr als eine Erbschaft früherer Generationen sitzt; der Mensch sagt sich nicht so schnell von dem los, was ihm ins Blut eingedrungen ist, was er sozusagen mit der Muttermilch eingesogen hat. Es gibt keine so plötzlichen Wandlungen. Seine Schuld und seine Erbsünde zu bekennen, genügt noch lange nicht; man muss sich ihrer gänzlich entwöhnen. Das geschieht aber nicht so schnell.

Ich brachte eben die Rede auf den Henker. Die Eigenschaften eines Henkers sind im Keim in fast jedem Menschen unserer Zeit vorhanden. Aber diese tierischen Eigenschaften entwickeln sich nicht in allen Menschen im gleichen Maß. Wenn sie in jemand, sich stetig entwickelnd, alle seine anderen Eigenschaften besiegen, so wird ein solcher Mensch natürlich schrecklich und abstoßend. Es gibt Henker von zwei Arten: Die einen sind freiwillige, die andern unfreiwillige, die dazu gezwungen werden. Ein freiwilliger Henker steht natürlich in allen Beziehungen tiefer als ein unfreiwilliger, den das Volk jedoch bis zu einem Grauen, bis zum Ekel, bis zu einer instinktiven, fast mystischen Angst verabscheut. Woher kommt denn diese fast abergläubische Angst vor dem einen Henker und diese fast gutheißende Gleichgültigkeit gegen den andern? Es gibt außerordentlich seltsame Fälle. Ich kannte gutmütige, anständige Menschen, die in der Gesellschaft sogar Achtung genossen, die es jedoch nicht ruhig ertragen konnten, wenn der Delinquent unter den Ruten nicht schrie und nicht um Gnade flehte. Die Delinquenten müssen unbedingt schreien und um Gnade flehen. Das ist einmal Sitte; es gilt als angemessen und notwendig, und als das Opfer einmal nicht schreien wollte, so fühlte sich der Vollstrecker, den ich kannte und der in anderen Beziehungen vielleicht sogar als guter Mensch angesehen werden konnte, persönlich gekränkt. Er wollte anfangs die Strafe auf eine leichte Weise vollstrecken lassen; als er aber die gewohnten Worte: »Euer Wohlgeboren, gnädiger Vater, haben Sie Erbarmen, lassen Sie mich ewig für Sie zu Gott beten usw.« nicht hörte, geriet er in Wut und ließ dem Betreffenden noch weitere fünfzig Rutenhiebe geben, um von ihm das Schreien und Flehen zu erreichen, und er erreichte es auch. »Es geht eben nicht anders, der Mann ist zu verstockt«, erklärte er mir sehr ernsthaft. Was aber den echten, unfreiwilligen, verpflichteten Henker betrifft, so weiß man ja, dass er ein zur Verbannung verurteilter Arrestant ist, den man aber als Henker dabehalten hat, der anfangs bei einem anderen Henker in der Lehre gewesen und nach absolvierter Lehrzeit für immer im Zuchthaus angestellt worden ist, wo er ein besonderes Zimmer für sich allein hat und sogar eine eigene Wirtschaft führt, aber doch fast immer unter militärischer Bewachung steht. Der lebendige Mensch ist natürlich keine Maschine. Der Henker schlägt zwar aus Pflicht, gerät aber zuweilen auch in Rage; er schlägt zwar nicht ohne einen gewissen Genuss für sich selbst, hegt aber doch fast niemals einen persönlichen Hass gegen sein Opfer. Die Geschicklichkeit im Schlagen, die Kenntnis dieser Wissenschaft, der Wunsch, sich vor seinen Kollegen und vor dem Publikum zu zeigen, reizen seinen Ehrgeiz. Es ist ihm hauptsächlich um die Kunst als solche zu tun. Außerdem weiß er sehr gut, dass er von allen verstoßen ist, dass er überall mit abergläubischer Angst empfangen und begleitet wird, und es ist sehr wohl möglich, dass dies auf ihn einen gewissen Einfluss hat und seine Wut und seine tierischen Neigungen verstärkt. Sogar die Kinder wissen, dass er »sich von Vater und Mutter losgesagt hat«. Seltsam, alle Henker, die ich traf, waren geistig gut entwickelte Menschen, mit Verstand und Vernunft, mit einem ungewöhnlichen Ehrgeiz und sogar Stolz. Ob sich dieser Stolz als Reaktion gegen die allgemeine Verachtung entwickelt, oder ob er durch das Bewusstsein der Angst, die sie ihren Opfern einflößen, und durch das Gefühl der Herrschaft über sie gesteigert wird, weiß ich nicht zu sagen. Vielleicht begünstigt auch das parademäßige und theatralische Zeremoniell, mit dem sie vor dem Publikum auf dem Schafott erscheinen, in ihnen die Entwicklung eines gewissen Hochmuts. Ich erinnere mich, wie ich eine Zeitlang recht häufig mit einem Henker zusammenkam, den ich aus der Nähe beobachten konnte. Er war ein Kerl von mittlerem Wuchs, muskulös, hager, an die vierzig Jahre alt, mit einem recht angenehmen und klugen Gesicht und Lockenhaar. Er war immer ungewöhnlich ernst und ruhig; äußerlich benahm er sich wie ein Gentleman, beantwortete alle Fragen kurz, vernünftig und sogar freundlich, aber mit einer hochmütigen Freundlichkeit, als sähe er auf mich von oben herab. Die Wachoffiziere knüpften mit ihm oft in meinem Beisein Gespräche an und taten es wirklich mit einer gewissen Achtung ihm gegenüber. Er fühlte es und verdoppelte daher im Gespräch mit einem Vorgesetzten absichtlich seine Höflichkeit, Trockenheit und Würde. Je freundlicher ein Vorgesetzter mit ihm sprach, um so unzugänglicher wurde er selbst; obwohl er dabei nicht im Geringsten von der raffiniertesten Höflichkeit abwich, bin ich doch überzeugt, dass er sich in einem solchen Augenblick hoch über den mit ihm redenden Vorgesetzten stellte. Das stand in seinem Gesicht geschrieben. Manchmal wurde er an heißen Sommertagen unter Bewachung, mit einer langen dünnen Stange bewaffnet, in die Stadt geschickt, um die Hunde totzuschlagen. In dieser kleinen Stadt gab es ungewöhnlich viel Hunde, die niemand gehörten und sich mit einer auffallenden Schnelligkeit vermehrten. In der heißen Jahreszeit wurden sie gefährlich, und dann wurde auf Befehl der Obrigkeit der Henker ausgesandt, um sie zu vertilgen. Aber selbst dieses erniedrigende Amt schien ihn in keiner Weise zu erniedrigen. Man muss gesehen haben, mit welcher Würde er durch die Straßen der Stadt spazierte, von einem müden Begleitsoldaten bewacht, schon durch seinen bloßen Anblick die ihm begegnenden Weiber und Kinder erschreckend; wie ruhig und sogar von oben herab er alle Begegnenden ansah. Die Henker haben übrigens ein gutes Leben. Sie besitzen Geld, essen sehr gut und trinken Branntwein. Das Geld bekommen sie als Schmiergeld. Ein Angeklagter aus dem Zivilstand, der nach dem Gerichtsurteil eine Körperstrafe abzubüßen hat, schenkt immer vorher etwas, und sei es auch sein Letztes, dem Henker. Von den anderen, von den reichen Angeklagten verlangen sie aber selbst Geld, wobei sie den Betrag in einem gewissen Verhältnis zu dem vermuteten Vermögen des Arrestanten festsetzen: zuweilen lassen sie sich auch dreißig Rubel geben und sogar mehr. Mit sehr Reichen feilschen sie sogar tüchtig. Die Strafe in einer sehr milden Form kann der Henker natürlich nicht verabreichen; er haftet ja dafür mit seinem eigenen Rücken. Aber er verspricht dem Opfer für ein gewisses Schmiergeld, nicht allzu schmerzhaft zu schlagen. Man geht auf seinen Vorschlag fast immer ein, sonst kann er tatsächlich barbarisch schlagen; das liegt fast ganz in seiner Gewalt. Es kommt vor, dass er sogar von einem sehr armen Angeklagten eine bedeutende Summe verlangt; die Verwandten desselben gehen zu ihm, handeln, suchen ihn zu erweichen, und wehe dem Armen, wenn sie ihn nicht befriedigen. In solchen Fällen kommt ihm die abergläubische Angst, die er allen einflößt, sehr zu statten. Was für Wunderdinge erzählt man sich nicht über die Henker! Übrigens versicherten mir die Arrestanten selbst, dass der Henker die Möglichkeit habe, den Delinquenten schon mit dem ersten Schlag zu töten. Aber wann ist das schon beobachtet worden? Übrigens ist es auch möglich. Man spricht davon allzu bestimmt. Der Henker selbst versicherte mich, dass er es wohl tun könne. Man erzählte sich auch, dass er die Fertigkeit habe, mit aller Wucht die Knute auf den Rücken des Arrestanten niedersausen zu lassen, aber so, dass sich nach dem Schlag auch nicht die kleinste Strieme zeigte und dass der Verbrecher nicht den geringsten Schmerz empfinde. Übrigens hat man über alle diese Kunststücke und Finessen schon allzu viel Geschichten gehört. Aber wenn der Henker sogar ein Geldgeschenk angenommen hat, um die Strafe in einer milden Weise zu vollziehen, so versetzt er dennoch den ersten Schlag aus aller Kraft und mit voller Wucht. Das ist bei ihnen Sitte. Die folgenden Schläge führt er immer leichter, besonders wenn man ihn vorher bestochen hat. Aber der erste Schlag gehört, ganz gleich, ob man ihn bezahlt hat oder nicht, ihm. Ich weiß wirklich nicht, warum sie es so machen. Um das Opfer sofort an die folgenden Schläge zu gewöhnen, mit der Berechnung, dass nach einem schweren Schlag die leichteren weniger schmerzhaft erscheinen, oder einfach aus dem Wunsch heraus, das Opfer ihre Gewalt fühlen zu lassen, ihm Angst einzujagen, es gleich beim ersten Schlage zu verblüffen, damit es sehe, mit wem es zu tun habe; mit einem Wort, um ihre ganze Kunst und Bedeutung zu zeigen? In jedem Fall befindet sich der Henker vor Beginn der Exekution in erregter Stimmung, er ist sich seiner Gewalt bewusst und fühlt sich als Herrscher; in diesem Augenblick ist er ein Schauspieler; das Publikum staunt über ihn und ist von ihm erschreckt, und er schreit natürlich nicht ohne Genuss seinem Opfer vor dem ersten Schlag zu: »Pass auf, es brennt!« – die üblichen, fatalen Worte in einem solchen Fall. Man kann sich schwer einen Begriff davon machen, wie entsetzlich sich die Menschennatur verunstalten lässt!

In der ersten Zeit im Hospital konnte ich von allen diesen Arrestantenerzählungen gar nicht genug hören. Es war uns allen furchtbar langweilig, so zu liegen. Ein jeder Tag glich so sehr dem anderen! Des Morgens zerstreute uns noch der Besuch der Ärzte, und gleich darauf kam das Mittagessen. Das Essen bedeutete bei dieser ewigen Eintönigkeit natürlich eine erhebliche Zerstreuung. Die Kost war verschieden, je nach den Krankheiten der Patienten bestimmt. Die einen bekamen bloß Suppe mit irgendwelchen Graupen; die anderen nur einen dünnen Brei, die dritten nur Grießbrei, für den es viele Liebhaber gab. Die Arrestanten waren nach dem langen Liegen verwöhnt und legten großen Wert auf feinere Kost. Die Genesenden und die fast Gesunden bekamen ein Stück gekochtes Rindfleisch, »einen Ochsen«, wie man es bei uns nannte. Am besten war die Kost der Skorbutkranken – Rindfleisch mit Zwiebel, Meerrettich usw., manchmal mit einem Becher Branntwein. Auch das Brot wurde je nach der Krankheit schwarz oder halbweiß ausgegeben und war sehr anständig ausgebacken. Diese offiziellen feinen Unterschiede in der Kost machten den Kranken viel Spaß. Bei manchen Krankheiten aß der Patient natürlich nichts. Dafür aßen die Kranken, die Appetit hatten, was sie wollten. Manchmal tauschten sie ihre Portionen, und so kam die Portion, die für eine bestimmte Krankheit passte, zu einem Patienten, der etwas ganz anderes hatte. Andere, denen eine herabgesetzte Ration vorgeschrieben war, kauften sich Rindfleisch von den Skorbutkranken und tranken Kwas und Hospitalbier, das sie von denen kauften, denen es verordnet war. Manche verzehrten auch zwei Portionen. Diese Portionen wurden für Geld gekauft und weiterverkauft. Die Rindfleischportion stand recht hoch im Preis; sie kostete fünf Kopeken in Assignaten. Wenn es in unserem Krankensaal niemand gab, dem man etwas abkaufen konnte, so schickte man den Wärter in den anderen Arrestantensaal, und wenn es auch dort niemand gab, so in die Soldatensäle, oder »freien« Säle, wie man sie bei uns nannte. Man konnte immer Liebhaber finden, etwas zu verkaufen. Sie aßen dann nichts als Brot, verdienten sich aber etwas Geld. Im Allgemeinen herrschte natürlich Armut, aber die, die Geld hatten, schickten auf den Markt nach Semmeln, sogar Süßigkeiten usw. Unsere Wärter führten alle solche Aufträge vollkommen uneigennützig aus. Nach dem Mittagessen begann die langweiligste Zeit; der eine schlief vor lauter Nichtstun, der andere schwatzte, andere stritten sich und andere wieder erzählten laut irgendetwas. Wenn keine neuen Kranken kamen, war es noch langweiliger. Das Erscheinen eines Neulings machte immer einigen Eindruck, besonders wenn er noch allen unbekannt war. Man musterte ihn genau und bemühte sich zu erfahren, wer und woher er sei und weshalb er ins Zuchthaus komme. Besonders interessierte man sich in solchem Fall für die auf dem Transport befindlichen Arrestanten; diese erzählten immer irgendetwas, übrigens nichts von ihren intimen Angelegenheiten. Wenn der Betreffende nicht selbst die Rede auf solche brachte, fragte man niemals danach aus; man richtete an ihn vielmehr nur solche Fragen wie: Woher des Weges? Mit wem? Wie ist der Weg? Wohin geht es weiter? usw. Manche erinnerten sich beim Anhören eines solchen Berichts ihrer eigenen Erlebnisse und erzählten von verschiedenen Transporten, Partien, Strafvollstreckern und Transportführern. Die mit Spießruten Bestraften erschienen gewöhnlich gegen Abend. Sie machten fast immer einen sehr starken Eindruck, was ich übrigens schon erwähnt habe; aber solche kamen nicht täglich, und an einem Tag, wo man keinen brachte, war es bei uns besonders langweilig; alle hatten einander furchtbar satt, es begannen sogar Streitigkeiten. Man freute sich bei uns sogar über die Verrückten, die man zu uns zur Beobachtung schickte. Das Manöver, Verrücktheit zu simulieren, um der Strafe zu entgehen, wurde von den Angeklagten ab und zu geübt. Die einen wurden sehr schnell entlarvt oder entschlossen sich, genauer gesagt, selbst, ihre Politik zu ändern, und es kam vor, dass ein Arrestant, nachdem er sich zwei oder drei Tage wie wahnsinnig gebärdet hatte, plötzlich gescheit und still wurde und mit düsterer Miene um Entlassung bat. Weder die Arrestanten noch die Ärzte machten einem solchen Vorwürfe wegen seiner bisherigen Kunststücke; man strich ihn stumm aus der Krankenliste, ließ ihn stumm abziehen, und nach zwei oder drei Tagen kam er wieder, bereits bestraft. Solche Fälle kamen übrigens selten vor. Aber die echten Verrückten, die zu uns zur Beobachtung kamen, bildeten für den ganzen Krankensaal eine wahre Strafe Gottes. Gewisse Arten von Verrückten, – die Lustigen, Kecken, Schreienden, Tanzenden und Singenden – wurden übrigens von den Arrestanten fast mit Begeisterung aufgenommen. »Ist das ein Spaß!« pflegten sie beim Eintritt so eines eben hereingebrachten Hanswursts zu sagen. Mir war es aber furchtbar schwer, diese Unglücklichen anzuschauen. Ich konnte einen Verrückten niemals ruhig ansehen.

Übrigens fielen die ununterbrochenen Faxen und unruhigen Streiche so eines mit Gelächter begrüßten Verrückten allen bald auf die Nerven, und schon nach zwei Tagen riss allen die Geduld. Einer von ihnen blieb bei uns im Saal an die drei Wochen, und es war einfach zum Davonlaufen. Wie gerufen erschien bei uns um dieselbe Zeit noch ein anderer Verrückter. Dieser machte auf mich einen sonderbaren Eindruck. Es war im dritten Jahr meines Zuchthauslebens. Im ersten Jahr, oder sogar in den ersten Monaten meines Aufenthaltes im Zuchthaus ging ich im Frühjahr als Handlanger mit einer Partie Arrestanten zur Arbeit zwei Werst weit auf eine Ziegelei. Wir mussten für die im Sommer bevorstehende Ziegelfabrikation die Öfen ausbessern. An diesem Morgen machten mich M-cki und B. auf der Ziegelei mit einem dort wohnenden Aufseher, dem Unteroffizier Ostrozski bekannt. Er war Pole, an die sechzig Jahre alt, großgewachsen, hager, von einem äußerst anständigen und sogar respektgebietenden Äußern. Er diente in Sibirien schon seit langer Zeit; obwohl er aus dem einfachen Volk stammte und als Soldat des Heeres vom Jahr 1830 hergekommen war, behandelten ihn M-cki und B. mit Liebe und Achtung. Er las immer in einer katholischen Bibel. Ich unterhielt mich mit ihm, und er sprach freundlich und vernünftig, erzählte interessant und hatte einen gutmütigen und ehrlichen Blick. Nachher sah ich ihn zwei Jahre lang nicht mehr und hörte bloß, dass er unter irgendwelcher Anklage stehe; plötzlich brachte man ihn zu uns in den Krankensaal als einen Verrückten. Er erschien mit einem Gewinsel und Gelächter und fing an, mit den unverständigsten und gemeinsten Gebärden herumzutanzen. Die Arrestanten waren entzückt, mir wurde es aber traurig zu Mute … Nach drei Tagen wussten wir alle nicht mehr, was mit ihm anzufangen. Er zankte, raufte, kreischte, sang selbst in der Nacht und machte so abscheuliche Sachen, dass es uns alle ekelte. Er hatte vor niemand Angst. Man steckte ihn in eine Zwangsjacke, aber dann benahm er sich noch schlimmer, obwohl er ohne die Zwangsjacke stets mit allen zu raufen versuchte. In diesen drei Tagen erhob sich der ganze Krankensaal oft wie ein Mann und bat den

Oberarzt, unsern Verrückten in einen anderen Saal zu versetzen. Als er wirklich versetzt wurde, baten die Insassen des anderen Saales schon nach zwei Tagen, man möchte ihn doch wieder zu uns zurückbringen. Da wir aber zufällig zwei Verrückte auf einmal hatten, die beide händelsüchtig und unruhig waren, so wechselten die Krankensäle miteinander ab und tauschten mit ihren Verrückten. Aber es zeigte sich, dass »beide schlimmer waren«. Alle atmeten erleichtert auf, als man sie schließlich von uns irgendwohin wegschaffte …

Ich erinnere mich auch noch an einen anderen merkwürdigen Verrückten. Einmal im Sommer brachte man zu uns einen Verurteilten, einen kräftigen und plumpen Kerl von etwa fünfundvierzig Jahren mit einem von Pocken verunstalteten Gesicht, kleinen, roten Augen und einem außerordentlich düstern und mürrischen Ausdruck. Er bekam einen Platz neben mir. Er erwies sich als ein stiller Mensch; er sprach mit niemand und saß immer so da, als überlege er etwas. Als es Abend wurde, wandte er sich plötzlich an mich. Er begann mir ohne jede Einleitung, mit einer Miene, als teilte er mir ein außerordentliches Geheimnis mit, zu erzählen, dass er dieser Tage zweitausend Spießruten zu bekommen habe, dass aber daraus nichts werden würde, da sich für ihn die Tochter des Obersten G. verwende. Ich sah ihn erstaunt an und sagte, dass in einem solchen Fall, wie ich glaube, die Tochter des Obersten nichts erreichen könne. Ich ahnte noch nichts; man hatte ihn ja zu uns nicht als einen Verrückten, sondern als einen gewöhnlichen Kranken gebracht. Ich fragte ihn, was ihm fehle. Er antwortete, dass er es nicht wisse und dass man ihn aus irgendeinem Grunde hergebracht habe; er sei aber vollkommen gesund, und die Tochter des Obersten hätte sich in ihn verliebt; sie sei einmal vor vierzehn Tagen an der Hauptwache vorbeigefahren, und er hätte zufällig aus dem vergitterten Fensterchen herausgeschaut. Wie sie ihn erblickt hätte, habe sie sich in ihn sofort verliebt. Seit jener Zeit sei sie schon dreimal unter verschiedenen Vorwänden auf der Hauptwache gewesen; das erste Mal hätte sie mit ihrem Vater ihren Bruder besucht, der als Offizier auf der Hauptwache Dienst hatte; das zweite Mal wäre sie mit ihrer Mutter gekommen, um milde Gaben zu verteilen, und hätte ihm im Vorübergehen zugeflüstert, dass sie ihn liebe und ihn befreien würde. Es war auffallend, mit was für feinen Details er mir diesen ganzen Unsinn erzählte, der natürlich nur eine Ausgeburt seines armen kranken Hirns war. An seine Befreiung von der Strafe glaubte er heilig. Von der leidenschaftlichen Liebe des Fräuleins zu ihm sprach er ruhig und bestimmt, und es war, schon ganz abgesehen von der ganzen Sinnlosigkeit seiner Erzählung, so seltsam, die romantische Geschichte vom verliebten Mädchen aus dem Mund eines bald fünfzigjährigen Mannes mit einem so tristen, erbitterten und abstoßenden Gesicht zu hören. Es ist auffallend, was für einen Eindruck die Furcht vor der Strafe auf diese scheue Seele zu machen vermochte. Vielleicht hatte er wirklich jemand durch das Fensterchen gesehen, sodass der Wahnsinn, den die Angst in ihm zeugte, und der von Stunde zu Stunde anwuchs, plötzlich seinen Ausweg, seine Form fand. Dieser unglückliche Soldat, der vielleicht in seinem ganzen Leben noch nie an ein Fräulein gedacht hatte, erfand plötzlich einen ganzen Roman und klammerte sich instinktiv an diesen Strohhalm. Ich hörte ihn schweigend an und teilte alles den anderen

Arrestanten mit. Als aber die andern ihn auszufragen versuchten, verstummte er keusch. Am nächsten Tag fragte ihn der Arzt lange aus, und da er ihm sagte, es fehle ihm nichts und er sich auch nach der Untersuchung als gesund erwies, wurde er aus dem Hospital entlassen. Dass man ihm auf die Liste »sanat.« geschrieben hatte, erfuhren wir erst, als die Ärzte den Saal bereits verlassen hatten und wir ihnen den Sachverhalt nicht mehr erklären konnten. Wir wussten damals auch selbst noch nicht genau, wie es mit ihm stand. Die ganze Sache beruhte aber auf einem Versehen der Obrigkeit, die ihn zu uns geschickt und es unterlassen hatte, zu erklären, weshalb sie ihn schickte. Es war hier eine Fahrlässigkeit passiert. Vielleicht verhielt es sich auch so, dass diejenigen, die ihn zu uns schickten, seine Geisteskrankheit nur vermuteten und von ihr nicht völlig überzeugt waren; vielleicht hatten sie nur dunkle Gerüchte darüber gehört und ihn deshalb zur Beobachtung geschickt. Wie dem auch sei, jedenfalls wurde der Unglückliche nach zwei Tagen zur Exekution geführt. Sie kam ihm anscheinend gänzlich unerwartet; er wollte bis zum letzten Augenblick nicht glauben, dass man ihn wirklich bestrafen würde, und als man ihn durch die Reihen führte, schrie er »Zur Hilfe!« Im Hospital legte man ihn aus Ermangelung eines freien Bettes nicht in unsern Saal, sondern in den andern. Aber ich erkundigte mich nach ihm und erfuhr, dass er im Laufe der ganzen acht Tage mit keinem Menschen ein Wort sprach und außerordentlich bestürzt und betrübt war … Dann schaffte man ihn irgendwohin weg, nachdem sein Rücken verheilt war. Ich habe wenigstens nichts mehr über ihn gehört.

Was aber die Behandlung und die Arzneien betrifft, so befolgten die Leichtkranken, soweit ich feststellen konnte, die ärztlichen Verordnungen nicht und nahmen auch die Arzneien nicht ein; aber die Schwerkranken wie überhaupt die wirklich Kranken ließen sich sehr gern behandeln und nahmen mit großer Pünktlichkeit ihre Mixturen und Pulver ein; besonders gern mochte man bei uns die äußeren Mittel. Schröpfköpfe, Blutegel, heiße Umschläge und Aderlässe, die bei unserem einfachen Volk so sehr beliebt sind und an die es so unerschütterlich glaubt, wurden bei uns gern und sogar mit Vergnügen genossen. Mich interessierte ein sonderbarer Umstand. Diese selben Menschen, die die entsetzlichen Schmerzen unter den Ruten und Stöcken so geduldig ertrugen, jammerten, klagten und stöhnten sogar bei ein paar Schröpfköpfen. Ob sie hier so verzärtelt worden waren oder einfach Komödie spielten, vermag ich nicht zu erklären. Allerdings waren unsere Schröpfköpfe von besonderer Art. Der kleine Apparat, mit dem die Haut in einem Augenblick durchschnitten wird, hatte der Feldscher vor undenklichen Zeiten verloren oder verdorben, oder vielleicht war er von selbst kaputt gegangen. So musste man die notwendigen Einschnitte mit der Lanzette machen. Mit dem Apparat tut es gar nicht weh. Die zwölf kleinen Messer schlagen plötzlich und gleichmäßig ins Fleisch, und man spürt daher keinen Schmerz. Aber das Einschneiden mit der Lanzette ist eine andere Sache. Die Lanzette schneidet verhältnismäßig langsam, und man spürt den Schmerz; da man aber bei zehn Schröpfköpfen hundertzwanzig solche Einschnitte machen muss, ist das Ganze natürlich sehr empfindlich. Ich habe es selbst erprobt; es war zwar sehr schmerzhaft und unangenehm, aber immerhin nicht so schlimm, dass man sich nicht des Stöhnens enthalten könnte. Es war sogar komisch, manchem großen, kräftigen Kerl zuzusehen, wenn er sich vor Schmerzen wand und zu greinen anfing. Diese ganze Erscheinung lässt sich übrigens mit einer anderen vergleichen. Mancher charakterfeste und in ernsten Dingen sogar ruhige Mensch fängt bei sich zu Hause vor lauter Nichtstun Grillen und macht Geschichten, will die ihm angebotenen Speisen nicht essen, schimpft und flucht; nichts will ihm passen, alle ärgern ihn, alle behandeln ihn grob, alle quälen ihn, mit einem Wort, er ist vor lauter Fett toll geworden, wie man von solchen Herren zu sagen pflegt, die übrigens auch im gemeinen Volk vorkommen; in unserem Zuchthaus kamen sie aber beim engen Zusammenleben sogar allzu häufig vor. Manchmal fing man in einem der Krankensäle einen solchen Zärtling zu necken an, mancher schimpfte ihn sogar einfach aus; jener wurde sofort still, als hätte er nur darauf gewartet, dass man ihn ausschimpfe, damit er verstummen könne. Solche Geschichten konnte am allerwenigsten Ustjanzew leiden, und er ließ sich keine Gelegenheit entgehen, mit so einem Zärtling Streit anzufangen. Er ließ überhaupt keine Gelegenheit vorüber, sich in Händel einzulassen. Das war für ihn ein Genuss, ein Bedürfnis, natürlich infolge seiner Krankheit, zum Teil auch infolge seiner geistigen Beschränktheit. Er pflegte in solchen Fällen den Betreffenden erst unverwandt und ernst anzusehen und ihm dann mit ruhiger Stimme und Überzeugung eine Predigt zu halten. Alles war seine Sache; als hätte man ihn angestellt, um über die Ordnung und die allgemeine Moral zu wachen.

»Um alles kümmert er sich«, sagten manchmal die Arrestanten lachend. Man schonte ihn übrigens und vermied es, mit ihm zu streiten, sondern machte sich über ihn nur manchmal lustig.

»Wie viel er zusammengeredet hat! Das kann man auch nicht mit drei Fuhren wegschaffen.«

»Was habe ich denn zusammengeredet? Man darf doch nicht vor einem Dummkopf die Mütze ziehen. Warum schreit er so wegen der Lanzette? Liebst du kaltes Bier, so musst du auch das Eis leiden.«

»Was geht es aber dich an?«

»Nein, Brüder«, unterbrach ihn einer von unseren Arrestanten, »die Schröpfköpfe sind noch nicht so schlimm; ich habe sie gekostet; es gibt keinen ärgeren Schmerz, als wenn man lange am Ohr gezogen wird.« – Alle lachten. – »Hat man dich denn schon am Ohr gezogen?«

»Was glaubst du denn? Natürlich hat man mich am Ohr gezogen.«

»Darum stehen dir die Ohren auch so ab!«

Dieser kleine Arrestant, namens Schapkin, hatte tatsächlich ungewöhnlich lange, auf beiden Seiten abstehende Ohren. Er gehörte zu den Landstreichern, war ein noch junger, tüchtiger und stiller Bursche und sprach immer mit einem eigentümlichen, versteckten Humor, was manchen seiner Erzählungen viel Komisches verlieh.

»Warum hätte ich glauben sollen, dass man dich am Ohr gezogen hat? Wie soll ich darauf kommen, du Dickschädel?« mischte sich wieder Ustjanzew ein, sich empört

an Schapkin wendend, obwohl jener gar nicht zu ihm, sondern zu allen gesprochen hatte; Schapkin sah ihn aber nicht einmal an.
»Wer hat dich denn am Ohr gezogen?« fragte jemand.
»Wer? Natürlich der Isprawnik. Es war, als ich mich als Landstreicher herumtrieb, Brüder. Wir kamen damals nach K., wir waren unser zwei, ich und ein anderer, gleichfalls ein Landstreicher, ein gewisser Jefim ohne Familiennamen. Unterwegs hatten wir bei einem Bauern im Dorfe Tolmina unsern Schnitt gemacht. Es gibt so ein Dorf Tolmina. Wir kommen also nach K. und sehen uns um, ob wir nicht auch hier unsern Schnitt machen und dann verduften könnten. Im Feld fühlt man sich frei, in der Stadt hat man aber bekanntlich immer Angst. Vor allen Dingen gehen wir in eine Kneipe und sehen uns um. Da geht auf uns so ein heruntergekommener Kerl zu mit durchlöcherten Ellbogen, in städtischer Kleidung. Ein Wort gibt das andere. ›Wie steht es bei euch, wenn ich fragen darf, mit den Papieren?‹
›Wir haben‹, sagen wir, ›keine Papiere.‹
›So. Auch ich hab keine. Ich habe hier noch zwei Freunde‹, sagt er, ›die dienen auch beim General Kuckuck. Das heißt im Wald, wo der Kuckuck ruft. (Er will damit sagen, dass auch sie Landstreicher sind.) Also erlaube ich mir die Bitte: wir haben ein wenig gebummelt und sitzen augenblicklich auf dem Trockenen. Wollt ihr uns nicht eine halbe Flasche Schnaps spendieren?‹
›Mit unserem größten Vergnügen‹, sagen wir ihm. So tranken wir zusammen. Und da machten sie uns auf eine Sache aufmerksam, auf einen Einbruch, also etwas von unserem Fach. Am Rand der Stadt stand ein Haus, darin wohnte ein Kleinbürger, ein reicher Mann; also nahmen wir uns vor, ihn nachts aufzusuchen. Bei diesem reichen Kleinbürger wurden wir nun alle fünf in dieser selben Nacht erwischt. Man brachte uns aufs Revier und führte uns vor den Isprawnik in eigener Person. ›Ich will sie selbst vernehmen‹, sagte er. Er kommt mit seiner Pfeife zu uns heraus, man trägt ihm eine Tasse Tee nach, ist ein kräftiger Kerl mit Backenbart. Er setzte sich. Außer uns hatte man aber noch drei andere Landstreicher hingebracht. Ein komischer Mensch ist so ein Landstreicher, Brüder, er kann sich auf nichts besinnen, und wenn man ihm auch den Schädel einschlägt; er hat alles vergessen und weiß von nichts. Der Isprawnik wendet sich zuerst an mich. ›Wer bist du?‹ Es klang so hohl, wie aus einem Fass. Natürlich sage ich dasselbe wie alle: ›Ich kann mich auf nichts besinnen, Euer Hochwohlgeboren, ich habe alles vergessen.‹
›Wart‹, sagt er, ›ich werde mit dir noch reden, deine Visage kommt mir bekannt vor.‹ Dabei glotzt er mich an. Ich habe ihn aber vorher noch nie gesehen. Dann wendet er sich an einen andern: ›Wer bist du?‹
›Reißaus, Euer Hochwohlgeboren.‹
›Heißt du so: Reißaus?‹
›Ja, ich heiße so, Euer Hochwohlgeboren.‹
›Na, gut, Reißaus. Und du?‹ fragt er einen dritten.
›Auch ich, Euer Hochwohlgeboren‹
›Ist das dein Name: Auch ich?‹
›Ja, so heiße ich: Auch ich, Euer Hochwohlgeboren‹

›Wer hat dich denn so genannt, Schurke?‹
›Die guten Menschen haben mich so genannt, Euer Hochwohlgeboren. Es gibt auf der Welt, wie man weiß, genug gute Menschen, Euer Hochwohlgeboren‹
›Wer sind denn diese guten Menschen?‹
›Die habe ich alle vergessen, Euer Hochwohlgeboren, verzeihen Sie es mir großmütig.‹
›Hast alle vergessen?‹
›Alle vergessen, Euer Hochwohlgeboren.‹
›Du hast aber doch Vater und Mutter gehabt? … Kannst dich wenigstens ihrer erinnern?‹
›Es ist anzunehmen, dass ich welche gehabt habe, Euer Hochwohlgeboren, übrigens habe ich auch das vergessen; vielleicht hab ich wirklich welche gehabt, Euer Hochwohlgeboren.‹
›Wo hast du denn bisher gelebt?‹
›Im Wald, Euer Hochwohlgeboren.‹
›Immer im Wald?‹
›Immer im Wald.‹
›Nun, und im Winter?‹
›Vom Winter habe ich nichts gemerkt, Euer Hochwohlgeboren.‹
›Nun und du, wie heißt du?‹
›Beil, Euer Hochwohlgeboren.‹
›Und du?‹
›Schleif-es-schnell, Euer Hochwohlgeboren.‹
›Und du?‹
›Mach-es-scharf, Euer Hochwohlgeboren.‹
›Ihr könnt euch alle auf nichts besinnen?‹
›Wir können uns auf nichts besinnen, Euer Hochwohlgeboren.‹
»Er steht da und lacht, und auch sie lächeln bei seinem Anblick. Ein anderes Mal kann er ja einen auch in die Zähne hauen, wenn man gerade Pech hat. Es sind aber lauter kräftige, stämmige Burschen. ›Man führe sie alle ins Zuchthaus‹, sagt er, ›ich werde mit ihnen noch später reden; du aber bleibst hier!‹ Damit meint er mich. ›Komm her und setz dich!‹ Ich sehe einen Tisch, Papier und eine Feder. Was hat er wohl vor? frage ich mich. ›Setz dich‹, sagt er, ›auf den Stuhl, nimm die Feder und schreib!‹ Mit diesen Worten packt er mich am Ohr und beginnt zu ziehen. Ich schaue ihn an, wie der Teufel einen Popen anschaut. ›Ich versteh nicht zu schreiben‹, sage ich, ›Euer Hochwohlgeboren.‹ – ›Schreib!‹
›Haben Sie Erbarmen, Euer Hochwohlgeboren!‹ – ›Schreib, wie du es eben verstehst, schreib!‹ Dabei zieht er mich immer am Ohr und fängt es plötzlich zu drehen an! Es wäre mir lieber, wenn er mir dreihundert Rutenhiebe gegeben hätte, es tat so weh, dass mir die Funken aus den Augen sprühten. –
Er aber schreit immerzu: ›Schreib!‹ – »War er denn verrückt geworden?«
»Nein, gar nicht verrückt. Vor kurzem hatte aber in T-sk ein Schreiber einen üblen Streich angestellt, hatte Staatsgelder gestohlen und war damit durchgebrannt, auch

er hatte abstehende Ohren. Das teilte man natürlich allen Behörden mit. Das Signalement schien auf mich zu passen, darum wollte er mich prüfen, ob ich zu schreiben verstehe und wie ich schreibe.«
»Solche Sachen, Bursche! Tat es weh?«
»Ich sage ja, es tat sehr weh.« Es erscholl allgemeines Gelächter
»Nun, und hast du was geschrieben?«
»Was habe ich schreiben können? Ich fuhr mit der Feder lange auf dem Papier herum und gab es dann auf. Er versetzte mir so an die zehn Ohrfeigen und ließ mich abführen, d. h. natürlich ins Zuchthaus.«
»Verstehst du überhaupt zu schreiben?«
»Früher einmal habe ich es gekonnt, als man aber anfing, mit Federn zu schreiben, da habe ich es verlernt …«
Unter solchen Erzählungen oder, genauer gesagt, unter solchem Geschwätz verging manchmal unsere langweilige Zeit. Mein Gott, war das eine Langeweile! Die Tage waren lang und schwül und einer genau wie der andere. Wenn man wenigstens irgendein Buch hätte! Indessen kam ich aber, besonders in der ersten Zeit, recht oft ins Hospital, manchmal wirklich krank, und manchmal, um einfach zu liegen; so kam ich für eine Zeit aus dem Zuchthaus heraus. Schwer war es dort, noch schwerer als im Hospital, seelisch schwer. Bosheit, Feindschaft, Streitigkeiten, Neid, ewige Schikanen gegen uns Adlige, böse, drohende Gesichter. Aber hier im Hospital stand man mehr auf dem gleichen Fuß und vertrug sich besser. Die traurigste Tageszeit war immer am Abend, wenn das Licht brannte, vor Anbruch der Nacht. Man legte sich früh schlafen. Das trübe Nachtlicht leuchtet in der Ferne bei der Tür als ein heller Punkt, aber an unserem Ende herrscht Halbdunkel. Es wird immer stickiger und schwüler. Mancher kann nicht einschlafen; er steht auf und sitzt an die anderthalb Stunden auf dem Bett, den Kopf mit der Nachtmütze gesenkt, als denke er über etwas nach. Man schaut ihm eine ganze Stunde zu und bemüht sich, zu erraten, worüber er wohl nachdenken mag, um auf diese Weise die Zeit totzuschlagen. Oder man beginnt zu phantasieren, sich der Vergangenheit zu erinnern, in der Phantasie entstehen große, leuchtende Bilder; man besinnt sich auf solche Einzelheiten, die einem zu einer anderen Zeit niemals eingefallen wären und die man auch nicht so empfunden hätte wie jetzt. Oder aber man stellt Vermutungen über seine Zukunft an: Wie werde ich das Zuchthaus verlassen? Wohin werde ich mich wenden? Wann wird es geschehen? Werde ich je in meine Heimat zurückkehren? Man denkt und denkt, und im Herzen regt sich eine Hoffnung … Manchmal zählt man aber einfach eins, zwei, drei usw., um bei diesem Zählen einzuschlafen. Zuweilen zählte ich bis dreitausend und schlief doch nicht ein. Da beginnt einer sich im Bett herumzuwälzen. Ustjanzew hustet krank und schwindsüchtig, fängt dann leise zu stöhnen an und spricht jedes Mal: »Mein Gott, ich habe gesündigt« Es ist so seltsam, seine kranke, gerissene, jammernde Stimme inmitten der allgemeinen Stille zu hören. Auch in einem anderen Winkel schläft man noch nicht und unterhält sich, auf den Betten liegend. Der eine fängt etwas aus seinem Vorleben zu erzählen an, von ferner Vergangenheit, von seiner Landstreicherei, von Frau und Kindern, von der alten

Zeit. Und man hört es schon dem fernen Geflüster an, dass er das, wovon er erzählt, niemals wieder erlebt und dass er selbst, der Erzähler, wie ein von einem Laib abgeschnittenes Stück Brot ist; ein anderer hört ihm zu. Man hört nur ein leises, eintöniges Geflüster, es klingt wie das Nieseln eines fernen Wassers … Ich erinnere mich, wie ich in einer langen Winternacht eine Erzählung hörte. Sie erschien mir im ersten Augenblick wie ein Fiebertraum, als läge ich im Fieber und hörte alles nur in der Phantasie …

IV

Akuljkas Mann (Eine Erzählung)

Es war recht spät in der Nacht, wohl gegen zwölf. Ich war schon einmal eingeschlafen, wachte aber plötzlich auf. Der Krankensaal war von der trüben, kleinen Flamme eines fernen Nachtlichts kaum erleuchtet … Fast alle schliefen schon. Selbst Ustjanzew schlief, und ich konnte in der Stille hören, wie schwer er atmete und wie in seinem Hals bei jedem Atemzug der Schleim schäumte. Im fernen Flur erklangen plötzlich die schweren Schritte der Nachtrunde. Ein Gewehrkolben schlug am Boden auf. Die Tür zu unserm Saal wurde aufgemacht. Der Gefreite ging auf den Fußspitzen von Bett zu Bett und zählte die Kranken. Nach einer Minute wurde der Saal wieder geschlossen, ein neuer Wachtposten trat vor die Tür, die Ablösung entfernte sich, und alles war wieder still. Jetzt erst merkte ich, dass zwei Sträflinge links in meiner Nähe nicht schliefen und miteinander zu tuscheln schienen. Es kam in den Krankensälen nicht selten vor, dass zwei monatelang nebeneinander lagen, ohne auch nur ein Wort zu sagen und plötzlich in einer so herausfordernden Nachtstunde ins Gespräch kamen, in dem sie ihre ganze Vergangenheit auskramten.

Ihr Gespräch hatte offenbar schon seit langem begonnen. Der Anfang war mir unbekannt, und ich konnte auch jetzt nicht alles hören. Allmählich gewöhnte ich mich aber an den Tonfall und begann jedes Wort zu verstehen. Ich lag schlaflos da, – was sollte ich denn anders tun, als zuhören? … Der eine erzählte mit großem Eifer, auf seinem Bett halb liegend, den Kopf erhoben und den Hals in der Richtung nach seinem Freund vorgestreckt. Er war offenbar erhitzt und erregt und hatte das Bedürfnis, zu erzählen. Der andere saß aber mürrisch und durchaus gleichgültig mit ausgestreckten Beinen auf seinem Bett, brummte ab und zu etwas als Antwort oder als Zeichen der Teilnahme, eher aber nur des Anstandes wegen und stopfte sich jeden Augenblick eine neue Portion Tabak in die Nase. Es war der Soldat der Strafkompanie Tscherewin, ein Mann von etwa fünfzig Jahren, ein mürrischer Pedant, kalter Raisonneur und eingebildeter Narr. Der Erzähler Schischkow war ein noch junger Bursche von etwa dreißig Jahren, ein Zivilsträfling von den unsrigen und arbeitete in der Nähstube. Ich hatte ihm bisher wenig Beachtung geschenkt und spürte auch während meines ferneren Zuchthauslebens wenig Lust, mich mit ihm abzugeben. Er war ein hohler, etwas verdrehter Kerl. Manchmal schwieg er, hielt sich abseits von allen, war unfreundlich und sprach wochenlang kein Wort. Manchmal mischte er sich aber in irgendeine Geschichte ein, begann zu intrigieren, fuhr wegen irgendeines Unsinns aus der Haut, rannte aus der einen Kaserne in die andere, verbreitete allerlei Klatschgeschichten und tat furchtbar aufgeregt. Wenn man ihn verprügelte, wurde er wieder still. Er war ein feiger und charakterloser Mensch. Alle behandelten ihn mit einer gewissen Geringschätzung. Er war klein gewachsen, ziemlich hager und hatte unruhige Augen, die aber manchmal auch blöde und versonnen blickten. Wenn er etwas erzählen wollte, begann er immer mit großem Feuer und lebhaften Handbewegungen, brach aber die Erzählung entweder plötzlich ab oder kam unvermittelt auf andere Dinge zu sprechen, ließ sich von neuen Einzelheiten hinreißen und vergaß, wovon er hatte sprechen wollen. Er fluchte oft, und wenn er fluchte, so warf er dem andern immer irgendein Vergehen vor und sprach dabei mit großem Gefühl, beinahe mit Tränen … Er spielte gern und recht gut die Balalaika und pflegte an Feiertagen sogar zu tanzen. Er tanzte gar nicht schlecht, wenn man ihn dazu zwang … Man konnte ihn sehr leicht bewegen, irgendetwas zu tun … Er tat es weniger aus Gehorsam als aus dem Bestreben, sich den andern anzufreunden und aus Freundschaft gefällig zu sein.

Ich konnte lange nicht verstehen, wovon er erzählte. Anfangs hatte ich auch den Eindruck, als ob er sein Thema immer wechselte und sich von Nebensächlichkeiten hinreißen ließe. Vielleicht sah er auch, dass Tscherewin sich für seine Erzählung gar nicht interessierte; er schien sich aber selbst einreden zu wollen, dass sein Zuhörer ganz Ohr sei, und es täte ihm vielleicht sehr weh, wenn er sich vom Gegenteil überzeugt hätte.

»… Und wenn er mal auf den Markt kam«, sagte er fortfahrend, »so verneigten sich alle vor ihm, und alle fühlten, dass er ein reicher Mann ist.«

»Du sagst, er hätte einen Handel gehabt?«

»Na ja, einen Handel. Sonst sind die Kleinbürger bei uns lauter Bettler. Die Weiber schleppen das Wasser vom Fluss das steile Ufer, Gott weiß wie weit, hinauf, um die Gemüsegärten zu begießen; sie rackern sich furchtbar ab und haben im Herbst doch kaum so viel, dass sie sich eine Kohlsuppe kochen können. Er hatte aber große Äcker, hielt sich drei Ackerknechte, hatte auch eine eigene Imkerei, handelte mit Honig und Vieh, genoss also bei unseren Verhältnissen das größte Ansehen. War schon recht alt, an die siebzig, hatte schwere Knochen, war ganz schwer und grau. Wenn er in seinem Fuchspelz auf den Markt kam, erwiesen ihm alle große Ehren. ›Guten Tag, Väterchen, Ankudim Trofimytsch!‹ – ›Und wie geht es dir?‹ fragte er drauf. ›Schlecht wie immer, und Euch, Väterchen?‹ – ›Es geht‹, sagte er, ›soweit es unsere Sünden erlauben, auch wir machen den Himmel russig.‹ – ›Gott gebe Euch ein langes Leben, Ankudim Trofimytsch!‹ Niemand war ihm zu gering, wenn er aber etwas sagte, so galt jedes seiner Worte einen Rubel. War ein Schriftgelehrter, konnte lesen und las immer in göttlichen Büchern. Pflegte seine Alte vor sich hinzusetzen und zu sagen: ›Frau, hör zu!‹ Und begann ihr die Schrift zu erklären. Die Frau war aber gar nicht so alt; sie war seine zweite Frau, er hatte sie geheiratet, um Kinder zu kriegen, denn von der ersten Frau hatte er keine. Von der zweiten, von Marja Stepanowna hatte er aber zwei minderjährige Söhne; den Jüngsten, Wassja, kriegte er, als er schon in den Sechzigern war, die Älteste aber, Akuljka, war achtzehn.« – »War das deine Frau?« – »Wart einmal, zuerst hatte Filjka Morosow sie angeschwärmt. Dieser Filjka sagte einmal zu Ankudim: ›Du musst mit mir ehrlich teilen und die ganzen vierhundert Rubel hergeben. Bin ich etwa dein Knecht? Ich will mit dir weder handeln noch deine Akuljka nehmen. Ich will mich jetzt‹, sagte er, ›meines Lebens freuen. Meine Eltern‹, sagte er, ›sind gestorben, also will ich das ganze Geld verputzen, dann mich für jemand andern als Soldat anwerben lassen und nach zehn Jahren als Feldmarschall zurückkehren.‹ Ankudim gab ihm das Geld und rechnete mit ihm alles ab; er hatte ja mit seinem Alten gemeinsame Geschäfte gehabt. ›Ein verlorener Mensch bist du!‹ sagte er ihm. Und jener drauf: ›Ob ich ein verlorener Mensch bin oder nicht, aber bei dir, du grauer Bart, kann man schon lernen, Milch mit einer Schusterahle zu löffeln. An jedem Pfennig‹, sagt er, ›willst du was verdienen und hebst dir jeden Dreck auf, ob du ihn nicht in deinen Brei tun kannst. Ich spucke‹, sagt er, ›drauf. Du sparst und sparst und kaufst dir schließlich den Teufel. Ich aber habe‹, sagt er, ›einen Charakter. Deine Akuljka nehme ich doch nicht, habe auch so schon mit ihr geschlafen …‹

›Wie wagst du es‹, sagt Ankudim, ›die ehrliche Tochter eines ehrlichen Vaters so zu beschimpfen? Wann hast du mit ihr geschlafen, du Schlangentalg, du Hechtblut?‹ Und dabei zittert er am ganzen Leib. So erzählte es Filjka selbst.

›Und nicht nur, dass ich selbst sie nicht nehme‹, sagt er ihm, ›ich will es auch so einrichten, dass kein Mensch deine Akuljka nimmt, auch Mikita Grigorjitsch nicht, denn sie ist jetzt ein entehrtes Mädel. Ich hab mit ihr schon im Herbst zusammengelebt. Und jetzt gehe ich auch für hundert Krebse nicht darauf ein. Versuch's nur, gib mir hundert Krebse, – ich nehme sie nicht!‹

»Der Bursche fing also zu saufen an! So, dass die Erde stöhnte, dass die ganze Stadt dröhnte. Er warb sich ein Rudel Freunde an, hatte einen Haufen Geld, trieb es drei Monate so und versoff alles bis auf den letzten Heller. ›Wenn ich das ganze Geld versoffen habe‹, pflegte er zu sagen, ›so versaufe ich auch noch das Haus, versaufe alles und geh dann entweder unter die Soldaten oder werde Landstreicher!‹ Den ganzen Tag vom Morgen bis zum Abend war er besoffen und fuhr zweispännig mit Schellengeläute herum. Und wie ihn erst die Mädels liebten, gar nicht zu sagen! Er verstand gut den Dudelsack zu spielen.«

»Er hat also mit der Akuljka auch vorher schon zu schaffen gehabt?«

»Wart'. Auch hatte ich damals meinen Vater beerdigt. Meine Mutter buk Kuchen, wir arbeiteten für den Ankudim und lebten davon. Das Leben war gar nicht gut. Wir hatten zwar hinter dem Wald einen Acker und säten Korn, verloren aber bald nach dem Tod des Vaters alles, denn auch ich fing um jene Zeit zu saufen an, mein Lieber. Von der Mutter erpresste ich Geld mit Schlägen …«

»Das ist nicht schön, mit Schlägen; es ist eine große Sünde.«

»Oft war ich vom Morgen bis zum Abend besoffen, Bruder. Das Haus, das wir hatten, war gar nicht schlecht, und wenn auch durchfault, doch unser. Doch im Hause war es so leer, dass man darin Hasen jagen konnte. Manchmal hungerten wir ganze Wochen lang und hatten nichts als Lumpen zu kauen. Die Mutter schimpfte manchmal ordentlich, aber das rührte mich nicht. Damals war ich immer mit Filjka Morosow. Vom Morgen bis zum Abend war ich mit ihm. ›Spiel‹, sagt er, ›mir auf der Gitarre auf und tanz', und ich werde liegen und mit Geldstücken nach dir werfen, denn ich bin jetzt der reichste Mann.‹ Was er nicht alles anstellte! Aber gestohlenes Gut nahm er nicht an. ›Ich bin‹, sagte er, ›ein ehrlicher Mensch und kein Dieb.‹ – ›Kommt‹, sagt er einmal, ›wir wollen der Akuljka das Tor mit Pech beschmieren[4], denn ich will nicht, dass Mikita Grigorjitsch sie kriegt. Das ist mir wichtiger als Haferbrei.‹ Der Alte wollte nämlich das Mädel schon vorher mit Mikita Grigorjitsch verheiraten. Mikita war auch ein alter Mann, Witwer, trug eine Brille und trieb Handel. Als er hörte, dass man von der Akuljka zu munkeln anfing, wollte er gleich zurücktreten: ›Das wird‹, sagte er, ›eine große Unehre für mich sein, Ankudim Trofimytsch, und ich will meines Alters wegen gar nicht heiraten.‹ Da beschmierten wir ihr das Tor mit Pech. Nun fing man sie deswegen zu prügeln an … Marja Stepanowna schrie: ›Ich mach ihr den Garaus!‹ Und der Alte: ›In alten Zeiten, unter den Patriarchen, würde ich‹, sagte er, ›eine solche Tochter auf dem Scheiterhaufen in Stücke hauen; heute ist aber in der Welt nichts als Finsternis und Moder.‹ Die Nachbarn hörten Akuljka oft tagelang schreien. Man schlug sie mit Ruten vom Morgen bis zum Abend. Filjka schreit aber auf dem Markt, dass es alle hören: ›Eine feine Dirne ist diese Akuljka, eine gute Saufschwester! Hält sich sauber, hält sich rein, trinkt mit jedem Bier und Wein! Ich hab den Leuten‹, sagt er, ›einen Brei eingebrockt, dass sie meiner lange denken werden.‹ Um jene Zeit traf ich einmal Akuljka, wie sie mit den Eimern zum Wasserholen ging, und rief ihr zu: ›Guten Tag, Akulina Kudimowna! Meine Hochachtung! Bist so sauber, bist so nett, sag, mit wem du gehst zu Bett!‹ Nun dieses sagte ich ihr. Sie blickte mich aber an und hatte so große Augen, war dabei mager wie ein Span. Sie sah mich nur an, aber ihre Mutter glaubte, dass sie mit mir scherzte, und schrie ihr aus dem Tor zu: ›Was grinst du wieder, du Schamlose?‹ Und sie fing sie wieder zu schlagen an. Eine ganze Stunde prügelte sie sie. ›Ich schlage sie tot‹, schrie sie dabei, ›denn sie ist mir keine Tochter mehr!‹«

»War also eine liederliche Dirne?«

»Hör' nur weiter, Onkelchen. Wie ich so mit dem Filjka saufe, kommt einmal meine Mutter zu mir. Ich liege aber besoffen da. ›Was liegst du herum, du Räuber?‹ sagt sie zu mir und fängt wieder zu schimpfen an. ›Heirate doch‹, sagt sie zu mir, ›die Akuljka. Die Leute werden jetzt froh sein, wenn du sie nimmst. Ganze dreihundert Rubel will man dir geben.‹ Ich sage ihr darauf: ›Sie ist ja vor der ganzen Welt entehrt!‹ – ›Bist ein Narr‹, sagte sie, ›die Haube deckt alles zu. Und für dich ist es auch besser, wenn sie sich ihr Leben lang vor dir schuldig fühlt. Mit dem Geld können wir aber wieder auf die Beine kommen. Ich hab' auch schon mit Marja Stepanowna gesprochen. Sie ist einverstanden.‹ – ›Wenn man mir gleich zwanzig Rubel auf den Tisch legt‹, sage ich, ›so heirate ich.‹ Und nun war ich, du magst es mir glauben oder nicht, bis zur Hochzeit immerzu besoffen. Filjka Morosow drohte mir aber: ›Ich werde dir, du Akuljkas Mann, alle Rippen entzwei schlagen und mit deinem

[4] In russischen Dörfern pflegte man das Tor am Haus eines Mädchens, das gefehlt hat, mit Pech zu beschmieren.

Weib, wenn's mir passt, jede Nacht schlafen.‹ Ich ihm darauf: ›Du lügst, Hundeblut!‹ Da tat er mir auf offener Straße Schande an. Ich kam nach Hause gelaufen und sagte: ›Ich heirate nicht, wenn man mir nicht sofort noch fünfzig Rubel auf den Tisch legt.‹«

»Wollte man sie dir denn hergeben?«

»Mir? Warum denn nicht? Wir waren doch nicht ehrlos! Mein Vater hatte ja erst kurz vor dem Tod sein Hab und Gut bei einer Feuersbrunst verloren, vorher waren wir aber reicher als Akuljkas Eltern. Ankudim sagt uns also: ›Ihr seid elende Bettler!‹ Und ich ihm drauf: ›Hat man bei euch etwa das Tor nicht mit Pech beschmiert?‹ – ›Tu nicht so stolz, beweise zuerst, dass sie wirklich ehrlos ist. Man kann doch nicht jedes Lästermaul verstopfen. Hier ist die Tür, kannst gehen. Brauchst sie nicht zu nehmen. Aber das Geld, das du schon bekommen hast, musst du mir wieder herausgeben.‹ Da beschloss ich mit Filjka Morosow, dem Ankudim durch Mitjka Bykow anzusagen, dass ich ihm nun vor der ganzen Welt Schande antun werde. Und dann war ich bis zum Hochzeitstag besoffen. Erst kurz vor der Trauung wurde ich nüchtern. Als wir aus der Kirche heimkamen und uns hinsetzten, sagte Mitrofan Stepanytsch – das war ihr Onkel: ›Die Sache ist, wenn auch nicht in allen Ehren, aber fest und endgültig abgemacht.‹ Auch der alte Ankudim war besoffen und weinte; er saß da, und die Tränen liefen ihm den Bart herunter. Ich machte es aber so, Bruder: Ich steckte mir eine Peitsche in die Tasche; die hatte ich mir noch vor der Trauung angeschafft und beschlossen, an Akuljka mein Mütchen zu kühlen, weil sie mich auf diese ehrlose Weise heiratete: Sollen nur die Leute wissen, dass ich nicht so dumm bin und mich nicht anschwindeln lasse …« – »Das war vernünftig! Sie sollte es also gleich von Anfang an zu spüren bekommen …«

»Nein, Onkelchen, schweig' und hör' zu. Bei uns ist es Sitte, dass die Neuvermählten gleich nach der Trauung in die Kammer gesperrt werden. Die Gäste bleiben aber da und trinken. So brachte man mich also mit der Akulina in die Kammer. Ganz blass sitzt sie da, hat keinen Tropfen Blut im Gesicht. War wohl furchtbar erschrocken. Ihre Haare waren weiß wie Flachs. Große Augen hatte sie. Und sie schwieg immer, nie hörte man ihre Stimme; es war, wie wenn eine Stumme im Haus lebte. War auch sonst so eigen. Nun stelle es dir vor, Bruder: ich hatte die Peitsche angeschafft und neben dem Bett bereitgelegt, und sie … sie zeigte sich ohne jede Schuld vor mir!«

»Was du nicht sagst!«

»Ohne jede Schuld! Wie die ehrliche Tochter aus einem ehrlichen Haus. Und warum musste sie all die Pein über sich ergehen lassen? Warum hatte sie Filjka Morosow vor der ganzen Welt entehrt?!«

»Ja, ja!«

»Ich springe also aus dem Bett, knie gleich vor ihr nieder und lege die Hände wie im Gebet zusammen. ›Mütterchen‹, sag' ich ihr, ›Akulina Kudimowna, verzeih' mir, dem Dummen, dass auch ich dich für so eine hielt! Verzeih' mir‹, sag' ich, ›dem gemeinen Kerl!‹ Sie aber sitzt vor mir auf dem Bett, schaut mich an, hat mir beide Hände auf die Schultern gelegt und lacht … Und dabei laufen ihr die Tränen die

Wangen herunter, sie weint und sie lacht … Ich ging aber zu den Gästen hinaus und sagte: ›Wenn ich jetzt den Filjka Morosow erwische, so gnade ihm Gott!‹ Die Alten wussten vor Freude gar nicht, zu wem sie beten sollten. Die Mutter heulte und fiel vor ihr beinahe in die Knie. Der Alte aber sagte: ›Wenn wir es wüssten, so hätten wir dir einen ganz andern Mann gegeben, geliebte Tochter!‹ Am ersten Sonntag nach der Hochzeit ging ich aber mit ihr in die Kirche. Ich habe eine Lammfellmütze auf und einen Kaftan vom feinsten Tuch und plüschene Pluderhosen an; und sie einen Pelz aus Hasenfellen und ein seidenes Kopftuch, – mit einem Wort – ich bin ihrer wert, und sie ist meiner wert! Ja, nobel sahen wir aus! Die Leute schauen und haben ihre Freude an uns. Ich bin eben ich, und was die Akulina betrifft, so kann ich sie doch vor den andern weder loben, noch tadeln: sie ist halt wie sie ist! ...«

»Also gut.«

»Nun hör' weiter. Am andern Morgen nach der Hochzeit lief ich besoffen, wie ich war, aus dem Haus. Ich renne durch die Stadt und schreie: ›Gebt mir den Filjka Morosow her, zeigt mir mal den Schurken!‹ So schreie ich durch den Markt. Man fing mich erst vor dem Wlassowschen Haus ein, und drei Männer brachten mich mit Gewalt nach Hause. In der Stadt spricht man aber schon über die Sache. Die Mädchen auf dem Markt sagen zueinander: ›Wisst ihr, Mädels, das Neueste? Die Akuljka ist ja ehrlich gewesen!‹ Filjka sagt mir aber bald darauf vor anderen Leuten: ›Verkauf' mir dein Weib, dann kannst du immer besoffen sein. Bei uns‹, sagt er, ›hat es den Soldaten Jaschka gegeben, der hat nur dazu geheiratet, hat mit seinem Weib kein einziges Mal geschlafen, war aber dafür drei Jahre lang besoffen.‹ – ›Bist ein Schuft!‹ sag' ich ihm. – ›Und du bist ein Narr!‹ antwortet er mir: ›Du warst ja besoffen, als man dich traute. Was konntest du in deinem Rausch sehen, ob sie ehrlich war oder nicht?‹ Ich kam nach Hause und schrie: ›Ihr habt mich im Rausch verheiratet!‹ Meine Mutter wollte für die Akulina eintreten, ich sagte ihr aber: ›Du hast dir die Ohren mit Gold verhängen lassen, Mütterchen. Gebt mir die Akuljka her!‹ Und nun fing ich sie zu prügeln an. Und ich prügelte sie, Bruder! Zwei Stunden lang prügelte ich sie, bis ich vor Müdigkeit umfiel; drei Wochen lang lag sie dann zu Bett.«

»Gewiss«, bemerkte Tscherewin phlegmatisch, »wenn man so ein Weibsbild nicht schlägt, so … Hast du sie denn mit einem Liebhaber erwischt?«

»Nein, das nicht«, erwiderte Schischkow nach einer Pause mit einiger Anstrengung. »Aber ich konnte es mir nicht gefallen lassen. Auf Schritt und Tritt neckten mich die Leute, und Filjka stiftete alle dazu an. ›Du hast zur Frau einen Affen, damit die Leute gaffen!‹ sagte er mir. Einmal lud er uns alle zu Gast ein und hielt so eine Rede: ›Seine Gemahlin‹, sagte er, ›ist eine barmherzige Seele, edel und höflich, freundlich und zu jedermann gut, – so hoch schätzt er sie jetzt! Der Bursche hat wohl ganz vergessen, wie er ihr das Tor mit Pech beschmiert hat!‹ Ich saß besoffen da; er packte mich aber an den Haaren und drückte mir den Kopf hinunter. ›Tanz'‹, sagte er, ›Akuljkas Mann, tanz'! Ich werde dich bei den Haaren halten, du aber sollst tanzen und mein Herz erfreuen!‹ – ›Gemeiner Kerl!‹ schreie ich. Und er drauf: ›Ich will mit der ganzen Gesellschaft zu dir ins Haus kommen und deine Frau Akuljka vor deinen Augen mit Ruten peitschen, soviel es mir beliebt!‹ Du magst mir glauben oder nicht, ich fürchtete nachher einen ganzen Monat, aus dem Haus zu gehen, denn ich dachte mir, er könnte wirklich kommen und mir diese Schande antun. Dafür fing ich sie eben zu schlagen an …«

»Was nützt das Schlagen? Man kann dem Menschen wohl die Hände binden, aber nicht die Zunge. Viel schlagen ist unvernünftig. Bestrafe die Frau, bring' ihr Respekt bei und sei dann wieder lieb zu ihr. Dafür ist sie ja dein Weib!«

Schischkow schwieg eine Weile.

»Es wurmte mich zu sehr«, begann er wieder, »und dann war es mir schon zur Gewohnheit geworden. Manchmal schlug ich sie den ganzen Tag vom Morgen bis zum Abend. Es passte mir nicht, wie sie stand, und es passte mir nicht, wie sie ging. Wenn ich sie nicht schlug, langweilte ich mich. Sie sitzt meistens schweigend da, blickt zum Fenster hinaus und weint … Sie weint immerzu, es tut mir weh, zu sehen, wie sie weint, ich schlage sie aber doch. Meine Mutter schimpft mich zuweilen deswegen. ›Ein Schuft bist du‹, sagt sie mir, ›ein Zuchthausbraten!‹ – ›Ich bringe sie um!‹ schreie ich darauf: ›Niemand darf mir was sagen, denn man hat mich mit ihr betrogen.‹ Anfangs nahm sich der alte Ankudim seiner Tochter an. Er kam selbst zu mir und sagte: ›Du bist doch nicht Gott weiß wer; gegen dich kann man schon einen Richter finden!‹ Dann gab er es auf. Marja Stepanowna wurde aber ganz kleinlaut. Einmal kommt sie zu mir und bittet unter Tränen: ›Verzeih die Belästigung, Iwan Sjemjonytsch, die Bitte ist nicht groß‹, sagt sie und verbeugt sich vor mir: ›Lass mich wieder aufleben, beruhige dich und verzeihe ihr! Böse Menschen haben unsere Tochter verleumdet. Du weißt ja selbst, dass sie ehrlich war, als du sie bekamst …‹ Sie verneigt sich vor mir bis zum Boden und weint. Ich aber schreie sie an: ›Ich will auf euch gar nicht hören! Jetzt tue ich, was mir passt, denn ich habe keine Gewalt mehr über mich. Filjka Morosow‹ sage ich, ›ist aber mein bester Freund und Kumpan …‹«

»Ihr habt wohl wieder zusammen gesoffen?«

»Ach wo, mit ihm war nichts mehr anzufangen. Er war schon ganz heruntergekommen. Hatte seine ganze Habe verputzt und sich von einem Kleinbürger an Stelle seines ältesten Sohnes unter die Soldaten anwerben lassen. Bei uns ist es aber Sitte, dass einer, der sich an Stelle eines andern anwerben lässt, bis zu dem Tag, wo man ihn in die Kaserne abführt, der Herr im Haus ist und alle vor ihm auf dem Bauch liegen. Das ausbedungene Geld kriegt er erst in dem Augenblick, wo er einrückt; bis dahin lebt er aber oft ein halbes Jahr im Haus des Betreffenden und treibt es so, dass man einfach die Heiligenbilder hinaustragen kann! Es heißt eben: ›Ich gehe ja an Stelle eures Sohnes unter die Soldaten, also bin ich euer Wohltäter, und ihr müsst mir alle Ehren erweisen; sonst trete ich noch zurück!‹ So trieb es auch Filjka bei dem Kleinbürger. Er schläft mit der Tochter, zerrt den Vater jeden Nachmittag am Bart herum und tut alles, was ihm einfällt. Jeden Tag muss man ihm das Dampfbad einheizen, statt Wasser Schnaps auf die glühenden Steine gießen, und die Weiber müssen ihn auf Händen in die Badestube tragen. Wie er von irgendeiner Sauferei heimkommt, bleibt er auf der Straße stehen und sagt: ›Durchs Tor gehe ich nicht, brecht mir den Zaun auf!‹ Und man bricht ihm wirklich den Zaun neben dem Tor auf, damit er passieren kann, Schließlich war diese Herrlichkeit zu Ende. Man machte Filjka nüchtern und setzte ihn in einen Wagen, um ihn in die Stadt zu bringen. Das Volk drängt sich auf den Straßen: Filjka Morosow wird abgeführt! Er verbeugt sich nach allen Seiten. Akuljka geht aber gerade vom Gemüsegarten heim. Wie Filjka sie vor unserem Hof sieht, schreit er: ›Halt!‹, springt vom Wagen und verbeugt sich vor ihr bis zur Erde. ›Meine Seele‹, sagt er ihr, ›liebster Schatz, zwei Jahre lang hab ich dich geliebt, und jetzt bringt man mich mit Musik unter die Soldaten. Vergib mir‹, sagt er, ›du ehrliche Tochter eines ehrlichen Vaters, denn ich bin ein gemeiner Kerl und tief in deiner Schuld!‹ Und er verbeugte sich vor ihr wieder bis zur Erde. Akuljka blieb stehen, war anfangs wohl erschrocken, verbeugte sich aber dann vor ihm und sagte: ›Vergib auch du mir, du kühner Bursche, ich aber habe dir nichts vorzuwerfen.‹ Und sie geht ins Haus. Ich ihr nach. ›Was hast du ihm gesagt, du Hundefleisch?‹ Sie blickte mich aber an und sagte: ›Du magst mir glauben oder nicht: Ich liebe ihn ja jetzt mehr als das Leben!‹

»Das ist gut!«

»Den ganzen Tag sagte ich ihr kein Wort. Am Abend aber: ›Akuljka, jetzt bring' ich dich um.‹ Nachts kann ich nicht einschlafen. Wie ich in den Flur gehe, um etwas Kwas zu trinken, geht gerade die Sonne auf. Ich komme in die Stube zurück und sage: ›Akuljka, steh auf, wir fahren ins Feld.‹ Ich sprach aber auch schon vorher davon, dass ich am Morgen ins Feld fahren will, und meine Mutter wusste es. ›Das ist vernünftig‹, hatte sie gesagt, ›denn es ist just die Erntezeit, der Knecht aber liegt seit drei Tagen krank und hat Bauchweh.‹ Ich spanne den Wagen an und sage kein Wort. Gleich vor unserer Stadt beginnt der Wald; er zieht sich fünfzehn Werst weit hin, und dann kommt auch unser Acker. Als wir drei Werst durch den Wald gefahren waren, ließ ich das Pferd halten. ›Akuljka‹, sage ich, ›steig aus: nun ist dein Ende gekommen.‹ Sie schaut mich erschrocken an, steht vor mir und schweigt. ›Ich habe dich satt‹, sage ich ihr, ›sprich dein Gebet!‹ Und ich packe sie an den Zöpfen – sie hatte so lange, dicke Zöpfe –, wickle sie mir um die Hand, presse sie von hinten mit beiden Knien fest zusammen, hol' mein Messer aus dem Busen, biege ihr den Hals zurück und fahr' ihr mit dem Messer über die Kehle … Sie schreit auf, das Blut spritzt empor, ich werfe das Messer fort, umfasse sie vorne mit den Armen, falle nieder, halte sie umarmt und schreie, auf ihr liegend, was ich schreien kann … Sie schreit und ich schreie. Sie zappelt und will sich aus meinen Armen befreien, das Blut aber fließt und fließt mir aufs Gesicht und auf die Hände. Ich ließ sie liegen – so eine Angst kam über mich – ließ auch das Pferd stehen und fing zu laufen an. Ich lief und lief und kam schließlich nach Haus und verkroch mich in die Badestube. Wir hatten so eine alte Badestube, die man nicht mehr gebrauchte, im Hof stehen. Ich versteckte mich unter eine Bank und liege da. Bis zum Abend lag ich unter der Bank.«

»Und Akuljka?«

»Sie stand wohl gleich nach mir auf und wollte auch nach Hause. Man fand sie später hundert Schritte von jener Stelle liegen.«

»Hast sie also nicht fertig geschlachtet?«

»Ja …« Schischkow schwieg eine Weile.
»Es gibt so eine Ader«, bemerkte Tscherewin, »wenn man die nicht sofort durchschneidet, so wird der Mensch lange zappeln und kann, so viel Blut er auch verliert, niemals sterben.«
»Sie starb aber doch. Abends fand man sie tot liegen. Man zeigte es gleich an, begann mich zu suchen und fand mich in derselben Nacht in der Badestube! … So lebe ich hier schon fast vier Jahre«, fügte er nach kurzem Schweigen hinzu.
»Hm … Gewiss, wenn man sein Weib nicht prügelt, erlebt man nichts Gutes«, bemerkte Tscherewin kühl und belehrend, seine Schnupftabakdose hervorholend. Er schnupfte lange und umständlich. »Du aber, Bursche«, sagte er fortfahrend, »bist einfach dumm, wie ich sehe. Ich habe auch einmal mein Weib mit einem Liebhaber erwischt. Ich ließ sie in die Scheune kommen, legte eine Pferdeleine doppelt zusammen und fragte: ›Wem willst du Treue schwören? Wem willst du Treue schwören?‹ Und ich schlug sie und schlug sie mit der Pferdeleine; an die anderthalb Stunden schlug ich sie. ›Die Füße werde ich dir waschen‹, schrie sie, ›und das Wasser trinken!‹ Awdotja hat sie geheißen.«

V

Die Sommerzeit

Nun haben wir schon Anfang April, und die Osterwoche naht heran. Allmählich beginnen auch die Sommerarbeiten. Die Sonne scheint von Tag zu Tag wärmer und heller; die Luft duftet nach Frühling und reizt den ganzen Organismus. Die nahenden schönen Tage regen auch den in Fesseln geschmiedeten Menschen auf und wecken in ihm irgendwelche Wünsche, ein Drängen, eine Sehnsucht. Ich glaube, dass man unter hellen Sonnenstrahlen noch stärker um die Freiheit trauert als an einem trüben Winter- oder Herbsttag, und das kann man allen Arrestanten ansehen. Sie scheinen sich über die heiteren Tage zu freuen, zugleich steigert sich aber in ihnen eine gewisse Ungeduld und Unruhe. Ich glaube wirklich bemerkt zu haben, dass es im Frühjahr im Zuchthaus mehr Streit gab. Man hörte öfter Lärm, Geschrei und Radau, alle machten Geschichten; zugleich fiel mir aber manchmal während der Arbeit mancher nachdenkliche Blick auf, der unverwandt in die blaue Ferne, auf das andere Irtyschufer gerichtet war, wo die freie kirgisische Steppe begann, die sich in unermesslicher Ausdehnung, vielleicht anderthalbtausend Werst weit hinzog; ich hörte manchen tiefen Seufzer aus voller Brust, als wollte der Mensch diese ferne, freie Luft einatmen und mit ihr seine erdrückte, gefesselte Seele erleichtern. »Ach ja!« sagt schließlich der Arrestant und packt plötzlich, als hätte er sich von seinen Träumen und Gedanken losgerissen, ungeduldig und mürrisch das Grabscheit oder die Tracht Ziegelsteine, die er von einem Ort nach einem anderen schleppen muss. Nach einer Minute hat er diese plötzliche Empfindung schon vergessen und beginnt zu lachen oder zu schimpfen, je nach seinem Charakter; oder aber er macht sich mit einem ungewöhnlichen, der Notwendigkeit gar nicht entsprechenden Eifer an das ihm aufgegebene Pensum und beginnt zu arbeiten, aus aller Kraft, als wollte er durch die

Last der Arbeit etwas erdrücken, was ihn in seinem Innern bedrückt und bedrängt. Es sind ja lauter kräftige Leute, zum größten Teil in der Blüte der Jahre und der Kraft … Schwer sind die Fesseln um diese Zeit! Ich sage das nicht als Poet und bin von der Richtigkeit meiner Wahrnehmung vollkommen überzeugt. Außerdem kommen einem in der Wärme, bei hellem Sonnenschein, wenn man mit seinem ganzen Wesen die ringsum mit unbändiger Kraft wiedererwachende Natur fühlt, das zugesperrte Gefängnis, die Bewachung und der fremde Wille noch schwerer vor; zudem beginnt um diese Frühlingszeit, zugleich mit dem ersten Lerchengesang, in ganz Sibirien und in ganz Russland die Landstreicherei. Die Menschen Gottes fliehen aus den Zuchthäusern und retten sich in die Wälder. Nach dem schwülen Loch, nach den Gerichtsverhandlungen, Fesseln und Spießruten wandern sie nach ihrem freien Willen, wo sie nur wollen, wo es ihnen schöner und freier erscheint; sie trinken und essen was sich gerade trifft, was ihnen Gott schickt, und schlafen nachts friedlich irgendwo im Wald, ohne große Sorgen, ohne die Schwermut des Zuchthauses, wie die Vögel des Waldes, vor dem Einschlafen unter dem Auge Gottes nur den Sternen des Himmels gute Nacht sagend. Wer wird es bestreiten, manchmal ist dieser »Dienst beim General Kuckuck« schwer, hungrig und erschöpfend. Manchmal bekommt man tagelang kein Stück Brot zu sehen; man muss sich vor allen in Acht nehmen und verstecken, man muss auch stehlen und rauben, zuweilen auch morden. »Ein Ansiedler ist wie ein kleines Kind; was er auch sieht, muss er sofort haben«, sagt man in Sibirien von den Ansiedlern. Dieses Sprichwort kann in seinem ganzen Umfang und sogar in noch höherem Grad auf die Landstreicher angewandt werden. Der Landstreicher ist nur in seltenen Fällen kein Räuber und fast immer ein Dieb, natürlich mehr aus Not als aus Beruf. Es gibt eingefleischte Landstreicher. Manche werden es sogar nach Absolvierung der Zwangsarbeit, nachdem sie aus dem Zuchthaus entlassen worden und Ansiedler geworden sind. Man sollte doch meinen, der Mensch könne als Ansiedler froh sein und sich versorgt fühlen. Aber nein! Etwas lockt ihn immer irgendwohin. Das Leben in den Wäldern, dieses dürftige, schreckliche, aber freie und an Abenteuern reiche Leben hat etwas Verführerisches und übt einen geheimnisvollen Zauber auf alle aus, die es schon einmal gekostet haben. So flieht manchmal ein bescheidener, zuverlässiger Mensch, der ein guter, sesshafter Ansiedler und ein tüchtiger Landwirt zu werden versprach, und wird Landstreicher. Mancher hat sogar geheiratet und Kinder gezeugt, hat schon fünf Jahre an einem Platz gelebt und ist plötzlich an einem schönen Morgen verschwunden, zum Erstaunen seiner Frau und seiner Kinder und der ganzen Landgemeinde, der er zugeteilt ist. Man zeigte mir bei uns im Zuchthaus einmal so einen eingefleischten Ausreißer. Er hatte keinerlei besondere Verbrechen begangen, man hatte jedenfalls nichts davon gehört, floh aber immerzu und verbrachte sein ganzes Leben auf der Flucht. Er war schon an der Südrussischen Grenze jenseits der Donau gewesen, in der Kirgisischen Steppe, in Ostsibirien, im Kaukasus, überall. Wer weiß, vielleicht wäre aus ihm unter anderen Umständen bei seiner leidenschaftlichen Wanderlust ein zweiter Robinson Crusoe geworden. Dies alles habe ich übrigens von anderen gehört, er selbst sprach im Zuchthaus sehr wenig und nur das Allernotwendigste. Er war ein kleines Männchen, schon an die fünfzig Jahre alt, außerordentlich friedlich mit einem ungewöhnlich ruhigen, sogar stumpfen Gesichtsausdruck, dessen Ruhe schon an Idiotie grenzte. Im Sommer saß er gern in der Sonne und summte dabei irgendein Liedchen vor sich hin, doch so leise, dass man es fünf Schritte weit nicht mehr hörte. Seine Gesichtszüge waren irgendwie starr; er aß wenig, hauptsächlich Brot; noch niemals hatte er sich eine Semmel oder ein Gläschen Branntwein gekauft, er besaß wohl auch kaum jemals Geld, ich bezweifele sogar, ob er zu zählen verstand. Er nahm alles vollkommen gleichgültig hin. Die Zuchthaushunde fütterte er manchmal aus eigener Hand, was bei uns sonst niemand tat. Wie auch der Russe überhaupt nicht gern Hunde füttert. Man erzählte sich, er sei verheiratet gewesen, sogar zweimal, und habe irgendwo Kinder … Aus welchem Grund er ins Zuchthaus geraten war, ist mir gänzlich unbekannt. Wir alle erwarteten, dass er aus dem Hospital durchbrennen würde, aber entweder war seine Zeit noch nicht gekommen, oder er war schon zu alt dazu geworden; er lebte friedlich dahin und nahm die ganze seltsame Umgebung beschaulich auf. Garantieren konnte man für ihn übrigens nicht, obwohl man meinen sollte, dass er keinen Grund zum Durchbrennen hätte und auch keinen Vorteil davon haben würde. Im großen Ganzen ist aber das Landstreicherleben im Wald ein Paradies im Vergleich zum Zuchthausleben. Das ist ja sehr begreiflich, und ein Vergleich ist überhaupt nicht möglich. Das Landstreicherleben ist zwar schwer, aber frei. Darum überkommt jeden Arrestanten in Russland, wo er auch sitzen mag, im Frühjahr, zugleich mit den ersten freundlichen Strahlen der Frühlingssonne eine eigentümliche Unruhe. Obwohl bei weitem nicht jeder Fluchtabsichten hat; man darf positiv behaupten, dass dazu sich infolge der großen Schaurigkeiten und des Risikos nur einer von hundert Arrestanten entschließt; dafür geben sich aber die übrigen neunundneunzig wenigstens Träumen darüber hin, wie und wohin sie fliehen könnten, und verschafften sich durch den bloßen Wunsch, durch die bloße Vorstellung der Flucht einen gewissen Trost. Mancher erinnert sich dabei, wie er früher einmal geflohen ist … Ich spreche jetzt nur von den endgültig Verurteilten. Natürlich entschließen sich aber zur Flucht viel häufiger solche, die sich im Anklagezustand befinden. Die für eine bestimmte Frist Verurteilten fliehen höchstens nur ganz am Anfang ihres Zuchthauslebens. Nachdem ein Arrestant zwei oder drei Jahre Zuchthaus absolviert hat, fängt er an, diese Jahre zu schätzen, und entschließt sich allmählich, lieber die ihm zudiktierte Zeit der Zwangsarbeit auf eine gesetzliche Weise zu absolvieren und dann Ansiedler zu werden, als ein so böses Ende im Fall eines Misserfolges zu riskieren. Ein Misserfolg ist aber so sehr möglich. Höchstens einem von zehn gelingt es, »sein Los zu verändern«. Von den Verurteilten entschließen sich zur Flucht am häufigsten solche, die eine lange Strafzeit vor sich haben. Fünfzehn oder zwanzig Jahre erscheinen als eine Unendlichkeit, und ein zu dieser Frist Verurteilter ist immer geneigt, an die Veränderung seines Loses zu denken, selbst wenn er schon zehn Jahre im Zuchthaus verbracht hat. Schließlich bilden auch die Brandmale ein gewisses Hindernis für die Flucht. »Sein Los verändern« ist ein technischer Ausdruck. So antwortet auch ein Arrestant bei gerichtlicher Vernehmung, wenn er bei einem Fluchtversuch erwischt worden ist, dass er

»sein Los habe verändern wollen«. Dieser etwas literarisch klingende Ausdruck ist für die Sache im buchstäblichen Sinn bezeichnend. Jeder Ausreißer hat weniger die Absicht, vollkommene Freiheit zu erlangen, – er weiß, dass dies fast unmöglich ist, – sondern entweder das Zuchthaus zu wechseln oder Ansiedler zu werden oder unter einer neuen Anklage wegen eines Verbrechens, das er bereits als Landstreicher begangen hat, vors Gericht zu kommen, mit einem Wort, an einen beliebigen Ort zu geraten, nur nicht in das alte, verhasste Zuchthaus. Alle diese Ausreißer, wenn sie im Laufe des Sommers keinen zufälligen, ungewöhnlichen Ort gefunden haben, wo sie überwintern könnten, wenn sie z. B. nicht auf einen Hehler von Flüchtlingen gestoßen sind, der daraus ein Geschäft macht; oder wenn sie sich nicht durch einen Mord einen Pass verschafft haben, mit dem sie überall leben können, – so kommen sie alle im Herbst, wenn man sie nicht schon vorher eingefangen hat, haufenweise in die Städte, um als Landstreicher in den Zuchthäusern zu überwintern, natürlich nicht ohne Hoffnung, im Sommer wieder zu fliehen.

Auch ich empfand den Einfluss des Frühlings. Ich erinnere mich noch, mit welcher Gier ich zuweilen durch die Spalten in den Palisaden hinausspähte und lange, mit dem Kopf an unsern Zaun gelehnt, dastand, unverwandt und unersättlich hinausblickend, wie auf unserem Festungswall das Gras sprosste und wie der ferne Himmel immer blauer wurde. Meine Unruhe und meine Sehnsucht wuchsen von Tag zu Tag an, und das Zuchthaus wurde mir immer verhasster. Der Hass, den ich als Adliger im Lauf der ersten Jahre seitens der anderen Arrestanten zu spüren bekam, wurde mir unerträglich und vergiftete mein ganzes Leben. In diesen ersten Jahren begab ich mich oft, ohne krank zu sein, ins Hospital, nur um nicht im Zuchthaus zu bleiben und mich von diesem allgemeinen hartnäckigen, durch nichts zu besänftigenden Hass zu befreien. »Ihr seid eiserne Schnäbel, ihr habt uns totgepickt!« sagten uns die Arrestanten. Wie beneidete ich da oft die einfachen Leute, die ins Zuchthaus kamen! Diese wurden sofort Kameraden der übrigen. Darum rief auch der Frühling, das Gespenst der Freiheit, der allgemeine Jubel in der Natur auch in mir eine traurige Stimmung und Gereiztheit hervor. Gegen Ende der großen Fasten, ich glaube in der sechsten Woche, hatte ich mich durch Beichte und Kirchenbesuch auf den Empfang des Abendmahles vorzubereiten. Unser ganzes Zuchthaus war schon in der ersten Fastenwoche vom ältesten Unteroffizier in sieben Gruppen, der Zahl der Fastenwochen entsprechend, eingeteilt worden. In jeder Gruppe waren an die dreißig Mann. Diese Woche des täglichen Kirchenbesuches gefiel mir sehr gut. Die sich auf das Abendmahl Vorbereitenden waren von aller Arbeit befreit. Wir gingen zwei- und dreimal täglich in die Kirche, die sich nicht weit vom Zuchthaus befand. Ich war lange nicht mehr in der Kirche gewesen. Der Fastengottesdienst, der mir aus meiner fernen Kindheit im Elternhaus so gut vertraut war, die feierlichen Gebete, die tiefen Verbeugungen, – dies alles weckte in meiner Seele längst Vergangenes und rief mir die Eindrücke meiner Kinderjahre in Erinnerung, und ich besinne mich noch, wie angenehm es war, wenn wir morgens über den im Lauf der Nacht leicht gefrorenen Erdboden, unter Bewachung von Soldaten mit geladenen Gewehren ins Gotteshaus geführt wurden. Die Wachen betraten die Kirche übrigens nicht. In der

Kirche stellten wir uns in einem dichten Haufen am Eingang auf dem allerletzten Platz auf, sodass wir höchstens die laute Stimme des Diakons hören und ab und zu durch die Volksmenge den schwarzen Ornat und die Glatze des Geistlichen sehen konnten. Ich erinnerte mich, wie ich als Kind in der Kirche zuweilen das einfache Volk betrachtete, das sich an der Tür drängte und jedem Träger von dicken Epauletten, jedem dicken Herrn und jeder reichgeputzten, aber außerordentlich frommen Dame, die unbedingt zu den vordersten Plätzen gingen und bereit waren, sich um diese ersten Plätze zu streiten, den Weg freigab. Ich hatte damals den Eindruck, dass dort am Eingang anders gebetet wurde als bei uns; demütig, andächtig, mit tiefen Verbeugungen und mit vollem Bewusstsein der eigenen Erniedrigung.

Nun musste auch ich auf denselben Plätzen stehen, sogar auf einer tieferen Stufe. Wir waren ja in Fesseln geschlagen und gebrandmarkt; alle wichen vor uns aus, man schien uns sogar zu fürchten; man gab uns jedes Mal Almosen, und ich erinnere mich, wie angenehm es mir war und was für ein eigentümliches, raffiniertes Gefühl darin lag. »Wenn schon, denn schon!« dachte ich mir. Die Arrestanten beteten mit großer Andacht, und jeder von ihnen brachte jedes Mal seine armselige Kopeke für die Kerzen oder für den Opferstock mit. »Auch ich bin ein Mensch«, dachte und fühlte er vielleicht, indem er sein Scherflein gab, »vor Gott sind wir ja alle gleich …« Wir empfingen das Abendmahl bei der Frühmesse. Als der Geistliche mit dem Kelch in der Hand die Worte sprach: »… aber nimm mich wie einen Schacher an«, – da fielen wir fast alle, mit den Fesseln klirrend, zu Boden, als bezöge jeder diese Worte auf sich selbst.

Nun kam auch schon die Osterwoche. Von der Behörde erhielten wir je ein Ei und je eine Scheibe feines Weizenbrot. Aus der Stadt wurde das Zuchthaus wieder mit Gaben überschüttet. Wieder kam der Geistliche mit dem Kreuz, wieder erschienen die Vorgesetzten, wir bekamen wieder fette Kohlsuppe, es gab wieder Sauferei und müßiges Umherschlendern, genau wie zu Weihnachten, bloß mit dem Unterschied, dass man jetzt schon auf dem Zuchthaushof herumspazieren und sich in der Sonne wärmen konnte. Es war irgendwie heller und nicht so eng wie im Winter, zugleich aber auch trauriger. So ein langer, nicht endenwollender Feiertag war besonders unerträglich. An Wochentagen wurde die Zeit wenigstens durch die Arbeit verkürzt.

Die Sommerarbeiten erwiesen sich wirklich viel schwerer als die Winterarbeiten. Wir wurden vorwiegend mit Bauarbeiten beschäftigt. Die Arrestanten bauten, gruben die Erde und mauerten; andere machten die Schlosser-, Tischler- oder Malerarbeiten bei den Reparaturen der staatlichen Gebäude. Andere wieder gingen nach der Ziegelei, um Ziegel zu streichen. Diese letztere Arbeit galt bei uns als besonders schwer. Die Ziegelei lag drei oder vier Werst von der Festung entfernt. Im Laufe des ganzen Sommers wurde jeden Morgen gegen sechs Uhr eine ganze Partie von etwa fünfzig Arrestanten hingeschickt, um Ziegel zu streichen. Zu dieser Arbeit wurden die ungelernten Arbeiter ausgesucht, d. h. solche, die kein bestimmtes Handwerk ausübten. Sie nahmen Brot mit, da es infolge der weiten Entfernung unvorteilhaft war, zum Mittagessen ins Zuchthaus zurückzukehren und so unnötigerweise noch etwa acht Werst zurückzulegen, und aßen erst am Abend, nach der

Rückkehr ins Zuchthaus. Das Pensum wurde für den ganzen Tag aufgegeben und war so groß, dass ein Arrestant nur bei ununterbrochener Arbeit es an einem Tag bewältigen konnte. Er musste erst den Lehm graben und herbeischaffen, selbst das Wasser bringen, selbst den Lehm in der Grube stampfen und schließlich daraus eine große Menge von Ziegelsteinen herstellen, ich glaube an die zweihundert oder sogar zweiundeinhalbhundert. Ich bin nur zweimal auf der Ziegelei gewesen. Die Ziegelarbeiter kehrten erst am Abend müde und erschöpft heim und hielten es den ganzen Sommer allen anderen vor, dass sie die schwerste Arbeit machten. Dies schien ihnen ein Trost zu sein. Trotzdem gingen manche sogar mit einer gewissen Lust hin. Erstens befand sich die Arbeitsstätte hinter der Stadt, an einem freien, offenen Platz, am Ufer des Irtysch. Man sah erfreulichere Bilder vor sich, etwas anderes als das ewige Festungseinerlei! Man durfte auch frei rauchen und sogar eine halbe Stunde mit großem Genuss liegen. Ich aber ging nach wie vor in die Werkstätte oder zum Alabasterbrennen, oder wurde schließlich als Ziegelträger bei den Bauarbeiten verwendet. Bei der letzteren Arbeit hatte ich einmal Ziegel vom Irtyschufer zu einer im Bau befindlichen Kaserne, etwa siebzig Klafter weit, über den Festungswall zu schleppen, und diese Arbeit dauerte an die zwei Monate hintereinander. Mir gefiel sie sogar gut, obwohl ich mir ständig mit dem Strick, an dem ich die Ziegel schleppte, die Schultern wundrieb. Mir gefiel daran, dass diese Arbeit meine Kräfte fühlbar steigerte. Anfangs konnte ich nur je acht Ziegel im Gewicht von je zwölf Pfund tragen. Dann gelangte ich aber auf zwölf und fünfzehn Ziegel, und das machte mir große Freude. Die physische Kraft ist im Zuchthaus nicht weniger nötig als die moralische, um all' die materiellen Beschwerden dieses verfluchten Lebens tragen zu können.

Ich aber wollte auch nach der Entlassung aus dem Zuchthause noch leben …

Ich schleppte die Ziegel so gern übrigens nicht nur aus dem Grund, weil diese Arbeit meinen Körper stärkte, sondern auch, weil sie am Ufer des Irtysch vor sich ging. Ich spreche so oft von diesem Ufer, weil es die einzige Stelle war, von der aus ich die Welt Gottes sehen konnte, die reine, klare Ferne und die freien, unbewohnten Steppen, deren Öde auf mich einen seltsamen Eindruck machte. Nur auf diesem Ufer hatte man die Möglichkeit, der Festung den Rücken zu kehren und sie nicht zu sehen. Alle unsere übrigen Arbeitsstätten befanden sich in der Festung oder neben ihr. Gleich in den ersten Tagen hasste ich diese Festung und besonders gewisse Gebäude. Das Haus unseres Platzmajors erschien mir als ein verfluchter, abscheulicher Ort, und ich sah es voller Hass an, sooft ich vorüberging. Am Ufer konnte man aber Vergessenheit finden: man blickte in diese grenzenlose, öde Weite hinaus, wie ein Gefangener aus dem Kerkerfenster in die Freiheit. Alles war mir dort lieb und wert: Die helle, heiße Sonne im abgrundtiefen, blauen Himmel und das ferne Lied eines Kirgisen, das vom kirgisischen Ufer herüberklang. Wenn man lange hinsah, entdeckte man ein armseliges, verräuchertes Zelt eines Nomaden; man unterschied neben dem Zelt ein Rauchwölkchen und ein Kirgisenweib, das sich dort irgendwie bei ihren zwei Hammeln zu schaffen machte. Dies alles war armselig und wild, aber frei. Man unterschied in der durchsichtigen blauen Luft irgendeinen Vogel und verfolgte lange und hartnäckig seinen Flug; da blitzt er über dem Wasser auf, da verschwindet er in der Bläue und da erscheint er wieder als ein kaum sichtbarer Punkt … Selbst die armselige, kümmerliche Blume, die ich einmal im Vorfrühling in einer Spalte des steinigen Ufers fand, fesselte irgendwie krankhaft meine Aufmerksamkeit. Die traurige Stimmung dieses ersten Jahres meines Zuchthauslebens war unerträglich und wirkte auf mich aufreizend und erbitternd. In diesem ersten Jahr hatte ich infolge dieser Stimmung vieles von dem, was mich umgab, gar nicht bemerkt. Ich hielt die Augen geschlossen und wollte gar nicht hinschauen. Unter den bösen, verhassten Zuchthausgenossen übersah ich die guten Menschen, die, trotz der abscheulichen Rinde, die sie von außen bedeckte, die Fähigkeit hatten, zu denken und zu fühlen. Unter den verletzenden Worten überhörte ich manches freundliche und liebevolle Wort, das um so wertvoller war, als es ohne jede besondere Absicht gesprochen wurde und aus dem Herzen kam, das vielleicht noch mehr als das meine gelitten und getragen hatte. Aber warum soll ich mich darüber verbreiten? Ich war sehr froh, wenn ich ordentlich müde wurde; wenn ich heimkomme, werde ich vielleicht einschlafen können!! Denn das Schlafen war bei uns im Sommer eine Qual, fast noch schlimmer als im Winter. Die Abende waren allerdings manchmal sehr schön. Die Sonne, die den ganzen Tag über nicht vom Zuchthaushof gewichen war, ging endlich unter. Es kam die Abendkühle, und dieser folgte die fast kalte (verhältnismäßig kalte) Steppennacht. Die Arrestanten trieben sich in Erwartung, dass man sie einsperre, haufenweise auf dem Hof herum. Die Hauptmasse drängte sich allerdings vorzugsweise in der Küche. Dort stand immer irgendeine brennende Zuchthausfrage zur Diskussion, man sprach von diesem und jenem und erörterte irgendein Gerücht, das oft unsinnig war, aber bei diesen von der Welt abgeschlossenen Menschen ein ungewöhnliches Interesse weckte; z. B. dass die Nachricht eingetroffen sei, unser Platzmajor werde abgesetzt. Die Arrestanten sind leichtgläubig wie die Kinder; sie wissen selbst, dass die Nachricht absurd ist, dass sie von einem bekannten Schwätzer und »unsinnigen« Menschen, dem Arrestanten Kwassow gebracht worden ist, dem nicht zu glauben, man schon längst beschlossen hatte und dessen jedes Wort Lüge war; trotzdem klammerten sich alle an diese Nachricht, erörterten und besprachen sie, fanden ihren Trost darin und ärgerten sich schließlich über sich selbst, dass sie dem Kwassow geglaubt hatten.

»Wer wird ihn denn absetzen!« schreit einer. »Er hat einen dicken Hals und lässt sich nicht so leicht unterkriegen!«

»Er hat doch auch seine Vorgesetzten über sich«, entgegnet ein anderer, ein temperamentvoller und gar nicht dummer Bursche, der schon manches erlebt hat, aber so streitsüchtig ist, wie niemand anderes auf der Welt.

»Ein Rabe hackt dem andern Raben nie die Augen aus!« versetzt mürrisch und wie vor sich hin ein Dritter, ein grauhaariger Mann, der in der Ecke einsam seine Kohlsuppe zu Ende isst.

»Die Vorgesetzten werden wohl dich fragen, ob sie ihn absetzen sollen oder nicht?« fügt gleichgültig ein Vierter hinzu, leise auf seiner Balalaika klimpernd. – »Warum auch nicht mich?« entgegnete der Zweite voller Wut. »Wenn man uns alle befragt,

müssen wir alle gegen ihn aussagen. Sonst aber schreien wir nur, und wenn es zur Sache kommt, tritt jeder zurück!«
»Wie stellst du es dir denn vor?« spricht der Balalaikaspieler. »Dafür ist es auch ein Zuchthaus.«
»Neulich«, fährt, ohne auf die anderen zu hören, erregt der Streithammel fort, »war uns etwas Mehl übriggeblieben. Wir kratzten die letzten Reste zusammen und schickten sie zum Verkauf. Er aber erfuhr es. Der Lagerverwalter hatte es angezeigt; man nahm uns das Mehl weg. Es muss halt gespart werden. Ist das gerecht oder nicht?«
»Bei wem willst du dich denn beschweren?«
»Bei wem? Bei dem Revisor, der gefahren kommt.«
»Bei welchem Revisor?«
»Es stimmt, Brüder, dass ein Revisor herkommt«, sagt der junge, aufgeweckte, des Lesens und Schreibens kundige Bursche, der ehemalige Schreiber, der die »Herzogin Lavallière« oder etwas Ähnliches gelesen hat. Er ist immer lustig und zu Späßen aufgelegt, genießt aber wegen einer gewissen Sachkenntnis und Geriebenheit Achtung. Ohne der allgemeinen Neugier wegen des in Aussicht stehenden Revisors Beachtung zu schenken, geht er direkt zur »Köchin«, d. h. zum Koch, und verlangt von ihm ein Stück Leber. Unsere Köchinnen trieben oft mit solchen Dingen Handel. Sie kauften beispielsweise für eigenes Geld ein großes Stück Leber, brieten es und verkauften es im Ausschnitt an die Arrestanten.
»Für eine halbe oder eine ganze Kopeke?« fragt die Köchin.
»Schneide mir für eine ganze Kopeke herunter; sollen mich die Leute beneiden«, antwortet der Arrestant. »Es kommt so ein General aus Petersburg gefahren, Brüder, er wird ganz Sibirien revidieren. Das stimmt. Ich habe es von den Leuten des Kommandanten gehört.«
Die Nachricht bringt eine ungewöhnliche Aufregung hervor. Etwa eine Viertelstunde lang wird gefragt: Wer ist der General, in welchem Rang, und ob er höher steht als die hiesigen Generäle? Die Arrestanten reden furchtbar gern von den verschiedenen Rangstufen, Vorgesetzten; wer im Rang höher stehe, wer wen unterkriegen könne und wer sich selbst unterkriegen lasse; sie zanken sich und prügeln sich fast sogar wegen der Generäle. Man sollte meinen: was haben sie davon? Aber die genaue Kenntnis der Generäle und der Obrigkeit überhaupt dient als Kriterium für den Grad des Wissens, der Erfahrenheit und der früheren Bedeutung des Menschen in der Gesellschaft vor seinem Eintritt ins Zuchthaus. Überhaupt gilt ein Gespräch über die höchste Obrigkeit als das vornehmste und wichtigste von allen Zuchthausgesprächen.
»Es sieht wirklich so aus, Brüder, dass jemand gefahren kommt, um den Major abzusetzen«, bemerkt Kwassow, ein kleines, hitziges und äußerst unsolides Männchen mit rotem Gesicht. Er hat ja auch die erste Nachricht von der Absetzung des Majors gebracht.
»Er wird ihn schon bestechen!« entgegnet kurz der düstere, grauhaarige Arrestant, der inzwischen mit seiner Kohlsuppe fertig geworden ist.

»Er wird ihn wirklich bestechen«, sagt ein anderer. »Hat er denn wenig Geld zusammengestohlen? Bevor er zu uns kam, war er Bataillonskommandeur. Neulich hat er die Tochter des Protopopen heiraten wollen.«

»Hat sie aber doch nicht geheiratet. Man hat ihm die Türe gewiesen; ist zu arm. Was ist er auch für ein Freier! Sein ganzer Besitz ist, was er am Leibe trägt. In der Osterwoche hat er alles im Kartenspiel verloren. Fedjka hat es mir erzählt.«

»Ja, ist kein Verschwender, aber das Geld bleibt bei ihm halt nicht!«

»Ach, Bruder, ich bin ja auch verheiratet gewesen. Heiraten ist nichts für einen armen Menschen. Kaum hast du geheiratet, ist die Freude schon aus!« bemerkt Skuratow, der sich nun auch ins Gespräch einmischt.

»Gewiss, man redet doch nur von dir«, sagt der freche ehemalige Schreiber. »Du bist einfach dumm, Kwassow, das muss ich dir sagen. Glaubst du wirklich, dass der Major einen solchen General bestechen kann, und dass so ein General absichtlich aus Petersburg gefahren kommt, um den Major zu revidieren? Bist ein dummer Kerl, das sage ich dir.«

»Warum denn nicht? Nimmt ein General etwa nicht?« ruft jemand skeptisch aus der Menge.

»Natürlich nimmt er nicht, und wenn er schon was nimmt, dann viel.«

»Versteht sich, viel, seinem Rang entsprechend.«

»Hast mal selbst einem etwas gegeben?« sagt mit Verachtung der plötzlich eintretende Bakluschin. »Hast du überhaupt je einen General gesehen?«

»Gewiss habe ich einen gesehen!«

»Du lügst.«

»Nein, du lügst.«

»Kinder, wenn er mal einen gesehen hat, so soll er gleich allen sagen, was für einen General er kennt. Na, sag's, denn ich kenne alle Generäle.«

»Ich habe den General Siebert gesehen«, antwortete Kwassow etwas unsicher.

»Siebert? Einen solchen General gibt's ja gar nicht. Er hat wohl nur deinen Rücken gesehen, dieser Siebert, und damals war er nur Oberstleutnant, dir kam es aber vor Angst vor, er sei ein General.«

»Nein, hört mal auf mich«, schreit Skuratow, »denn ich bin ein verheirateter Mensch. Einen solchen General hat es wirklich in Moskau gegeben, Siebert hat er geheißen, war deutscher Abstammung, aber Russe. Jedes Jahr beichtete er in den Fasten vor Mariä Himmelfahrt beim russischen Popen und trank immer Wasser, Brüder, wie ein Enterich. Jeden Tag trank er vierzig Glas Moskwawasser. Man sagte, dass er sich mit diesem Wasser von irgendeiner Krankheit kurierte; ich habe es von seinem Kammerdiener selbst gehört.«

»In seinem Bauch haben sich wohl von diesem Wasser Karauschen angesiedelt«, bemerkt der Arrestant mit der Balalaika.

»Na, genug! Hier ist die Rede von so wichtigen Dingen, und ihr … Was ist es nun für ein Revisor, Brüder?« fragt besorgt der ewig unruhige Arrestant Martynow, ein alter ehemaliger Husar.

»Was die Leute nicht alles zusammenlügen!« bemerkt einer der Skeptiker. »Wo

nehmen sie es bloß her? Ist ja lauter Unsinn!«
»Nein, es ist kein Unsinn«, erwidert dogmatisch Kulikow, der bisher stolz geschwiegen hat. Er ist ein Mann von ziemlichem Gewicht, etwa fünfzig Jahre alt, mit einem außerordentlich wohlgestalteten Gesicht und herablassend hochmütigen Manieren. Er weiß es und ist stolz darauf. Er ist ein halber Zigeuner, übt das Handwerk eines Rossarztes aus, verdient sich in der Stadt Geld durch Kurieren von Pferden und treibt bei uns im Zuchthaus Branntweinhandel. Ist ein kluger Kerl und hat manches erlebt. Er geizt mit den Worten, als ob jedes seiner Worte einen Rubel wert wäre.
»Er hat recht, Brüder«, fährt er ruhig fort, »ich hab es schon in der vorigen Woche gehört; ein General kommt gefahren, einer von den höchsten, wird ganz Sibirien revidieren. Natürlich werden sie auch ihn bestechen, aber unser Achtäugiger nicht; der wird es nicht mal wagen, an ihn heranzutreten. Ein General ist nicht wie der andere, Brüder. Es gibt verschiedene Generäle. Aber eines sage ich euch: Unser Major bleibt in jedem Fall auf seinem jetzigen Posten. Das stimmt. Wir sind doch ein Volk ohne Zunge, und von den Vorgesetzten wird doch niemand einen der ihrigen angeben. Der Revisor wird ins Zuchthaus hineinschauen, dann wieder abreisen und melden, er habe alles in bester Ordnung gefunden …«
»Darum hat ja der Major solche Angst bekommen: ist vom frühen Morgen an betrunken.«
»Am Abend kommt dann seine zweite Ladung. Fedjka hat es erzählt.«
»Einen schwarzen Hund kann man nicht weiß waschen. Ist er denn zum ersten Mal betrunken?«
»Nein, das gibt's doch nicht, dass auch der General nichts ausrichten kann! Es ist genug, zu allen ihren Streichen zu schweigen!« sprechen die Arrestanten gekränkt untereinander.
Die Nachricht von dem Revisor verbreitete sich im Nu durch das ganze Zuchthaus. Auf dem Hof treiben sich die Leute umher und teilen einander erregt die Nachricht mit. Andere schweigen absichtlich und bewahren ihre Kaltblütigkeit, um sich auf diese Weise mehr Würde zu verleihen. Andere wieder bleiben gleichgültig. Auf den Stufen vor den Kasernen setzen sich die Arrestanten mit den Balalaikas. Manche schwatzen noch weiter. Andere stimmen Lieder an, aber im Ganzen befinden sich alle an diesem Abend in einer außergewöhnlichen Aufregung.
Um die zehnte Stunde pflegte man uns alle zu zählen, in die Kasernen zu treiben und für die Nacht einzusperren. Die Nächte waren kurz; man weckte uns gegen fünf Uhr früh, wir schliefen aber niemals vor elf ein. Bis zu dieser Stunde gab es noch immer ein Getue und Gerede; manchmal taten sich auch, wie im Winter, Maidans auf. In der Nacht war es unerträglich heiß und schwül. Durch das offene Fenster drang zwar die nächtliche Kühle ein, aber die Arrestanten wälzten sich die ganze Nacht auf ihren Pritschen wie im Fieber. Die Flöhe wimmelten myriadenweise herum. Wir hatten sie auch im Winter in genügender Anzahl, aber vom Frühjahr an vermehrten sie sich in solchen Mengen, von denen ich zwar früher schon gehört hatte, an die ich aber nicht glauben wollte, ehe ich es nicht am eigenen Leibe erfahren. Je weiter wir in den Sommer kamen, um so wütender wurden sie. An die Flöhe

kann man sich allerdings gewöhnen, ich habe es selbst erfahren, aber man hat von ihnen doch schwer zu leiden. Manchmal plagen sie einen so entsetzlich, dass man wie im Fieber daliegt und selbst fühlt, dass man nicht schläft, sondern nur phantasiert. Wenn endlich kurz vor Tagesanbruch auch die Flöhe zur Ruhe kommen und gleichsam erstarren und man in der Morgenkühle wirklich süß einschläft, ertönt plötzlich vor dem Zuchthaustor der erbarmungslose Trommelwirbel: Es ist der Morgenzapfenstreich. Man hört, fluchend in seinen Halbpelz gehüllt, die lauten, scharfen Töne, und zählt sie gleichsam, während einem durch den Schlaf hindurch der unerträgliche Gedanke in den Kopf dringt, dass es auch morgen so sein werde, auch übermorgen, mehrere Jahre hintereinander, bis zur Befreiung. Wann kommt denn diese Befreiung, fragt man sich, und wo ist sie? Indessen muss man aber aufstehen; es beginnt das alltägliche Laufen und Drängen ... Die Leute ziehen sich an und eilen zur Arbeit. Allerdings konnte man noch eine Stunde gegen Nachmittag schlafen.

Die Nachricht über den Revisor erwies sich als wahr. Die Gerüchte klangen von Tag zu Tag bestimmter, und schließlich wussten alle schon ganz sicher, dass ein hochstehender General unterwegs sei, um ganz Sibirien zu revidieren; dass er schon eingetroffen sei und sich in Tobolsk befinde. Jeden Tag kamen neue Gerüchte ins Zuchthaus. Man hörte auch aus der Stadt, dass dort alle in großer Angst seien, sehr geschäftig täten und sich von der besten Seite zeigen wollten. Man erzählte sich, dass die höchsten Vorgesetzten Empfänge, Bälle und Festlichkeiten vorbereiteten. Man schickte die Arrestanten in ganzen Trupps, um die Straßen in der Festung zu ebnen, Erdbuckel zu entfernen, die Zäune und Pfähle anzustreichen, die Gebäude nachzutünchen und zu reparieren; mit einem Wort, man wollte in einem Nu alles ausbessern, was von der besten Seite gezeigt werden sollte. Unsere Arrestanten verstanden den Sachverhalt sehr gut und sprachen immer eifriger und erregter miteinander. Ihre Phantasie verstieg sich zu kolossalen Vorstellungen. Man beabsichtigte sogar, »eine Beschwerde vorzubringen«, wenn der General fragen würde, ob man zufrieden sei. Indessen aber stritt und zankte man sich untereinander. Der Platzmajor war in großer Aufregung. Er kam häufiger als sonst ins Zuchthaus, schrie häufiger, stürzte sich häufiger über die Leute, schickte sie häufiger auf die Hauptwache und sah mit großem Eifer auf Reinlichkeit und Ordnung. Um diese Zeit passierte im Zuchthaus wie gerufen eine kleine Geschichte, die den Major, entgegen allen Erwartungen, gar nicht aufregte, sondern ihm im Gegenteil Freude machte. Ein Arrestant stach bei einem Handgemenge einen andern mit einer Ahle in die Brust, ganz nah' am Herzen.

Der Arrestant, der dieses Verbrechen begangen hatte, hieß Lomow, der Verletzte wurde bei uns Gawrilka genannt; er gehörte zu den eingefleischten Landstreichern. Ich kann mich nicht erinnern, ob er einen Zunamen besaß; bei uns hieß er einfach Gawrilka.

Lomow stammte von bemittelten Bauern des K-schen Kreises im T-schen Gouvernement ab. Alle Lomows hatten als eine Familie zusammengelebt: der alte Vater, drei Söhne und deren Onkel, Lomow. Sie waren reiche Bauern. Man erzählte sich im ganzen Gouvernement, dass sie ein Vermögen von fast dreihunderttausend Rubeln in Assignaten besäßen. Sie trieben Ackerbau, gerbten Häute, handelten, befassten sich aber vorzugsweise mit Wucher, mit Verbergen von Landstreichern, mit Hehlen von gestohlenem Gut und ähnlichen Künsten. Die Bauern des halben Landkreises waren bei ihnen verschuldet und hingen von ihrer Gnade ab. Sie galten als kluge und schlaue Leute, wurden aber schließlich doch zu stolz, besonders nachdem eine sehr hochstehende Persönlichkeit der dortigen Gegend bei ihnen auf ihren Reisen abzusteigen anfing, den Alten persönlich kennenlernte und ihn wegen seines Verstandes und seiner Geschäftstüchtigkeit liebgewann. Sie bildeten sich plötzlich ein, dass niemand gegen sie etwas unternehmen könne, und riskierten immer mehr gesetzwidrige Unternehmungen. Alle murrten über sie; alle wünschten ihnen, sie mögen in die Erde versinken; aber sie taten immer stolzer. Vor den Isprawniks und niederen Beamten hatten sie überhaupt keinen Respekt mehr. Zuletzt brachen sie sich doch den Hals, aber nicht wegen eines wirklichen geheimen Verbrechens, sondern infolge einer Verleumdung. Sie besaßen etwa zehn Werst vom Dorf entfernt ein großes Vorwerk. Dort lebten einmal im Herbst sechs kirgisische Arbeiter, die sie schon seit längerer Zeit gedungen hatten. In einer Nacht wurden diese Kirgisen sämtlich ermordet. Es begann eine Untersuchung. Sie dauerte lange. Bei dieser Gelegenheit kamen viele andere üble Dinge an den Tag. Die Lomows wurden angeklagt, ihre Arbeiter ermordet zu haben. Sie selbst erzählten es, und das ganze Zuchthaus wusste es; man hatte gegen sie den Verdacht, sie wären den Arbeitern den Lohn für längere Zeit schuldig geblieben; da sie aber trotz ihres großen Vermögens geizig und geldgierig gewesen seien, hätten sie die Kirgisen ermordet, um ihnen die Schuld nicht bezahlen zu müssen. Während der Untersuchung und der Gerichtsverhandlungen ging ihr ganzer Besitz zugrunde. Der Alte starb. Die Kinder wurden nach verschiedenen Orten verschickt. Einer der Söhne und sein Onkel kamen für zwölf Jahre in unser Zuchthaus. Nun waren sie aber am Tod der Kirgisen völlig unschuldig. Im gleichen Zuchthaus tauchte später Gawrilka auf, ein bekannter Gauner und Landstreicher, ein lustiger und aufgeweckter Bursche, der diese ganze Sache begangen haben sollte. Ich habe übrigens nicht gehört, ob er es selbst eingestanden hatte, aber das ganze Zuchthaus war tief davon überzeugt, dass er die Kirgisen auf dem Gewissen hatte. Gawrilka hatte mit den Lomows schon als Landstreicher zu tun gehabt. Er war ins Zuchthaus für eine kurze Frist als Deserteur und Landstreicher gekommen. Die Kirgisen hatte er gemeinsam mit drei andern Landstreichern abgeschlachtet; sie hatten geglaubt, dass es auf dem Vorwerk viel zu stehlen und zu plündern geben würde.

Die Lomows waren bei uns unbeliebt, ich weiß nicht weshalb. Der eine von ihnen, der Neffe, war ein tüchtiger, gescheiter Bursch von verträglichem Charakter; aber sein Onkel, der nach Gawrilka mit der Ahle gestochen hatte, war ein unsolider und dummer Kerl. Er hatte sich schon vorher mit vielen gezankt und war mehr als einmal verprügelt worden. Gawrilka war bei allen wegen seines lustigen und verträglichen Charakters beliebt. Die Lomows wussten zwar, dass er der eigentliche Verbrecher war und dass sie wegen seines Verbrechens ins Zuchthaus gekommen waren, aber sie zankten sich mit ihm nicht; sie kamen übrigens auch nie mit ihm zusammen; auch er schenkte ihnen gar keine Aufmerksamkeit. Plötzlich verzankte er sich mit dem Onkel wegen einer abscheulichen Dirne. Gawrilka hatte mit ihrer Gunst geprahlt; der andere wurde eifersüchtig und stach an einem schönen Nachmittag nach ihm mit der Ahle.

Die Lomows hatten zwar während des Prozesses ihr ganzes Vermögen verloren, lebten aber im Zuchthaus wie reiche Leute. Offenbar besaßen sie Geld. Sie hielten sich einen Samowar und tranken Tee. Unser Major wusste es und hasste die beiden Lomows bis zum Außersten. Er schikanierte sie ganz offensichtlich und hatte es überhaupt auf sie abgesehen. Die Lomows erklärten es mit dem Wunsch des Majors, sich von ihnen bestechen zu lassen. Aber sie gaben ihm nichts.

Hätte Lomow die Ahle etwas tiefer hineingestoßen, so hätte er Gawrilka natürlich getötet. Gawrilka kam aber mit einer unbedeutenden Kratzwunde davon. Man meldete es dem Major. Ich erinnere mich, wie er atemlos und sichtlich zufrieden gelaufen kam. Er behandelte Gawrilka ungewöhnlich freundlich, wie einen leiblichen Sohn.

»Nun, Freund, kannst du zu Fuß ins Hospital gehen oder nicht? Nein, man soll für ihn lieber einen Wagen anspannen lassen. Sofort einen Wagen anspannen!« schrie er hastig dem Unteroffizier zu.

»Ich spüre ja nichts, Euer Hochwohlgeboren. Er hat mich ja nur ein wenig gekratzt, Euer Hochwohlgeboren.«

»Du weißt es nicht, du weißt es nicht, mein Lieber; nun wirst du es sehen … Es ist ja eine gefährliche Stelle; alles hängt von der Stelle ab; dicht am Herzen hat er dich getroffen, der Räuber! Aber dir werde ich es schon zeigen!« brüllte er, sich an Lomow wendend: »Auf die Hauptwache!«

Und er zeigte es ihm wirklich. Lomow kam vors Gericht, und obwohl die Wunde sich als eine leichte Stichwunde herausstellte, war die Absicht dennoch erwiesen. Der Verbrecher bekam eine Verlängerung der Strafzeit und tausend Spießruten. Der Major war vollkommen zufrieden.

Endlich kam auch der Revisor.

Gleich am nächsten Tage nach seiner Ankunft kam er zu uns ins Zuchthaus. Es war ein Feiertag. Schon einige Tage vorher war bei uns alles gewaschen, geputzt und gereinigt worden. Alle Arrestanten waren frisch rasiert. Alle hatten saubere weiße Anzüge an. Im Sommer trugen alle nach der Vorschrift weiße leinene Jacken und Hosen. Ein jeder hatte auf dem Rücken einen schwarzen Kreis von etwa zwei Werschok im Durchmesser aufgenäht. Man richtete die Arrestanten eine ganze Stunde ab, wie sie zu antworten hätten, falls die hochstehende Persönlichkeit sie begrüßen sollte. Es wurden Proben veranstaltet. Der Major lief wie verrückt umher. Eine Stunde vor Erscheinen des Generals stand jeder auf seinem Platz, unbeweglich wie eine Bildsäule, und hielt die Hände an der Hosennaht. Endlich, gegen ein Uhr nachmittags, erschien der General. Es war ein so wichtiger General, dass wohl alle Vorgesetztenherzen in ganz Westsibirien bei seinem Erscheinen erzitterten. Er trat mit strenger und majestätischer Miene ein. Ihm folgte eine große Suite aus Vertretern der lokalen Behörden, mehrere Generäle und Obersten. Es war auch ein Zivilist dabei, ein schlanker, hübscher Herr in Frack und Schnallenschuhen, der gleichfalls aus Petersburg mitgekommen war und sich äußerst ungeniert und unabhängig benahm. Der General wandte sich oft an ihn, und zwar mit auffallender Höflichkeit. Dieser Umstand erregte bei den Arrestanten ungewöhnliches Interesse. Bloß ein Zivilist, genießt aber solches Ansehen und dazu noch von einem solchen General! Später erfuhr man seinen Namen und wer er war, indessen wurde darüber furchtbar viel geredet. Unser Major, in seine Uniform gepresst, mit orangegelbem Rockkragen, den blutunterlaufenen Augen und dem blauroten, von Finnen besäten Gesicht, schien auf den General keinen besonders angenehmen Eindruck gemacht zu haben. Aus besonderer Achtung gegen den hohen Gast trug er diesmal keine Brille. Er stand abseits, stramm, und sein ganzes Wesen drückte die fieberhafte Erwartung des Augenblicks aus, wo man ihn zu irgendetwas brauchen würde und er hinfliegen könnte, um den Wunsch seiner Exzellenz zu erfüllen. Aber man brauchte ihn zu nichts. Der General machte schweigend eine Runde durch die Kaserne, sah in die Küche hinein und kostete, wie ich glaube, von der Kohlsuppe. Man machte ihn auf mich aufmerksam, so und so, ich sei adliger Abstammung.

»Ah!« antwortete der General. »Und wie führt er sich jetzt auf?«

»Vorläufig befriedigend, Exzellenz«, antwortete man ihm.

Der General nickte mit dem Kopf und verließ nach zwei Minuten das Zuchthaus. Die Arrestanten waren natürlich geblendet und verblüfft, aber doch irgendwie unbefriedigt. Von irgendeiner Beschwerde gegen den Major war natürlich nicht die Rede. Der Major war davon natürlich auch schon im Voraus überzeugt gewesen.

VI

Die Tiere des Zuchthauses

Der bald darauf erfolgte Ankauf eines Braunen für das Zuchthaus beschäftigte und zerstreute die Arrestanten weit angenehmer als der hohe Besuch. Nach dem Etat gehörte zum Zuchthaus ein Pferd zum Wasserführen und zum Wegschaffen des Unrats usw. – Zur Wartung des Pferdes wurde immer einer der Arrestanten bestimmt. Er fuhr auch mit ihm, natürlich unter Bewachung. Unser Pferd hatte genug Arbeit, sowohl morgens, wie abends. Der alte Braune hatte bei uns schon sehr lange gedient. Das Pferdchen war gut, aber abgearbeitet. Eines schönen Morgens, kurz vor dem Petritag, fiel der Braune, nachdem er seine Abendtonne gebracht hatte, um und gab nach wenigen Minuten seinen Geist auf. Man betrauerte ihn, alle versammelten sich um ihn, redeten und debattierten. Die bei uns vorhandenen ehemaligen Kavalleristen, Zigeuner, Rossärzte usw. zeigten bei dieser Gelegenheit eine Menge von besonderen Kenntnissen im Pferdefach; sie gerieten sogar in Streit miteinander, vermochten aber den Braunen nicht lebendig zu machen. Er lag tot da, mit aufgedunsenem Bauch, und alle hielten es für ihre Pflicht, mit dem Finger an ihn zu tippen; man meldete dem Major von dem nach Gottes Ratschluss geschehenen Ereignis, und er befahl, unverzüglich ein neues Pferd zu kaufen. Am Morgen des Petritages, gleich nach der Messe, als wir alle versammelt waren, begann man uns verschiedene Pferde zum Kauf vorzuführen. Selbstverständlich musste man die Anschaffung des Pferdes den Arrestanten selbst überlassen. Es gab bei uns große Kenner, und es wäre nicht schwer gewesen, zweihundertfünfzig Mann, die sich vorher mit nichts anderem befasst hatten, anzuführen. Es kamen Kirgisen, Rosshändler, Zigeuner, Kleinbürger. Die Arrestanten erwarteten mit Ungeduld das Erscheinen jedes neuen Pferdes. Sie waren vergnügt wie Kinder. Am meisten schmeichelte ihnen die Vorstellung, dass sie wie freie Menschen, wie aus eigener Tasche für sich ein Pferd kauften und ein volles Recht zu diesem Kauf hatten. Drei Pferde waren vorgeführt und wieder abgeführt worden, ehe wir beim vierten den Kauf abschlossen. Die eintretenden Rosshändler sahen sich mit einem gewissen Erstaunen und sogar einer Art von Scheu um und schielten sogar ab und zu nach den Wachsoldaten, die sie hereinführten. Ein Haufen von zweihundert solchen Menschen mit rasierten Köpfen und gebrandmarkten Gesichtern, in Ketten, bei sich zu Hause, in ihrem Zuchthausnest, über dessen Schwelle sonst niemand treten durfte, flößte einen gewissen Respekt ein. Unsere Kenner ergingen sich aber bei der Prüfung eines jeden neu erscheinenden Pferdes in allerlei Kunstgriffen. Wohin blickten sie ihm nicht, was betasteten sie an ihm nicht, und alles machten sie mit einer so ernsten und geschäftigen Miene, als hinge davon das ganze Wohl des Zuchthauses ab. Die Kaukasier sprangen sogar auf jedes Pferd hinauf; ihre Augen funkelten, und sie schwatzten schnell in ihrer unverständlichen Sprache, wobei sie ihre weißen Zähne fletschten und mit ihren braunen, hakennasigen Köpfen nickten. Mancher Russe richtete seine ganze Aufmerksamkeit auf ihren Streit und sah sie so gespannt an, als wollte er ihnen in die Augen springen. Da er ihre Worte nicht verstand, wollte er wenigstens an ihrem Gesichtsausdruck erraten, was sie beschlossen hätten: ob das Pferd etwas tauge oder nicht? Diese krampfhafte Aufmerksamkeit hätte einem abseitsstehenden Beobachter sonderbar erscheinen können. Man sollte doch meinen, dass so ein bescheidener, schüchterner Arrestant, der vor manchen seiner Genossen nicht zu mucken wagte, keinen besonderen Grund hatte, sich für diese Angelegenheit so sehr zu interessieren. Aber ein jeder tat so, als kaufte er das Pferd für sich selbst, als wäre es ihm nicht vollkommen gleich, was für ein Pferd gekauft würde. Neben den Kaukasiern zeichneten sich besonders die ehemaligen Rosshändler und Zigeuner aus. Ihnen ließ man das erste Wort. Dabei kam es zu einem edlen Zweikampf zwischen zwei Arrestanten, dem ehemaligen Zigeuner, Pferdedieb und Rosshändler Kulikow und dem autodidaktischen Rossarzt, dem schlauen sibirischen Bauern, der vor kurzem ins Zuchthaus gekommen war, aber schon Zeit gehabt hatte, Kulikow seine ganze Stadtpraxis wegzunehmen. Die autodidaktischen Tierärzte aus unserem Zuchthaus wurden nämlich in der Stadt hoch geschätzt, und zwar nicht nur bei den Kleinbürgern und Kaufleuten, sondern auch bei den höchsten Beamten, die sich ans Zuchthaus wandten, wenn bei ihnen ein Pferd erkrankte, obwohl es in der Stadt mehrere echte Veterinärärzte gab. Kulikow hatte vor der Ankunft des sibirischen Bauern Jolkin gar keine Konkurrenz und besaß eine große Praxis, die ihm natürlich

Geld einbrachte. Er wandte verschiedene Zigeunerkniffe an, schwindelte viel und wusste viel weniger, als er sich den Anschein gab. Seinen Einkünften nach war er ein Aristokrat unter den Übrigen. Dank seinem Verstand, seiner Kühnheit und Entschlossenheit hatte er sich schon längst eine unwillkürliche Achtung aller Insassen des Zuchthauses erworben. Alle hörten auf ihn und gehorchten ihm. Er sprach aber sehr wenig und nur in den wichtigsten Fällen, als sei jedes seiner Worte einen Rubel wert. Er war ein ausgesprochener Geck, aber es steckte in ihm auch viel wirkliche, unverfälschte Energie. Er war schon bejahrt, aber sehr hübsch und sehr klug. Uns Adlige behandelte er mit einer raffinierten Höflichkeit und zugleich mit einem betonten Bewusstsein der eigenen Würde. Ich glaube, dass wenn man ihn, entsprechend gekleidet, als einen Grafen in irgendeinen hauptstädtischen Klub eingeführt hätte, er auch hier den richtigen Ton gefunden, eine Partie Whist gespielt und, wenn auch nicht viel, aber doch mit großem Gewicht mitgesprochen hätte, so dass es vielleicht während des ganzen Abends niemand eingefallen wäre, dass er kein Graf, sondern ein Vagabund sei. Ich sage das in allem Ernst. Er war so klug, verständig und von einer so raschen Auffassungsgabe. Außerdem hatte er wunderschöne, elegante Manieren. Offenbar hatte er schon manches erlebt. Seine Vergangenheit war übrigens in Dunkel gehüllt. Er befand sich in der Besonderen Abteilung. Aber nach der Ankunft Jolkins, der zwar ein einfacher Bauer, aber ein schlauer Kerl von etwa fünfzig Jahren, ein Raskolnik war, begann der Ruhm Kulikows als eines Rossarztes zu verblassen. In kaum zwei Monaten hatte er ihm fast die ganze Stadtpraxis weggenommen. Er kurierte, und zwar sehr leicht auch solche Pferde, die Kulikow schon langst aufgegeben hatte. Er kurierte sogar die von den städtischen Veterinären aufgegebenen Tiere. Dieser Bauer war mit anderen wegen Falschmünzerei ins Zuchthaus gekommen. Was musste er sich auch auf seine alten Tage als Kompagnon in so eine Sache einmischen! Er erzählte, über sich selbst spottend, dass er aus drei echten Goldstücken nur ein einziges echtes hergestellt hätte. Seine Erfolge in der Tierarzneikunst kränkten Kulikow in gewissem Maß, auch sein Ruhm unter den Arrestanten begann zu verblassen. Er hielt sich eine Geliebte in der Vorstadt, trug eine ärmellose Plüschjacke, einen silbernen Ohrring und eigene Stiefel mit elegantem Besatz; da musste er aber infolge des Rückganges seiner Einkünfte Branntweinverkäufer werden; darum erwarteten alle, dass die beiden jetzt, beim Ankauf eines neuen Braunen sich in die Haare geraten würden. Man wartete darauf mit Spannung. Ein jeder von ihnen hatte seine Partei. Die Anführer der beiden Parteien waren schon in Aufregung geraten und begannen sich allmählich Schimpfworte zuzurufen. Jolkin selbst hatte schon sein schlaues Gesicht zu einem höchst sarkastischen Lächeln verzogen. Es kam aber doch nicht so, wie alle es erwartet hatten. Kulikow dachte gar nicht daran, zu schimpfen, benahm sich aber auch ohne zu schimpfen wie ein Meister. Er begann mit Nachgiebigkeit, hörte die kritischen Äußerungen seines Konkurrenten sogar mit Hochachtung an, ertappte ihn aber bei einem unrichtigen Wort, bemerkte ihm bescheiden, aber mit Nachdruck, dass er sich irre, und bewies ihm, noch ehe Jolkin Zeit gefunden hatte, sich zu besinnen und zu berichtigen, dass er sich in dem und dem Punkte geirrt habe. Mit einem Worte, Jolkin war äußerst unerwartet und mit großer Kunst geschlagen. Obwohl er trotzdem den Vorrang behielt, war die Kulikowsche Partei sehr zufrieden.

»Nein, Kinder, ihn kann man nicht so schnell konfus machen, der steht schon für sich ein, mit ihm ist eben nichts auszurichten!« sagten die einen.

»Jolkin weiß mehr«, erwiderten die anderen, aber recht nachgiebig. Beide Parteien sprachen plötzlich in einem sehr nachgiebigen Ton.

»Es ist weniger sein Wissen, er hat bloß eine leichtere Hand. Was aber das Vieh betrifft, so stellt auch Kulikow seinen Mann.«

»Der stellt schon seinen Mann!«

»Aber gewiss ...«

Endlich war der neue Braune ausgesucht und gekauft. Es war ein nettes, junges, hübsches, kräftiges Pferdchen mit einem sehr lieben und lustigen Gesicht. Natürlich war es in allen Hinsichten makellos. Nun begann man zu handeln: der Händler verlangte dreißig Rubel, die Unsrigen boten nur fünfundzwanzig. Man handelte lange und mit großem Eifer hin und her, man ließ etwas nach und legte etwas zu. Endlich wurde es den Arrestanten selbst zu dumm.

»Musst du das Geld etwa aus deiner eigenen Tasche auslegen?« fragten die einen. »Warum handelst du so?«

»Tut dir die Staatskasse leid?« schrien die andern.

»Das Geld gehört aber doch der Gesamtheit, Brüder ...«

»Der Gesamtheit! Offenbar braucht man solche Dummköpfe, wie es sie bei uns gibt, nicht zu säen, sie wachsen von selbst ...«

Endlich kam der Kauf mit achtundzwanzig Rubeln zustande. Man meldete es dem Major, und das Geschäft war bestätigt. Natürlich brachte man sofort Brot und Salz und führte den neuen Braunen mit allen Ehren ins Zuchthaus ein. Ich glaube, es gab keinen Arrestanten, der ihn bei dieser Gelegenheit nicht am Hals getätschelt oder am Maul gestreichelt hätte. Am gleichen Tag wurde der Braune angespannt, um Wasser zu führen, und alle sahen interessiert zu, wie der neue Braune seine Tonne ziehen würde. Unser Wasserführer Roman blickte das neue Pferdchen mit außerordentlicher Zufriedenheit an. Er war ein etwa fünfzigjähriger Bauer von schweigsamem und gesetztem Charakter. Übrigens sind alle russischen Kutscher außerordentlich gesetzt und schweigsam, wie wenn es wirklich stimmte, dass der ständige Umgang mit Pferden dem Menschen eine besondere Gesetztheit und Würde verleihe. Roman war still, gegen alle freundlich, wortkarg, schnupfte Tabak und gab sich seit undenklichen Zeiten mit allen Braunen des Zuchthauses ab. Der soeben gekaufte war schon der dritte. Alle waren bei uns überzeugt, dass fürs Zuchthaus nur braune Pferde passen, dass nur solche bei uns gedeihen. Dasselbe bestätigte auch Roman. Einen Schecken z. B. hätte man niemals gekauft. Das Amt des Wasserführers versah nach irgendeinem Recht ständig Roman, und niemand würde es einfallen, es ihm streitig zu machen. Als der letzte Braune eingegangen war, war es niemand, selbst dem Major nicht, in den Sinn gekommen, Roman irgendwelche Vorwürfe zu machen: es war eben Gottes Wille, Roman ist aber ein guter Kutscher. Der Braune wurde bald zum Liebling des Zuchthauses. Die Arrestanten waren zwar mürrische

Leute, kamen aber oft zu ihm, um ihn zu streicheln. Wenn Roman vom Fluss heimkehrte und das ihm vom Unteroffizier aufgemachte Tor wieder zusperrte, stand der Braune mit seiner Tonne da, wartete auf ihn und sah sich nach ihm um. »Geh allein!« rief ihm Roman zu, und der Braune fuhr die Tonne allein bis zur Küche und wartete bis die »Köchinnen« und die Paraschniks mit ihren Wassereimern kamen. »Klug bist du, Brauner!« rief man ihm zu, »hast das Wasser allein gebracht! … So schön folgst du!«

»Nein wirklich, ist nur ein Tier und versteht doch alles!«

»Brav, Brauner!«

Der Braune schüttelte den Kopf und schnaubte, als verstünde er wirklich alles und sei mit dem Lob zufrieden. Jedes Mal brachte ihm jemand ein Stück Brot und Salz. Der Braune fraß und nickte wieder mit dem Kopf, als wollte er sagen: »Ich kenne dich! Ich kenne dich! Ich bin ein liebes Pferdchen, und du bist ein guter Mensch!«

Auch ich brachte dem Braunen gern Brot. Es war so angenehm, auf seine hübsche Schnauze zu schauen und auf der Handfläche seine weichen, warmen Lefzen zu fühlen, die das Dargebotene schnell auflasen.

Überhaupt wären unsere Arrestanten wohl imstande gewesen, Tiere zu lieben, und wenn man es ihnen gestattete, so hätten sie im Zuchthaus eine Menge von Haustieren und Geflügel gehalten. Was hätte auch den harten und rohen Charakter so sehr mildern und veredeln können als gerade eine solche Beschäftigung? Aber es war nicht erlaubt. Weder die Vorschriften, noch der Ort gestatteten es.

Dennoch hatte es im Zuchthaus in meiner Zeit einige Tiere gegeben. Außer dem Braunen hatten wir noch Hunde, Gänse, den Ziegenbock Wassjka; außerdem lebte bei uns eine Zeitlang ein Adler.

Als ständiger Zuchthaushund lebte bei uns, wie ich schon früher sagte, Scharik, ein guter, kluger Hund, mit dem ich immer gut befreundet war. Da aber der Hund bei unserem einfachen Volk allgemein als ein unreines Tier gilt, das man nicht mal beachten darf, so schenkte dem Scharik bei uns fast niemand Beachtung. Da lebte so ein Hund, schlief auf dem Hof, fraß Küchenabfälle und erregte bei niemand ein besonderes Interesse, obwohl er alle kannte und alle Leute im Zuchthaus als seine Herren ansah. Wenn die Arrestanten von der Arbeit heimkehrten, lief er, sobald er den Ruf »Gefreiter!« an der Hauptwache hörte, zum Tor, begrüßte freundlich jeden Trupp, wedelte mit dem Schwanz und blickte jedem Eintretenden freundlich in die Augen, in Erwartung irgendeiner Liebkosung. Aber im Lauf vieler Jahre hatte er eine solche nur von mir erlebt. Dafür liebte er mich auch mehr als alle andern. Ich erinnere mich nicht mehr, auf welche Weise in unserem Zuchthaus später ein anderer Hund namens Bjelka auftauchte. Den dritten Hund, Kultjapka, brachte ich einmal selbst als ein junges Hündchen von der Arbeit ins Haus. Bjelka war ein sonderbares Geschöpf. Jemand hatte ihn einmal mit einem Wagen überfahren, und sein Rücken war in der Mitte eingeknickt, sodass, wenn er lief, es von Weitem so aussah, als ob zwei miteinander verwachsene weiße Tiere liefen. Außerdem war er räudig und hatte eitrige Augen; der Schwanz war fast ganz nackt und immer eingeklemmt. Auf diese Weise vom Schicksal beleidigt, hatte er sich offenbar entschlossen, sich zu demütigen. Er bellte und knurrte niemanden an, als wagte er es nicht. Er lebte hauptsächlich, der Nahrung wegen, hinter der Kaserne; wenn er aber jemand von den Arrestanten erblickte, so legte er sich sofort auf den Rücken, als wollte er sagen: »Tu mit mir, was du willst, du siehst ja, dass ich gar nicht daran denke, mich zu wehren.« Jeder Arrestant, vor dem er sich auf den Rücken warf, gab ihm einen Fußtritt, als wäre es eine Pflicht. »Dieses gemeine Vieh!« pflegten die Arrestanten von ihm zu sagen. Bjelka wagte aber nicht einmal zu winseln, und wenn der Schmerz schon gar zu heftig war, so heulte er dumpf und jämmerlich. Auch vor Scharik und jedem andern Hund, auf den er stieß, wenn dieser in seinen Geschäften hinter das Zuchthaus kam, legte er sich ebenso auf den Rücken. So lag er demütig da, wenn sich irgendein großer Köter mit hängenden Ohren knurrend und bellend auf ihn stürzte. Aber die Hunde lieben die Demut und Unterwürfigkeit bei ihresgleichen. Der wütende Köter wurde sofort still, blieb nachdenklich vor dem mit den nach oben gerichteten Beinen liegenden Hunde stehen und begann ihn langsam mit großem Interesse an allen Körperteilen zu beschnüffeln. Was mochte sich indessen der am ganzen Leib zitternde Bjelka denken? Er dachte sich wohl: »Was, wenn der Kerl Ernst macht und mich beißt?« Der große Köter ließ ihn aber, nachdem er ihn aufmerksam beschnüffelt hatte, liegen, da er an ihm wohl nichts Interessantes gefunden hatte. Bjelka sprang sofort auf und schloss sich zuweilen hinkend dem langen Zug der Hunde an, die irgendeiner Shutschka nachliefen. Er wusste zwar ganz genau, dass es ihm niemals gelingen würde, eine intimere Bekanntschaft mit der Shutschka zu machen, folgte aber dennoch von weitem dem Zug, – das schien für ihn eine Art Trost im Unglück zu sein. Alle ehrgeizigen Gedanken hatte er wohl schon längst aufgegeben. Er erhoffte sich keinerlei Besserung seiner Lage, lebte nur des Brotes wegen und war sich dessen vollkommen bewusst. Ich versuchte ihn einmal zu liebkosen; das war für ihn so neu und unerwartet, dass er sich plötzlich auf alle vier Beine niederduckte, am ganzen Körper zitterte und vor Rührung laut zu winseln anfing. Aus Mitleid liebkoste ich ihn häufiger. Dafür erhob er auch ein Gewinsel, sooft er mich sah. Wenn er mich von weitem erblickte, winselte er krankhaft und jämmerlich. Sein Ende war, dass er draußen hinter dem Festungswall von anderen Hunden zerrissen wurde.

Einen ganz anderen Charakter hatte Kultjapka. Ich weiß nicht mehr, warum ich ihn als blindes Hündchen aus der Werkstatt ins Zuchthaus mitgebracht hatte. Es war mir angenehm, ihn zu füttern und großzuziehen. Scharik nahm ihn sofort unter seinen Schutz und schlief mit ihm zusammen. Als Kultjapka größer wurde, gestattete ihm Scharik, ihn an den Ohren zu beißen, am Fell zu zupfen und mit ihm so zu spielen, wie eben junge Hunde mit erwachsenen zu spielen pflegen. Kultjapka wuchs seltsamerweise fast gar nicht in die Höhe, sondern fast nur in die Länge und in die Breite. Sein Fell war zottig, von einer hellen mausgrauen Farbe; das eine Ohr wuchs nach oben, das andere nach unten. Er hatte ein feuriges und exaltiertes Temperament; wie jeder junge Hund pflegte er, wenn er seinen Herrn wiedersah, vor Freude ein Gewinsel und ein Gebell zu erheben, den Herrn im Gesicht zu lecken und auch alle seine übrigen Gefühle zu äußern: »Soll er nur meine Begeisterung sehen, Anstandsregeln sind aber nicht so wichtig!« Wo ich mich auch befand, erschien der Hund auf den bloßen Anruf »Kultjapka!« sofort hinter einer Ecke, wie aus der Erde geschossen, und flog mit begeistertem Gewinsel auf mich zu, wie eine Kugel rollend und sich unterwegs überschlagend. Ich gewann dieses kleine Ungeheuer schrecklich lieb. Das Schicksal schien ihm nichts als Annehmlichkeiten und Freuden zu verheißen. Aber eines schönen Tages schenkte ihm der Arrestant Nëustrojew, der sich mit der Anfertigung von Frauenschuhen und dem Gerben von Fellen befasste, seine besondere Aufmerksamkeit. Er rief Kultjapka zu sich heran, betastete sein Fell und wälzte ihn liebkosend auf den Rücken. Kultjapka, der keinen Argwohn schöpfte, winselte vor Vergnügen. Aber am nächsten Morgen war er verschwunden. Ich suchte ihn lange; er war wie in die Erde versunken; erst nach zwei Wochen fand die Sache ihre Aufklärung: Kultjapkas Fell hatte dem Rëustrojew außerordentlich gefallen. Er zog es ihm ab, gerbte es und fütterte damit das Paar samtene Winterhalbschuhe, die ihm die Frau des Auditors bestellt hatte. Er zeigte mir diese Halbschuhe, als sie fertig waren. Das Fell wirkte wunderschön. Der arme Kultjapka!

Bei uns im Zuchthaus beschäftigten sich viele mit der Bearbeitung von Fellen und brachten oft Hunde mit schönem Fell mit, die dann augenblicklich verschwanden. Die einen waren gestohlen, die andern sogar gekauft. Ich erinnere mich, wie mir einmal hinter dem Küchengebäude zwei Arrestanten auffielen, die sich über etwas berieten und sehr geschäftig taten. Der eine von ihnen hielt an einem Strick einen prachtvollen großen schwarzen Hund, von offenbar teurer Rasse. Irgendein Schuft von einem Lakaien hatte den Hund seinem Herrn gestohlen und unserem Schuhmacher für dreißig Kopeken in Silber verkauft. Die Arrestanten hatten die Absicht, ihn aufzuhängen. Die Sache war sehr einfach: Man zog dem Tier das Fell ab und warf den Kadaver in die große und tiefe Abfallgrube, die sich im hintersten Winkel unseres Zuchthaushofes befand und die im Sommer bei großer Hitze unerträglich stank. Sie wurde nur selten ausgeräumt. Der arme Hund schien das ihm bevorstehende Schicksal zu ahnen. Er blickte fragend und unruhig uns drei, einen nach dem anderen an und wagte nur ab und zu, mit seinem buschigen Schwanze zu wedeln, den er dann gleich wieder einklemmte, als wollte er durch dieses Zeichen seines Vertrauens uns milder stimmen. Ich beeilte mich fortzugehen, sie aber erledigten ihr Unternehmen natürlich auf die glücklichste Weise.

Auch Gänse hatten sich bei uns irgendwie zufällig eingefunden. Wer sie eingeführt hatte und wem sie eigentlich gehörten, weiß ich nicht, aber sie dienten eine Zeitlang den Arrestanten zur Unterhaltung und wurden sogar in der Stadt bekannt. Sie waren im Zuchthaus ausgebrütet worden und lebten in der Küche. Als die Brut herangewachsen war, gewöhnten sie sich, die Arrestanten als ganzer Haufe zur Arbeit zu begleiten. Sowie die Trommel erklang und die Zuchthäusler zum Ausgangstor gingen, liefen unsere Gänse mit ausgebreiteten Flügeln schnatternd uns nach, sprangen eine nach der andern über die hohe Schwelle der Eingangspforte und begaben sich stets an den rechten Flügel, wo sie sich aufstellten und warteten, bis die einzelnen Trupps abmarschierten. Sie schlossen sich immer dem größten Trupp an und weideten während der Arbeit irgendwo in der Nähe. Sobald der Trupp zur Heimkehr aufbrach, machten auch sie sich auf den Weg. In der Festung verbreitete sich das Gerücht, dass die Arrestanten, von Gänsen begleitet, zur Arbeit gingen. »Schau nur, da gehen die Arrestanten mit ihren Gänsen!« sagten manchmal die Leute, denen wir begegneten: »Wie habt ihr sie bloß dazu abgerichtet?« – »Da habt ihr was für eure Gänse«, sagte ein anderer, indem er uns ein Almosen reichte. Aber trotz ihrer ganzen Anhänglichkeit wurden sie einmal sämtlich zu irgendeinem Fest geschlachtet. Unsern Ziegenbock Wassjka hätte man dagegen um nichts in der Welt geschlachtet, wenn nicht etwas Besonderes passiert wäre. Ich weiß nicht, woher er plötzlich aufgetaucht war und wer ihn gebracht hatte, aber eines Tages befand sich im Zuchthaus ein entzückendes kleines weißes Böckchen. Im Lauf einiger Tage war er zum Liebling des ganzen Zuchthauses, zur Unterhaltung und sogar zum Trost für die Arrestanten geworden. Man fand auch einen Vorwand, um ihn halten zu müssen. Am Zuchthaus gab es doch einen Pferdestall, und die Sitte verlangt, dass man im Pferdestall einen Ziegenbock halte. Er lebte jedoch nicht im Stall, sondern erst in der Küche und dann im ganzen Zuchthaus. Er war ein ungemein graziöses und possierliches Geschöpf. Er kam gelaufen, wenn man ihn rief, sprang auf Bänke und Tische, stieß sich mit den Arrestanten herum und war immer lustig und amüsant. Als er schon recht ordentliche Hörnchen hatte, fiel es eines Abends dem Lesghier Babai, der mit den anderen Arrestanten auf den Stufen vor der Kaserne saß, ein, sich mit ihm zu stoßen. Sie schlugen schon lange mit den Stirnen gegeneinander – das war das Lieblingsspiel des Arrestanten mit dem Bock, – als Wassjka plötzlich auf die oberste Stufe sprang, sich in einem Augenblick, als Babai sich zur Seite wandte, auf die Hinterbeine stellte, die Vorderhufe einzog und Babai aus aller Kraft in den Nacken stieß, so dass dieser zur größten Freude aller Anwesenden und, vor allem, Babais selbst, von den Stufen hinunterpurzelte. Wassjka war mit einem Wort bei allen schrecklich beliebt. Als er herangewachsen war, wurde an ihm nach einer allgemeinen und ernsthaften Beratung eine gewisse Operation vollzogen, welche unsere Veterinäre vorzüglich auszuführen verstanden. »Sonst wird er nach einem Bock stinken«, sagten die Arrestanten. Nach dieser Operation begann Wassjka furchtbar fett zu werden. Man fütterte ihn auch wie zur Mast. Schließlich wurde aus ihm ein wunderschöner großer Bock von ungewöhnlicher Dicke mit außergewöhnlich langen Hörnern. Beim Gehen watschelte er von der einen Seite auf die andere. Auch er gewöhnte sich an, uns zur Erheiterung der Arrestanten und des Publikums, das uns begegnete, zur Arbeit zu begleiten. Alle kannten den Zuchthausbock Wassjka. Wenn die Arbeit am Flussufer stattfand, pflegten die Arrestanten zuweilen biegsame Weidenzweige abzuschneiden, noch andere Blätter zu pflücken, auf dem Festungswall Blumen zu sammeln und mit allen diesen Dingen Wassjka zu schmücken: man umwand seine Hörner mit Zweigen und Blumen und schmückte seinen ganzen Körper mit Girlanden. So geht Wassjka bei der Heimkehr ins Zuchthaus geschmückt und geputzt vor allen Arrestanten einher, sie aber gehen ihm nach und sind auf ihn ordentlich stolz. Diese Bewunderung für den Bock ging so weit, dass manchen zuweilen wie den Kindern der Gedanke kam: »Soll man unserm Wassjka nicht die Hörner vergolden?« Aber das wurde nur so besprochen, doch nicht ausgeführt. Ich fragte übrigens, wie ich mich erinnere, einmal Akim Akimytsch, der neben Issai Fomitsch unser bester Vergolder war, ob es tatsächlich möglich sei, dem Bock die Hörner zu vergolden. Er sah sich erst aufmerksam den Bock an, überlegte die Frage ernst und antwortete, dass es vielleicht zu machen sei, »aber die Vergoldung wird nicht dauerhaft sein und wäre außerdem völlig zwecklos.« Damit endete auch die Sache. Wassjka hätte wohl noch lange im Zuchthaus gelebt und wäre höchstens an Atemnot gestorben; als er aber einmal an der Spitze der Arrestanten, geschmückt und geputzt von der Arbeit heimkehrte, fiel er dem Major in die Augen, der in einer Droschke vorüberfuhr. »Halt!« brüllte er: »Wem gehört der Ziegenbock?« Man erklärte es ihm. – »Was! Ein Bock im Zuchthaus ohne meine Erlaubnis! Unteroffizier!« Der Unteroffizier erschien, und der Major gab sofort Befehl, den Bock zu schlachten, das Fell abzuziehen und auf dem Markt zu verkaufen, den Kauferlös zu den staatlich verwalteten Arrestantengeldern zu tun, das Fleisch aber den Arrestanten für ihre Suppe auszufolgen. Man besprach im Zuchthaus die Sache, weinte dem Bock manche Träne nach, wagte es aber doch nicht, den Befehl nicht auszuführen. Man schlachtete Wassjka über unserer Abfallgrube. Das Fleisch kaufte einer der Arrestanten auf einmal, der dafür der Gemeinschaft anderthalb Rubel bezahlte. Für dieses Geld kaufte man sich Semmeln, und derjenige, der den Wassjka gekauft hatte, verkaufte das Fleisch stückweise an seine Genossen zum Braten. Das Fleisch erwies sich als ungewöhnlich schmackhaft.

Eine Zeitlang lebte bei uns im Zuchthaus auch ein Adler (Karagusch), von der Art der kleinen Steppenadler. Jemand hatte ihn verwundet und halbtot ins Zuchthaus gebracht. Das ganze Zuchthaus umringte ihn; er konnte gar nicht fliegen: der rechte Flügel hing zu Boden, das eine Bein war verrenkt. Ich erinnere mich, mit welcher Wut er um sich blickte, die neugierige Menge musternd, und wie er seinen krummen Schnabel aufriss, offenbar gefasst, sein Leben nicht so billig herzugeben. Als alle sich an ihm sattgesehen hatten und auseinandergingen, watschelte er, auf dem einen Bein hinkend und den unversehrten Flügel schwingend, in die entfernteste Ecke des Zuchthauses, wo er sich in einen Winkel verkroch und sich fest an die Palisaden schmiegte. Hier lebte er bei uns an die drei Monate und verließ während dieser ganzen Zeit kein einziges Mal seinen Winkel. Anfangs kamen die Arrestanten recht oft, um ihn zu sehen, und hetzten auf ihn den Hund. Scharik stürzte sich voller Wut auf ihn, hatte aber offenbar Angst, näher zu kommen, was die Arrestanten sehr amüsierte. »So ein wildes Tier!« sagten sie, »will sich nicht anfassen lassen!« Später fing aber auch Scharik an, ihm arg zuzusetzen; er fürchtete ihn nicht mehr, und wenn man ihn auf den Adler hetzte, packte er ihn geschickt am kranken Flügel. Der Adler wehrte sich aus aller Kraft mit dem Schnabel und musterte stolz und wild, wie ein verwundeter König, in seine Ecke gedrückt, die Neugierigen, welche kamen, um ihn sich anzusehen. Schließlich interessierte sich niemand mehr für ihn; alle hatten ihn aufgegeben und vergessen, und doch sah man jeden Tag in seiner Nähe Stückchen frisches Fleisch und eine Scherbe mit Wasser. Also sorgte doch jemand für ihn. Anfangs wollte er nicht mal fressen und fraß auch einige Tage nicht;

endlich fing er an, das Futter anzunehmen, doch niemals aus der Hand und niemals vor Menschenaugen. Mir gelang es öfters, ihn aus der Ferne zu beobachten. Wenn er niemand sah und glaubte, dass er allein sei, entschloss er sich zuweilen, etwas aus seiner Ecke herauszukommen, humpelte längs der Palisaden etwa zwölf Schritte weit von seinem Platz, kehrte wieder zurück und kam wieder heraus, als wollte er sich bloß Bewegung machen. Wenn er mich erblickte, eilte er sofort, so schnell er konnte, hinkend und hüpfend auf seinen Platz zurück, warf den Kopf in den Nacken, sperrte den Schnabel auf, sträubte die Federn und machte sich kampfbereit. Ich konnte ihn durch keinerlei Liebkosungen zähmen: Er biss und schlug um sich, nahm von mir kein Fleisch an und sah mich, solange ich über ihm stand, starr und unverwandt mit seinen bösen, durchdringenden Blicken an. Er wartete einsam und hasserfüllt auf seinen Tod, ohne jemand zu vertrauen und ohne sich mit jemand zu versöhnen. Endlich erinnerten sich die Arrestanten seiner, und obwohl an ihn fast zwei Monate lang niemand gedacht hatte, erwachte plötzlich in allen ein Mitgefühl für ihm. Man begann darüber zu sprechen, dass man den Adler aus dem Zuchthaus hinausschaffen müsse. »Mag er verrecken, aber nur nicht im Zuchthaus«, sagten die einen. »Gewiss, ist ja ein freier, wilder Vogel, lässt sich nicht ans Zuchthaus gewöhnen«, stimmten die andern bei.

»Ist wohl anders als wir«, bemerkte jemand.

»Das war gescheit von dir: er ist doch ein Vogel, und wir sind immerhin Menschen.«

»Der Adler ist der König der Wälder ...« begann Skuratow, aber diesmal wollte ihm niemand zuhören.

An einem Nachmittag, als die Trommel zur Arbeit rief, nahm man den Adler, hielt ihm den Schnabel mit der Hand zu, da er wütend um sich schlug, und trug ihn aus dem Zuchthaus. Man brachte ihn auf den Festungswall. Die zwölf Mann, die diesen Trupp bildeten, waren neugierig zu sehen, wohin nun der Adler gehen würde. Seltsam, alle waren irgendwie zufrieden, als ob sie selbst die Freiheit wiedererlangten.

»Dieses verdammte Vieh; man tut ihm Gutes, er aber beißt!« sagte derjenige, der ihn hielt, den bösen Vogel fast liebevoll anblickend.

»Lass ihn los, Mikitka!«

»Der lässt sich nicht anführen. Er verlangt nach der wirklichen, echten Freiheit.«

Man warf den Adler vom Wall in die Steppe hinunter. Es war im Spätherbst, an einem kalten, trüben Tag. Der Wind pfiff durch die nackte Steppe und rauschte im gelben, trockenen, zottigen Steppengras. Der Adler lief geradeaus, seinen gesunden Flügel schwingend, als beeilte er sich, von uns, ganz gleich wohin, wegzukommen. Die Arrestanten verfolgten mit neugierigen Blicken, wie sein Kopf durch das Gras huschte.

»Sieh mal einer an!« versetzte nachdenklich der eine.

»Blickt nicht mal zurück!« fügte ein anderer hinzu. »Hat sich kein einziges Mal umgeschaut, läuft immer weiter!«

»Hast du vielleicht geglaubt, dass er umkehrt, um sich zu bedanken?« bemerkte ein dritter.

»Natürlich, es ist die Freiheit. Er hat die Freiheit gespürt.«

»Ja, die Freiheit.«
»Jetzt ist er nicht mehr zu sehen, Brüder …«
»Was steht ihr noch herum? Marsch!« schrien die Wachsoldaten, und alle trabten schweigsam zur Arbeit.

VII
Die Beschwerde

Der Herausgeber der Aufzeichnungen des verstorbenen Alexander Petrowitsch Gorjantschikow hält es für seine Pflicht, zu Beginn dieses Kapitels seinen Lesern folgendes mitzuteilen:

Im ersten Kapitel der »Aufzeichnungen aus dem Totenhaus« sind einige Worte über einen Adligen, der einen Vatermord begangen hatte, gesagt. Unter anderem wurde er als ein Beispiel für die Gefühllosigkeit hingestellt, mit der manche Arrestanten von ihren Verbrechen sprechen. Es hieß darin ferner, dass der Mörder sein Verbrechen vor Gericht nicht eingestanden habe, dass aber die Tatsachen nach den Aussagen der Menschen, die alle Einzelheiten seiner Geschichte kannten, dermaßen klar gewesen seien, dass es unmöglich gewesen sei, an das Verbrechen nicht zu glauben. Dieselben Menschen erzählten dem Verfasser der »Aufzeichnungen«, dass der Verbrecher früher einen höchst liederlichen Lebenswandel geführt hätte, tief in Schulden steckte und seinen Vater aus Gier nach der Erbschaft ermordet habe. Übrigens wurde diese Geschichte von allen Bewohnern der Stadt, in der dieser Vatermörder einst gedient hatte, vollkommen gleichlautend erzählt. Über diese letztere Tatsache besitzt der Herausgeber der »Aufzeichnungen« recht zuverlässige Nachrichten. Schließlich heißt es in den »Aufzeichnungen«, dass der Mörder sich im Zuchthaus ständig in der besten und heitersten Gemütsverfassung befunden habe; dass er ein überspannter, leichtsinniger und im höchsten Grad unsolider Mensch, aber durchaus kein Dummkopf gewesen sei, und dass der Verfasser der »Aufzeichnungen« an ihm niemals irgendeine besondere Grausamkeit wahrgenommen habe. Gleich dabei standen die Worte: »Natürlich glaubte ich an dieses Verbrechen nicht«.

Dieser Tage erhielt der Herausgeber der »Aufzeichnungen aus dem Totenhaus« die Nachricht aus Sibirien, dass der Verbrecher tatsächlich unschuldig war und unverdienterweise zehn Jahre in der Zwangsarbeit geschmachtet hatte; dass seine Unschuld offiziell vom Gericht anerkannt worden ist; dass die wirklichen Verbrecher sich gefunden und alles gestanden haben und dass der Unglückliche bereits aus dem Zuchthaus befreit worden ist. Der Herausgeber kann an der Richtigkeit dieser Nachricht unmöglich zweifeln …

Es ist dem nichts mehr hinzuzufügen. Es hat keinen Zweck, sich über die ganze tiefe Tragik dieses Falles und über das in einem so jugendlichen Alter unter einer so furchtbaren Anklage zugrunde gerichtete Leben zu verbreiten. Die Tatsache ist allzu verständlich und schon an sich allzu erschütternd. – Wir glauben auch, dass schon die bloße Möglichkeit einer solchen Tatsache einen neuen und außerordentlich grellen Zug zur Charakteristik und zur Vervollständigung des Bildes des toten Hauses beiträgt.

Indessen fahren wir aber fort.

Ich sagte schon früher, dass ich mich endlich in meine Lage im Zuchthaus hineingefunden hatte. Aber dieses »endlich« geschah sehr langsam und qualvoll und gar zu allmählich. Eigentlich brauchte ich dazu fast ein ganzes Jahr, und dieses Jahr war das schwerste Jahr meines ganzen Lebens. Darum blieb es auch als etwas Ganzes in meinem Gedächtnis erhalten. Mir scheint, dass ich mich auf jede Stunde dieses Jahres der Reihe nach besinnen kann. Ich sagte ferner, dass auch die andern Arrestanten sich an dieses Leben niemals wirklich gewöhnen konnten. Ich erinnere mich noch, wie ich mich in diesem ersten Jahr oft fragte: »Und wie steht es mit ihnen? Sind sie denn ruhig?« Solche Fragen beschäftigten mich sehr. Ich erwähnte schon, dass alle diese Arrestanten hier nicht wie bei sich zu Hause, sondern wie in einer Herberge, auf einem Marsch, auf einer Etappe gelebt hatten. Selbst die auf Lebenszeit verschickten Menschen waren unruhig oder voller Sehnsucht, und ein jeder von ihnen gab sich zweifellos Träumereien über etwas fast Unmögliches hin. Diese ewige Unruhe, die sich zwar stumm, aber sichtbar äußerte, diese seltsame Hitzigkeit und die Ungeduld, mit der manche Hoffnung unwillkürlich ausgesprochen wurde, eine Hoffnung, die zuweilen dermaßen grundlos war, dass sie eher einem Fieberwahn glich, und die manchmal, was gerade das Seltsamste war, auch in den anscheinend praktischsten Köpfen lebte, – dies alles verlieh diesem Ort einen ungewöhnlichen Anstrich und Charakter, und diese Züge bildeten vielleicht seine charakteristischste Eigentümlichkeit. Man fühlte irgendwie auf den ersten Blick, dass es außerhalb des Zuchthauses nichts Ähnliches gab. Hier waren alle Menschen Träumer, und das fiel sofort auf. Man erkannte es mit einem gewissen Schmerz, und zwar gerade daran, dass diese Verträumtheit den meisten Zuchthausbewohnern ein eigentümlich mürrisches, düsteres, ungesundes Aussehen verlieh. Die überwiegende Mehrheit war schweigsam und boshaft bis zum Hass und liebte es nicht, ihre Hoffnungen zu äußern. Offenherzigkeit und Aufrichtigkeit wurden stets verachtet. Je unerfüllbarer die Hoffnungen waren und je mehr der Träumer selbst von ihrer Unerfüllbarkeit überzeugt war, um so hartnäckiger und schamhafter trug er sie in seinem Innern, konnte aber auf sie niemals verzichten. Wer weiß, vielleicht schämte sich mancher in seinem Innern dieser Hoffnungen. Im russischen Charakter liegt ja so viel Nüchternes und Positives, so viel Spott über sich selbst … Vielleicht beruhten gerade auf dieser fortwährenden heimlichen Unzufriedenheit mit sich selbst diese ungewöhnliche Unduldsamkeit dieser Leute in ihren täglichen Beziehungen, diese Unversöhnlichkeit und diese Vorliebe, über einander zu spotten. Und wenn manchmal einer von ihnen, der naiver als die anderen war, es wagte, laut auszusprechen, was sich alle anderen bloß dachten, und sich über die Hoffnungen und Träumereien zu ergehen, so wurde er von den anderen sofort auf eine rohe Weise zurechtgewiesen, unterbrochen und ausgelacht; aber ich glaube, dass dabei gerade diejenigen die Unduldsamsten waren, die in ihren Träumereien und Hoffnungen noch weitergingen als er. Die Naiven und Einfältigen wurden bei uns überhaupt, wie ich schon sagte, als die größten Dummköpfe angesehen und mit der tiefsten Verachtung behandelt. Ein jeder war so düster und egoistisch, dass er einen jeden gutmütigen und nicht egoistischen Menschen verachtete. Alle, außer diesen naiven und einfältigen Schwätzern, d. h. die Schweigsamen zerfielen in zwei scharf getrennte Kategorien: In Gutmütige und Böse, in Düstere und Heitere. Von den Düsteren und Bösen gab es unvergleichlich mehr; wenn es unter diesen auch solche gab, die ihrer Natur nach gesprächig waren, so waren sie alle unbedingt unruhige Klatschbasen und Neidhammel. Sie kümmerten sich um alle fremden Angelegenheiten, obwohl sie ihre eigene Seele, ihre eigenen heimlichen Angelegenheiten vor niemand enthüllten. Das war nicht Mode und nicht Sitte. Die Gutmütigen – eine sehr kleine Gruppe – waren still, trugen ihre Hoffnungen stumm in sich und waren natürlich mehr als die Düsteren geneigt, an sie zu glauben. Mir scheint übrigens, dass es im Zuchthaus auch noch eine Kategorie der vollständig Verzweifelten gab. Zu diesen zähle ich z. B. den Alten aus den Siedlungen von Starodub; jedenfalls gab es ihrer sehr wenig. Der Alte war äußerlich ruhig (ich sprach schon von ihm), aber ich schließe aus verschiedenen Anzeichen, dass sein Seelenzustand ein entsetzlicher war. Übrigens hatte er ja seine Rettung und seinen Ausweg: Das Gebet und die Idee des Märtyrertums. Der verrückte Arrestant, den ich auch schon erwähnt habe, der sich an der Bibel überlesen und sich mit einem Ziegelstein gegen den Major gestürzt hatte, gehörte wohl auch zu den Verzweifelten, zu denen, die von der allerletzten Hoffnung verlassen waren; da man aber ohne jede Hoffnung unmöglich leben kann, so ersann er sich einen Ausweg in dem freiwilligen, fast künstlichen Märtyrertum. Er erklärte auch, er hätte sich gegen den Major nicht aus Bosheit gestürzt, sondern einzig vom Wunsch beseelt, Leiden auf sich zu nehmen. Wer weiß, was für ein psychologischer Prozess sich damals in seiner Seele abspielte! Ohne ein Ziel und ohne ein Streben lebt kein einziger Mensch. Wenn der Mensch jedes Ziel und jede Hoffnung verloren hat, so verwandelt er sich häufig vor Gram in ein Ungeheuer … Wir alle hatten das eine Ziel: Frei zu werden und aus dem Zuchthaus herauszukommen.

Übrigens versuchte ich soeben, die ganze Bevölkerung unseres Zuchthauses in Kategorien zu teilen; ist das aber möglich? Die Wirklichkeit ist von einer unendlichen Mannigfaltigkeit im Vergleich mit allen, selbst den kompliziertesten Schlüssen des abstrakten Denkens und leidet keine scharfen und groben Einteilungen. Die Wirklichkeit strebt nach Zersplitterung in einzelne Individuen. Wir hatten ja auch ein eigenes Leben. Mochte unser Leben sein, wie es wollte, aber es war ein nicht bloß offizielles, sondern inneres, persönliches Leben.

Aber, wie ich zum Teil schon erwähnte, konnte ich am Anfang meines Zuchthausaufenthaltes in die innere Tiefe dieses Lebens nicht eindringen; mir fehlte noch die Fähigkeit dazu, und darum quälten mich alle äußeren Erscheinungen dieses Lebens in einer unbeschreiblichen Weise. Zuweilen hasste ich einfach diese Menschen, die dasselbe litten wie ich. Ich beneidete sie darum, dass sie wenigstens unter sich in einem gewissen kameradschaftlichen Verhältnis lebten und einander verstanden, obwohl ihnen allen im Grunde genommen diese Kameradschaft unter der Knute und dem Stock, dieses erzwungene Zusammenleben ebenso wie mir widerlich geworden war und ein jeder von ihnen nach der Seite schielte. Ich wiederhole, dass dieser Neid, der mich in Augenblicken der Erbosung überkam, wohl seine Berechtigung hatte. Entschieden unrecht haben diejenigen, die da behaupten, dass ein Adliger, Gebildeter usw. es in unseren Strafanstalten und Zuchthäusern ebenso schwer habe wie jeder Bauer. Ich habe diese Behauptung gehört und in der letzten Zeit auch gelesen. Der tiefste Grund dieser Idee ist wohl richtig und human. Wir sind eben alle Menschen. Doch die Idee selbst ist allzu abstrakt. Es sind dabei sehr viele praktische Umstände außer acht gelassen worden, die man nur in der Praxis wirklich begreifen kann. Ich sage es nicht, weil der Adlige und Gebildete alles feiner und schmerzhafter empfänden, weil ihre Gefühle vollkommener ausgebildet seien. Die Seele und ihre Entwicklung lassen sich schwer unter irgendein Maß bringen. Selbst die Bildung ist in diesem Fall kein Maßstab. Ich will als der erste bezeugen, dass ich selbst unter den ungebildetsten und niedergedrücktesten Menschen, unter diesen Duldern Züge der feinsten seelischen Entwicklung getroffen habe. Im Zuchthaus kam es häufig vor, dass man einen Menschen mehrere Jahre hintereinander kannte und für keinen Menschen, sondern für ein Tier hielt und verachtete. Plötzlich kam aber zufällig ein Augenblick, wo seine Seele sich unwillkürlich auftat und man in ihr einen solchen Reichtum, ein so großes und herzliches Gefühl, eine so klare Vorstellung von seinem eigenen und auch von fremdem Leid erblickte, dass es einem förmlich wie Schuppen von den Augen fiel, und man im ersten Augenblick gar nicht glauben wollte, was man selbst sah und hörte. Es gibt auch entgegengesetzte Erscheinungen: Bildung paart sich zuweilen mit solcher Barbarei, mit solchem Zynismus, dass man einen Ekel davor empfindet und, selbst wenn man noch so gutmütig und für den Betreffenden eingenommen ist, in seiner Seele keinerlei Entschuldigung oder Rechtfertigung für ihn findet.

Ich sage auch nichts von der Veränderung der Gewohnheiten, der Lebensweise, der Kost usw., was für einen Menschen aus den höheren Gesellschaftsschichten natürlich schwerer ist, als für einen Bauern, der in der Freiheit oft gehungert hat und sich im Zuchthaus wenigstens satt essen kann. Ich will auch darüber nicht streiten. Nehmen wir an, dass es für einen einigermaßen willensstarken Menschen immer noch eine Bagatelle ist im Vergleich mit den anderen Unannehmlichkeiten, obwohl die Veränderung der gewohnten Lebensweise eigentlich durchaus keine Kleinigkeit ist. Aber es gibt Unannehmlichkeiten, vor denen dies alles dermaßen verblasst, dass man weder auf den Schmutz, noch auf den Druck, noch auf die magere, unappetitliche Kost achtet. Der verwöhnteste und verzärtelteste Faulenzer wird, nachdem er im Schweiße seines Angesichts so gearbeitet hat, wie er es früher in der Freiheit niemals tat, auch grobes Schwarzbrot und Kohlsuppe mit Schaben essen. Daran kann man sich gewöhnen, wie es auch in dem humoristischen Arrestantenlied vom einstigen verzärtelten Nichtstuer, der ins Zuchthaus geraten ist. heißt:

Gibt man mir Kohl mit kaltem Wasser,
So fraß ich, dass die Backe kracht.

Nein, viel wichtiger als dieses alles ist, dass jeder andere Neuankömmling schon zwei Stunden nach seiner Ankunft im Zuchthaus zum gleichen Arrestanten wird, wie es die anderen sind, gleichsam bei sich zu Hause ist und ein gleichberechtigtes Mitglied der Arrestantengenossenschaft wird. Er versteht alle, und alle verstehen ihn; alle kennen ihn und halten ihn für den ihrigen. Ganz anders ist es mit dem Vornehmen, mit dem Adligen. Mag er noch so gerecht, gütig und klug sein, die ganze Masse wird ihn dennoch jahrelang hassen und verachten; man wird ihn nicht verstehen und ihm, vor allem, nicht glauben. Er ist kein Freund und kein Kamerad der andern, und selbst wenn er es mit den Jahren endlich erreicht, dass man ihn zu verfolgen aufhört, so wird er ihnen dennoch ewig ein Fremder bleiben und ewig schmerzvoll seine Isolierung und Einsamkeit empfinden. Diese Isolierung geschieht zuweilen ohne jede Gehässigkeit seitens der Arrestanten, sondern irgendwie unbewusst. Man hat es eben mit einem fremden Menschen zu tun und fertig. Es gibt nichts Schrecklicheres, als in einer solchen Umgebung zu leben, in die man nicht hineinpasst. Ein Bauer, der von Taganrog am Asowschen Meer nach Petropawlowsk auf der Kamtschatka übersiedelt wird, findet dort sofort einen gleichen russischen Bauern, mit dem er sich sofort verständigt und mit dem er vielleicht schon nach zwei Stunden auf die friedlichste Weise im gleichen Zelt oder Haus leben wird. Anders verhält es sich mit den Adligen. Sie sind vom gemeinen Volk durch eine tiefe Kluft getrennt, und das fühlt man erst dann im vollen Umfang, wenn der »Adlige« plötzlich durch die Gewalt äußerer Umstände seine früheren Vorrechte verliert und sich in gemeines Volk verwandelt. Sonst kann man sein ganzes Leben lang mit dem Volk verkehren, man kann mit ihm vierzig Jahre lang täglich zusammenkommen, z. B. dienstlich, in den konventionellen amtlichen Formen, oder sogar einfach freundschaftlich als Wohltäter oder gewissermaßen als Vater, und dabei die Wirklichkeit doch nicht erfahren. Alles wird nur eine optische Täuschung sein und sonst nichts. Ich weiß ja, dass alle, absolut alle, beim Lesen dieser Bemerkung sagen werden, dass ich übertreibe. Aber ich bin überzeugt, dass meine Bemerkung richtig ist. Ich habe diese Überzeugung nicht aus Büchern, nicht aus Spekulationen, sondern aus der Wirklichkeit geschöpft und habe genügend Zeit gehabt, um meine Überzeugungen nachzuprüfen. Vielleicht werden später einmal alle erfahren, wie richtig meine Anschauung ist.

Die Ereignisse bestätigten zufällig gleich vom ersten Schritt an meine Wahrnehmungen und wirkten auf mich krankhaft und enervierend. In diesem ersten Sommer trieb ich mich im Zuchthaus fast immer mutterseelenallein herum. Ich sagte schon, dass ich mich in einer solchen Gemütsverfassung befand, dass ich selbst diejenigen Zuchthäusler nicht unterscheiden und schätzen konnte, die später imstande waren, mich zu lieben, obwohl sie sich doch niemals wie meinesgleichen gaben. Ich hatte auch unter den Adligen Kameraden, aber diese Kameradschaft vermochte von meiner Seele nicht die Last zu nehmen. Am liebsten hätte ich überhaupt nichts von meiner Umgebung gesehen, aber ich konnte sie doch nicht fliehen. Da ist z. B. einer der Fälle, die mir sofort meine besondere und isolierte Lage im Zuchthaus zu fühlen gaben. An einem heiteren und heißen Wochentag, es war schon im August, gegen ein Uhr nachmittags, als sonst alle vor der Nachmittagsarbeit auszuruhen pflegten, erhoben sich plötzlich alle Zuchthausinsassen wie ein Mann und begannen sich im Hof aufzustellen. Ich hatte bis zu diesem Augenblicke noch nichts gewusst. Um jene Zeit war ich zuweilen so sehr in meine eigenen Gedanken vertieft, dass ich fast nichts davon merkte, was um mich herum vorging. Das ganze Zuchthaus befand sich aber schon seit drei Tagen in einer dumpfen Aufregung. Vielleicht hatte diese Erregung sogar schon viel früher angefangen, wie ich später vermutete, als ich mich mancher Gespräche der Arrestanten erinnerte und zugleich der gesteigerten Zanksucht, Verbissenheit und der besonderen Gereiztheit, die sie in der letzten Zeit gezeigt hatten. Ich schrieb das der schweren Arbeit zu, den langen, langweiligen Sommertagen, den unwillkürlichen Träumereien von Wäldern und Freiheit und den kurzen Nächten, in denen es schwer war, ordentlich auszuschlafen. Vielleicht hatte sich dies alles zu einer einzigen Explosion angesammelt, aber der unmittelbare Anlass zu dieser Explosion war die Kost. Die Arrestanten beklagten und entrüsteten sich schon seit mehreren Tagen in den Kasernen und besonders, wenn sie sich in der Küche beim Mittagessen oder Abendbrot trafen; sie waren unzufrieden mit den »Köchinnen«, versuchten sogar eine von ihnen abzusetzen, jagten aber die neue fort und stellten wieder die alte an. Mit einem Wort, alle befanden sich in einer unruhigen Gemütsverfassung.

»Die Arbeit ist so schwer, aber sie füttern uns mit Därmen«, brummte einer von den Arrestanten in der Küche.

»Wenn's dir nicht gefällt, so bestell dir einen Blanc-manger[5]«, fiel ihm ein anderer ins Wort.

»Kohlsuppe mit Därmen ess ich sehr gern, Brüder«, bemerkte ein Dritter, »denn sie schmeckt sehr gut.«

»Wenn man dich aber ewig mit Därmen füttert, wird dir das ebenso gut schmecken?«

»Jetzt ist natürlich die richtige Zeit zum Fleischessen«, sagte ein Vierter: »Wir mühen uns auf der Ziegelei furchtbar ab, und nach der Arbeit hat man ordentlich Hunger. Aber Därme – was ist das für ein Essen!«

»Und wenn es keine Därme gibt, so gibt es Lunge.«

»Ja, auch noch Lunge. Därme und Lunge, – das ist alles, was sie uns geben. Was ist das für ein Essen! Ist das gerecht?«

»Gewiss, die Kost ist schlecht.«

»Er füllt sich wohl die Tasche.«

»Das geht doch dich nichts an.«

»Wen geht es denn an? Es handelt sich doch um meinen Magen. Wenn wir alle gemeinsam eine Beschwerde vorbringen, so wird es schon helfen.«

»Eine Beschwerde?«

»Ja.«

»Man hat dich wohl wegen solcher Beschwerden zu wenig geprügelt, du Klotz!«

---

[5] Weiße Speise; Mandelpudding, Süßigkeit aus zerkleinerten Mandeln, Zucker und Gelatine; „englisches Blanc-Manger“ (blancmange), mit Maisstärke gesteifte, gezuckerte, gegebenenfalls aromatisierte Milch.

»Es stimmt«, wendet brummig ein anderer ein, der bisher geschwiegen hat; »das mit der Beschwerde ist schnell gemacht, führt aber zu nichts. Was wirst du denn bei der Beschwerde sagen, das überleg dir mal, du kluger Kopf!«
»Ich werde schon was sagen. Wenn alle hingehen, so sprech' ich mit den anderen. Ich mein' die Armut. Der eine hat bei uns sein eigenes Essen, der andere aber nichts als Kommiss.«
»Du scheeläugiger Neidhammel! Wie dir die Augen nach fremdem Gut brennen!«
»Sei nicht neidisch, sondern sieh zu, dass du dir selbst was schaffst.«
»Jawohl, da kann man viel schaffen! Ich werde mit dir darüber streiten, bis ich grau werde. Du bist wohl reich, wenn du nicht mittun willst?«
»Reich ist der Gevatter, hat einen Hund und einen Kater.«
»Warum sollen wir es wirklich noch länger dulden, Brüder! Das heißt ja ihre Missbräuche begünstigen. Sie schinden uns die Haut. Warum sollen wir uns nicht wehren?«
»Warum? Man muss dir wohl alles vorkauen und in den Mund legen, bist gewohnt, Vorgekautes zu fressen. Wir sind eben im Zuchthaus, darum!«
»Wisst ihr, was dabei herauskommt? Gott bringt unter das Volk Uneinigkeit, damit die Vorgesetzten fett werden.«
»Das stimmt. Der Achtäugige ist zu dick geworden. Hat sich ein Paar Graue angeschafft.«
»Auch trinkt er gern über den Durst.«
»Neulich hat er sich mit dem Veterinär beim Kartenspiel geprügelt. Die ganze Nacht hatten sie gespielt. Der Unsrige hat zwei Stunden lang die Fäuste des Veterinärs kosten müssen, Fedjka hat es mir erzählt.«
»Darum kriegen wir auch Kohlsuppe mit Lunge.«
»Ach, ihr Dummköpfe! Unsere Stellung ist nicht so, dass wir uns eine Beschwerde erlauben dürften.«
»Wenn wir aber alle kommen, so wirst du schon sehen, wie er sich rechtfertigen wird. Darauf müssen wir bestehen.«
»Ja, rechtfertigen! Er haut dich einfach in die Fresse und geht wieder weg.«
»Außerdem kommt man vors Gericht …«
Mit einem Wort, alle waren in Aufregung. Um jene Zeit hatten wir tatsächlich schlechte Kost. Es kam überhaupt eines zum andern. Vor allem war es aber die trübe Stimmung, die ständige, heimliche Qual. Der Zuchthäusler ist schon von Natur streitsüchtig und aufrührerisch; aber es kommt doch selten vor, dass sich alle zusammen oder wenigstens in großer Menge auflehnen. Der Grund dafür ist die ewige Uneinigkeit. Dieses fühlte auch ein jeder von ihnen selbst: darum wurde bei uns auch mehr geschimpft als gehandelt. Diesmal blieb aber die allgemeine Aufregung nicht ohne Folgen. Man fing an, sich in kleinen Gruppen zu versammeln, in den Kasernen zu diskutieren, zu schimpfen und das ganze Regiment unseres Majors gehässig zu kritisieren; man erinnerte sich jeder Kleinigkeit. Einige regten sich ganz besonders auf. Bei jeder ähnlichen Gelegenheit treten immer Anstifter und Rädelsführer auf. Diejenigen, die in solchen Fällen, d. h. bei Beschwerden, die Führer spielen, sind

überhaupt sehr merkwürdige Menschen, und zwar nicht im Zuchthaus allein, sondern in allen Genossenschaften, Kommandos usw. – Das ist ein besonderer Typus, der überall gleich ist. Es sind hitzige Menschen, die nach Gerechtigkeit lechzen und auf die naivste und ehrlichste Weise von der Möglichkeit und sogar Unausbleiblichkeit derselben überzeugt sind. Diese Leute sind nicht dümmer als die anderen, unter ihnen gibt es sogar sehr kluge, aber sie sind allzu hitzig, um schlau zu sein und die Folgen zu berechnen. Wenn in solchen Fällen zuweilen auch wirklich Menschen auftreten, die es verstehen, die große Masse geschickt zu lenken und das Spiel zu gewinnen, so stellen diese einen ganz anderen Typus von geborenen Volksführern dar, einen Typus, der bei uns äußerst selten vorkommt. Aber die Anstifter und Urheber von Beschwerden, von denen ich jetzt spreche, verlieren fast immer das Spiel und kommen dann deswegen in die Gefängnisse und Zuchthäuser. Sie verlieren das Spiel durch ihre Hitzigkeit, aber dieselbe Hitzigkeit ist der Grund ihres Einflusses auf die Masse. Man folgt ihnen gern. Ihr Feuer und ihre aufrichtige Empörung wirken auf alle, und zuletzt schließen sich ihnen selbst die Unentschlossensten an. Ihr blinder Glaube an den Erfolg verführt sogar die eingefleischtesten Skeptiker, obwohl er zuweilen so kindlich unsichere Grundlagen hat, dass man sich wundern muss, wie sie überhaupt jemand haben mitreißen können. Das wichtigste aber ist, dass sie allen vorangehen und nichts fürchten. Sie stürzen sich wie die Stiere mit gesenkten Hörnern vor, oft ohne jede Kenntnis des Sachverhalts, ohne jede Vorsicht, ohne den praktischen Jesuitismus, der oft sogar dem gemeinsten und schmutzigsten Menschen hilft, eine Sache zu gewinnen, sein Ziel zu erreichen und trocken aus dem Wasser herauszukommen. Diese aber zerbrechen sich immer die Hörner. Im normalen Leben sind sie gallig, empfindlich, reizbar und unduldsam; in den meisten Fällen furchtbar beschränkt, worin übrigens zum Teil ihre Stärke liegt. Das Ärgerlichste an ihnen aber ist, dass sie, statt gerade auf das Ziel loszusteuern, von diesem abschweifen und sich verzetteln. Das richtet sie eben zugrunde. Doch die große Masse versteht sie sehr gut, und darauf beruht ihre Gewalt … Übrigens muss ich noch ein paar Worte darüber sagen, was eigentlich eine »Beschwerde« ist …

Bei uns befanden sich mehrere Leute, die wegen Beschwerden ins Zuchthaus geraten waren. Diese regten sich jetzt auch am meisten auf. Besonders einer von ihnen, der ehemalige Husar Martynow, ein hitziger, unruhiger und argwöhnischer, dabei aber anständiger und wahrheitsliebender Mensch. Der andere war Wassilij Antonow, in dem sich Kaltblütigkeit und Gereiztheit paarten, ein Kerl mit einem frechen Blick und einem hochmütigen sarkastischen Lächeln, geistig hochentwickelt, übrigens gleichfalls anständig und wahrheitsliebend. Alle kann ich gar nicht aufzählen; es gab ihrer gar zu viele. Unter anderem rannte Petrow immer hin und her, hörte überall zu, sprach wenig, befand sich aber in sichtlicher Aufregung und sprang als erster aus der Kaserne heraus, als man sich im Hof aufstellte.

Unser Zuchthausunteroffizier, der bei uns das Amt eines Feldwebels versah, erschien sofort, aufs höchste erschrocken. Nachdem sich die Zuchthäusler aufgestellt hatten, baten sie ihn höflich, dem Major zu sagen, dass das Zuchthaus mit ihm zu sprechen wünsche und eine Bitte wegen einiger Punkte vorbringen möchte. Gleich nach dem Unteroffizier kamen auch alle Invaliden heraus und stellten sich auf der anderen Seite, den Arrestanten gegenüber, auf. Der Auftrag, der dem Unteroffizier erteilt worden war, war ein ganz außerordentlicher und versetzte ihn in Schrecken. Er wagte aber nicht, es nicht sofort dem Major zu melden. Erstens, wenn das Zuchthaus sich schon einmal erhoben hat, so kann daraus immer noch etwas Schlimmeres werden. Die ganze Obrigkeit war den Arrestanten gegenüber ungewöhnlich feige. Zweitens, selbst wenn daraus nichts geworden wäre und alle sich sofort besonnen und zurückgezogen hätten, so müsste der Unteroffizier auch in diesem Fall alles der Obrigkeit melden. Blass und vor Angst zitternd begab er sich eilig zum Major, ohne sogar einen Versuch zu unternehmen, die Arrestanten selbst zu befragen und zu ermahnen. Er sah, dass sie jetzt mit ihm gar nicht reden würden.

Ich hatte keine Ahnung davon, was los war, und trat gleichfalls in den Hof, um mich mit den andern aufzustellen. Alle Einzelheiten der Sache erfuhr ich erst später. Jetzt dachte ich bloß, dass irgendeine Kontrolle vorgenommen werde; als ich aber die Wachsoldaten vermisste, die die Kontrolle vorzunehmen pflegten, wunderte ich mich und begann mich umzusehen. Die Gesichter waren erregt und gereizt. Manche waren sogar blass. Alle waren besorgt und schweigsam in Erwartung des Augenblicks, wo sie mit dem Major sprechen würden. Ich merkte, dass viele mich außerordentlich erstaunt ansahen und sich dann schweigend von mir wegwandten. Es kam ihnen offenbar seltsam vor, dass ich mich mit ihnen aufstellte. Sie glaubten offenbar nicht, dass auch ich mich an der Beschwerde beteiligen würde. Bald wandten sich aber alle, die um mich herum standen, wieder nach mir um. Alle blickten mich fragend an.

»Was suchst du hier?« fragte mich grob und laut Wassilij Antonow, der in einiger Entfernung von mir stand. Sonst pflegte er mir immer »Sie« zu sagen und mit mir höflich zu sprechen.

Ich sah ihn erstaunt an und gab mir noch immer Mühe, zu begreifen, was eigentlich los war. Ich ahnte schon, dass etwas Ungewöhnliches vor sich ging.

»Nein, wirklich, was sollst du hier herumstehen? Geh doch in die Kaserne«, sagte mir ein junger Bursche aus der Militärabteilung, mit dem ich bis dahin noch nie gesprochen hatte, ein gutmütiger und stiller Bursche. »Es ist nichts für dich.«

»Man stellt sich doch auf«, antwortete ich ihm, »ich glaubte, es sei eine Kontrolle.«

»Musst auch dabei sein!« rief einer.

»Eiserner Schnabel!« fügte ein anderer hinzu.

»Fliegenmörder!« versetzte ein dritter mit unsagbarer Verachtung. Dieser neue Spitzname rief allgemeines Gelächter hervor.

»Der ist aus Gnade in der Küche angestellt«, fügte noch ein anderer hinzu.

»Für sie ist überall ein Paradies. Hier im Zuchthaus essen sie Semmeln und kaufen sich Ferkel. Du isst doch deine eigene Kost, was hast du dann hier zu suchen?«

»Hier ist kein Platz für Sie«, sagte Kulikow, mit einer ungenierten Miene auf mich zugehend; er fasste mich an der Hand und führte mich aus den Reihen hinaus.

Er selbst war blass, seine schwarzen Augen funkelten, und er biss sich in die Unterlippe. Er erwartete den Major nicht so kaltblütig. Ich mochte es übrigens sehr gern,

Kulikow in allen ähnlichen Fällen, d. h. wenn er sich hervortun wollte, zu beobachten. Er spielte Theater, handelte dabei aber auch wirklich. Ich glaube, dass er selbst zum Schafott mit einer gewissen Eleganz gegangen wäre. Jetzt, wo alle zu mir »du« sagten und auf mich schimpften, verdoppelte er sichtlich seine Höflichkeit gegen mich, zugleich waren aber seine Worte besonders energisch und sogar hochmütig und ließen keinen Widerspruch zu.

»Es sind unsere eigenen Angelegenheiten, Alexander Petrowitsch, und Sie haben hier nichts zu suchen. Gehen Sie doch irgendwo hin und warten Sie ab … Alle ihre Kameraden sind doch in der Küche, gehen Sie auch hin.«

»Zu des Teufels Großmutter!« fiel ihm jemand ins Wort.

Durch das offene Küchenfenster erblickte ich wirklich unsere Polen; es kam mir übrigens vor, als wäre dort auch außer ihnen eine Menge Leute. Gelächter, Schimpfworte und Schnalzen mit der Zunge (das bei den Zuchthäuslern das Pfeifen ersetzt) klangen hinter mir her.

»Es hat ihm hier nicht gefallen! … Fass ihn …«

Ich war im Zuchthaus noch nie so schwer gekränkt worden, und es tat mir sehr weh. Aber ich hatte eben einen solchen Augenblick getroffen. Im Küchenvorraum traf ich T-wski, einen Adligen, einen energischen und edlen jungen Mann, ohne besondere Bildung, der an B. mit außerordentlicher Liebe hing. Die Zuchthäusler zeichneten ihn vor allen anderen aus und liebten ihn sogar auf ihre Weise. Er war tapfer, kühn und stark, und das äußerte sich in jeder seiner Gesten.

»Was ist mit Ihnen, Gorjantschikow«, rief er mir zu, »kommen Sie doch her!«

»Was ist denn dort los?«

»Die Leute bringen eine Beschwerde vor, wissen Sie es denn nicht? Es wird ihnen natürlich nicht gelingen. Wer wird den Zuchthäuslern glauben? Man wird nach den Anstiftern suchen, und wenn wir dabei sind, wird man uns natürlich zu allererst der Meuterei anklagen. Vergessen Sie doch nicht, weswegen wir hergekommen sind. Die anderen kommen einfach mit einer Rutenstrafe davon, uns stellt man aber vors Gericht. Der Major hasst uns alle und ist froh, uns zugrunde zu richten. Wir würden für ihn die beste Rechtfertigung bedeuten.«

»Auch die Zuchthäusler werden uns sofort ausliefern,« fügte M-cki hinzu, als wir in die Küche traten.

»Haben Sie keine Sorge; die werden mit uns kein Mitleid haben!« fiel ihm T-wski ins Wort.

In der Küche befanden sich außer den Adligen noch viele andere Leute, im Ganzen an die dreißig Mann. Diese alle wollten sich an der Beschwerde nicht beteiligen; die einen aus Feigheit, die andern infolge der Überzeugung, dass alle solche Beschwerden völlig nutzlos seien. Auch Akim Akimytsch war in der Küche, der eingefleischte und geborene Feind aller derartigen Beschwerden, die den regelmäßigen Gang des Dienstes und den Anstand stören. Er wartete schweigend und außerordentlich ruhig auf den Ausgang der Sache, über den er sich nicht die geringsten Sorgen machte; er war vielmehr vollkommen vom unausbleiblichen Triumph der Ordnung und des Willens der Obrigkeit überzeugt. Auch Issai Fomitsch war dabei; er stand außerordentlich bestürzt da, ließ den Kopf hängen und lauschte gierig und feige unserem Gerede. Er war in großer Unruhe. Es waren hier auch alle einfachen Polen des Zuchthauses, die sich den Adligen angeschlossen hatten. Es waren ferner einige ängstliche, immer schweigsame und eingeschüchterte Russen dabei. Sie hatten keinen Mut, mit den andern aufzutreten, und warteten kummervoll ab, wie die Sache enden würde. Schließlich waren auch einige stets finstere und mürrische, durchaus nicht ängstliche Arrestanten dabei. Diese blieben aus Starrsinn und in der Überzeugung da, dass das Ganze ein Unsinn sei und zu nichts Gutem führen würde. Mir scheint aber, dass sie sich doch etwas unbehaglich fühlten und nicht sehr selbstbewusst waren. Sie wussten zwar, dass ihre Ansicht über den Misserfolg der Beschwerde richtig war, was sich ja auch später bestätigte, aber sie fühlten sich dennoch gleichsam als Abtrünnige, die sich aus der Gemeinschaft ausgeschlossen und ihre Genossen an den Platzmajor verraten hätten. Jolkin hatte sich ebenfalls hier eingefunden, der sibirische Bauer, der wegen Falschmünzerei hergekommen war und dem Kulikow seine tierärztliche Praxis weggenommen hatte. Den alten Mann aus den Siedlungen bei Starodub traf ich gleichfalls hier. Die »Köchinnen« waren sämtlich in der Küche geblieben, wohl in der Ansicht, dass sie ebenfalls zur Verwaltung gehörten und dass es sich ihnen folglich nicht zieme, gegen dieselbe aufzutreten.

»Sonst sind ja aber fast alle draußen«, sagte ich unsicher, mich an M-cki wendend.

»Was geht es aber uns an?« brummte B.

»Wir würden hundertmal mehr als die anderen riskieren, wenn wir uns daran beteiligten. Wozu? Je haïs ces brigands. Glauben Sie denn auch einen Augenblick daran, dass aus ihrer Beschwerde etwas wird? Was ist es auch für ein Vergnügen, sich in solche Dummheiten einzumischen?«

»Es wird daraus nichts werden«, fiel ihm einer der Zuchthäusler, ein trotziger und verbitterter alter Mann, ins Wort. Auch Almasow, der dabei war, beeilte sich zu bestätigen: »Außer dass fünfzig Mann Ruten kriegen, – sonst wird aus der Sache nichts.« – »Der Major ist angekommen!« rief jemand, und alle stürzten gespannt zu den Fenstern.

Der Major kam böse, wütend, rot, mit der Brille auf der Nase hereingestürzt. In solchen Fällen war er tatsächlich mutig und verlor nicht die Geistesgegenwart. Übrigens war er fast immer halb betrunken. Sogar seine schmierige Mütze mit dem orangegelben Rand und seine schmutzigen silbernen Epaulettes machten in diesem Augenblick einen unheimlichen Eindruck. Ihm folgte der Schreiber Djatlow, eine sehr wichtige Persönlichkeit in unserem Zuchthaus, die in Wirklichkeit alles verwaltete und sogar einen Einfluss auf den Major hatte, ein schlauer, auf seine eigenen Vorteile bedachter Bursche, aber kein schlechter Mensch. Die Arrestanten waren mit ihm zufrieden. Gleich nach ihm kam unser Unteroffizier, der offenbar ein fürchterliches Donnerwetter erhalten hatte und ein zehnmal schlimmeres erwartete; und ihm folgten drei oder vier Wachsoldaten. Die Arrestanten, die, wie ich glaube, schon von dem Augenblick an, wo sie nach dem Major geschickt, ohne Mütze gestanden hatten, richteten sich jetzt auf; ein jeder trat von dem einen Fuß auf den anderen, und dann erstarrten sie alle in ihren Stellungen, in Erwartung des ersten Wortes oder, richtiger gesagt, des erstens Schreis des höchsten Vorgesetzten.

Dieser Schrei erfolgte unverzüglich. Gleich nach dem zweiten Wort begann der Major aus voller Kehle zu brüllen, diesmal sogar zu kreischen, so wütend war er. Wir konnten aus den Fenstern sehen, wie er die Front entlang lief, wie er sich auf die Leute stürzte und an einzelne Fragen richtete. Übrigens konnten wir seine Fragen wegen der weiten Entfernung ebenso wenig wie die Antworten der Arrestanten verstehen. Wir hörten nur, wie er mit hoher Stimme schrie: »Meuterer! … Spießruten laufen! … Rädelsführer! Du bist der Rädelsführer! Du bist der Rädelsführer!« schrie er einen an. Die Antwort war nicht zu hören. Aber wir sahen nach einem Augenblick, wie ein Arrestant sich von der ganzen Masse löste und sich nach der Hauptwache begab. Nach einem weiteren Augenblick folgte ihm ein zweiter, dann ein dritter.

»Alle kommen vors Gericht! Ich werd' euch! Wer ist dort in der Küche?« kreischte er, als er uns in den offenen Fenstern gewahrte. »Alle sollen sofort herkommen! Man treibe alle sofort her!«

Der Schreiber Djalow ging zu uns in die Küche. In der Küche erklärte man ihm, man hätte keine Beschwerde vorzubringen. Er ging sofort zurück und meldete es dem Major.

»So, sie haben keine Beschwerde vorzubringen!« versetzte jener sichtbar erfreut, zwei Töne tiefer. »Es ist ganz gleich, alle sollen sofort her!«

Wir kamen heraus. Ich fühlte, dass es uns etwas peinlich war, herauszukommen. Wir gingen auch alle mit gesenkten Köpfen.

»Aha, Prokofjew! Auch du, Jolkin, und das bist du, Almasow … Stellt euch auf, stellt euch auf, in einen Haufen«, sagte der Major zu uns in einem beschleunigten, aber milden Ton, uns freundlich anblickend. »M-cki, du bist auch hier … man soll sie alle aufschreiben. Djatlow! Schreib sofort alle auf, die Zufriedenen besonders und die Unzufriedenen besonders, alle ohne Ausnahme, und die Liste bekomme ich. Ich werde euch alle anzeigen … vors Gericht! Ich werde euch, Schurken!«

Die Erwähnung der Liste tat ihre Wirkung.

»Wir sind zufrieden!« rief plötzlich eine einzelne mürrische Stimme aus der Menge der Unzufriedenen, ziemlich unsicher.

»So, zufrieden! Wer ist zufrieden? Wer zufrieden ist, der soll vortreten.«

»Wir sind zufrieden, wir sind zufrieden!« meldeten sich noch einige Stimmen.

»Ihr seid zufrieden? Also hat man euch aufgewiegelt? Folglich gibt es unter euch Rädelsführer und Rebellen? Um so schlimmer für euch! …«

»Mein Gott, was ist denn das!« ertönte in der Menge eine einzelne Stimme.

»Wer, wer hat eben geschrien, wer?« brüllte der Major, nach der Seite stürzend, von der die Stimme ertönt war. »Hast du das geschrien, Rastorgujew? Auf die Hauptwache!«

Rastorgujew, ein etwas aufgedunsener, großgewachsener Bursche, trat vor und begab sich langsam zur Hauptwache. Es war gar nicht er, der geschrien hatte, da man aber auf ihn hinwies, so widersprach er nicht.

»Ihr seid wohl vor lauter Fett toll geworden!« brüllte der Major ihm nach. »Du dicke Fratze, du wirst mir drei Tage nicht … Ich werde euch alle herausfinden! Die Zufriedenen sollen vortreten!«

»Wir sind zufrieden, Euer Hochwohlgeboren!« riefen einige Dutzend mürrische Stimmen; die übrigen schwiegen hartnäckig. Das war aber alles, was der Major haben wollte. Es war ihm offenbar vorteilhaft, die Sache möglichst schnell zu erledigen, und zwar auf eine gütliche Weise.

»Aha, jetzt seid ihr alle zufrieden!« rief er hastig. »Ich habe es gesehen … ich habe es gewusst. Das sind die Rädelsführer! Unter diesen befinden sich die Rädelsführer!« fuhr er fort, sich an Djatlow wendend. »Das muss man genauer untersuchen. Und jetzt … jetzt ist es Zeit zur Arbeit. Man schlage die Trommel!«

Er wohnte selbst dem Abmarsch der einzelnen Gruppen zur Arbeit bei. Die Arrestanten gingen schweigend und traurig zu ihren Arbeiten, wenigstens damit zufrieden, dass sie ihm aus den Augen kamen. Aber gleich nach dem Abmarsch ging der Major sofort auf die Hauptwache und diktierte den »Rädelsführern« ihre Strafen zu, die jedoch nicht zu grausam waren. Er hatte sogar Eile. Wie man sich später erzählte, bat ihn einer von ihnen um Verzeihung, die er ihm auch sofort gewährte. Der Major fühlte sich sichtlich nicht sehr behaglich und hatte vielleicht sogar einige Angst bekommen. Eine Beschwerde war in jedem Fall eine heikle Sache, und obwohl die Klage der Arrestanten eigentlich gar keine Beschwerde war, da sie nicht an die höhere Behörde, sondern an den Major selbst gerichtet wurde, war sie doch eine unangenehme, üble Geschichte. Besondere Bedenken machte ihm, dass alle, ohne Ausnahme, sich gegen ihn erhoben hatten. Nun galt es, die Sache so schnell wie möglich zu vertuschen. Die »Rädelsführer« wurden bald entlassen. Gleich am nächsten Tag war schon die Beköstigung besser, aber diese Besserung hielt nicht lange an. Der Major besuchte in der ersten Zeit häufiger das Zuchthaus und fand häufiger Unordnungen vor. Unser Unteroffizier ging besorgt, wie vor den Kopf geschlagen umher, als könnte er sich von seinem Erstaunen nicht erholen. Was aber die Arrestanten betrifft, so konnten sie sich lange nachher nicht beruhigen; aber sie waren nicht mehr so aufgeregt wie früher, sondern eher aus dem Konzept gebracht. Manche ließen sogar den Kopf hängen. Andere äußerten sich brummig und wortkarg über die Sache. Viele machten sich gehässig und laut über sich selbst lustig, als wollten sie sich für ihre Beschwerde bestrafen.

»Da hast du es erlebt, Bruder!« sagte manchmal einer.

»Was man sich eingebrockt hat, muss man selbst auslöffeln!« fügte ein anderer hinzu.

»Wo ist die Maus, die der Katze die Schelle umhängt?« fragte ein dritter.

»Wir lassen uns ohne einen Knüppel nicht belehren. Es ist noch gut, dass er nicht alle hat durchpeitschen lassen.«

»Man soll eben mehr vorher denken und weniger schwatzen, das ist immer besser!« bemerkte einer boshaft.

»Wie kommst du dazu, uns zu lehren, wer hat dich als Lehrer angestellt?«

»Ich lehre euch Vernunft.«

»Ja, wer bist du überhaupt?«
»Ich bin vorläufig noch ein Mensch, wer aber bist du?«
»Ein Hundefraß bist du.«
»Das bist du selbst.«
»Genug! Was lärmt ihr so!« schrie man den Streitenden von allen Seiten zu …

Am gleichen Abend, d. h. am Abend des Tages, an dem die Beschwerde vorgebracht wurde, traf ich, von der Arbeit zurückgekehrt, hinter der Kaserne Petrow. Er hatte mich schon gesucht. Er ging auf mich zu, murmelte etwas vor sich hin, machte zwei oder drei unbestimmte Ausrufe, verstummte dann aber zerstreut und ging automatisch neben mir her. Diese ganze Sache lag mir noch schwer auf dem Herzen, und ich glaubte, Petrow würde mir einiges davon erklären.

»Sagen Sie, Petrow«, fragte ich ihn, »sind Ihre Leute uns nicht böse?«

»Wer soll böse sein?« fragte er, gleichsam aus dem Schlaf erwachend.
»Ob die Arrestanten nicht uns … den Adligen böse sind.«
»Warum sollten sie Ihnen böse sein?«
»Nun, weil wir uns an der Beschwerde nicht beteiligten.«

»Weshalb sollten sie sich an der Beschwerde beteiligen?« fragte er, als bemühe er sich, mich zu verstehen. »Sie haben ja Ihre eigene Beköstigung!«
»Ach, mein Gott! Es gibt ja auch unter Ihren Kameraden solche, die ihre eigene Kost essen, und die waren doch alle dabei. Also hätten auch wir dabei sein müssen … aus Kameradschaft.«
»Ja … was sind Sie uns denn für ein Kamerad?« fragte er erstaunt.
Ich sah ihn rasch an; er verstand mich absolut nicht, er begriff nicht, was ich wollte. Dafür hatte aber ich ihn in diesem Augenblick vollkommen verstanden. Ein Gedanke, der sich in mir schon längst dunkel geregt und mich verfolgt hatte, wurde mir nun zum ersten Mal vollkommen klar, und ich begriff plötzlich das, was ich bis dahin nur vermutet hatte. Ich begriff, dass sie mich niemals in ihre Kameradschaft aufnehmen würden, selbst wenn ich ein noch so gemeingefährlicher, für Lebenszeit verurteilter Arrestant, sogar einer aus der Besonderen Abteilung wäre. Besonders deutlich blieb mir das Gesicht, das Petrow dabei machte, in Erinnerung. In seiner Frage: »Was sind Sie uns für ein Kamerad?« tönte eine so echte Naivität, ein so einfältiges Erstaunen. Ich fragte mich sogar: Ist hier nicht auch Ironie, Bosheit, Spott dabei? Es war aber nichts von alledem der Fall: ich war ihnen einfach kein Kamerad und basta. Geh du deinen Weg, wir gehen den unsrigen; du hast deine eigenen Geschäfte, und wir haben unsere Geschäfte.

Ich hatte schon geglaubt, dass sie uns nach der Geschichte mit der Beschwerde einfach auffressen und uns das Leben vergiften würden. Aber es geschah nichts Derartiges: wir bekamen nicht den geringsten Vorwurf, nicht die leiseste Spur eines Vorwurfes zu hören und auch kein bisschen Bosheit mehr als sonst zu spüren. Sie quälten uns einfach bei Gelegenheit, wie sie uns auch schon vorher gequält hatten, aber weiter nichts. Sie waren übrigens auch auf diejenigen ihrer Kameraden nicht böse, die sich an der Beschwerde nicht hatten beteiligen wollen und in der Küche geblieben waren, ebenso wenig auch auf die, die als die ersten gerufen hatten, dass sie mit allem zufrieden seien. Das wurde überhaupt von niemand erwähnt. Das letztere war mir besonders unbegreiflich.

VIII
Die Kameraden

Ich fühlte mich natürlich mehr zu meinesgleichen, d. h. zu den »Adligen«, hingezogen, namentlich in der ersten Zeit. Aber von den drei ehemaligen russischen Adligen, die sich bei uns im Zuchthaus befanden (es waren dies: Akim Akimytsch, der Spion A-w und derjenige, der als Vatermörder galt), verkehrte ich nur mit Akim Akimytsch. Offen gestanden, verkehrte ich mit Akim Akimytsch nur aus Verzweiflung, in Augenblicken der äußersten Langeweile, wenn ich keine Möglichkeit sah, mit jemand anderem außer ihm zu sprechen. Im vorigen Kapitel hatte ich versucht, alle unsere Leute in Kategorien einzuteilen, aber wenn ich mich jetzt an Akim Akimytsch erinnere, glaube ich noch eine Kategorie hinzufügen zu können. Diese bestand allerdings aus ihm allein. Es ist die Kategorie der völlig gleichgültigen Zuchthäusler. Völlig gleichgültige Menschen, d. h. solche, denen es gleich gewesen wäre, in der Freiheit oder im Zuchthaus zu leben, gab es bei uns natürlich nicht und konnte es auch nicht geben, aber Akim Akimytsch bildete, glaube ich, eine Ausnahme. Er hatte sich im Zuchthaus sogar so eingerichtet, als hätte er die Absicht, lebenslänglich dazubleiben. Alles, was er um sich hatte, mit den Kissen, der Matratze und sonstigem Hausrat angefangen, war so fest, stabil und dauerhaft. Vom Biwakmäßigen, Provisorischen war nicht die Spur zu merken. Er hatte allerdings noch viele Jahre im Zuchthaus zuzubringen, aber er dachte wohl kaum je an den Tag seiner Entlassung. Wenn er sich mit der Wirklichkeit abgefunden hatte, so nicht aus Herzensneigung, sondern nur aus Subordination, was für ihn übrigens dasselbe war. Er war ein guter Mensch und half mir sogar in der ersten Zeit mit seinen Ratschlägen und einigen Dienstleistungen, aber ich muss gestehen, dass er mich, besonders in der ersten Zeit, ungeheuer trübsinnig machte und meine schon ohnehin drückende Melancholie noch vergrößerte. Es war aber gerade diese melancholische Stimmung, die mich trieb, mit ihm zu sprechen. Ich erwartete von ihm zuweilen ein lebendiges Wort, wenn auch ein erbittertes, unduldsames, sogar gehässiges. Dann würden wir uns wenigstens zusammen über unser Schicksal ärgern; er aber schwieg, klebte seine Laternchen oder erzählte, was für eine Truppenparade sie in dem und dem Jahr gehabt hätten, wer der Divisionskommandeur gewesen sei, wie dieser mit seinem Namen und Vatersnamen geheißen habe, ob die Truppenparade ihn befriedigt hätte oder nicht, wie die Plänklersignale einmal abgeändert worden seien usw. – Dies alles erzählte er mit einer so gleichmäßigen Stimme, wie wenn Wasser Tropfen auf Tropfen herunterfiele. Er äußerte sogar fast keine Begeisterung, als er mir erzählte, wie er wegen Teilnahme an der und der Schlacht im Kaukasus mit dem Orden der heiligen Anna und dem Ehrendegen ausgezeichnet worden sei. Nur klang seine Stimme in solchen Augenblicken ungewöhnlich wichtig und solid; er dämpfte sie ein wenig, sodass es sogar irgendwie geheimnisvoll klang, als er das Wort »heilige Anna« aussprach, und dann blieb er an die drei Minuten besonders schweigsam und gesetzt … In diesem ersten Jahr hatte ich manchmal dumme Augenblicke, wo ich (und zwar immer ganz unvermittelt) Akim Akimytsch, ich weiß selbst nicht warum, zu hassen anfing und stumm mein Schicksal verfluchte, weil es mich auf der Pritsche Kopf an Kopf mit ihm untergebracht hatte. Gewöhnlich machte ich mir deswegen schon nach einer Stunde Vorwürfe. Aber das kam nur im ersten Jahr vor; später versöhnte ich mich in meinem Herzen gänzlich mit Akim Akimytsch und schämte mich meiner früheren dummen Anwandlungen. Äußerlich haben wir uns aber, wie ich mich erinnere, niemals gezankt.

Außer diesen drei Russen waren zu meiner Zeit bei uns acht polnische politische Verbrecher. Mit einigen von ihnen verkehrte ich freundschaftlich, sogar mit Vergnügen, aber nicht mit allen. Sogar die besten von ihnen waren krankhafte, exklusive und im höchsten Grad unduldsame Charaktere. Mit zwei von ihnen hörte ich später einfach zu sprechen auf. Gebildete gab es unter ihnen nur drei: B-ki, M-cki und den alten Z-ki, der früher einmal irgendwo Professor der Mathematik gewesen war. Er war ein gutmütiger, prächtiger Alter, ein großer Sonderling und, trotz seiner Bildung, anscheinend äußerst beschränkt. Ganz anders waren M-cki und B-ki. Mit M-cki knüpfte ich sofort gute Beziehungen an; ich stritt mich mit ihm niemals, achtete ihn, brachte es aber niemals fertig, ihn wirklich lieb zu gewinnen und mich ihm mit ganzem Herzen anzuschließen. Er war ein äußerst misstrauischer und verbissener Mensch, der sich aber vorzüglich zu beherrschen verstand. Diese allzu große Selbstbeherrschung missfiel mir eben an ihm. Man hatte immer den Eindruck, dass er niemals und vor niemand sein Herz ganz ausschütten würde. Vielleicht irre ich mich auch. Er war eine starke und im höchsten Grad vornehme Natur. Seine außerordentliche und sogar etwas jesuitische Geschicklichkeit und Vorsicht im Umgang mit den Menschen ließ auf einen heimlichen, tiefen Skeptizismus schließen. Dabei litt seine Seele gerade unter diesem Zwiespalt zwischen dem Skeptizismus und dem tiefen, unerschütterlichen Glauben an gewisse Überzeugungen und Hoffnungen. Aber trotz all' seiner Lebenserfahrung stand er in unversöhnlicher Feindschaft zu B-ki und zu dessen Freund T-wski. B-ki war ein kranker, zur Schwindsucht geneigter, reizbarer und nervöser, aber im Grunde genommen herzensguter und sogar großmütiger Mensch. Seine Reizbarkeit grenzte zuweilen an äußerste Unduldsamkeit und Launenhaftigkeit. Ich konnte diesen Charakter nicht vertragen und brach später den Verkehr mit B-ki ab, hörte ihn aber nie zu lieben auf; mit M-cki stritt ich mich dagegen niemals, liebte ihn aber auch nicht. Als ich mit B-ki brach, musste ich sofort auch mit T-wski brechen, dem jungen Mann, den ich im vorigen Kapitel, als ich von unserer Beschwerde erzählte, erwähnt habe. Dies tat mir sehr leid. T-wski war zwar ungebildet, aber ein guter, mannhafter, mit einem Wort prächtiger junger Mann. Er liebte und achtete den B-ki nämlich so sehr und betete ihn dermaßen an, dass er einen jeden, der es nur irgendwie mit B-ki verdarb, sofort als seinen Feind ansah. Ich glaube, er hat später auch mit M-cki wegen des gleichen B-ki gebrochen, wie sehr er sich dagegen auch gewehrt hatte. Übrigens waren sie alle moralisch krankhafte, gallige, reizbare und misstrauische Menschen. Das ist begreiflich. Sie hatten es sehr schwer, viel schwerer als wir. Sie waren so fern von ihrer Heimat. Einige von ihnen waren für lange Zeit, für zehn und zwölf Jahre verschickt; vor allem betrachteten sie aber ihre ganze Umgebung mit einem tief eingewurzelten Vorurteil; sie sahen in den Zuchthäuslern nur das Tierische und hatten weder die Fähigkeit noch den Willen, in ihnen auch nur einen guten Zug, auch nur etwas Menschliches zu erkennen, und auch das war sehr begreiflich: auf diesen unglückseligen Standpunkt waren sie durch die Macht der Ereignisse und des Schicksals getrieben worden. Darum ist es klar, dass sie im Zuchthaus schwer unter Trübsinn litten. Gegen die Kaukasier, die Tataren und Issai Fomitsch waren sie freundlich und höflich, gingen aber allen andern Zuchthäuslern voller Ekel aus dem Weg. Nur der Altgläubige aus Starodub hatte ihre volle Achtung erworben. Es ist übrigens bemerkenswert, dass während meiner ganzen Zuchthauszeit keiner der Zuchthäusler ihnen ihre Nationalität, ihren Glauben oder ihre Denkweise vorgeworfen hatte, was doch in unserem einfachen Volk den Ausländern, vorwiegend den Deutschen gegenüber wohl passiert, wenn auch nur selten. Die Deutschen übrigens werden höchstens nur ausgelacht; der Deutsche stellt für den einfachen Russen etwas außerordentlich Komisches dar. Unsere polnischen Adligen wurden aber von den Zuchthäuslern sogar mit viel größerem Respekt behandelt als wir Russen, und man krümmte ihnen kein Haar. Aber die Polen wollten es anscheinend gar nicht merken und in Betracht ziehen. Ich sprach eben von T-wski. Es war derselbe, der auf dem Transport vom ursprünglichen Verbannungsort zu unserer Festung den B-ki fast den ganzen Weg auf den Armen getragen hatte, da dieser, der von schwacher Gesundheit und Konstitution war, fast immer schon nach der Hälfte einer Etappe vor Müdigkeit nicht weitergehen konnte. Ursprünglich waren sie nach U-gorsk verschickt worden. Sie erzählten, dass sie es dort sehr gut gehabt hätten, d. h. viel besser als in unserer Festung. Aber sie hatten dort eine, übrigens harmlose Korrespondenz mit anderen Verbannten in einer anderen Stadt angeknüpft, und man hielt es deswegen für nötig, diese drei in unsere Festung zu versetzen, damit sie sich näher unter der Aufsicht der höchsten Behörde befänden. Ihr dritter Kamerad war Z-ki. Vor ihrer Ankunft war M-cki der einzige polnische Adlige im Zuchthaus. Wie schwer ist ihm wohl das erste Jahr seiner Verbannung gewesen!

Dieser Z-ki war eben jener ewig zu Gott betende alte Mann, den ich schon einmal erwähnt habe. Alle unsere politischen Verbrecher waren junge Leute, einige sogar sehr jung; nur Z-ki war schon über fünfzig Jahre alt. Er war ein zwar anständiger, aber doch etwas sonderbarer Mensch. Seine Genossen B-ki und T-wski mochten ihn nicht sehr leiden, sie sprachen sogar nicht mit ihm und sagten von ihm, er sei trotzig und dumm. Ich weiß nicht, inwiefern sie in diesem Fall recht hatten. Im Zuchthaus wie in jedem anderen Ort, wo Menschen nicht nach freiem Willen, sondern unter einem Zwang zu einem Haufen versammelt sind, kann man sich, glaube ich, viel leichter verzanken und sogar einander hassen als in Freiheit. Viele Umstände tragen dazu bei. Z-ki war in der Tat ein ziemlich bornierter und vielleicht auch unangenehmer Mensch. Auch alle seine übrigen Genossen vertrugen sich nicht mit ihm. Ich stritt mich niemals mit ihm, schloss mich ihm aber auch niemals an. Sein Fach, die Mathematik, schien er gut zu können. Ich erinnere mich noch, wie er sich bemühte, mir in seiner halb-russischen Sprache ein eigenes, von ihm selbst erfundenes astronomisches System zu erklären. Man erzählte mir, er hätte es einmal auch gedruckt, die gelehrte Welt hätte ihn aber nur ausgelacht. Ich glaube, er war nicht ganz normal. Tagelang betete er kniend zu Gott, wodurch er sich die Achtung des ganzen Zuchthauses erwarb, die er dann bis zu seinem Tode genoss. Er starb in unserem Hospital nach schwerer Krankheit vor meinen Augen. Die Achtung der Zuchthäusler hatte er übrigens gleich bei seinem Eintritt ins Zuchthaus, nach seinem Zusammenstoß mit unserem Major erworben. Auf dem Transport aus U-gorsk zu unserer Festung waren sie alle nicht rasiert worden und hatten Bärte bekommen; als man sie nun zu unserem Platzmajor führte, geriet er in höchste Wut wegen einer solchen Verletzung der Disziplin, an der sie gänzlich unschuldig waren.

»Wie sehen die aus!« brüllte er. »Es sind doch Landstreicher und Räuber!«

Z-ki, der damals noch schlecht russisch verstand und glaubte, man frage sie, wer sie seien, ob Landstreicher oder Räuber, antwortete: »Wir sind keine Landstreicher, sondern politische Verbrecher.«

»Wa–a–as! Du bist noch grob?« brüllte der Major. »Auf die Hauptwache! Hundert Rutenhiebe, sofort, augenblicklich!«

Der alte Mann bekam die Strafe. Er legte sich ohne ein Wort der Widerrede auf die Bank, biss die Zähne in den Arm und empfing die Züchtigung ohne den leisesten Schrei oder Seufzer, ohne die leiseste Bewegung. B-ki und T-wski waren indessen ins Zuchthaus gegangen, wo sie am Tor von M-cki erwartet worden waren, der ihnen sofort um den Hals fiel, obwohl er sie vorher nie gesehen hatte. Durch den Empfang beim Platzmajor aufgeregt, erzählten sie ihm alles über Z-ki. Ich erinnere mich noch, wie M-cki mir darüber berichtete: »Ich war ganz außer mir. Ich wusste gar nicht, was mit mir geschah, und zitterte wie im Fieber. Ich erwartete Z-ki am Tor. Er musste direkt von der Hauptwache kommen, wo er seine Rutenstrafe bekommen hatte. Plötzlich ging das Pförtchen auf: Z-ki schritt, ohne jemand anzusehen, mit blassem Gesicht und zitternden blassen Lippen zwischen den auf dem Hof versammelten Arrestanten, die schon wussten, dass ein Adliger eine körperliche Strafe bekäme, trat in die Kaserne, ging direkt auf seinen Platz zu, kniete, ohne ein Wort zu sagen, nieder und begann zu beten. Die Zuchthäusler waren frappiert und sogar gerührt. »Als ich diesen Greis erblickte«, erzählte M-cki, »mit den grauen Haaren, der in seiner Heimat Frau und Kinder zurückgelassen hatte, als ich ihn auf den Knien liegen sah, wie er nach der schmählichen Züchtigung betete, rannte ich hinter die Kaserne und war zwei Stunden lang wie bewusstlos; ich war rasend …« Die Zuchthäusler begannen den Z-ki seit jener Zeit außerordentlich zu achten und behandelten ihn immer mit Respekt. Am meisten hatte ihnen gefallen, dass er unter den Ruten nicht geschrien hatte.

Ich muss aber doch die ganze Wahrheit sagen. Nach diesem einen Beispiel darf man keineswegs über die Behandlung der verbannten Adligen, ganz gleich, ob Russen oder Polen, durch die Behörden urteilen. Dieses Beispiel beweist nur, dass man auf einen bösen Menschen stoßen kann, und wenn dieser böse Mensch irgendwo die Stelle eines unabhängigen und höchsten Vorgesetzten bekleidet, so ist es um das Schicksal eines Verbannten, falls er diesem Vorgesetzten missfällt, schlecht bestellt. Aber es darf nicht verschwiegen werden, dass die höchste Behörde in Sibirien, von der der Ton und die Stimmung sämtlicher Vorgesetzten abhängen, in Bezug auf die verbannten Adligen sehr rücksichtsvoll ist und in manchen Fällen sogar dazu neigt, ihnen gewisse Begünstigungen den einfachen Zuchthäuslern gegenüber einzuräumen. Die Gründe sind ja klar: Erstens sind diese höchsten Vorgesetzten selbst Adlige, zweitens kam es früher vor, dass manche Adlige sich der körperlichen Züchtigung nicht unterziehen wollten und sich auf die Vollstrecker stürzten, was zu schrecklichen Auftritten führte; drittens, und das scheint mir das Wichtigste, hat die große Masse der verbannten Adligen, die vor fünfunddreißig Jahren auf einmal nach Sibirien kam[6], sich während dieser Zeit in ganz Sibirien eine solche Stellung und ein solches Renommee verschafft, dass die Obrigkeit in meiner Zeit die adligen Verbrecher von der gewissen Kategorie schon gewohnheitsmäßig und aus Tradition mit anderen Augen ansah als alle anderen Verbannten. Diesen Standpunkt übernahmen dann auch die niederen Vorgesetzten, die sich den höheren fügten. Viele von diesen niederen Vorgesetzten waren übrigens sehr beschränkt, kritisierten im Stillen die Anordnungen von oben und wären außerordentlich froh, wenn sie nach eigenem Ermessen verfahren dürften. Aber das wurde ihnen doch nicht ganz gestattet. Ich darf dies positiv behaupten, und zwar aus folgendem Grund. Die zweite Kategorie der Zuchthäusler, zu der ich gehörte und die aus zur Zwangsarbeit verurteilten Arrestanten unter militärischer Oberaufsicht bestand, hatte es unvergleichlich schwerer als die beiden anderen Kategorien, d. h. als die dritte (die in den Fabriken arbeitete) und als die erste (in den Bergwerken). Sie war nicht nur für die Adligen, sondern auch für alle anderen Arrestanten schwerer, gerade aus dem Grund, weil die Oberaufsicht und die ganze Einrichtung dieser Kategorie militärisch war und an die Strafkompanien im europäischen Russland erinnerte. Die militärische Obrigkeit ist strenger, die Disziplin ist straffer, man ist immer in Ketten, immer unter Bewachung, immer hinter Schloss und Riegel; dies wird aber in den beiden anderen Kategorien nicht so streng gehandhabt. Das behaupteten wenigstens alle unsere Arrestanten, unter denen es sehr sachverständige Leute gab. Sie alle wären mit Freude in die erste Kategorie gegangen, die nach dem Gesetz als die schwerste gilt, und gaben sich oft diesbezüglichen Träumereien hin. Von den Strafkompanien im europäischen Russland sprachen aber alle unsere Arrestanten, die in denselben gewesen waren, mit Grauen und behaupteten, dass es in ganz Russland keinen schlimmeren Ort gäbe als die Strafkompanien in den Festungen und dass das Leben in Sibirien im Vergleich mit dem dortigen ein Paradies sei. Wenn also bei einem so strengen Regime wie in unserem Zuchthaus, unter der militärischen Oberleitung, unter den Augen des Generalgouverneurs und schließlich angesichts solcher Fälle, die zuweilen vorkamen, dass gewisse abseitsstehende, aber beamtete Menschen aus Bosheit

[6] Gemeint sind die zahlreichen Dekabristen, die 1826 auf einmal nach Sibirien verbannt wurden.

oder aus übertriebenem Eifer heimlich an die höhere Stelle meldeten, dass die und die unzuverlässigen Vorgesetzten den Verbrechern der und der Kategorie Begünstigungen gewährten, – ich sage also, wenn an einem solchen Ort die verschickten Adligen doch mit etwas anderen Augen angesehen wurden als die übrigen Zuchthäusler, so war das doch sicher in der ersten und in der dritten Kategorie in einem weit größeren Maß der Fall. Ich glaube also nach dem Ort, an dem ich mich befunden hatte, über die entsprechenden Zustände in ganz Sibirien urteilen zu dürfen. Alle Gerüchte und Erzählungen, die ich darüber von den Verbannten der ersten und der dritten Kategorie hörte, bestätigten meine Annahme. In unserem Zuchthaus behandelten die Vorgesetzten uns, die Adligen, in der Tat aufmerksamer und vorsichtiger. Begünstigungen in Bezug auf die Arbeit und die Beköstigung genossen wir nicht. Wir mussten dieselbe Arbeit tun, dieselben Fesseln tragen und hinter denselben Riegeln sitzen, – mit einem Wort, alles war genau so wie bei den anderen Arrestanten. Erleichterungen waren ja überhaupt unmöglich. Ich weiß, dass es in jener Stadt, in jener noch nicht weit zurückliegenden, aber längst vergangenen Zeit so viele Denunzianten und Intriganten gab, die einander eine Grube gruben, dass die Vorgesetzten natürlich stets Denunziationen fürchteten. Was konnte es aber in jener Zeit Schrecklicheres geben als eine Denunziation, dass die Verbrecher einer gewissen Kategorie Begünstigungen genießen! So hatte jeder Angst, und wir lebten unter dem gleichen Regime wie die übrigen Zuchthäusler; aber in Bezug auf die Körperstrafe gab es für uns doch gewisse Ausnahmen. Freilich hätte man uns mit dem größten Vergnügen durchpeitschen lassen, wenn wir es verdient, d. h. uns wirklich irgendwie vergangen hätten. Dies erforderten doch der Diensteid und die Gleichheit aller vor der Körperstrafe. Aber so ganz ohne jeden Grund, aus leichtsinniger Laune wurden wir doch nicht gepeitscht; diese leichtsinnige Behandlung wurde jedoch den einfachen Arrestanten oft zuteil, besonders seitens gewisser subalterner Vorgesetzter, welche es liebten, bei jeder Gelegenheit Ordnung zu schaffen und ein Exempel zu statuieren. Es war uns bekannt, dass der Kommandant, als er die Geschichte mit dem alten Z-ki erfuhr, über unseren Major sehr empört war und ihm eingeschärft hatte, sich in Zukunft zu mäßigen. So berichteten mir alle. Man wusste bei uns auch, dass der Generalgouverneur selbst, der unserem Major vertraute und ihn als Vollstrecker und einen Menschen mit gewissen Fähigkeiten zum Teil auch schätzte, als er von dieser Geschichte gehört, ihm ebenfalls eine Rüge erteilt hatte. Unser Major nahm dies auch zur Kenntnis. Wie gern hätte er doch mal den M-cki durchpeitschen lassen, den er infolge der Denunziation des A-w hasste, aber er konnte es doch unmöglich fertigbringen, wie eifrig er auch nach einem Vorwand suchte, ihn stets verfolgte und belauerte. Von der Geschichte mit Z-ki erfuhr bald die ganze Stadt, und die allgemeine Meinung war gegen den Major; viele machten ihm Vorwürfe, manche sogar auf eine höchst unangenehme Weise. Ich erinnere mich jetzt auch meiner ersten Begegnung mit dem Platzmajor. Man hatte uns, d. h. mir und dem anderen Verbannten adliger Abstammung, mit dem ich gleichzeitig die Strafe antrat, schon in Tobolsk durch Berichte über den unangenehmen Charakter dieses Menschen Angst gemacht. Die alten verbannten Adligen, die schon eine fünfundzwanzigjährige Strafzeit hinter sich hatten und die sich damals dort befanden, empfingen uns mit der größten Sympathie und verkehrten mit uns während der ganzen Zeit unseres Aufenthaltes im Etappengefängnis. Sie warnten uns vor unserem zukünftigen Kommandeur und versprachen uns, durch ihre Bekannten alles zu tun, um uns vor seinen Verfolgungen zu schützen. Und in der Tat, die drei Töchter des Generalgouverneurs, die aus dem europäischen Russland gekommen waren und bei ihrem Vater zu Besuch weilten, erhielten von ihnen Briefe und verwendeten sich, wie es scheint, für uns. Was konnte er aber tun? Er sagte bloß dem Major, er solle in der Zukunft etwas vorsichtiger sein. Gegen drei Uhr nachmittags trafen wir, d. h. ich und mein Genosse, in dieser Stadt ein, und die Wachsoldaten führten uns direkt zu unserem Gebieter. Wir standen im Vorzimmer und warteten auf sein Erscheinen. Indessen hatte man schon nach dem Zuchthausunteroffizier geschickt. Sobald dieser gekommen war, erschien auch der Platzmajor. Sein blaurotes, von Finnen übersätes, böses Gesicht machte auf uns einen höchst bedrückenden Eindruck; es war, als ob eine böse Spinne auf eine arme Fliege losginge, die in ihr Nest geraten war.

»Wie heißt du?« fragte er meinen Genossen. Er sprach schnell, scharf, abrupt und wollte uns offenbar imponieren.

»So und so.«

»Und du?« fuhr er fort, sich an mich wendend und mich durch seine Brille anschauend.

»So und so.«

»Unteroffizier! Die Beiden kommen sofort ins Zuchthaus, werden auf der Hauptwache unverzüglich nach der Zivilvorschrift rasiert, den halben Kopf; die Fesseln sind gleich morgen umzuschmieden. Was sind das für Mäntel? Wo habt ihr sie bekommen?« fragte er uns plötzlich, seine Aufmerksamkeit auf die uns in Tobolsk ausgefolgten grauen Mäntel mit den gelben Kreisen auf den Rücken richtend, in denen wir vor seine lichten Augen getreten waren. »Das ist doch eine neue Uniform! Ist sicher eine neue Uniform … Wird wohl erst projektiert … in Petersburg«, sprach er, indem er uns einen nach dem andern umdrehte. »Haben sie nichts bei sich?« fragte er plötzlich den uns eskortierenden Gendarmen.

»Sie haben ihre eigene Kleidung bei sich, Euer Hochwohlgeboren«, antwortete der Gendarm, sich plötzlich aufrichtend und sogar zusammenfahrend. Alle kannten den Major, alle hatten von ihm gehört, alle hatten vor ihm Angst.

»Alles wegnehmen! Sie behalten nur ihre Wäsche und zwar nur die weiße; aber die farbige, falls sie welche haben, ist ihnen wegzunehmen. Alles übrige öffentlich versteigern und den Erlös für die Staatskasse einziehen. Ein Arrestant darf kein Eigentum haben!« fuhr er fort mit einem strengen Blick auf uns. »Passt auf, führt euch gut auf! Dass mir nichts zu Ohren kommt! Sonst gibt's kör-per-liche Züch-ti-gung! Für das geringste Vergehen – Rrruten! …«

Nach diesem ganz ungewohnten Empfang war ich den ganzen ersten Abend fast krank. Der schwere Eindruck wurde übrigens auch noch durch alles, was ich im Zuchthaus zu sehen bekam, verstärkt; aber von meinem Eintritt ins Zuchthaus habe ich schon berichtet.

Ich erwähnte soeben, dass man uns keinerlei Vergünstigungen oder Erleichterungen bei der Arbeit den anderen Arrestanten gegenüber zu gewähren wagte. Aber einmal wurde es doch versucht: ich und B-ki wurden ganze drei Monate auf der Ingenieurkanzlei als Schreiber beschäftigt. Dies wurde jedoch in aller Heimlichkeit, und zwar von der Ingenieurbehörde gemacht. Die Übrigen, die es wissen mussten, wussten es wahrscheinlich, taten aber so, als wüssten sie es nicht. Dies geschah unter dem Kommandeur G-kow. Der Oberstleutnant G-kow war zu uns wie vom Himmel gefallen, blieb aber nur eine sehr kurze Zeit, – wenn ich nicht irre, nicht länger als ein halbes Jahr – und zog dann wieder ins europäische Russland, einen ungewöhnlichen Eindruck bei allen Arrestanten hinterlassend. Die Arrestanten liebten ihn nicht nur, sie vergötterten ihn förmlich, wenn man dieses Wort hier überhaupt anwenden darf. Wie er das machte, weiß ich nicht, aber er eroberte ihre Sympathie gleich im ersten Augenblick. »Er ist unser Vater, unser Vater! Besser als ein Vater!« sagten die Arrestanten jeden Augenblick, solange er an der Spitze des Ingenieurressorts stand. Ich glaube, er war ein furchtbarer Trinker. Er war nicht groß von Wuchs und hatte einen frechen und selbstbewussten Blick. Dabei war er aber gegen die Arrestanten freundlich, beinahe zärtlich und liebte sie buchstäblich wie ein Vater. Weshalb er die Arrestanten so sehr liebte, weiß ich nicht zu sagen, aber er konnte einfach keinen Arrestanten sehen, ohne ihm ein freundliches, lustiges Wort zu sagen, mit ihm zu scherzen und zu lachen; vor allem lag aber darin keine Spur vom Ton eines Vorgesetzten, nichts, was auf die Ungleichheit der Stellungen hinweisen konnte. Er behandelte sie wie ein Kamerad, ganz wie seinesgleichen. Aber trotz dieses seines ganzen instinktiven Demokratismus ließen sich die Arrestanten in ihrem Benehmen ihm gegenüber niemals zu einer Respektlosigkeit oder Familiarität herbei. Im Gegenteil. Das ganze Gesicht des Arrestanten erstrahlte, wenn er diesem Kommandeur begegnete; er zog die Mütze und blickte lächelnd, wenn er auf ihn zuging. Wenn er aber einen ansprach, so war es, wie wenn er ihm einen Rubel schenkte. Es gibt eben solche populären Menschen. Er hatte ein schneidiges Auftreten und einen aufrechten, munteren Gang. »Ein Adler!« pflegten die Arrestanten von ihm zu sagen. Ihre Lage konnte er natürlich nicht erleichtern, da er nur die Ingenieurarbeiten unter sich hatte, die wie bei allen anderen Kommandeuren in einer gleichen, ein für alle Mal eingeführten, gesetzlichen Ordnung vor sich gingen. Es kam höchstens vor, dass, wenn er zufällig eine Partie bei der Arbeit traf und sah, dass die Arbeit erledigt war, sie nicht länger aufhielt und vor dem Trommelschlag heimgehen ließ. Den Leuten gefiel sein Vertrauen zu den Arrestanten, der Mangel an jeder Kleinlichkeit und Reizbarkeit, das vollkommene Fehlen gewisser verletzender Formen in seinem Auftreten als Vorgesetzter. Hätte er tausend Rubel verloren, so hätte sie ihm selbst der schlimmste Dieb aus unserem Zuchthaus, falls er sie fände, zurückgegeben. Ich bin davon überzeugt. Die Arrestanten waren aufs Tiefste betrübt, als sie einmal erfuhren, dass ihr adlergleicher Kommandeur sich mit dem verhassten Major tödlich verzankt hatte. Dies geschah gleich im ersten Monat nach seiner Ankunft. Unser Major war früher einmal sein Regimentskamerad gewesen. Nach der langen Trennung trafen sie sich wie Freunde und begannen zusammen zu trinken. Aber plötzlich kam es zu einem Bruch zwischen ihnen. Sie verzankten sich, und G-kow wurde zu einem Todfeind des Majors. Man erzählte sich sogar, dass sie sich bei dieser Gelegenheit in die Haare geraten waren, was mit unserem Major sehr leicht passieren konnte; er pflegte oft handgreiflich zu werden. Als die Arrestanten es hörten, kannte ihre Freude keine Grenzen: »Wie kann der Achtäugige neben einem solchen Menschen bestehen! Dieser ist ein Adler, der unsrige aber ist ein …« und hier folgte gewöhnlich ein Wort, das man im Druck nicht gut wiedergeben kann. Man interessierte sich bei uns furchtbar dafür, wer den andern verprügelt hatte. Wenn das Gerücht von ihrer Prügelei sich als unwahr herausgestellt hätte (was wahrscheinlich der Fall war), so hätte es unseren Arrestanten wohl sehr leid getan. »Nein«, sagten sie, »sicher blieb unser Kommandeur der Sieger. Er ist zwar klein, doch tapfer, der Major soll sich aber vor ihm unter das Bett verkrochen haben.« Aber G-kow kam bald von uns weg, und die Arrestanten versanken wieder in Trauer. Übrigens waren alle unsere Ingenieurkommandeure gut. Zu meiner Zeit hatte es ihrer drei oder vier gegeben. »Aber einen solchen erleben wir nicht mehr«, sagten die Arrestanten, »er war ein Adler, ein Adler und Fürsprecher.« Dieser G-kow mochte uns Adlige besonders gern leiden und befahl schließlich mir und B-ki, ab und zu in seine Kanzlei zu kommen. Nach seiner Abreise nahm diese Tätigkeit regelmäßigere Formen an. Unter den Ingenieuren gab es Leute (besonders einen), die mit uns sympathisierten. Wir gingen in die Kanzlei, schrieben die Akten ab, und unsere Handschrift fing sogar an, sich zu vervollkommnen, als plötzlich von der höchsten Behörde der Befehl kam, uns sofort zu unseren früheren Arbeiten zurückzuschicken; jemand hatte es bereits denunziert! Das war übrigens gut. Die Kanzlei war uns beiden schon langweilig geworden! Die folgenden zwei Jahre ging ich fast immer unzertrennlich mit B-ki zu derselben Arbeit, am häufigsten in die Werkstätte. Wir plauderten miteinander und sprachen von unseren Hoffnungen und Anschauungen. Er war ein prachtvoller Mensch, aber von sonderbaren, exklusiven Überzeugungen. Eine gewisse Abart sehr kluger Menschen eignet sich oft durchaus paradoxe Anschauungen an. Aber man hat wegen dieser Anschauungen schon so viel gelitten, man hat sie um einen so teueren Preis gewonnen, dass es allzu schmerzhaft und sogar unmöglich wäre, sich von ihnen loszureißen. B-ki nahm jeden meiner Einwände mit tiefem Schmerz auf und antwortete mir bissig. In vielen Dingen hatte er vielleicht übrigens mehr recht als ich, ich weiß es nicht; aber schließlich gingen wir ganz auseinander, und dies tat mir sehr weh; wir hatten schon so vieles zusammen erlebt.

Indessen wurde M-cki mit den Jahren immer trauriger und düsterer. Der Gram erdrückte ihn. Früher, in der ersten Zeit meines Aufenthaltes im Zuchthaus, war er mitteilsamer gewesen und hatte sein Herz viel häufiger ausgeschüttet. Als ich ins Zuchthaus eintrat, war er schon das dritte Jahr da. Anfangs interessierte er sich für vieles davon, was während dieser zwei Jahre in der Welt geschehen war und wovon er im Zuchthaus keine Ahnung gehabt hatte; er fragte mich aus, hörte mir zu und regte sich auf. Aber später, mit den Jahren, zog sich alles in sein Innerstes zurück. Die Kohlenglut verschwand unter der Asche. Seine Gehässigkeit wuchs immer mehr. »Je haïs ces brigands«, sagte er mir immer öfter, mit Hass auf die Zuchthäus-

ler blickend, die ich indessen näher kennengelernt hatte, und was ich auch zu ihren Gunsten sagte, machte auf ihn nicht den geringsten Eindruck. Er verstand einfach nicht, was ich ihm sagte; zuweilen stimmte er mir übrigens zerstreut zu, sagte aber schon am nächsten Tag wieder: »Je haïs ces brigands.« Wir sprachen übrigens oft französisch miteinander, und ein Arbeitsaufseher, der Geniesoldat Dranischnikow, nannte uns aus diesem Grunde »Feldschere«; ich weiß nicht, was er sich dabei dachte. M-cki geriet nur dann in Feuer, wenn er von seiner Mutter sprach. »Sie ist alt, sie ist krank«, sagte er mir, »sie liebt mich über alles in der Welt, und ich weiß nicht mal, ob sie noch am Leben ist. Es ist schon viel, dass sie weiß, dass ich habe Spießruten laufen müssen …« M-cki war kein Adliger und hatte vor der Verschickung eine Körperstrafe bekommen. Wenn er davon sprach, biss er die Zähne aufeinander und blickte zur Seite. In der letzten Zeit ging er immer öfter allein. Eines Morgens gegen zwölf wurde er zum Kommandanten berufen. Der Kommandant empfing ihn mit einem lustigen Lächeln. »Nun, M-cki, was hat dir heute geträumt?« fragte er ihn.
»Ich fuhr zusammen«, berichtete M-cki, als er zu uns zurückkehrte. »Seine Worte durchbohrten mir das Herz.«
»Es träumte mir, ich hätte einen Brief von meiner Mutter bekommen«, antwortete er.
»Noch etwas Schöneres!« entgegnete der Kommandant. »Du bist frei! Deine Mutter hat sich für dich verwendet … ihre Bitte fand Gehör. Hier ist ein Brief von ihr und hier ein Befehl über dich. Du wirst sofort das Zuchthaus verlassen!«

Er kam blass und noch nicht ganz zum Bewusstsein gekommen zurück. Wir gratulierten ihm. Er drückte uns die Hände mit seinen zitternden, kalt gewordenen Händen. Auch viele andere Arrestanten beglückwünschten ihn und freuten sich über sein Glück.

Er wurde nun Ansiedler und blieb in unserer Stadt. Bald darauf bekam er eine Stellung. In der ersten Zeit kam er häufig vor unser Zuchthaustor, um uns verschiedene Neuigkeiten mitzuteilen. Die politischen interessierten ihn ganz besonders.

Von den übrigen vier, d. h. außer M-cki, T-wski, B-ki und Z-ki waren zwei noch sehr junge Leute, die für kurze Zeit verschickt worden waren, wenig gebildete, aber ehrliche, aufrichtige und einfache Menschen. Der dritte, A-cukowski, war schon gar zu einfältig und stellte nichts Besonderes dar; dafür machte der vierte, B-m, ein schon bejahrter Mensch, auf uns alle den schlechtesten Eindruck. Ich weiß nicht, wie er in diese Verbrecherkategorie hineingeraten war; auch leugnete er selbst seine Beteiligung an den entsprechenden Vergehen. Es war eine rohe Spießbürgerseele mit den Gewohnheiten und Anschauungen eines Krämers, der sich durch kleine Schwindelgeschäfte bereichert hat. Er besaß nicht die geringste Bildung und interessierte sich für nichts als für sein Handwerk. Er war Zimmermaler, aber ein ganz hervorragender Meister in diesem Fach. Die Obrigkeit erfuhr bald von seinen Talenten, und die ganze Stadt verlangte nach B-m zur Ausmalung der Wände und Decken. In zwei Jahren hatte er fast alle Amtswohnungen ausgemalt. Die Inhaber dieser Wohnungen bezahlten ihn aus eigener Tasche, und er lebte in guten Verhältnissen. Das Beste aber war, dass man auch andere seiner Kameraden mit ihm zur Arbeit schickte. Von denen, die ihn ständig begleiteten, erlernten zwei sein Handwerk, und einer von ihnen, T-wski, malte bald nicht schlechter als er. Unser Platzmajor, der ein ganzes Amtsgebäude bewohnte, berief auch B-m zu sich und befahl ihm, alle Wände und Decken auszumalen. B-m gab sich dabei besondere Mühe. Selbst die Wohnung des Generalsgouverneurs war nicht so schön ausgemalt. Es war ein hölzernes, einstöckiges, ziemlich baufälliges und von außen unansehnliches Haus; innen war es aber ausgemalt wie ein Palast, und der Major war entzückt … Er rieb sich die Hände und sagte immer wieder, dass er jetzt unbedingt heiraten werde: »Wenn man eine solche Wohnung hat, ist es einfach unmöglich, nicht zu heiraten«, fügte er vollkommen ernst hinzu. Mit B-m war er immer mehr zufrieden und dann auch mit den andern, die ihm bei der Arbeit halfen. Die Arbeit dauerte einen ganzen Monat. In diesem Monat änderte der Major seine Meinung über die Leute unserer Klasse vollständig und begann sie zu protegieren. Das ging so weit, dass er eines Tages den Z-ki aus dem Zuchthaus zu sich berief.

»Z-ki«, sagte er, »ich habe dich schwer gekränkt. Ich habe dich ohne Grund mit Ruten bestrafen lassen, ich weiß es. Ich bereue es. Begreifst du es? Ich, ich, ich bereue es!?«

Z-ki antwortete, dass er es begreife.

»Begreifst du, dass ich, dein Vorgesetzter, dich hergerufen habe, um dich um Verzeihung zu bitten? Fühlst du es? Was bist du vor mir? Ein Wurm! Weniger als ein Wurm, ein Arrestant! Ich aber bin von Gottes Gnaden Major. Ein Major! Begreifst du das?«

Z-ki antwortete, dass er auch das begreife.

»Nun, jetzt will ich mich mit dir versöhnen. Fühlst du es aber auch richtig, in vollem Umfang? Bist du fähig, es zu begreifen und zu fühlen? Bedenke bloß, ich, der Major! …« usw. –

Z-ki erzählte mir selbst diese ganze Szene. Also wohnte auch in diesem versoffenen, dummen und unordentlichen Menschen ein menschliches Gefühl. Wenn man seine Anschauungen und seinen Bildungsgrad berücksichtigt, muss man eine solche Handlung fast edelmütig nennen. Übrigens hatte vielleicht auch sein betrunkener Zustand viel dazu beigetragen.

Sein Traum ging jedoch nicht in Erfüllung. Er heiratete nicht, obwohl er sich dazu fest entschlossen hatte, als seine Wohnung neu ausgemalt war. Statt zu heiraten, kam er vors Gericht und musste seinen Abschied nehmen. Bei dieser Gelegenheit kamen auch alle seine alten Sünden heraus. Vorher war er, wie ich glaube, in derselben Stadt Stadthauptmann gewesen … Der Schlag traf ihn ganz unerwartet. Im Zuchthaus rief diese Nachricht eine maßlose Freude hervor. Es war ein Fest, ein Triumph! Man erzählte sich, der Major hätte wie ein altes Weib geheult und geweint. Es war aber nichts zu machen. Er nahm seinen Abschied, verkaufte erst sein Paar Graue, dann auch seinen übrigen Besitz und verfiel sogar in Armut. Wir trafen ihn später öfters in einem abgetragenen Zivilrock, mit einer Kokarde auf der Mütze. Er blickte die Arrestanten bei solchen Begegnungen boshaft an. Aber sein ganzer

Zauber war dahin, sobald er die Uniform abgelegt hatte. In der Uniform war er ein Ungewitter, eine Gottheit gewesen. Im Zivilrock war er plötzlich nichts und erinnerte an einen Lakaien. Es ist merkwürdig, wie viel bei diesen Leuten die Uniform bedeutet.

IX
Eine Flucht

Bald nach der Absetzung unseres Platzmajors gingen in unserem Zuchthaus wichtige Veränderungen vor sich. Das Zivilzuchthaus wurde aufgehoben und an seiner Statt eine Strafkompanie des Militärressorts nach dem Muster der Strafkompanien im Europäischen Russland gegründet. Dies bedeutete, dass in unser Zuchthaus keine Verbannten der zweiten Kategorie mehr kamen. Von nun an wurde das Zuchthaus ausschließlich mit militärischen Arrestanten bevölkert, also mit Leuten, die ihre Standesrechte noch nicht verloren hatten und sich von den anderen Soldaten nur dadurch unterschieden, dass sie eine Strafe abbüßten; sie kamen für kurze Fristen (höchstens für sechs Jahre) ins Zuchthaus und kehrten nach dem Austritt aus dem Zuchthaus in ihre Bataillone als die gleichen Soldaten zurück, wie sie früher waren. Übrigens bekamen diejenigen, die wegen eines neuen Vergehens ins Zuchthaus zurückkehrten, genau wie früher eine zwanzigjährige Strafzeit zudiktiert. Wir hatten übrigens auch schon vor dieser Veränderung eine eigene Abteilung von Militärarrestanten gehabt, aber diese lebten mit uns zusammen, da für sie kein eigener Raum da war. Nun wurde das ganze Zuchthaus in eine einzige Militärabteilung verwandelt. Selbstverständlich blieben die schon vorhandenen Zivilarrestanten, die aller Bürgerrechte beraubten, gebrandmarkten, echten Zuchthäusler mit den zur Hälfte rasierten Köpfen, auch noch weiter im Zuchthaus, bis zur Abbüßung ihrer vollen Straffristen; neue kamen nicht, die Verbliebenen absolvierten aber einer nach dem anderen ihre Strafzeiten und wurden entlassen, sodass nach etwa zehn Jahren in unserem Zuchthaus kein einziger Zivilarrestant mehr bleiben konnte. Auch die Besondere Abteilung blieb bestehen, und in diese kamen von Zeit zu Zeit die schwersten militärischen Verbrecher, »bis zur Einführung der schwersten Zwangsarbeit in Sibirien«, wie es im Gesetz hieß. So ging unser Leben eigentlich seinen früheren Gang; dieselbe Ordnung, dieselbe Verpflegung, dieselbe Arbeit, nur war die Aufsichtsbehörde eine andere und kompliziertere geworden. Es wurde ein Stabsoffizier als Kommandeur der ganzen Strafkompanie ernannt, und neben ihm vier Offiziere, die abwechselnd den Dienst im Zuchthaus versahen. Die Invaliden wurden abgeschafft und statt ihrer zwölf Unteroffiziere und ein Oberaufseher angestellt. Der ganze Bestand an Arrestanten wurde in Gruppen von je zehn Mann eingeteilt; es wurden Gefreite aus der Zahl der Arrestanten selbst ernannt, natürlich nur nominell; selbstverständlich wurde Akim Akimytsch sofort Gefreiter. Diese ganze neue Einrichtung und das ganze Zuchthaus mit allen seinen Beamten und Arrestanten blieb nach wie vor unter dem Oberbefehl des Kommandanten. Das ist alles, was geschah. Die Arrestanten regten sich anfangs natürlich sehr auf; sie besprachen die Veränderungen und stellten Vermutungen über die neuen Vorgesetzten an; als sie aber sahen, dass alles eigentlich beim Alten blieb, so beruhigten sie sich sofort, und unser Leben nahm seinen alten Gang. Das Wichtigste aber war, dass alle nun von dem früheren Major erlöst waren; alle atmeten erleichtert auf und fassten neuen Mut. Das verängstigte Wesen verschwand; ein jeder wusste jetzt, dass er sich im Notfall mit seinem Vorgesetzten auseinandersetzen durfte und dass ein Unschuldiger höchstens nur aus Versehen statt eines Schuldigen bestraft werden konnte. Selbst der Branntweinhandel wurde bei uns in der alten Form weiter betrieben, obwohl statt der früheren Invaliden Unteroffiziere eingesetzt waren. Diese Unteroffiziere erwiesen sich in den meisten Fällen als anständige, vernünftige Menschen, die für ihre Stellung volles Verständnis hatten. Einige von ihnen versuchten übrigens in der ersten Zeit, sich wichtig zu machen und die Arrestanten, natürlich aus Unerfahrenheit, wie Soldaten zu behandeln. Aber auch sie begriffen bald die Sachlage. Die anderen, die sie lange nicht begreifen wollten, wurden aber von den Arrestanten selbst aufgeklärt. Es gab ziemlich heftige Zusammenstöße: man verführte z. B. so einen Unteroffizier, machte ihn betrunken und meldete hinterher ihm selbst, natürlich in der entsprechenden Form, dass er mit den Arrestanten getrunken hätte und folglich … Schließlich sahen die Unteroffiziere gleichgültig zu oder sahen, richtiger gesagt, überhaupt nicht, wie man die Därme einschmuggelte und den Branntwein verkaufte. Noch mehr als das. Sie gingen wie die früheren Invaliden auf den Markt und kauften für die Arrestanten Semmeln, Fleisch und alles übrige, d. h. solche Dinge, die sie ohne großes Risiko ins Zuchthaus bringen konnten. Welchen Zweck alle diese Veränderungen hatten, wozu die Arrestantenkompanie eingeführt wurde, weiß ich nicht zu sagen. Dies geschah in den letzten Jahren meines Zuchthauslebens. Aber zwei Jahre musste ich noch unter diesen neuen Verhältnissen leben …

Soll ich dieses ganze Leben, alle meine Zuchthausjahre schildern? Ich glaube nicht. Wenn ich der Reihe nach alles beschreiben wollte, was in diesen Jahren geschah, was ich sah und erlebte, so könnte ich natürlich damit drei- und viermal mehr Kapitel füllen, als ich bis jetzt geschrieben habe. Aber eine solche Schilderung muss auf die Dauer allzu eintönig werden. Alle Erlebnisse erscheinen auf den gleichen Ton gestimmt, besonders für den Leser, der schon aus den niedergeschriebenen Kapiteln ein einigermaßen genügendes Bild vom Leben eines Zuchthäuslers der zweiten Kategorie gewonnen hat. Ich wollte nur unser ganzes Zuchthaus und alles, was ich in diesen Jahren erlebt habe, in einem anschaulichen und farbenreichen Bild schildern. Ob ich dies erreicht habe, weiß ich nicht. Ich bin auch wohl nicht berufen, darüber zu urteilen. Aber ich bin überzeugt, dass ich hier aufhören kann. Außerdem überkommt mich selbst bei diesen Erinnerungen zuweilen eine trübe Stimmung. Ich kann mich auch nicht auf alles besinnen. Die späteren Jahre sind irgendwie meinem Gedächtnis entschwunden. Ich bin überzeugt, dass ich viele Umstände vollständig vergessen habe. Ich erinnere mich nur, dass alle diese Jahre, die einander so ähnlich waren, matt und traurig dahingingen. Diese langen, langweiligen Tage waren so eintönig, wie wenn Regenwasser vom Dach tropft. Ich weiß nur noch, dass nur das leidenschaftliche Verlangen nach einer Auferstehung, nach einer Erneuerung, nach einem neuen Leben mir die Kraft gab, zu warten und zu hoffen. Und ich fand schließlich diese Kraft. Ich wartete, ich zählte jeden Tag, und obwohl mir ihrer noch tausend blieben, strich ich jeden einzelnen aus der Gesamtzahl, trug ihn zu Grabe und freute mich beim Anbruch eines neuen Tages, dass ihrer nicht mehr tausend, sondern nur neunhundertneunundneunzig blieben. Ich erinnere mich, dass ich mich während dieser ganzen Zeit, trotz der Hunderte von Genossen, furchtbar vereinsamt fühlte und diese Vereinsamung zuletzt lieb gewann. Seelisch vereinsamt, unterzog ich mein ganzes bisheriges Leben einer Revision, nahm alles, bis zum geringsten Detail darin durch, versenkte mich in meine Vergangenheit, hielt über mich ein unbarmherziges und strenges Gericht und segnete sogar zuweilen mein Schicksal dafür, dass es mir diese Vereinsamung gesandt hatte, ohne die weder dieses strenge Gericht über mich selbst, noch die strenge Durchsicht meines früheren Lebens möglich gewesen wäre. Was für Hoffnungen füllten damals mein Herz! Ich glaubte, ich hatte beschlossen und mir den Eid abgenommen, dass es in meinem künftigen Leben keine solche Fehler und Verirrungen mehr geben solle, wie sie es früher waren. Ich stellte mir ein Programm für die ganze Zukunft auf und nahm mir vor, es streng zu befolgen. In mir erwachte von neuem der blinde Glaube, dass ich dies alles erfüllen würde und auch erfüllen könne … Ich wartete auf die Freiheit und rief sie so schnell wie möglich herbei; ich wollte mich wieder in einem neuen Kampf erproben. Zuweilen bemächtigte sich meiner eine krampfhafte Ungeduld … Aber es ist mir jetzt schmerzhaft, an meine damalige Stimmung zurückzudenken. Natürlich geht dies alles nur mich allein an … Aber darum habe ich auch dies alles aufgezeichnet, weil ich glaube, dass jeder es begreifen wird und es einem jeden ebenso gehen wird, wenn er in der Blüte seiner Jahre und Kräfte für eine bestimmte Zeit ins Gefängnis kommt.

Aber was soll ich darüber reden! … Ich will lieber noch etwas berichten, um meine Schilderung nicht allzu gewaltsam abzubrechen.

Es ist mir eingefallen, dass vielleicht jemand fragen wird, ob es denn ganz unmöglich gewesen sei, aus dem Zuchthaus zu fliehen, und ob bei uns während dieser ganzen Jahre niemand entflohen wäre. Ich sagte schon, dass ein Arrestant, der zwei oder drei Jahre im Zuchthaus zugebracht hat, diese Jahre zu schätzen anfängt und unwillkürlich zur Einsicht gelangt, dass es besser sei, den Rest ohne Sorgen und Gefahren zu absolvieren, um dann auf gesetzliche Weise als Ansiedler entlassen zu werden. Dieser Einsicht ist aber nur ein Arrestant zugänglich, der für eine nicht allzu lange Frist verschickt worden ist. Ein für viele Jahre Verurteilter ist mitunter bereit, zu riskieren … Aber es kam bei uns im Allgemeinen nicht vor. Ich weiß nicht, ob sie zu feige waren, oder ob die Aufsicht allzu streng oder die Lage unserer Stadt (in der offenen Steppe) allzu ungünstig gewesen ist. Ich glaube, alle diese Ursachen wirkten zusammen. Es war tatsächlich recht schwer zu entfliehen. Und doch ereignete sich zu meiner Zeit ein solcher Fall: Zwei Arrestanten riskierten es, dazu noch zwei von den schwersten Verbrechern …

Nach der Absetzung des Majors blieb A-w (derjenige, der ihm als Spion im Zuchthaus diente) ganz allein, ohne jede Protektion. Er war noch sehr jung, aber sein

Charakter hatte sich mit den Jahren gefestigt. Er war überhaupt ein frecher, entschlossener und sogar sehr intelligenter Mensch. Wenn er die Freiheit erlangt hätte, so wäre er wohl imstande gewesen, noch weiter zu spionieren und sich durch ähnliche gemeine Dienste zu ernähren, aber er wäre doch nicht so dumm und unvernünftig hereingefallen wie bei seinen ersten Versuchen, als er seine Dummheit mit der Verschickung hatte büßen müssen. Er übte sich unter anderem auch in der Anfertigung von falschen Pässen. Dieses will ich jedoch nicht positiv behaupten. Ich habe es nur von unseren Arrestanten gehört. Man erzählte sich, dass er sich auf diesem Gebiet schon früher betätigt habe, als er noch zum Platzmajor in die Küche ging, und dass er davon entsprechende Einnahmen gehabt hätte. Mit einem Wort, er wäre wohl zu allem fähig gewesen, um sein Schicksal zu verändern. Ich hatte einmal die Gelegenheit, in seine Seele hineinzublicken: sein Zynismus ging bis zu einer empörenden Frechheit, bis zur kältesten Verhöhnung und erregte einen unüberwindlichen Ekel. Mir scheint, wenn er große Lust gehabt hätte, ein Gläschen Branntwein zu trinken und dieses Gläschen auf keine andere Weise hätte bekommen können, als dass er dazu einen Menschen ermorden müsste, so hätte er unbedingt den Menschen ermordet, wenn es nur möglich gewesen wäre, es in aller Heimlichkeit zu machen. Im Zuchthaus hatte er Vorsicht gelernt. Auf diesen Menschen richtete nun seine Aufmerksamkeit der Arrestant Kulikow aus der Besonderen Abteilung.

Von Kulikow habe ich schon gesprochen. Er war nicht mehr jung, aber leidenschaftlich, zäh, stark, mit außerordentlichen und mannigfaltigen Fähigkeiten begabt. In ihm steckte eine ungebrochene Kraft, und er wollte sich noch ausleben; solche Menschen haben bis ins hohe Alter das Bedürfnis, sich auszuleben. Wenn ich mich darüber gewundert hätte, dass bei uns keine Fluchtversuche unternommen wurden, so würde ich mich natürlich zu allererst über diesen Kulikow gewundert haben. Aber Kulikow entschloss sich dazu. Wer von den beiden den größeren Einfluss auf den andern hatte, ob A-w auf Kulikow oder Kulikow auf A-w, weiß ich nicht, aber beide waren einander wert und ergänzten sich bei diesem Unternehmen in der besten Weise. Sie schlossen Freundschaft. Mir scheint, Kulikow rechnete darauf, dass A-w die nötigen Pässe herstellen würde. A-w war adliger Abstammung, aus guten Gesellschaftskreisen – dieses versprach eine reiche Abwechslung in den künftigen Abenteuern, wenn sie nur erst Russland erreicht haben würden. Wer weiß, was für Verabredungen sie unter sich trafen und was für Hoffnungen sie hatten; wahrscheinlich gingen aber ihre Hoffnungen über die gewöhnliche Routine der sibirischen Landstreicher hinaus. Kulikow war von Natur ein Schauspieler und konnte sich im Leben viele verschiedene Rollen wählen; er durfte auf vieles hoffen, jedenfalls auf Abwechslung. Auf solchen Leuten lastet das Zuchthausleben besonders schwer. Sie verabredeten zu fliehen.

Aber ohne Mitwirkung des Begleitsoldaten konnte man nicht fliehen. Man musste auch diesen zur Flucht überreden. In einem der Bataillone, die in der Festung lagen, diente ein Pole, ein energischer Mensch, der vielleicht ein besseres Schicksal verdiente, ein schon bejahrter, tapferer und ernster Mann. In seinen jungen Jahren war er, gleich nachdem er als Soldat nach Sibirien gekommen war, aus tiefem Heimweh geflohen. Er wurde eingefangen, gezüchtigt und für zwei Jahre in die Strafkompanie eingereiht. Als er dann wieder ins Regiment kam, besann er sich eines Besseren, tat seinen Dienst gewissenhaft und eifrig und wurde zur Belohnung zum Gefreiten befördert. Er war ein Mensch mit Ehrgeiz und Selbstvertrauen. Er blickte und sprach immer wie ein Mensch, der sich seines Wertes bewusst ist. Ich hatte ihn während dieser Jahre einige Male unter unseren Begleitsoldaten getroffen. Auch unsere Polen hatten mir einiges über ihn erzählt. Ich hatte den Eindruck, dass sein früheres Heimweh sich in ihm in einen ständigen, dumpfen, versteckten Hass verwandelt habe. Dieser Mensch war zu allem fähig, und Kulikow hatte sich nicht getäuscht, als er ihn sich zum Genossen wählte. Sein Name war Koller. Sie einigten sich und setzten den Tag fest. Es war im Juni, in der heißesten Jahreszeit. Das Klima in dieser Stadt ist ziemlich gleichmäßig; im Sommer herrscht beständiges warmes Wetter, und das ist für einen Landstreicher sehr vorteilhaft. Natürlich konnten sie die Flucht nicht direkt von der Festung aus unternehmen; die ganze Stadt lag frei und von allen Seiten offen. Ringsum gab es ziemlich weit keine Wälder. Man musste sich also bürgerliche Kleidung verschaffen und zu diesem Zweck in die Vorstadt kommen, wo Kulikow von früher her einen Unterschlupf hatte. Ich weiß nicht, ob seine Freunde in der Vorstadt in das Geheimnis eingeweiht waren. Es ist anzunehmen, dass es wohl der Fall war, obwohl sich dies später bei der Untersuchung nicht völlig aufklären ließ. In jenem Jahr begann in einem Winkel dieser Vorstadt ein junges, recht hübsches Mädchen, mit dem Spitznamen Wanjka-Tanjka ihre Laufbahn; sie berechtigte damals zu großen Hoffnungen, die sie später zum Teil auch erfüllte. Man nannte sie auch »Feuer«. Auch sie scheint an der Sache beteiligt gewesen zu sein. Kulikow hatte sich ihr zuliebe schon seit einem ganzen Jahr ruiniert. Die Gesellschaft richtete es des Morgens beim Abmarsch zur Arbeit so ein, dass man sie mit dem Arrestanten Schilkin, einem Ofensetzer und Maurer, schickte, um die leeren Bataillonskasernen, aus denen die Soldaten für den Sommer in ein Zeltlager gezogen waren, neu zu tünchen. A-w und Kulikow wurden ihm als Handlanger mitgegeben. Koller ließ sich ihnen als Begleitsoldat beigeben, da aber drei Arrestanten nach den Vorschriften zwei Wachsoldaten erfordern, so gab man dem Koller als einem alten Soldaten und Gefreiten einen jungen Rekruten mit, damit er ihn im Wachdienst unterweise. Unsere Flüchtlinge haben also einen außerordentlich starken Einfluss auf Koller haben müssen, wenn dieser kluge, solide und berechnende Mann sich nach einer so langjährigen und in der letzten Zeit so erfolgreichen Dienstkarriere entschlossen hatte, ihnen zu folgen.

Sie kamen in die Kaserne. Es war sechs Uhr früh. Außer ihnen war niemand da. Nachdem sie etwa eine Stunde gearbeitet hatten, sagten Kulikow und A-w zu Schilkin, dass sie zur Werkstätte gehen wollten, erstens um jemand zu sprechen, und zweitens, um bei dieser Gelegenheit einige fehlende Werkzeuge mitzunehmen. Mit Schilkin mussten sie es sehr schlau anfangen, d. h. möglichst natürlich. Er war ein Moskauer Kleinbürger, ein Ofensetzer vom Fach, ein schlauer, durchtriebener, kluger und wortkarger Mensch. Von Aussehen war er schwächlich und hager. Er hätte wohl sein Lebtag eine Weste und einen Hausrock, die Tracht eines Moskauer Handwerkers tragen sollen, aber das Schicksal hatte es anders gewollt, und er kam nach langen Irrfahrten zu uns auf Lebenszeit in die Besondere Abteilung, d. h. in die Klasse der schwersten militärischen Verbrecher. Womit er diese Karriere verdient hatte, weiß ich nicht; aber eine besondere Unzufriedenheit war an ihm niemals wahrzunehmen; er benahm sich friedlich und gleichmäßig, betrank sich nur ab und zu wie ein Schuster, betrug sich aber auch im Rausch anständig. Ins Geheimnis war er natürlich nicht eingeweiht, aber er hatte scharfe Augen. Kulikow machte ihm natürlich eine Andeutung, dass sie den Branntwein abholen wollten, den sie in der Werkstätte schon einen Tag vorher vorbereitet hatten. Dies machte auf Schilkin Eindruck; er ließ sie ohne Argwohn gehen und blieb mit dem jungen Rekruten zurück, während Kulikow, A-w und Koller sich in die Vorstadt begaben.

Es verging eine halbe Stunde; sie kamen noch immer nicht zurück, und das fiel Schilkin auf. Er selbst war ja mit allen Wassern gewaschen. Er begann sich zu besinnen: Kulikow hatte eine eigentümliche Stimmung gezeigt, A-w hatte mit ihm zweimal geflüstert oder ihm mindestens zugeblinzelt, das hatte er gesehen; nun konnte er sich auf alles besinnen. Auch Koller war ihm aufgefallen; er hatte vor dem Weggehen dem Rekruten einen Vortrag gehalten, wie er sich in seiner Abwesenheit zu benehmen habe, und dies war bei Koller nicht recht natürlich. Mit einem Wort, je mehr Schilkin über die Sache nachdachte, um so verdächtiger erschien sie ihm. Es wurde indessen immer später, sie kehrten nicht zurück, und seine Unruhe erreichte den höchsten Grad. Er wusste sehr gut, was er dabei selbst riskierte: der Verdacht der Obrigkeit musste ja auch auf ihn fallen. Man konnte ja annehmen, dass er die Genossen in Kenntnis ihrer Absicht und im Einverständnis mit ihnen habe fortgehen lassen, und wenn er noch länger wartete und keine Anzeige erstattete, müsste dieser Verdacht eine noch größere Wahrscheinlichkeit gewinnen. Er durfte also keine Zeit verlieren. Jetzt erinnerte er sich auch, dass Kulikow und A-w in der letzten Zeit besonders intim miteinander waren, oft getuschelt hatten und häufig hinter den Kasernen, fern von allen Augen, herumgegangen waren. Es fiel ihm ein, dass er sich auch schon damals Gedanken über sie gemacht hatte … Er blickte seinen Bewacher prüfend an; dieser gähnte, auf das Gewehr gestützt, und putzte sich auf die unschuldigste Weise mit dem Finger die Nase; Schilkin erwies ihm daher nicht einmal die Ehre, ihn in seinen Verdacht einzuweihen, sondern sagte ihm ganz einfach, er solle ihn in die Ingenieurwerkstätte begleiten. In der Werkstätte wollte er fragen, ob sie dort angekommen seien. Es erwies sich aber, dass sie dort niemand gesehen hatte. Nun bestanden für Schilkin keine Zweifel mehr: Selbst dass sie sich einfach in die Vorstadt begeben haben, um da zu trinken und zu bummeln, was Kulikow manchmal zu tun pflegte, dachte sich Schilkin, ist unwahrscheinlich. Dann würden sie es ihm gesagt haben, denn so etwas würden sie vor ihm nicht verheimlichen. Schilkin brach seine Arbeit ab und begab sich, ohne erst nach der Kaserne zurückzukehren, direkt ins Zuchthaus.

Es war schon fast neun Uhr, als er zum Feldwebel kam und ihm meldete, was geschehen war. Der Feldwebel bekam natürlich große Angst und wollte es anfangs gar nicht glauben. Schilkin teilte ihm dies alles natürlich nur als einen Verdacht mit.

Der Feldwebel stürzte sofort zum Major. Der Major begab sich unverzüglich zum Kommandanten. Nach einer Viertelstunde hatte man schon alle notwendigen Maßregeln ergriffen. Man meldete es sofort dem Generalgouverneur. Es waren ja besonders wichtige Verbrecher, und ihretwegen konnte aus Petersburg eine heftige Rüge kommen. A-w wurde, ob mit Recht oder Unrecht, zu den politischen Verbrechern gerechnet; Kulikow aber gehörte der »Besonderen Abteilung« an, war also ein Erzverbrecher und dazu noch ein militärischer. Es war bisher noch nie vorgekommen, dass jemand aus der »Besonderen Abteilung« entwichen wäre. Bei dieser Gelegenheit erinnerte man sich, dass die Vorschrift für jeden Arrestanten aus der »Besonderen Abteilung« bei der Arbeit zwei oder wenigstens einen Wachsoldaten verlangte. Diese Vorschrift war also hier verletzt worden. Die Sache konnte also recht unangenehm werden. Es wurden Extraboten nach allen Dorfgemeinden, nach allen Flecken in der Umgegend geschickt, um die Nachricht von der Flucht zu verbreiten und überall das Signalement der Flüchtlinge zu hinterlassen. Man sandte Kosaken aus, um sie einzuholen und einzufangen; man schrieb nach allen benachbarten Landkreisen und Gouvernements … Mit einem Wort, man bekam ordentlich Angst.

Indessen begann bei uns im Zuchthaus eine Aufregung anderer Art. Die Arrestanten erfuhren, als sie von den Arbeiten zurückkehrten, von der Sache. Die Nachricht hatte bald alle erreicht. Alle nahmen sie mit einer außerordentlichen, heimlichen Freude auf. Einem jeden erzitterte das Herz … Außerdem hatte dieses Ereignis die Eintönigkeit des Zuchthauslebens unterbrochen und den Ameisenhaufen aufgewühlt; eine Flucht, noch dazu eine solche Flucht weckte in jeder Seele einen Widerhall und brachte längst vergessene Saiten zum Klingen; in allen Herzen regte sich etwas wie Hoffnung, Unternehmungslust, der Gedanke an die Möglichkeit, sein Schicksal zu ändern. »Da sind sie wirklich entflohen; warum sollten wir es nicht auch? …« Und ein jeder fasste bei diesem Gedanken neuen Mut und sah die andern herausfordernd an. Jedenfalls fingen plötzlich alle an, die Unteroffiziere stolz und von oben herab anzusehen. Selbstverständlich eilten die Vorgesetzten sofort ins Zuchthaus. Auch der Kommandant selbst kam gefahren. Unsere Arrestanten blickten kühn, sogar etwas verächtlich, mit einem eigentümlichen stummen und strengen Ernst, als wollten sie sagen: »Ja, wir verstehen wohl, so eine Sache zu deichseln!« Natürlich hatte man bei uns das Erscheinen sämtlicher Vorgesetzter schon vorhergesehen. Man hatte auch mit Durchsuchungen gerechnet und alles rechtzeitig versteckt. Man wusste, dass die Vorgesetzten in solchen Fällen eine verspätete Voraussicht zu zeigen pflegen. So kam es auch. Es gab ein großes Durcheinander, alles wurde durchsucht und durchwühlt, aber natürlich nichts gefunden. Zur Nachmittagsarbeit wurden die Arrestanten unter verstärkter Bewachung geschickt. Abends sahen die Wachsoldaten jeden Augenblick ins Zuchthaus hinein und zählten die Leute einmal mehr als sonst. Dabei verrechneten sie sich zweimal mehr als sonst. Es gab daher ein neues Durcheinander. Man trieb alle auf den Hof hinaus und zählte sie noch einmal durch. Dann zählte man noch einmal in den Kasernen nach … Mit einem Wort, die Obrigkeit hatte alle Hände voll zu tun.

Aber die Arrestanten machten sich nichts daraus. Alle blickten äußerst selbstbewusst drein und benahmen sich wie immer in solchen Fällen den ganzen Abend ungewöhnlich solide. »Es ist an unserem Benehmen nichts auszusetzen.« Die Vorgesetzten dachten sich natürlich, ob im Zuchthaus nicht Helfershelfer der Flüchtlinge zurückgeblieben seien, und gaben den Befehl, bei den Arrestanten herumzuhorchen. Aber die Arrestanten lachten nur darüber. »Bei einem solchen Unternehmen lässt man doch keine Helfershelfer zurück!« – »So eine Sache wird mit unhörbaren Schritten gemacht.« – »Sind denn Kulikow und A-w solche Menschen, dass sie dabei irgendwelche Spuren hinterlassen könnten? Sie haben es meisterhaft, in aller Stille gemacht. Die Leute sind eben mit allen Wassern gewaschen und können durch verschlossene Türen gehen!« Mit einem Wort, der Ruhm Kulikows und A-ws war gewachsen; alle waren auf sie stolz. Man fühlte, dass der Bericht von ihrer Heldentat die entfernteste Generation der Arrestanten erreichen und das Zuchthaus überleben würde.

»Geschickte Burschen!« sagten die einen.

»Man glaubte, bei uns könne niemand davonlaufen. Nun sind diese doch davongelaufen! …« fügten andere hinzu.

»Ja, davongelaufen!« meldete sich ein dritter und sah sich mit Überlegenheit um. »Wer ist aber davongelaufen? … Etwa so ein Mensch wie du?«

Zu einer andern Zeit hätte der Arrestant, an den diese Worte gerichtet waren, sicher auf die Herausforderung reagiert und seine Ehre verteidigt. Jetzt aber ließ er sich das schweigend gefallen. »Nicht alle sind doch so wie Kulikow und A-w; man muss erst zeigen, was man kann …«

»Warum leben wir noch hier, Brüder?« unterbricht das Schweigen ein vierter, der bescheiden am Küchenfenster sitzt und die Backe mit der Hand stützt. Vor lauter Rührung und Selbstzufriedenheit spricht er in einem singenden Ton. »Was sind wir hier? Solange wir hier leben, sind wir keine Menschen, und wenn wir gestorben sind, sind wir keine Leichen. Ach!«

»Das Zuchthausleben ist kein Stiefel; du kannst es nicht vom Fuß werfen. Brauchst nicht zu ächzen!«

»Aber Kulikow …« mischte sich ein Gelbschnabel, ein junger, hitziger Bursche ein.

»Ja, Kulikow!« fiel ihm sofort ein anderer ins Wort, ihn voller Verachtung anschielend. »Kulikow!«

Das sollte bedeuten: Gibt es viele Kulikows?

»Aber auch A-w ist ein tüchtiger Kerl, Brüder!«

»Und ob! Dieser wickelt sich auch den Kulikow um die Finger. Wenn der etwas macht, so lässt er keine Spur zurück!«

»Es wäre doch interessant zu wissen, Brüder, ob sie wohl schon weit weg sind …«

Sofort begann ein Gespräch darüber, wie weit sie schon sein mögen. Nach welcher Richtung sie wohl gegangen seien? Welche Dorfgemeinde die nächste sei? Es fanden sich Leute, die die Umgegend kannten. Man hörte ihnen mit Interesse zu. Man sprach von den Bewohnern der nächsten Dörfer und stellte fest, dass diese ungeeignet seien: in der Nähe der Stadt wohnen doch lauter geriebene Leute! Die werden

den Arrestanten nicht helfen, sondern sie einfangen und ausliefern. »Da wohnen böse Bauern, Brüder! Sehr böse Bauern!«
»Unverlässliche Bauern.«
»So ein Sibirier hat gesalzene Ohren. Man komme ihm nicht in die Quere, er schlägt einen tot.«
»Aber die unsrigen sind doch auch nicht auf den Kopf gefallen …«
»Selbstverständlich, man kann nicht wissen, es hängt davon ab, wer wen unterkriegt. Die unsrigen sind auch nicht so dumm.«
»Wenn wir nicht sterben, so hören wir noch, wie die Sache ausgegangen ist.«
»Was denkst du dir? Dass man sie einfängt?«
»Ich glaube, dass man sie nie und nimmer einfängt!« ruft einer von den Hitzigen, mit der Faust auf den Tisch hauend.
»Hm! Es kommt darauf an, wie die Sache geht.«
»Ich denke mir aber Brüder«, ergreift plötzlich Skuratow das Wort: »Wenn ich Landstreicher wäre, würden sie mich niemals einfangen!«
»Ja, dich!«
Die einen beginnen zu lachen; die andern tun so, als wollten sie überhaupt nicht mehr zuhören. Aber Skuratow ist schon in Schwung gekommen.
»Nie im Leben werden sie mich fangen!« wiederholt er mit aller Energie. »Ich denke oft darüber nach, Brüder, und muss mich über mich selbst wundern. Ich glaube, ich würde durch jede Ritze kriechen, aber fangen würden sie mich nicht.«
»Wenn du Hunger kriegst, gehst du zum Bauern und bittest um Brot.«
Alle lachen.
»Um Brot? Unsinn!«
»Was schwatzt du überhaupt? Du und Onkel Wassja habt eine Dorfhexe erschlagen und seid deswegen hergekommen.«
Das Lachen wird noch stärker. Die Ernsten blicken noch entrüsteter.
»Es ist gelogen!« schreit Skuratow: »Das hat Mikitka erfunden, und auch gar nicht über mich, sondern über Wassja; mich hat man dann in das Märchen hineingezogen. Ich bin Moskauer und von Kind auf in der Landstreicherei erfahren. Als mich der Küster lesen lehrte, pflegte er mich am Ohr zu ziehen und zu sagen: ›Sprich mir nach: Erbarme dich meiner, Herr, und verzeih! …‹ Ich sprach aber: ›Gendarm, führe mich auf die Polizei …‹ So habe ich es schon als Kind getrieben.«
Alle lachten wieder. Das war aber alles, was Skuratow wollte. Es war ihm unmöglich, keine Dummheiten zu machen. Bald hörte man nicht mehr auf ihn und vertiefte sich wieder in ernste Gespräche. Es waren vorwiegend die Alten und Erfahrenen, die sich am Gespräch beteiligten. Die Jüngeren und Bescheideneren freuten sich nur beim Zuhören und steckten ihre Köpfe vor; in der Küche hatte sich eine große Menge angesammelt. Die Unteroffiziere waren natürlich nicht dabei. Unter denen, die sich besonders freuten, fiel mir der Tatare Mahmetka auf, ein kleingewachsener Kerl mit breiten Backenknochen, eine außergewöhnlich komische Figur. Er sprach fast kein Wort Russisch und verstand fast nichts davon, was die andern sprachen, aber er streckte auch seinen Kopf vor und hörte mit Genuss zu.

»Nun, Mahmetka, jakschi?« wandte sich an ihn vor lauter Langeweile der von allen verschmähte Skuratow.
»Jakschi! Ach, jakschi!« murmelte ganz aufgeregt Mahmetka, wobei er Skuratow mit seinem drolligen Kopfe zunickte: »Jakschi!«
»Man wird sie doch nicht einfangen? Jok?«
»Jok, jok!« Mahmetka begann wieder zu nicken und diesmal auch mit den Armen zu fuchteln.
»Also sind wir uns einig, was?«
»Ja, ja, jakschi!« bestätigte Mahmetka, mit dem Kopf nickend.
»Na, also jakschi!«
Skuratow schlug ihn auf die Mütze, stülpte sie ihm über die Augen und ging in der lustigsten Stimmung aus der Küche, den Tataren in einigem Erstaunen zurücklassend.
Eine ganze Woche dauerte die strenge Ordnung im Zuchthaus und die angestrengteste Suche in der Umgegend. Ich weiß nicht, auf welche Weise, aber die Arrestanten waren stets über alle Manöver der Obrigkeit außerhalb des Zuchthauses aufs Genaueste unterrichtet. In den ersten Tagen lauteten die Nachrichten für die Flüchtlinge günstig. Es war von ihnen nichts zu sehen und zu hören, sie waren spurlos verschwunden. Die Arrestanten lächelten nur. Jede Sorge über das Schicksal der Flüchtlinge war verschwunden. »Man wird nichts finden und niemand einfangen!« sagte man bei uns mit Befriedigung.
»Die sind wie in die Erde versunken!«
»Leben Sie wohl, essen Sie Kohl!«
Man wusste bei uns, dass man alle Bauern der ganzen Gegend auf die Beine gebracht hatte und alle verdächtigen Orte, alle Wälder und Schluchten bewachen ließ.
»Das nützt alles nichts!« sagten die Unsrigen lächelnd. »Die haben sicher einen Helfer, bei dem sie sich jetzt aufhalten.«
»Sicher haben sie einen!« sagten die anderen. »Die sind nicht so dumm, haben sich alles vorher überlegt.«
Man ging in den Mutmaßungen noch weiter. Man sagte sich, die Flüchtlinge hielten sich vielleicht noch immer in der Vorstadt auf und warteten in irgendeinem Keller ab, bis die Aufregung sich gelegt habe und ihnen die Haare gewachsen seien. So würden sie ein halbes oder ein ganzes Jahr warten und sich dann auf die Beine machen …
Mit einem Wort, alle fühlten sich wie an einem Roman beteiligt. Plötzlich kam aber acht Tage nach der Flucht das Gerücht, dass man ihnen auf der Spur sei. Das unsinnige Gerücht wurde natürlich sofort mit Verachtung zurückgewiesen. Aber am gleichen Abend wurde es von neuem bestätigt. Die Arrestanten wurden unruhig. Am nächsten Morgen verbreitete sich in der Stadt die Nachricht, man hätte sie bereits eingefangen und sei mit ihnen unterwegs. Am Nachmittag erfuhr man noch mehr Einzelheiten. Man hätte sie in einer Entfernung von siebzig Werst im Dorf so und so eingefangen. Endlich kamen ganz zuverlässige Nachrichten. Als der Feldwebel vom Major zurückkam, erklärte er auf das Bestimmteste, dass man sie gegen Abend

auf die Hauptwache am Zuchthaus bringen würde. Nun durfte man nicht länger zweifeln. Der Eindruck, den diese Nachricht auf die Arrestanten machte, lässt sich schwer wiedergeben. Anfangs gerieten alle in Wut, darauf wurden sie traurig. Dann machte sich eine Art Spottlust bemerkbar. Man begann zu spotten, aber nicht mehr über die Verfolger, sondern über die Gefangenen; zuerst spotteten nur wenige, dann fast alle, mit Ausnahme einiger ernster und solider Leute, die selbständig dachten und sich durch die Spöttereien nicht aus dem Konzept bringen ließen. Sie blickten mit Verachtung auf den Leichtsinn der Masse und schwiegen.

Mit einem Wort, Kulikow und A-w wurden jetzt im gleichen Maß herabgesetzt, sogar mit Genuss herabgesetzt, in dem man sie früher gerühmt hatte. Es war, wie wenn sich alle durch irgendetwas gekränkt fühlten. Die Arrestanten erzählten sich voller Verachtung, dass die Flüchtlinge Hunger bekommen hätten; sie hätten ihn nicht ertragen können und seien ins Dorf zu den Bauern gegangen, um Brot zu bitten. Dies war aber schon die tiefste Stufe der Erniedrigung für einen Landstreicher. Diese Berichte erwiesen sich übrigens als unwahr. Man hatte die Flüchtlinge aufgespürt; sie hatten sich in einem Wald versteckt, und man hatte diesen von allen Seiten umstellt. Als sie nun keine Möglichkeit sahen, zu entkommen, ergaben sie sich selbst. Es blieb ihnen auch nichts anderes übrig.

Als man sie aber am Abend wirklich brachte, an Händen und Füßen gebunden, von Gendarmen bewacht, lief das ganze Zuchthaus zu den Palisaden hinaus, um zu sehen, was man mit ihnen tun würde. Natürlich bekam man außer den Equipagen des Majors und des Kommandanten vor der Hauptwache nichts zu sehen. Die Flüchtlinge wurden in eine sogenannte »geheime« Zelle gesperrt, in Fesseln geschmiedet und gleich am nächsten Tag vors Gericht gestellt. Die Spöttereien und die Verachtung der Arrestanten schwanden bald von selbst. Man erfuhr den Sachverhalt genauer und stellte fest, dass den Flüchtlingen nichts anderes geblieben war, als sich zu ergeben. Nun verfolgten alle mit Teilnahme den Gang der Sache vor Gericht.

»Tausend Spießruten werden sie wohl kriegen«, sagten die einen.

»Ach, was, tausend!« meinten andere. »Man wird ihnen einfach den Garaus machen. A-w wird vielleicht wirklich mit einem Tausend davonkommen, den andern wird man aber totschlagen, denn er ist doch von der Besonderen Abteilung, Brüder.«

Die Vermutungen erwiesen sich jedoch als unrichtig. A-w bekam bloß fünfhundert; man zog nämlich sein bisheriges befriedigendes Betragen in Betracht und auch, dass die Flucht sein erstes Vergehen war. Kulikow bekam, glaube ich, fünfzehnhundert Spießruten. Die Exekution wurde ziemlich gnädig durchgeführt. Als kluge Menschen verwickelten sie vor Gericht niemand anderen in die Sache, machten ihre Aussagen klar und genau und behaupteten, dass sie direkt aus der Festung, ohne sich vorher irgendwo aufzuhalten, geflohen seien. Am meisten tat mir Koller leid. Er verlor alles, seine letzten Hoffnungen, bekam mehr als die anderen, ich glaube zweitausend Spießruten, und wurde in irgendein anderes Zuchthaus als Arrestant verschickt. A-w wurde mild, mit Mitleid bestraft; die Ärzte hatten sich seiner angenommen. Er aber prahlte und redete im Hospital laut, dass er jetzt alles riskieren werde, zu allem bereit sei und noch etwas ganz anderes unternehmen wolle. Kulikow benahm sich wie immer, d. h. solid und anständig, und sah, als er nach der Exekution ins Zuchthaus zurückkehrte, so aus, als ob er es niemals verlassen hätte. Die Arrestanten sahen ihn aber doch mit anderen Augen an; obwohl Kulikow immer und überall für sich einzutreten verstand, hörten die Arrestanten in der Tiefe ihres Herzens ihn zu achten auf und behandelten ihn von nun an mehr wie ihresgleichen. Mit einem Wort, nach diesem Fluchtversuch war der Ruhm Kulikows erheblich verblasst. Der Erfolg hat ja bei den Menschen so viel zu bedeuten!

X

Der Austritt aus dem Zuchthaus

Dies alles begab sich schon im letzten Jahr meines Zuchthauslebens. Dieses letzte Jahr habe ich fast ebenso lebhaft in Erinnerung wie das erste, besonders die allerletzte Zeit im Zuchthaus. Aber was soll ich von Einzelheiten reden? Ich erinnere mich nur, dass mir in diesem letzten Jahr trotz meiner ganzen Ungeduld, meine Frist möglichst schnell zu absolvieren, das Leben viel leichter fiel als in allen vorhergehenden Jahren meiner Verbannung. Erstens hatte ich schon unter den Arrestanten viele Bekannte und Freunde, die endgültig eingesehen hatten, dass ich ein guter Mensch sei. Viele von ihnen waren mir ergeben und hingen an mir mit aufrichtiger Liebe. Der »Pionier« weinte beinahe, als er mich und meinen Genossen aus dem Zuchthaus hinausbegleitete, und als wir später, nach dem Austritt aus dem Zuchthaus noch einen ganzen Monat in dieser Stadt in einem ärarischen Gebäude lebten, kam er fast jeden Tag zu uns, nur um uns zu sehen. Es gab aber auch einige Menschen, die bis ans Ende mürrisch und unfreundlich blieben, denen es wohl schwer fiel, mit mir ein Wort zu sprechen, – Gott weiß warum. Es war, als ob zwischen uns eine Mauer stünde.

In der letzten Zeit genoss ich überhaupt mehr Vergünstigungen als während meines ganzen vorhergehenden Zuchthauslebens. Unter den in dieser Stadt dienenden Militärs fanden sich Bekannte von mir, sogar alte Schulkameraden. Ich nahm meine Beziehungen zu ihnen wieder auf. Durch ihre Vermittlung konnte ich mir mehr Geld verschaffen, nach der Heimat schreiben und sogar Bücher bekommen. Ich hatte schon seit mehreren Jahren kein einziges Buch mehr gelesen, und ich kann nur schwer den seltsamen und aufregenden Eindruck wiedergeben, den auf mich das erste Buch machte, das ich im Zuchthaus las. Ich erinnere mich, dass ich am Abend, als die Kaserne geschlossen wurde, mit dem Lesen begann und die ganze Nacht bis zum Tagesanbruch las. Es war das Heft irgendeiner Zeitschrift. Mir war es, als hätte mich eine Nachricht aus einer anderen Welt erreicht; mein ganzes früheres Leben erstand grell und leuchtend vor meinen Augen, und ich bemühte mich mit Hilfe dessen, was ich las, zu erraten, wie weit ich hinter jenem Leben zurückgeblieben war. Ob sie dort ohne mich viel erlebt hätten, was sie jetzt aufrege, was für Fragen sie beschäftigten? Ich klammerte mich an jedes Wort, ich las zwischen den Zeilen, bemüht, einen geheimnisvollen Sinn, Andeutungen über das Frühere herauszulesen.

Ich suchte Spuren dessen, was früher, zu meiner Zeit, die Menschen erregt hatte, und es war mir nun in der Tat furchtbar traurig, zu erkennen, wie fremd ich diesem neuen Leben gegenüberstand: ich war zu einem vom Brotlaib abgeschnittenen Stück geworden. Nun musste ich mich an das Neue gewöhnen, Bekanntschaft mit der neuen Generation machen. Mit besonderer Spannung las ich den Artikel, unter dem ich die Unterschrift eines mir einst bekannten und nahen Menschen fand ... Aber es tönten auch schon neue Namen; es waren neue Menschen aufgetreten, und ich beeilte mich voller Ungeduld, sie kennenzulernen, und ärgerte mich, dass ich mir so wenig Bücher verschaffen konnte. Vorher, unter dem früheren Platzmajor war es sogar gefährlich gewesen, Bücher ins Zuchthaus zu bringen. Im Fall einer Durchsuchung wurde man todsicher gefragt: »Woher sind diese Bücher? Wo hast du sie her? Du unterhältst also Beziehungen mit der Außenwelt? ...« Was hätte ich aber auf solche Fragen antworten können? Darum vertiefte ich mich, ohne die Bücher lesend, unwillkürlich in mich selbst, stellte mir Fragen, bemühte mich, sie zu lösen, und quälte mich zuweilen mit ihnen ... Aber alles lässt sich doch nicht so einfach wiedergeben! ...

Ich war ins Zuchthaus im Winter eingetreten und musste daher auch im Winter in die Freiheit kommen, an demselben Datum, an dem ich eingetreten war. Mit welcher Ungeduld wartete ich auf den Winter, mit welchem Genuss sah ich am Ende des Sommers, wie das Laub an den Bäumen welkte und das Gras in der Steppe verblich. Da war auch schon der Sommer vorbei, die Herbstwinde heulten; da wirbelte auch schon der erste Schnee ... Endlich war dieser längst erwartete Winter angebrochen! Mein Herz klopfte nun zuweilen dumpf und heftig im großen Vorgefühl der Freiheit. Aber seltsam, je mehr Zeit verstrich und je näher die Frist herankam, um so geduldiger wurde ich. In den allerletzten Tagen wunderte ich mich sogar darüber und machte mir Vorwürfe. Es kam mir vor, als ob ich völlig kaltblütig und gleichgültig geworden wäre. Viele Arrestanten, die mir in der arbeitsfreien Zeit im Hof begegneten, sprachen mich an und gratulierten mir: »Nun kommen Sie bald in die Freiheit, Väterchen, Alexander Petrowitsch, bald, bald! Und uns lassen Sie hier allein.«

»Haben Sie denn noch lange zu sitzen, Martynow?« fragte ich.

»Ich, was soll ich von mir reden! Noch an die sieben Jahre werde ich mich hier quälen ...« – Er seufzte, blieb stehen und blickte zerstreut vor sich hin, als versuchte er, in die Zukunft einzudringen ... Ja, viele beglückwünschten mich aufrichtig und freudig. Es kam mir vor, als hätten alle angefangen, mich freundlicher zu behandeln. Sie sahen mich offenbar schon als einen Fremden an und nahmen von mir Abschied. K-cinski, ein polnischer Adliger, ein stiller und sanfter junger Mann, pflegte genau wie ich in der arbeitsfreien Zeit viel auf dem Hof umherzugehen. Er wollte sich durch die reine Luft und die Bewegung seine Gesundheit erhalten und die schädliche Wirkung der stickigen Nächte in der Kaserne wettmachen.

»Ich warte ungeduldig auf Ihren Austritt«, sagte er mir mit einem Lächeln, als er mir einmal beim Spazierengehen begegnete. »Wenn Sie herauskommen, werde ich schon wissen, dass ich noch genau ein Jahr zu warten habe.«

Ich möchte hier nebenbei bemerken, dass die Freiheit, infolge der ewigen Träumereien und der langen Entwöhnung, uns im Zuchthaus irgendwie freier erschien als die echte Freiheit, d. h. als diejenige, die es in Wirklichkeit gab. Die Arrestanten übertrieben den Begriff der wirklichen Freiheit, und das ist bei jedem Arrestanten so natürlich und begreiflich. Irgendein abgerissener Offiziersbursche wurde bei uns beinahe als ein König, als das Ideal eines freien Menschen im Vergleich mit den Arrestanten angesehen, weil er mit unrasiertem Kopf, ohne Fesseln und ohne Bewachung umherging.

Am Vorabend des letzten Tages ging ich in der Dämmerung zum letzten Mal längs der Palisaden um unser ganzes Zuchthaus herum. Wie viel tausend Mal hatte ich in diesen Jahren die Runde längs des Zaunes gemacht! Hier hinter den Kasernen hatte ich mich im ersten Jahr meines Zuchthauslebens verwaist und niedergeschlagen herumgetrieben. Ich erinnere mich noch, wie ich damals zählte, wie viel tausend Tage mir noch blieben. Mein Gott, wie lange war das her! Hier in dieser Ecke hatte unser Adler in der Gefangenschaft gelebt; hier pflegte mich oft Petrow zu treffen. Er ließ auch jetzt nicht von mir ab. Er kam oft, als erriete er meine Gedanken, zu mir gelaufen, ging schweigend neben mir her und schien sich über etwas zu wundern. In Gedanken verabschiedete ich mich von diesen schwarz gewordenen Balkenwänden unserer Kasernen. Wie unfreundlich waren sie mir damals, in der ersten Zeit vorgekommen. Nun waren sie wohl noch viel älter geworden; aber ich konnte es nicht merken. –

Ich muss die Wahrheit sagen: Diese Leute waren keine gewöhnlichen Leute. Es waren vielleicht die begabtesten und kräftigsten Vertreter unseres ganzen Volkes. Wie viel Jugend war hier in diesen Wänden nutzlos begraben, wie viel große Kräfte gingen hier zwecklos zugrunde! Und wer hat die Schuld? –

Gleich bei Tagesanbruch, machte ich meine Runde, um mich von allen Arrestanten zu verabschieden. Kräftige Hände streckten sich mir freundlich entgegen, drückten mir die Hand ausgesprochen kameradschaftlich, aber solche waren wenige. Die anderen sahen allzu gut ein, dass ich nun ein ganz anderer Mensch werden würde als sie. Sie wussten, dass ich in der Stadt Bekannte hatte, dass ich mich aus dem Zuchthaus zu den Herrschaften begeben und neben ihnen als gleicher sitzen würde. Sie begriffen es und verabschiedeten sich von mir zwar höflich und freundlich, aber doch nicht wie von einem Kameraden, sondern wie von einem Herrn. Andere wandten sich sogar mürrisch weg und reagierten überhaupt nicht auf meine Abschiedsworte. Einige sahen mich sogar mit einem eigentümlichen Hass an.

Die Trommel schlug, alle begaben sich zur Arbeit, aber ich blieb daheim. Ssuschilow war an diesem Morgen früher als alle aufgestanden und tat sehr geschäftig, um mir Tee zu kochen. Der arme Ssuschilow! Er weinte, als ich ihm meine abgetragenen Arrestantenkleider, Hemden, Unterfesseln und etwas Geld schenkte. »Ich brauche nicht das, nicht das!« sprach er, mit Mühe das Zittern seiner Lippen bemeisternd. »Aber wie ist es mir, Sie zu verlieren, Alexander Petrowitsch? Wer bleibt mir dann hier noch?« Zuletzt nahm ich auch von Akim Akimytsch Abschied.

»Nun haben Sie auch nicht mehr lange zu warten!« sagte ich ihm.
»Ich bleibe noch lange, sehr lange hier«, murmelte er, mir die Hand drückend. Ich fiel ihm um den Hals, und wir küssten uns.

Etwa zehn Minuten nach dem Abmarsch der Arrestanten verließen auch wir das Zuchthaus, um nie mehr dahin zurückzukehren, – ich und mein Genosse, mit dem ich einst angekommen war. Wir mussten nun zur Schmiede gehen, um uns unsere Fesseln abnehmen zu lassen. Uns begleitete aber kein Wachsoldat mit geladenem Gewehr mehr; wir gingen mit dem Unteroffizier. Die Fesseln wurden uns von unseren eigenen Arrestanten in der Ingenieurwerkstätte abgenommen. Ich wartete, bis sie meinen Genossen von ihnen befreit hatten, und trat erst dann an den Amboss. Die Schmiede stellten mich mit dem Rücken zu sich auf, hoben von hinten meinen Fuß und legten ihn auf den Amboss … Sie taten sehr geschäftig und wollten es möglichst geschickt und gut machen.
»Die Niete, dreh zuerst die Niete 'rum! …« kommandierte der Älteste. »Stell' sie so hin, ja, so … Jetzt schlag mit dem Hammer los …«
Die Fesseln fielen. Ich hob sie auf … Ich wollte sie in der Hand halten, sie zum letzten Mal sehen. Ich wunderte mich fast, dass sie eben erst an meinen Beinen gewesen waren.
»Nun, mit Gott! Mit Gott!« sprachen die Arrestanten mit rauen, abgerissenen Stimmen, in denen aber doch etwas wie Zufriedenheit klang.

Ja, mit Gott! Freiheit, neues Leben, Auferstehung von den Toten … Welch ein herrlicher Augenblick!

B u c h a n z e i g e

Nova Giulianiad
Saitenblätter für die Gitarre und Laute
Herausgegeben von Joerg Sommermeyer
i. V. m. d. Internationalen Gitarristischen Vereinigung
ISSN: 0254-9565
Orlando Syrg, Freiburg i. Brsg., 1983-1988

Josefa Gerhäuser
Leben will ich
Gedichte und Assoziationen
Herausgegeben von JS (Joerg Sommermeyer)
Orlando Syrg Taschenbuch, OrSyTa 12002, Freiburg i. Brsg. 2002

Joerg Sommermeyer
Anton Unbekannt
Pathoaphysischer Antiroman
Tragigroteskenfragment
Herausgegeben von Georg J. Feurig-Sorgenfrei
Orlando Syrg Taschenbuch, 1. Aufl., OrSyTa 12009, Berlin 2009

Joerg K. Sommermeyer (Hg.)
Balleinrubin: Ball, Einstein, Rubiner
Hugo Ball: Tenderenda der Phantast
Carl Einstein: Bebuquin oder die Dilettanten des Wunders
Ludwig Rubiner: Gedichte, Kritiken, Manifeste
Herausg. u. mit einem Nachwort versehen von Joerg K. Sommermeyer
Orlando Syrg Taschenbuch, 1. Aufl., OrSyTa 12017, Berlin 2017

Franz Treller
Nikunthas, König der Miami
Eine Abenteuererzählung aus Nordamerika
Anhang: **Indianer-Gedanken** von Oskar Panizza
und **Die blaue Schlange** von Fritz von Ostini
Vollst. rev. und neu bearb. von Georg J. Feurig-Sorgenfrei
Hrsg. und mit einem Nachw. vers. von Joerg Sommermeyer
Kollektion Abenteuer- & Reiseerzählungen / KAR 1
Orlando Syrg Taschenbuch, 1. Aufl., OrSyTa 22009, Berlin 2010
2. Aufl., OrSyTa 22017, Berlin 2017

Joerg K. Sommermeyer
Vernimm mein Schreien
Pathoaphysischer Antiroman
Tragigroteskenfragment
Herausgegeben von Georg J. Feurig-Sorgenfrei
Orlando Syrg Taschenbuch, 2. durchgesehene, verbesserte und um einen Anhang erweiterte Auflage von *Anton unbekannt*, OrSyTa 32017, Berlin 2017
3. Auflage, Neufassung, OrSyTa 112018, Berlin 2018

Joerg K. Sommermeyer
Lieblingsmärchen
[Andersen, 1001 Nacht, von Arnim, Bechstein, Brentano, de la Motte Fouqué, Brüder Grimm, Hauff, Hebel, Hoffmann, Hofmannsthal, Keller, Mörike, von Sternberg, Stevenson, JS, Storm]
Ausgewählt, zusammengestellt, durchgesehen und revidiert, herausgegeben und mit einem Nachwort versehen
von Joerg K. Sommermeyer
Kollektion Abenteuer- & Reiseerzählungen / KAR 2
Orlando Syrg Taschenbuch, 1. Aufl., OrSyTa 42017, Berlin 2017
2. erweiterte Auflage, OrSyTa 22018, Berlin 2018

Joerg K. Sommermeyer (Hg.)
Franz Kafkas Romane
Der Verschollene (Amerika), Der Prozess, Das Schloss
Durchgesehen, revidiert und herausgegeben
von Joerg K. Sommermeyer
Reihe alte Tradition Azurcelesteblueoscuro / RAT ACBO 1
Exemplarische Werke der Weltliteratur
Orlando Syrg Taschenbuch, 1. Aufl., OrSyTa 52017, Berlin 2017

Joerg K. Sommermeyer (Hg.)
Franz Kafkas Erzählungen
Durchgesehen, revidiert und und mit einem Nachwort herausgegeben
von Joerg K. Sommermeyer
Reihe alte Tradition Azurcelesteblueoscuro / RAT ACBO 2
Exemplarische Werke der Weltliteratur
Orlando Syrg Taschenbuch, 1. Aufl., OrSyTa 12018, Berlin 2018

Joerg K. Sommermeyer (Hg.)
Heinrich von Kleists Erzählungen, Anekdoten und Essays
Durchgesehen, revidiert und mit einem biographischen Abriss
herausgegeben von Joerg K. Sommermeyer
Reihe alte Tradition Azurcelesteblueoscuro / RAT ACBO 3
Exemplarische Werke der Weltliteratur
Orlando Syrg Taschenbuch, 1. Aufl., OrSyTa 32018, Berlin 2018

Joerg K. Sommermeyer (Hg.)
Christian Morgensterns Galgenlieder und Palmström
Durchgesehen, revidiert und mit einem biographischen Abriss
herausgegeben von Joerg K. Sommermeyer
Reihe alte Tradition Azurcelesteblueoscuro / RAT ACBO 4
Exemplarische Werke der Weltliteratur
Orlando Syrg Taschenbuch, 1. Aufl., OrSyTa 42018, Berlin 2018

Joerg K. Sommermeyer (Hg.)
Robert Müllers Tropen
Der Mythos der Reise
Urkunden eines deutschen Ingenieurs
Durchgesehen und revidiert, herausgegeben
und mit einem Nachwort versehen
von Joerg K. Sommermeyer
Kollektion Abenteuer- & Reiseerzählungen / KAR 3
Orlando Syrg Taschenbuch, 1. Aufl., OrSyTa 52018, Berlin 2018

Joerg K. Sommermeyer (Hg.)
Taugenichts et cetera
Eichendorff, Chamisso, Büchner
Aus dem Leben eines Taugenichts
Peter Schlemihls wundersame Geschichte
Lenz
Durchgesehen, revidiert und mit einem Nachwort
herausgegeben von Joerg K. Sommermeyer
Reihe alte Tradition Azurcelesteblueoscuro / RAT ACBO 5
Exemplarische Werke der Weltliteratur
Orlando Syrg Taschenbuch, 1. Aufl., OrSyTa 62018, Berlin 2018

Joerg K. Sommermeyer (Hg.)
Künstlerbetrachtungen
Diderot, Wackenroder, Hoffmann
Rameaus Neffe, Joseph Berglinger, Johannes Kreisler, Kater Murr
Durchgesehen, revidiert und mit einem Nachwort
herausgegeben von Joerg K. Sommermeyer
Reihe alte Tradition Azurcelesteblueoscuro / RAT ACBO 6
Exemplarische Werke der Weltliteratur
Orlando Syrg Taschenbuch, 1. Aufl., OrSyTa 72018, Berlin 2018

Joerg K. Sommermeyer (Hg.)
Rainer Maria Rilkes Gedichte
Stunden-Buch, Buch der Bilder, Neue Gedichte, Der neuen Gedichte anderer Teil,
Requiem, Das Marien-Leben, Duineser Elegien, Die Sonette an Orpheus
Durchgesehen, revidiert und mit einem Nachwort
herausgegeben von Joerg K. Sommermeyer
Reihe alte Tradition Azurcelesteblueoscuro / RAT ACBO 7
Exemplarische Werke der Weltliteratur
Orlando Syrg Taschenbuch, 1. Aufl., OrSyTa 92018, Berlin 2018

Joerg K. Sommermeyer (Hg.)
Rainer Maria Rilkes Prosa
Dichtungen in Prosa, Die Weise von Liebe und Tod des Cornets Christoph Rilke,
Die Aufzeichnungen des Malte Laurids Brigge, Erzählungen und Skizzen,
Geschichten vom lieben Gott, Auguste Rodin, Aufsätze und Besprechungen
Durchgesehen, revidiert und mit einem Nachwort
herausgegeben von Joerg K. Sommermeyer
Reihe alte Tradition Azurcelesteblueoscuro / RAT ACBO 8
Exemplarische Werke der Weltliteratur
Orlando Syrg Taschenbuch, 1. Aufl., OrSyTa 102018, Berlin 2018

Joerg K. Sommermeyer (Hg.)
Drei alte Erzählungen
Die Judenbuche (Droste-Hülshoff), Die schwarze Spinne (Gotthelf),
Krambambuli (Ebner-Eschenbach)
Durchgesehen, revidiert und mit einem Nachwort
herausgegeben von Joerg K. Sommermeyer
Reihe alte Tradition Azurcelesteblueoscuro / RAT ACBO 9
Exemplarische Werke der Weltliteratur
Orlando Syrg Taschenbuch, 1. Aufl., OrSyTa 122018, Berlin 2018

Joerg K. Sommermeyer (Hg.)

James Fenimore Coopers The Last of the Mohicans
Der letzte Mohikaner

A Narrative of 1757 / Eine Erzählung aus dem Jahre 1757
Deutsch nach der Übersetzung von J. F. L. Tafel,
revidiert und neu bearbeitet von Georg J. Feurig-Sorgenfrei
Herausgegeben und mit einem Nachwort versehen
von Joerg K. Sommermeyer
Kollektion Abenteuer- & Reiseerzählungen / KAR 4
Orlando Syrg Taschenbuch, 1. Aufl., OrSyTa 132018, Berlin 2018

Joerg K. Sommermeyer (Hg.)

Johann Wolfgang von Goethes
Reineke Fuchs

Durchgesehen, revidiert und mit einem Nachwort
herausgegeben von Joerg K. Sommermeyer
Reihe alte Tradition Azurcelesteblueoscuro / RAT ACBO 10
Exemplarische Werke der Weltliteratur
Orlando Syrg Taschenbuch, 1. Aufl., OrSyTa 142018, Berlin 2018

Joerg K. Sommermeyer (Hg.)

Heinrich Heines Romanzero nebst Lieblingsballaden
von Goethe, Schiller und anderen

Ausgewählt, durchgesehen, revidiert und mit einem Nachwort
herausgegeben von Joerg K. Sommermeyer
Reihe alte Tradition Azurcelesteblueoscuro / RAT ACBO 11
Exemplarische Werke der Weltliteratur
Orlando Syrg Taschenbuch, 1. Aufl., OrSyTa 152018, Berlin 2018

Joerg K. Sommermeyer (Hg.)

Eduard von Keyserlings Prosa
Ausgewählte Werke I

Beate und Mareile, Schwüle Tage, Dumala, Wellen, Abendliche Häuser
Durchgesehen, revidiert und mit einem biographischen Abriss
herausgegeben von Joerg K. Sommermeyer
Reihe alte Tradition Azurcelesteblueoscuro / RAT ACBO 12
Exemplarische Werke der Weltliteratur
Orlando Syrg Taschenbuch, 1. Aufl., OrSyTa 162018, Berlin 2018

Joerg K. Sommermeyer (Hg.)

August Stramms Gedichte

Du. Liebesgedichte; Die Menschheit; Weltwehe; Tropfblut. Gedichte aus dem Krieg

Durchgesehen, revidiert und mit einem biographischen Abriss herausgegeben von Joerg K. Sommermeyer
Reihe alte Tradition Azurcelesteblueoscuro / RAT ACBO 13
Exemplarische Werke der Weltliteratur
Orlando Syrg Taschenbuch, 1. Aufl., OrSyTa 172018, Berlin 2018

Joerg K. Sommermeyer (Hg.)

Joseph Conrads Heart of Darkness
Herz der Finsternis

Englisch und Deutsch
Deutsch nach der Übersetzung von Ernst Wolfgang Freißler, revidiert und neu bearbeitet von Georg J. Feurig-Sorgenfrei
Herausgegeben und mit einem Nachwort versehen von Joerg K. Sommermeyer
Kollektion Abenteuer- & Reiseerzählungen / KAR 5
Orlando Syrg Taschenbuch, 1. Aufl., OrSyTa 182018, Berlin 2018

Joerg K. Sommermeyer (Hg.)

Münchhausen und Lukian

Bürgers Münchhausen und Lukians Bericht phantastischer Begebenheiten
Durchgesehen, revidiert, neu bearbeitet
(Lukian basierend auf der Übersetzung von August Friedrich Pauly),
herausgegeben und mit einem Nachwort versehen, von Joerg K. Sommermeyer
Kollektion Abenteuer- & Reiseerzählungen / KAR 6
Orlando Syrg Taschenbuch, 1. Aufl., OrSyTa 192018, Berlin 2018

Joerg K. Sommermeyer (Hg.)

Johann Wolfgang von Goethes Prosa
Ausgewählte Werke I

Die Leiden des jungen Werther, Briefe aus der Schweiz, Die Wahlverwandtschaften, Novelle

Durchgesehen, revidiert und mit einem Nachwort herausgegeben von Joerg K. Sommermeyer
Reihe alte Tradition Azurcelesteblueoscuro / RAT ACBO 14
Exemplarische Werke der Weltliteratur
Orlando Syrg Taschenbuch, 1. Aufl., OrSyTa 12019, Berlin 2019

Joerg K. Sommermeyer (Hg.)
Johann Wolfgang von Goethes Prosa
Ausgewählte Werke II
Wilhelm Meisters Lehrjahre
Durchgesehen, revidiert und herausgegeben
von Joerg K. Sommermeyer
Reihe alte Tradition Azurcelesteblueoscuro / RAT ACBO 15
Exemplarische Werke der Weltliteratur
Orlando Syrg Taschenbuch, 1. Aufl., OrSyTa 22019, Berlin 2019

Joerg K. Sommermeyer (Hg.)
Johann Wolfgang von Goethes Prosa
Ausgewählte Werke III
Unterhaltungen deutscher Ausgewanderten,
Wilhelm Meisters Wanderjahre
Durchgesehen, revidiert und herausgegeben
von Joerg K. Sommermeyer
Reihe alte Tradition Azurcelesteblueoscuro / RAT ACBO 16
Exemplarische Werke der Weltliteratur
Orlando Syrg Taschenbuch, 1. Aufl., OrSyTa 32019, Berlin 2019

Joerg K. Sommermeyer (Hg.)
Johann Wolfgang von Goethes Prosa
Ausgewählte Werke IV
Dichtung und Wahrheit,
Belagerung von Mainz
Durchgesehen, revidiert und herausgegeben
von Joerg K. Sommermeyer
Reihe alte Tradition Azurcelesteblueoscuro / RAT ACBO 17
Exemplarische Werke der Weltliteratur
Orlando Syrg Taschenbuch, 1. Aufl., OrSyTa 42019, Berlin 2019

Joerg K. Sommermeyer (Hg.)
August Klingemanns Nachtwachen
von Bonaventura
Durchgesehen, revidiert und herausgegeben
von Joerg K. Sommermeyer
Reihe alte Tradition Azurcelesteblueoscuro / RAT ACBO 18
Orlando Syrg Taschenbuch, 1. Aufl., OrSyTa 52019, Berlin 2019

Joerg K. Sommermeyer (Hg.)

Gustav Sacks Romane

Ein verbummelter Student, Paralyse, Ein Namenloser

Durchgesehen, revidiert und mit einem Nachwort herausgegeben von Joerg K. Sommermeyer

Reihe alte Tradition Azurcelesteblueoscuro / RAT ACBO 19

Orlando Syrg Taschenbuch, 1. Aufl., OrSyTa 62019, Berlin 2019

Joerg K. Sommermeyer

Vernimm mein Schreien

Pathoaphysischer Antiroman

Tragigroteskenfragment

Herausgegeben von Georg J. Feurig-Sorgenfrei

Jubiläumsausgabe / Hardcover

[3. durchgesehene, verbesserte und um einen Anhang erweiterte Auflage von *Anton unbekannt*]

OrSyTa 72019, Berlin 2019

Joerg K. Sommermeyer (Hg.)

Friedrich Schillers Prosa
Ausgewählte Werke I

Eine großmütige Handlung, Der Geisterseher, Der Verbrecher aus verlorener Ehre, Spiel des Schicksals und anderes

Durchgesehen, revidiert und mit einem Nachwort herausgegeben von Joerg K. Sommermeyer

Reihe alte Tradition Azurcelesteblueoscuro / RAT ACBO 20

Exemplarische Werke der Weltliteratur

Orlando Syrg Taschenbuch, 1. Aufl., OrSyTa 82019, Berlin 2019

Joerg K. Sommermeyer (Hg.)

Johann Karl Wezels Satiren

Kakerlak oder die Geschichte eines Rosenkreuzers, Satirische Erzählungen

Durchgesehen, revidiert und herausgegeben von Joerg K. Sommermeyer

Reihe alte Tradition Azurcelesteblueoscuro / RAT ACBO 21

Orlando Syrg Taschenbuch, 1. Aufl., OrSyTa 92019, Berlin 2019

Joerg K. Sommermeyer (Hg.)

Heinrich Heines Versepen, Erzählprosa und Memoiren
Ausgewählte Werke I

Atta Troll, Deutschland. Ein Wintermärchen, Aus den Memoiren des Herren von Schnabelewopski, Florentinische Nächte, Der Rabbi von Bacherach, Geständnisse, Memoiren

Durchgesehen, revidiert und mit einem Nachwort
herausgegeben von Joerg K. Sommermeyer
Reihe alte Tradition Azurcelesteblueoscuro / RAT ACBO 22
Exemplarische Werke der Weltliteratur
Orlando Syrg Taschenbuch, 1. Aufl., OrSyTa 102019, Berlin 2019

Joerg K. Sommermeyer (Hg.)

Heinrich Heines Reisebilder
Ausgewählte Werke II

Briefe aus Berlin, Über Polen, Reisebilder I-IV

Durchgesehen, revidiert und mit einem biographischen Abriss
herausgegeben von Joerg K. Sommermeyer
Reihe alte Tradition Azurcelesteblueoscuro / RAT ACBO 23
Exemplarische Werke der Weltliteratur
Orlando Syrg Taschenbuch, 1. Aufl., OrSyTa 112019, Berlin 2019

Joerg K. Sommermeyer (Hg.)

Heinrich Heines Gedichte
Ausgewählte Werke III

Buch der Lieder, Neue Gedichte,
Aus den Jahren 1853 und 1854, Sonstiges / Posthum

Durchgesehen, revidiert und mit einem Biographischen Abriss
herausgegeben von Joerg K. Sommermeyer
Reihe alte Tradition Azurcelesteblueoscuro / RAT ACBO 24
Exemplarische Werke der Weltliteratur
Orlando Syrg Taschenbuch, 1. Aufl., OrSyTa 122019, Berlin 2019

Joerg K. Sommermeyer (Hg.)

Heinrich Heines Über Deutschland, Essays und Pamphlete
Ausgewählte Werke IV

Die romantische Schule, Zur Geschichte der Religion und Philosophie in Deutschland, Elementargeister, Die Götter im Exil, Schwabenspiegel, Ludwig Börne

Durchgesehen, revidiert und mit einem Biographischen Abriss
herausgegeben von Joerg K. Sommermeyer
Reihe alte Tradition Azurcelesteblueoscuro / RAT ACBO 25
Exemplarische Werke der Weltliteratur
Orlando Syrg Taschenbuch, 1. Aufl., OrSyTa 132019, Berlin 2019

Joerg K. Sommermeyer (Hg.)

Heinrich Heines Essays über Frankreich
Ausgewählte Werke V

Französische Maler, Französische Zustände,
Über die Französische Bühne, Lutetia,

Durchgesehen, revidiert und mit einem Biographischen Abriss herausgegeben von Joerg K. Sommermeyer
Reihe alte Tradition Azurcelesteblueoscuro / RAT ACBO 26
Exemplarische Werke der Weltliteratur
Orlando Syrg Taschenbuch, 1. Aufl., OrSyTa 142019, Berlin 2019

Joerg K. Sommermeyer (Hg.)

Johann Wolfgang von Goethes
West-östlicher Divan, Hermann und Dorothea
Ausgewählte Werke V

Durchgesehen, revidiert und herausgegeben von Joerg K. Sommermeyer
Reihe alte Tradition Azurcelesteblueoscuro / RAT ACBO 27
Exemplarische Werke der Weltliteratur
Orlando Syrg Taschenbuch, 1. Aufl., OrSyTa 152019, Berlin 2019

Joerg K. Sommermeyer (Hg.)

Gottfried Kellers Prosa
Ausgewählte Werke I

Die Leute von Seldwyla, Sieben Legenden

Durchgesehen, revidiert und mit einem Biographischen Abriss herausgegeben von Joerg K. Sommermeyer
Reihe alte Tradition Azurcelesteblueoscuro / RAT ACBO 28
Exemplarische Werke der Weltliteratur
Orlando Syrg Taschenbuch, 1. Aufl., OrSyTa 162019, Berlin 2019

Joerg K. Sommermeyer (Hg.)

Gottfried Kellers Prosa
Ausgewählte Werke II

Züricher Novellen, Das Sinngedicht

Durchgesehen, revidiert und mit einem Biographischen Abriss herausgegeben von Joerg K. Sommermeyer
Reihe alte Tradition Azurcelesteblueoscuro / RAT ACBO 29
Exemplarische Werke der Weltliteratur
Orlando Syrg Taschenbuch, 1. Aufl., OrSyTa 172019, Berlin 2019

Joerg K. Sommermeyer (Hg.)

Gottfried Kellers Prosa
Ausgewählte Werke III

Der grüne Heinrich, Zwölf Gedichte, Autobiographisches

Durchgesehen, revidiert und mit einem Nachwort herausgegeben von Joerg K. Sommermeyer
Reihe alte Tradition Azurcelesteblueoscuro / RAT ACBO 30
Exemplarische Werke der Weltliteratur
Orlando Syrg Taschenbuch, 1. Aufl., OrSyTa 182019, Berlin 2019

Joerg K. Sommermeyer (Hg.)

Friedrich Schillers Gedichte
Ausgewählte Werke II

Durchgesehen, revidiert und herausgegeben von Joerg K. Sommermeyer
Reihe alte Tradition Azurcelesteblueoscuro / RAT ACBO 31
Exemplarische Werke der Weltliteratur
Orlando Syrg Taschenbuch, 1. Aufl., OrSyTa 192019, Berlin 2019

Joerg K. Sommermeyer (Hg.)

Johann Wolfgang von Goethes Gedichte
Ausgewählte Werke VI

Durchgesehen, revidiert und herausgegeben von Joerg K. Sommermeyer
Reihe alte Tradition Azurcelesteblueoscuro / RAT ACBO 32
Exemplarische Werke der Weltliteratur
Orlando Syrg Taschenbuch, 1. Aufl., OrSyTa 202019, Berlin 2019

Joerg K. Sommermeyer (Hg.)

Charles Sealsfields Das Kajütenbuch
oder Nationale Charakteristiken

Die Prärie am Jacinto, Der Kapitän

Durchgesehen, revidiert, herausgegeben und mit einem Nachwort versehen von Joerg K. Sommermeyer
Kollektion Abenteuer- & Reiseerzählungen / KAR 7
Orlando Syrg Taschenbuch, 1. Aufl., OrSyTa 212019, Berlin und Lahnstein 2019

Joerg K. Sommermeyer (Hg.)

Paul Heyses Meisternovellen und Autobiographisches

L'Arrabbiata, Andrea Delfin, Die Einsamen, Der letzte Zentaur, Jugenderinnerungen und Bekenntnisse

Durchgesehen, revidiert, mit Anmerkungen herausgegeben von Joerg K. Sommermeyer

Reihe alte Tradition Azurcelesteblueoscuro / RAT ACBO 33

Exemplarische Werke der Weltliteratur

Orlando Syrg Taschenbuch, 1. Aufl., OrSyTa 12020, Berlin und Lahnstein 2020

Joerg K. Sommermeyer (Hg.)

Karl Mays Ardistan und Dschinnistan I

Ardistan

Revidiert, herausgegeben und mit einem Nachwort versehen von Joerg K. Sommermeyer

Kollektion Abenteuer- & Reiseerzählungen / KAR 8

Orlando Syrg Taschenbuch, 1. Aufl., OrSyTa 22020, Berlin und Lahnstein 2020

Joerg K. Sommermeyer (Hg.)

Karl Mays Ardistan und Dschinnistan II

Der Mir von Dschinnistan, Das Märchen von Sitara, Meine Werke, Merhameh

Revidiert, herausgegeben und mit einem Nachwort versehen von Joerg K. Sommermeyer

Kollektion Abenteuer- & Reiseerzählungen / KAR 9

Orlando Syrg Taschenbuch, 1. Aufl., OrSyTa 32020, Berlin und Lahnstein 2020

Joerg K. Sommermeyer (Hg.)

Anton Tschechows Ausgewählte Prosa I

Ein Zweikampf, Der Taugenichts, Die Dame mit dem Spitz, Eine Bagatelle, Der Kuss, Gram, Schatten des Todes und dreizehn weitere Meistererzählungen

Durchgesehen, revidiert und herausgegeben von Joerg K. Sommermeyer

Reihe alte Tradition Azurcelesteblueoscuro / RAT ACBO 34

Exemplarische Werke der Weltliteratur

Orlando Syrg Taschenbuch, 1. Aufl., OrSyTa 12021, Berlin und Lahnstein 2021

Joerg K. Sommermeyer (Hg.)

Adalbert Stifters Ausgewählte Prosa I

Waldwanderung, Der sanftmütige Obrist, Margarita, Abdias, Kalkstein, Bergkristall, Katzensilber

Durchgesehen, revidiert und herausgegeben
von Joerg K. Sommermeyer
Reihe alte Tradition Azurcelesteblueoscuro / RAT ACBO 35
Exemplarische Werke der Weltliteratur
Orlando Syrg Taschenbuch, 1. Aufl., OrSyTa 12023, Berlin und Lahnstein 2023

Joerg K. Sommermeyer (Hg.)

William Shakespeares Sonnets / Sonette

Englisch und Deutsch

Übersetzungen von Gottlob Regis, Stefan George, Karl Kraus

Durchgesehen, revidiert und herausgegeben
von Joerg K. Sommermeyer
Reihe alte Tradition Azurcelesteblueoscuro / RAT ACBO 36
Exemplarische Werke der Weltliteratur
Orlando Syrg Taschenbuch, 1. Aufl., OrSyTa 22023, Berlin und Lahnstein 2023

Joerg K. Sommermeyer (Hg.)

Friedrich Hölderlins Lyrik

Ausgewählte Gedichte

Ausgewählt, durchgesehen, revidiert und mit
einem Biographischen Abriss herausgegeben
von Joerg K. Sommermeyer
Reihe alte Tradition Azurcelesteblueoscuro / RAT ACBO 37
Exemplarische Werke der Weltliteratur
Orlando Syrg Taschenbuch, 1. Aufl., OrSyTa 32023, Berlin und Lahnstein 2023

Joerg K. Sommermeyer (Hg.)

Friedrich Hölderlins Prosa

Hyperion und Theoretisches

Ausgewählt, durchgesehen, revidiert und mit
einem Biographischen Abriss herausgegeben
von Joerg K. Sommermeyer
Reihe alte Tradition Azurcelesteblueoscuro / RAT ACBO 38
Exemplarische Werke der Weltliteratur
Orlando Syrg Taschenbuch, 1. Aufl., OrSyTa 42023, Berlin und Lahnstein 2023

Joerg K. Sommermeyer (Hg.)

François Rabelais' Gargantua und Pantagruel I

Erstes und Zweites Buch

Vollständige Ausgabe in drei Bänden

Deutsch nach der Übersetzung von Johann Gottlob Regis,
durchgesehen, revidiert, mit Anmerkungen
und einem Nachwort herausgegeben
von Joerg K. Sommermeyer

Reihe alte Tradition Azurcelesteblueoscuro / RAT ACBO 39

Exemplarische Werke der Weltliteratur

Orlando Syrg Taschenbuch, 1. Aufl., OrSyTa 52023, Berlin und Lahnstein 2023

Joerg K. Sommermeyer (Hg.)

François Rabelais' Gargantua und Pantagruel II

Drittes und Viertes Buch

Vollständige Ausgabe in drei Bänden

Deutsch nach der Übersetzung von Johann Gottlob Regis,
durchgesehen, revidiert, mit Anmerkungen
und einem Nachwort herausgegeben
von Joerg K. Sommermeyer

Reihe alte Tradition Azurcelesteblueoscuro / RAT ACBO 40

Exemplarische Werke der Weltliteratur

Orlando Syrg Taschenbuch, 1. Aufl., OrSyTa 62023, Berlin und Lahnstein 2023

[Ankündigung, erscheint demnächst:]

Joerg K. Sommermeyer (Hg.)

François Rabelais' Gargantua und Pantagruel III

Fünftes Buch, Prognostiken-Büchlein,
Geschichtsklitterung Fischarts

Vollständige Ausgabe in drei Bänden

Deutsch nach der Übersetzung von Johann Gottlob Regis,
durchgesehen, revidiert, mit Anmerkungen
und einem Nachwort herausgegeben
von Joerg K. Sommermeyer

Reihe alte Tradition Azurcelesteblueoscuro / RAT ACBO 41

Exemplarische Werke der Weltliteratur

Orlando Syrg Taschenbuch, 1. Aufl., OrSyTa 72023, Berlin und Lahnstein 2023

Joerg K. Sommermeyer

Dem Affen in die Seele gepisst

Selam Istanbul, Kanarische Inseln, Die Morena, Küss' mich, Sisyphus

Kollektion Abenteuer- & Reiseerzählungen / KAR 10

Orlando Syrg Taschenbuch, 1. Aufl., OrSyTa 82023, Berlin und Lahnstein 2023

Joerg K. Sommermeyer (Hg.)

Anton Tschechows Ausgewählte Prosa II

Zwei Schauspiele: Die Möwe, Onkel Wanja

Durchgesehen, revidiert und herausgegeben
von Joerg K. Sommermeyer
Reihe alte Tradition Azurcelesteblueoscuro / RAT ACBO 42
Exemplarische Werke der Weltliteratur
Orlando Syrg Taschenbuch, 1. Aufl., OrSyTa 92023, Berlin und Lahnstein 2023

Joerg K. Sommermeyer (Hg.)

Anton Tschechows Ausgewählte Prosa III

Späte Schauspiele: Drei Schwestern, Der Kirschgarten

Durchgesehen, revidiert und herausgegeben
von Joerg K. Sommermeyer
Reihe alte Tradition Azurcelesteblueoscuro / RAT ACBO 43
Exemplarische Werke der Weltliteratur
Orlando Syrg Taschenbuch, 1. Aufl., OrSyTa 102023, Berlin und Lahnstein 2023

Joerg K. Sommermeyer (Hg.)

Georg Trakls Lyrik

Ausgewählte Gedichte

Ausgewählt, durchgesehen, revidiert und mit
einem Biographischen Abriss herausgegeben
von Joerg K. Sommermeyer
Reihe alte Tradition Azurcelesteblueoscuro / RAT ACBO 44
Exemplarische Werke der Weltliteratur
Orlando Syrg Taschenbuch, 1. Aufl., OrSyTa 112023, Berlin und Lahnstein 2023

Joerg K. Sommermeyer (Hg.)

Oscar Wildes Werke I

Das Bildnis des Dorian Gray

Nach der Übersetzung von Hedwig Lachmann & Gustav Landauer
Ausgewählt, durchgesehen, revidiert und herausgegeben
von Joerg K. Sommermeyer
Reihe alte Tradition Azurcelesteblueoscuro / RAT ACBO 45
Exemplarische Werke der Weltliteratur
Orlando Syrg Taschenbuch, 1. Aufl., OrSyTa 122023, Berlin und Lahnstein 2023

Joerg K. Sommermeyer (Hg.)

Joris-Karl Huysmans'

Gegen den Strich (*À rebours*)

Nach der Übersetzung von M. Capsius
Ausgewählt, durchgesehen, revidiert und herausgegeben
von Joerg K. Sommermeyer
Reihe alte Tradition Azurcelesteblueoscuro / RAT ACBO 46
Exemplarische Werke der Weltliteratur
Orlando Syrg Taschenbuch, 1. Aufl., OrSyTa 132023, Berlin und Lahnstein 2023

Joerg K. Sommermeyer (Hg.)

Gustav Meyrinks

Der Golem

Durchgesehen, revidiert und herausgegeben
von
Joerg K. Sommermeyer

Kollektion Abenteuer- & Reiseerzählungen / KAR 11

Orlando Syrg Taschenbuch, 1. Aufl., OrSyTa 142023, Berlin und Lahnstein 2023

Joerg K. Sommermeyer (Hg.)

F. M. Dostojewskis Werke I A

Verbrechen und Strafe (Schuld und Sühne)*:* ***Erster Band***

Nach der Übersetzung von Alexander Eliasberg
Durchgesehen, revidiert und herausgegeben
von Joerg K. Sommermeyer
Reihe alte Tradition Azurcelesteblueoscuro / RAT ACBO 47
Exemplarische Werke der Weltliteratur
Orlando Syrg Taschenbuch, 1. Aufl., OrSyTa 152023, Berlin und Lahnstein 2023

Joerg K. Sommermeyer (Hg.)

F. M. Dostojewskis Werke I B

Verbrechen und Strafe (Schuld und Sühne)*: **Zweiter Band***

Nach der Übersetzung von Alexander Eliasberg

Durchgesehen, revidiert und herausgegeben

von Joerg K. Sommermeyer

Reihe alte Tradition Azurcelesteblueoscuro / RAT ACBO 48

Exemplarische Werke der Weltliteratur

Orlando Syrg Taschenbuch, 1. Aufl., OrSyTa 162023, Berlin und Lahnstein 2023

FSC
www.fsc.org
MIX
Papier aus verantwortungsvollen Quellen
Paper from responsible sources
FSC® C105338